全国中等职业学校
课程改革规划新教材

Qiche Dianqi Shebei Weixiu

汽车电气设备维修

（第3版）

主　　编　雷小勇　袁永东
副 主 编　杨二杰　汤　达　熊大军
丛书总主审　朱　军

人民交通出版社股份有限公司
China Communications Press Co.,Ltd.

内 容 提 要

本书是全国中等职业学校课程改革规划新教材之一，其主要内容包括：汽车基本电路元件检修、电源系统检修、起动机及其控制电路检修、点火系统检修、照明和信号电路检修、仪表装置检修、电动刮水器/喷洗器检修、电动车窗控制电路检修、电动座椅/加热器电路检修、中控及防盗系统检修、汽车空调电路检修、汽车整车电路检修，共12个学习任务。

本书可作为中等职业学校汽车运用与维修专业的教材，也可供汽车维修技术人员参考阅读。

图书在版编目（CIP）数据

汽车电气设备维修/雷小勇，袁永东主编. —3版. —北京：人民交通出版社股份有限公司，2019.6

ISBN 978-7-114-15416-4

Ⅰ.①汽… Ⅱ.①雷… Ⅲ.①汽车—电气设备—车辆修理—中等专业学校—教材 Ⅳ.①U472.41

中国版本图书馆CIP数据核字（2019）第054120号

书　　名：汽车电气设备维修（第3版）
著 作 者：雷小勇　袁永东
责任编辑：戴慧莉
责任校对：刘　芹
责任印制：张　凯
出版发行：人民交通出版社股份有限公司
地　　址：（100011）北京市朝阳区安定门外外馆斜街3号
网　　址：http://www.ccpress.com.cn
销售电话：（010）59757973
总 经 销：人民交通出版社股份有限公司发行部
经　　销：各地新华书店
印　　刷：北京市密东印刷有限公司
开　　本：787×1092　1/16
印　　张：17
字　　数：407千
版　　次：2011年1月　第1版
2013年5月　第2版
2019年6月　第3版
印　　次：2019年6月　第3版　第1次印刷　总第6次印刷
书　　号：ISBN 978-7-114-15416-4
定　　价：42.00元

全国中等职业学校汽车运用与维修专业
课程改革规划新教材编委会

第3版前言

本套“全国中等职业学校课程改革规划新教材”自2010年首次出版以来，已多次重印，被全国多所中等职业院校选为汽车运用与维修专业教学用书，受到了广大师生的好评。2012年，根据教学需求，本套教材进行了修订，使之在结构和内容上与教学内容更加吻合，更注重对学生实践能力的培养。

为了体现现代职业教育理念，贴近汽车运用与维修专业实际教学目标，促进“教、学、做”更好地结合，突出对学生技能的培养，使之成为技能型人才，2018年8月，人民交通出版社股份有限公司吸收教材使用院校的意见和建议，组织相关老师，经过充分认真研究和讨论，确定了修订方案，再次对本套教材进行了修订。

《汽车电气设备维修》的修订工作，就是在本书第二版的基础上进行的，教材修订主要体现在以下几个方面：

(1)合并“蓄电池的检修”“发电机的检修”“电源电路的检修”学习任务为“电源系统检修”。

(2)合并“起动机的检修”“起动电路的检修”学习任务为“起动机及其控制电路检修”。

(3)合并“点火系统零部件的检修”“点火电路的检修”学习任务为“点火系统检修”。

(4)合并“信号系统的检修”“照明系统的检修”学习任务为“照明和信号电路检修”。

(5)合并“电动车窗的检修”“电动座椅及后视镜的检修”学习任务为“电动车窗控制电路检修”。

(6)删除“安全气囊的检修”“空调制冷系统零部件的检修”“空调检漏及制冷剂的加注与回收”学习任务。

(7)删除“附录”中的丰田卡罗拉汽车电路图。

本书由四川交通运输职业学校雷小勇、袁永东担任主编，由四川交通运输职业学校杨二杰、贵阳市交通（技工）学校汤达、自贡职业技术学校熊大军担任副主编，四川交通运输学校陈传剑、贵阳市交通（技工）学校李娜洁、成都工业职业技术学院郑世界、成都市安胜汽车技术有限公司陈兵参加编写。

限于编者水平，书中难免有疏漏和错误之处，恳请广大读者提出宝贵建议，以便进一步修改和完善。

全国中等职业学校汽车运用与维修
专业课程改革规划新教材编委会
2019 年 2 月

目 录

学习任务一　汽车基本电路元件检修…… 1
学习任务二　电源系统检修 …… 24
学习任务三　起动机及其控制电路检修 …… 46
学习任务四　点火系统检修 …… 65
学习任务五　照明和信号电路检修 …… 86
学习任务六　仪表装置检修…… 107
学习任务七　电动刮水器/喷洗器检修 …… 126
学习任务八　电动车窗控制电路检修…… 146
学习任务九　电动座椅/加热器电路检修 …… 168
学习任务十　中控及防盗系统检修…… 184
学习任务十一　汽车空调电路检修…… 214
学习任务十二　汽车整车电路检修…… 239
参考文献…… 262

学习任务一　汽车基本电路元件检修

任务要求

完成本学习任务后,你应能:

1. 描述汽车电路基本元件的作用、组成;
2. 描述汽车电路基本元件的结构和基本原理;
3. 概括汽车电路基本元件的特点;
4. 正确检修汽车电路基本元件;
5. 简单分析汽车电路基本元件的常见故障及原因。

建议学时:12 学时

任务描述

一辆大众迈腾 380TSI DSG 轿车行驶到 5 万 km 后,出现了前照灯无远光的现象。经技术人员诊断故障后,确定了故障原因分别是远光灯熔断器故障和开关接触不良,通过更换两部件,排除了故障。

一、理论知识准备

汽车电路基本元件是指汽车电气设备各组成元件,在资料或汽车维修手册中主要以电路图的形式反映出来。本学习任务所介绍的电路基本元件主要指导线、线束、熔断器、插接器以及各种开关和继电器等。

(一)汽车导线

汽车导线可分为低压导线和高压导线两种。低压导线包括普通低压导线、起动电缆和蓄电池搭铁电缆、屏蔽线;高压导线包括铜芯线与阻尼线。汽车导线主要根据导线的截面积、绝缘、通过电流的大小和机械强度等方面的要求进行选择。

1. 低压导线

(1)普通低压导线。普通低压导线为铜质多股软线,根据导线外皮绝缘包层的材料不同又分为 QVR 型(聚氯乙烯)和 QFR 型(聚氯乙烯 - 丁腈)两种。

普通低压导线的横截面积主要根据用电设备的工作电流大小进行选择。然而,对功率很小的用电设备,如果仅从工作电流的大小来选择导线,有些导线由于其截面积太小、机械强度较低,容易折断,因此汽车电气线路中所用的导线截面积最小不得小于0.5mm²。我国汽车低压导线的允许负载电流值见表1-1。

汽车低压导线允许负载电流值　表1-1

导线标称横截面积(mm²)	0.5	0.8	1.0	1.5	2.5	3.0	4.0	6.0	10	13
允许负载流量(A)	5	9	11	14	20	22	25	35	50	60

随着汽车电气设备的增多,导线数量也不断增加。为了便于区分,低压导线常以不同颜色来区分。其中,横截面积在4mm²以上的采用单色线,而4mm²以下的采用双色线。

在汽车电气线路图中,通常以线条表示导线,导线的颜色用字母表示,表示颜色的字母通常为英语中该种颜色单词的第一个字母或第二个字母。表示颜色的字母,各个制造厂商可能有所不同,具体情况需参照相应的修理手册,表1-2、表1-3为丰田车和美系车中表示颜色的字母。如果导线表面有色条,则用两个字母加一个连字符(-或/)表示,连字符前面的字母表示底色,连字符后面的字母表示色条的颜色。此外,还有厂商将导线的截面积也用数字表示出来。如2.5R/Y、1.0R/W,其中数字2.5、1.0表示导线横截面积,单位为mm²;第一个字母R表示导线主色,第二个字母Y或W表示导线的辅助颜色,即轴向条纹状或螺旋状的颜色,如图1-1所示。

丰田汽车低压导线颜色的代号　表1-2

字母代号	颜　色	字母代号	颜　色	字母代号	颜　色
B	黑色	Br	褐色	G	绿色
L	蓝色	Lg	浅绿色	O	橘黄色
R	红色	V	紫色	W	白色
Gr	灰色	P	粉红色	Y	黄色

美系汽车低压导线颜色的代号　表1-3

字母代号	颜　色	字母代号	颜　色	字母代号	颜　色
BK	黑色	BN	棕色	GN	绿色
BU	蓝色	LG	浅绿色	OG	橙色
RD	红色	VT	紫色	WH	白色
GY	灰色	PK	粉色	YE	黄色

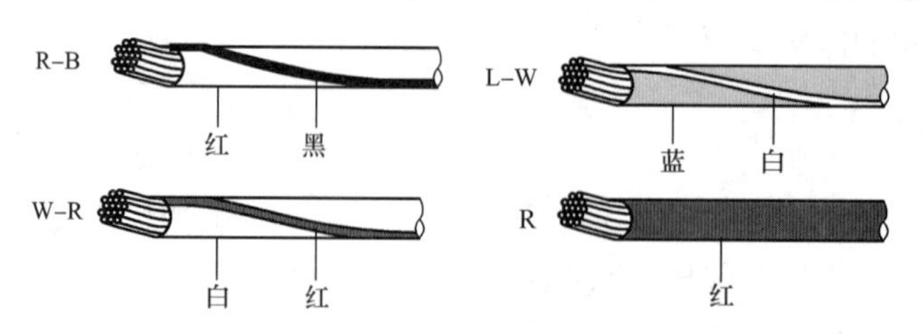

图1-1　导线的颜色及表示方法

(2)起动电缆。起动电缆俗称电瓶线,是带绝缘包层的大截面铜质或铝质多股软线,横截面积有25mm²、35mm²、50mm²、70mm²等多种规格,允许电流高达500~1000A。连接蓄电池正极与起动机的导线不以工作电流的大小来决定,而是以工作时的电压降来决定。为了保证起动机正常工作并产生足够的驱动力矩，要求起动线路上每 100A 电流产生的电压降不得超过 0.1～0.15V。所以，起动电缆的截面积比普通低压导线大得多。

（3）蓄电池搭铁电缆。蓄电池搭铁电缆俗称“搭铁线”，常用的有两种，一种是由铜丝编织成的扁形软铜线；另一种外形同起动机电缆，覆有绝缘层。搭铁电缆常用于蓄电池与车架、车架与车身、发动机与车架等总成之间的连接。我国常用的搭铁线有 $300mm^2$、$450mm^2$、$600mm^2$、$760mm^2$ 四种规格。

（4）屏蔽线。屏蔽线又称同轴射频电缆，如图 1-2 所示，其作用就是将导线与外界磁场隔离，避免导线受外界磁场的影响而产生干扰。在导线绝缘层中带有金属纺织网或套装护套。屏蔽线常用于低压弱信号电路，如在氧传感器信号电路、曲轴位置传感器电路中普遍使用。

2. 高压导线

高压导线用来传送高压电，由于工作电压很高（一般都在 30kV 以上）、电流较小，因此高压导线的绝缘包层很厚，耐压性能好，但线芯截面积很小，约 $1.5mm^2$，如图 1-3 所示。国产汽车使用的高压导线有铜芯线与阻尼线两种。为了衰减火花塞产生的电磁波干扰，目前广泛使用高压阻尼点火线。

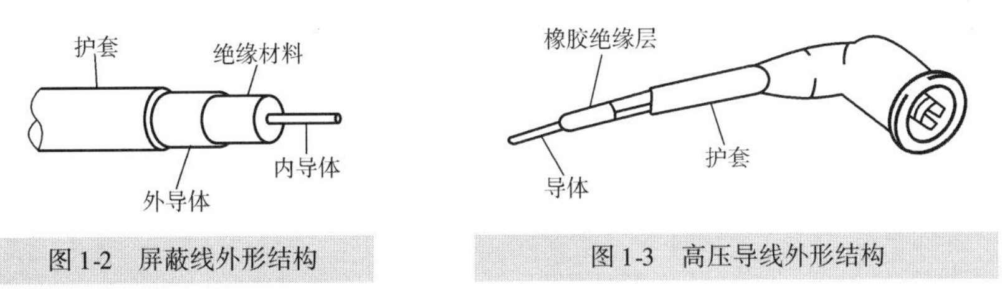

图 1-2　屏蔽线外形结构

图 1-3　高压导线外形结构

（二）汽车线束

1. 汽车线束的组成

（1）线束的概念及组成。为使汽车上的全车线路整齐、安装方便及保护导线的绝缘层，汽车的整车线路除高压线、蓄电池电缆和起动电缆外，一般将同区域的不同规格的导线用棉纱或薄聚氯乙烯带缠绕包扎成束，称为线束。线束由多路导线、导线端子、插接器和护套等组成。

（2）线束的分类标志。一般汽车有多个线束，主要由发动机（点火、电喷、发电、起动）、车身、仪表、照明等分线束组成，且有主线束和分线束之分，因仪表盘位于接近中央位置，一般汽车线束以仪表线束为核心，进行前后延伸。分线束与分线束之间、线束与终端电器之间采用插接器连接。线束上各端头均有标志数字和字母，以标明导线的连接对象，便于正确地连接导线和电气设备。为保证插接器的可靠连接，插接器都有一次锁紧或二次锁紧装置。为了避免装配和安装中出现差错，插接器还可制成不同的规格型号、不同的形状和颜色等。

（3）丰田卡罗拉轿车部分线束的布置。驾驶室内线束布置如图 1-4 所示。

2. 插接器

插接器（连接器）是汽车电路中不可缺少的元件。因其连接可靠、检修方便，故广泛应用于汽车上。

（1）插接器的分类。

①插接器种类较多，按插接器中线束的多少可分为单路、双路和多路几种。插接器由导线

端子和壳体组成,如图1-5所示。端子上设有倒扣,装入护套内以防脱出。插接器端子由表面镀锡(或镀银)的黄铜片制成,有柱状(针状)或片状两类。插接器护套由塑料或橡胶制成。

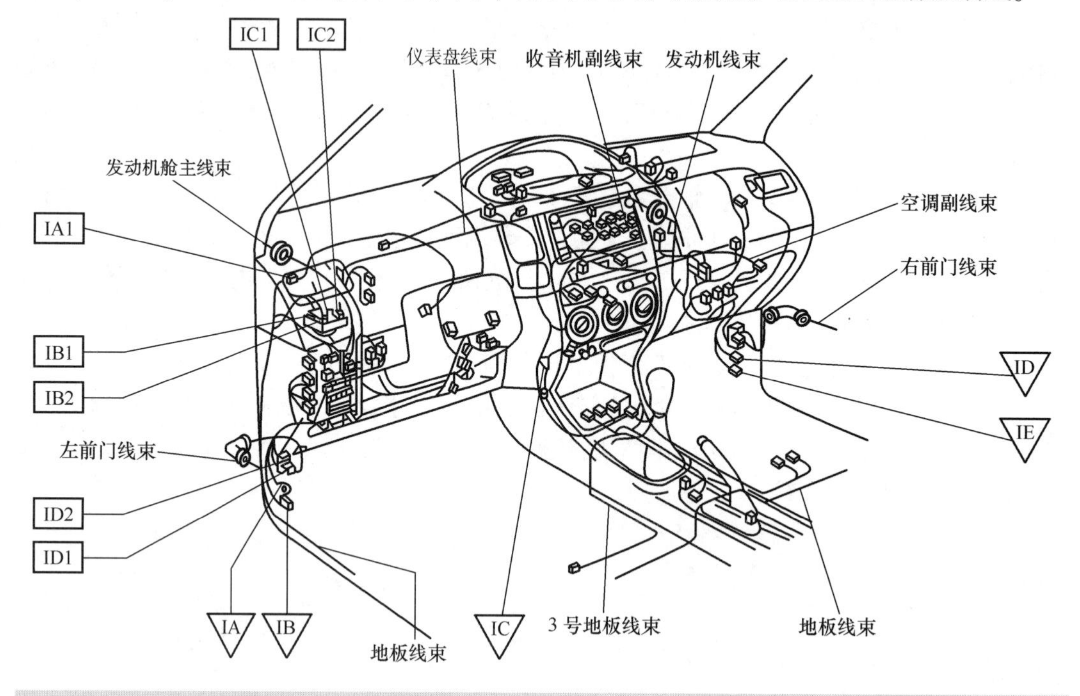

图1-4　驾驶室内的线束布置图

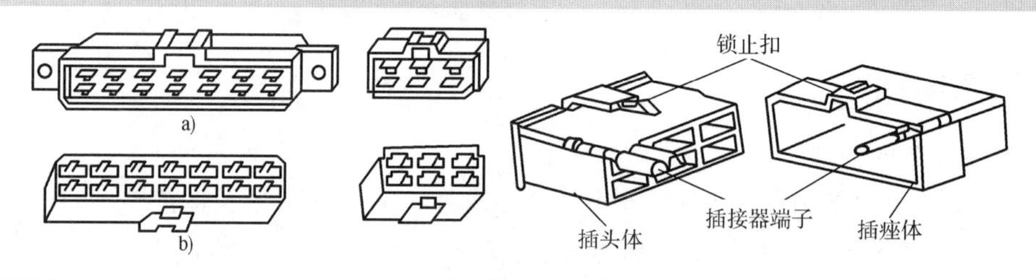

图1-5　插接器的结构形式
a)插头;b)插座

②插接器按连接的元件分,可分为四类。第一类是线束和电路零部件的连接,如图1-6所示;第二类是线束与线束的连接,如图1-7所示;第三类是线束与车身的连接,如图1-8所示;还有一类称为过渡插接器,将插接器中需要连接的导线用短接端子连接起来,如图1-9所示。

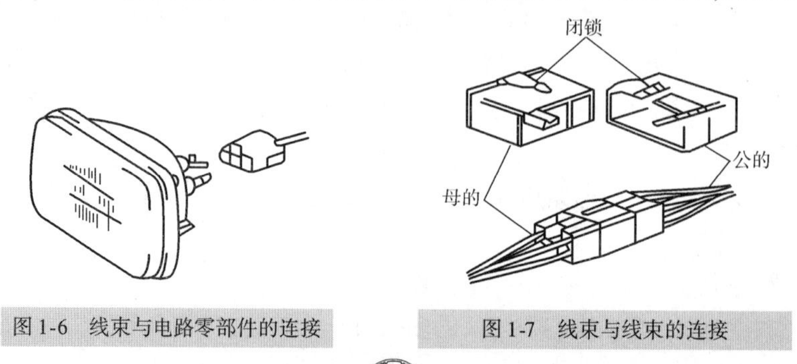

图1-6　线束与电路零部件的连接

图1-7　线束与线束的连接

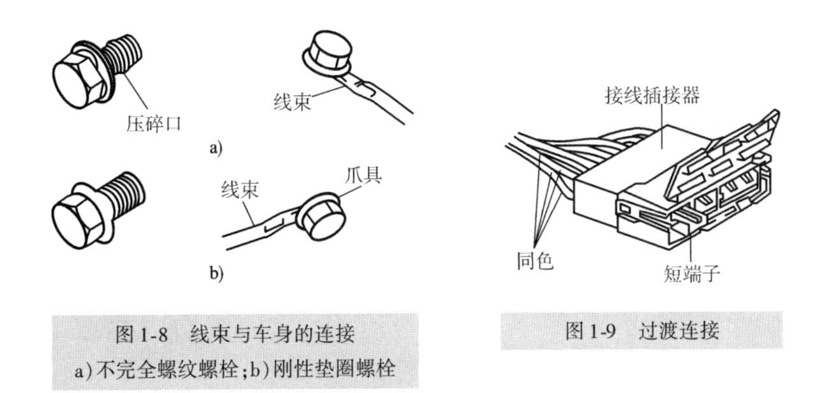

图 1-8　线束与车身的连接
a)不完全螺纹螺栓;b)刚性垫圈螺栓

图 1-9　过渡连接

(2)插接器的表示方法。插接器在电路图上通常用数字、字母及相应的符号表示,丰田车系插接器表示方法如图 1-10 所示,具体内容见表 1-4。

插接器的表示方法　　表 1-4

在电路图中的符号	连接类型	在电路图中的表示方法(示例)	插接器符号(示例)
Ⓐ,Ⓑ,Ⓒ	直接与零件连接	插脚编号 3 2 插接器符号 Ⓐ 继电器 5 4 1 一个连接器和一个零件	Ⓐ 插接器符号 插脚编号 1 2 3 4 5 配线束一侧的连接器
		插脚编号 插接器符号 1Ⓔ 1 Ⓕ N 插接器符号 起动机 几个插接器一个零件	插接器符号 Ⓕ Ⓔ 1 1 插脚编号 配线束一侧的插接器
1A,1B	与 1 号接线盒连接	插脚编号 插接器符号 3 1E 接线盒内的电路 4 1E	插接器符号 插接器颜色 1E 黑 3 4 插脚编号
2A,2B	与 2 号接线盒连接		
3A,3B	与 3 号接线盒连接		

续上表

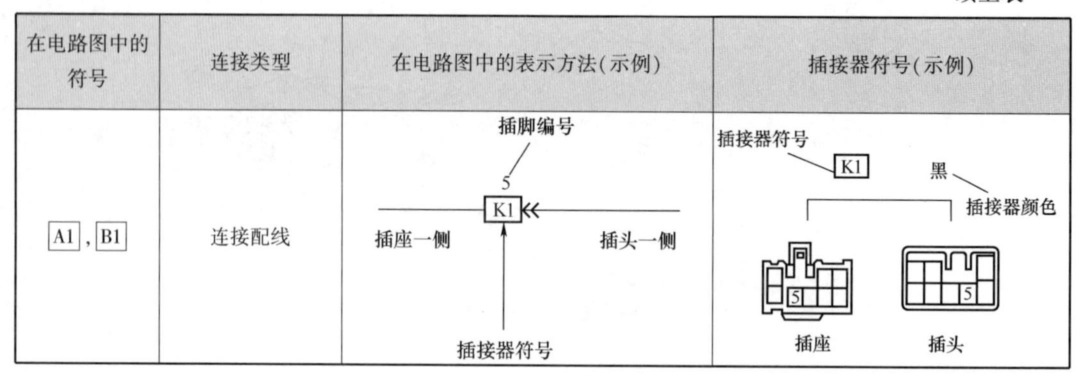

在电路图中的符号	连接类型	在电路图中的表示方法(示例)	插接器符号(示例)
A1,B1	连接配线	插脚编号 5 K1 插座一侧 插头一侧 插接器符号	插接器符号 K1 黑 插接器颜色 5 5 插座 插头

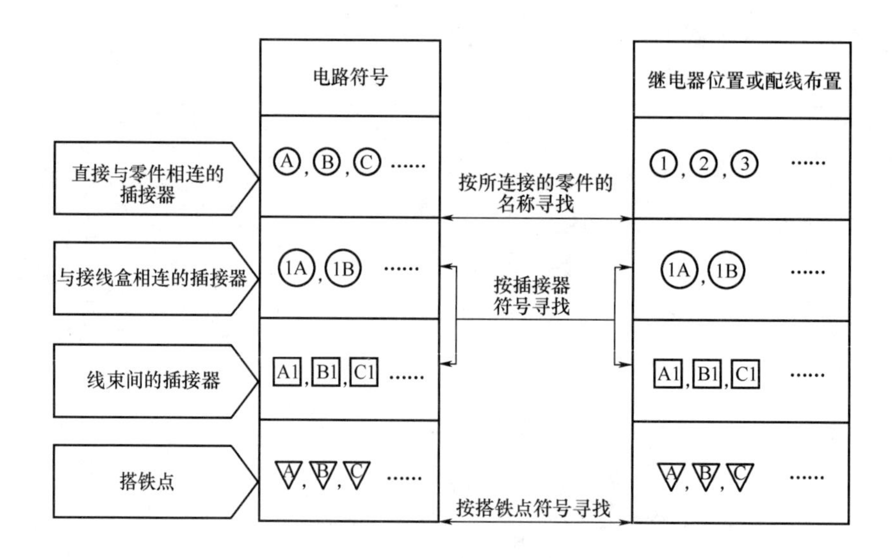

图1-10 丰田插接器的编号规律

(3)插接器的编号。为了较清楚地表示插接器中各导线的情况,通常都对插接器内的导线插脚进行编号,以便在检查电路时,尽快找到插接器中的各条导线,其编号方法如图1-11所示,某丰田车驾驶室线束布置对应的插接器实例如图1-12所示。

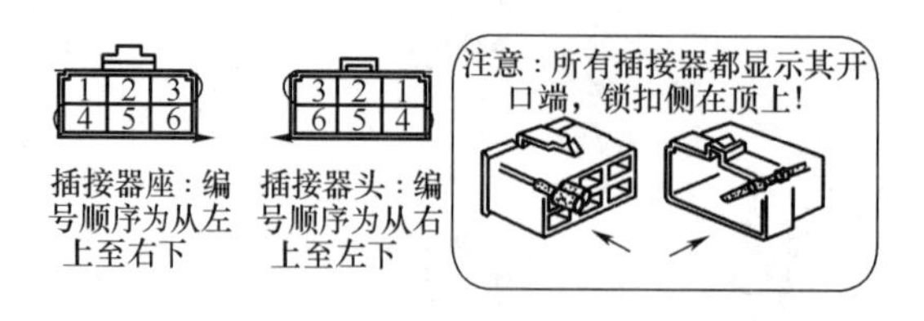

图1-11 插接器座与插接器头的编号方法对比图

为了要表示出线束搭铁的位置,电路图上对搭铁的地方都有较为明确的表示方法,如图1-13所示。

(4)插接器的代码。丰田卡罗拉轿车的插接器代码如图1-10、图1-12所示,其含义见表1-5。

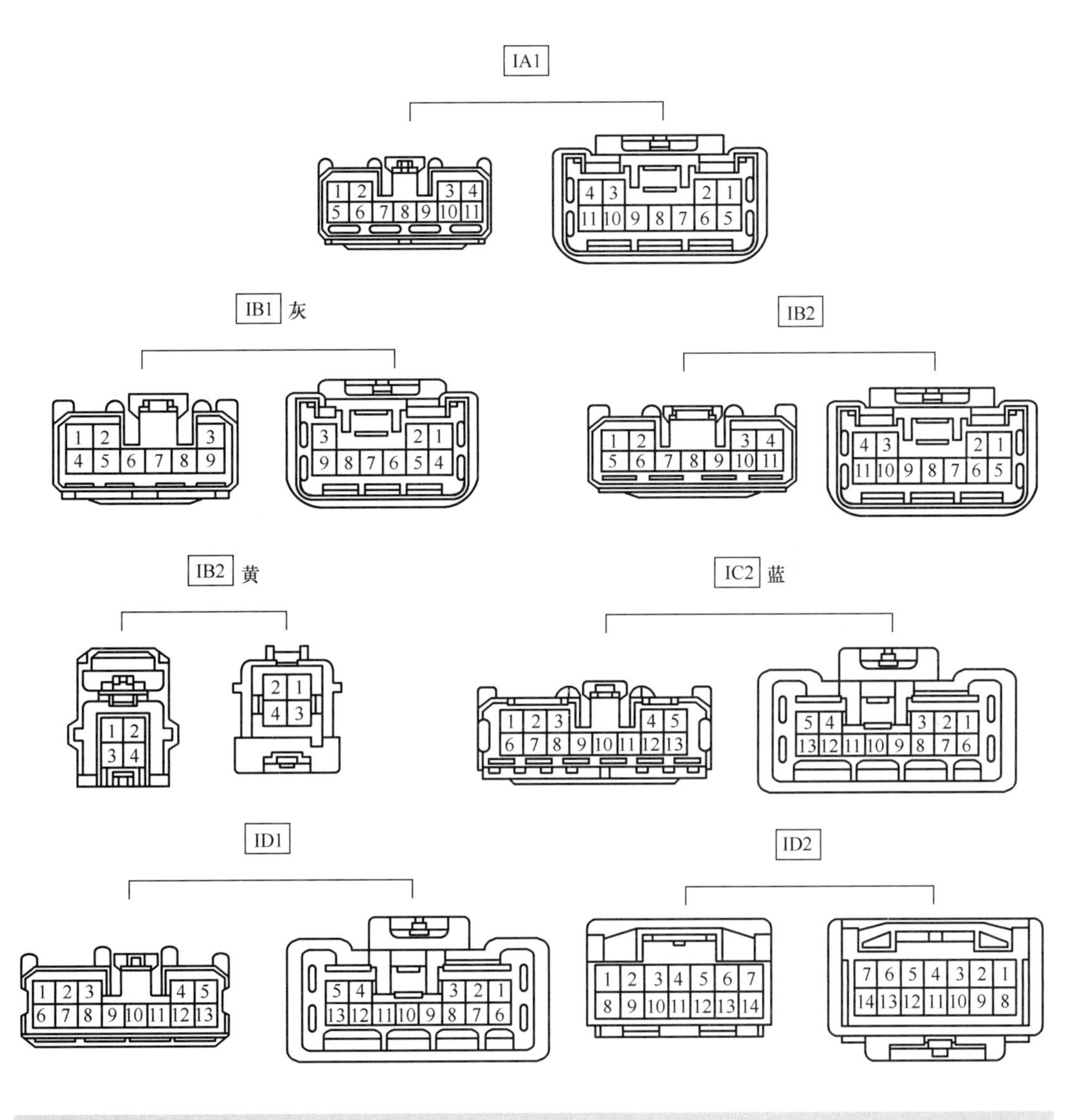

图 1-12　插接器示例图

插接器代码及其含义　　表 1-5

插接器代码	插接器布置位置
IA1	发动机舱主线束和地板线束(前隔壁侧板左侧)
IB1	地板线束和仪表线束(仪表板加强板左侧)
IB2	
IC1	发动机舱主线束和仪表板线束(仪表盘加强板左侧)
IC2	
ID1	左前门线束和仪表板线束(左脚踏板)
ID2	

图 1-13　搭铁点的表示方法

(三)电路保护装置

电路保护装置用于线路或电气设备发生短路及过载时,自动切断电路,以防线束或电气设备烧坏。汽车上常见的电路保护器有易熔线(丝)、熔断器及断路器。

1. 易熔线

易熔线是为在电流过大时熔化和断开电路而设计的导线。其截面积小于被保护电线截面,可长时间通过额定电流,一般为铜芯低压导线或合金导线。当电流超过易熔线额定电流数倍时,易熔线首先熔断,以确保线路或电气设备免遭损坏。易熔线常用于保护总电路或大电流电路。易熔线的多股绞合线外面包有聚乙烯护套,比常见导线柔软,一般长度为50～200mm,通过插接件接入电路,易熔线一般位于蓄电池和起动机或电气设备中心之间或附近,如图1-14所示。

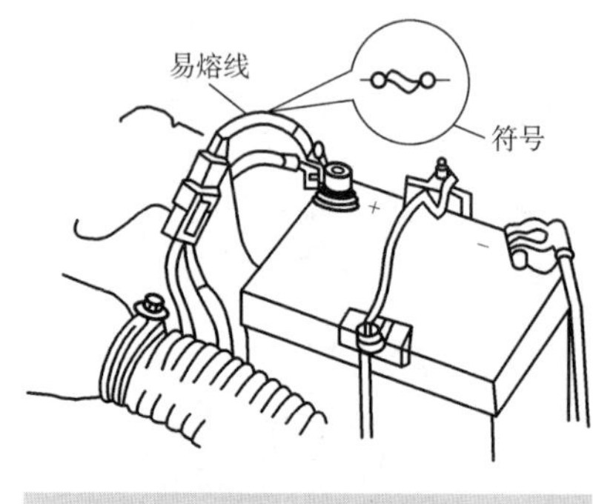

图1-14　易熔线安装位置

易熔线用其绝缘护套的颜色来区分其容量大小(即负载能力)。易熔线不能绑扎在线束内,也不得被其他物品所包裹。在含有易熔线的导线两端,利用断路检测仪或数字式万用表可确定它是否断开。如果断开,必须更换规格相同的易熔线。

2. 断路器

断路器是当电流负荷超过用电设备额定容量时将电路断开的一种可重复使用的电路保护装置。如果电路中存在短路或其他类型的过载条件,强大的电流将使断路器端子之间的线路断路。断路器有两种:一种为双金属片循环式断路器,另一种为正温度系数(FIE)断路器。

(1)双金属片循环式断路器。双金属片循环式断路器为热敏机械装置,它利用两种金属受热时不同的变形量,控制触点的开闭,如图1-15所示。当通过电流过大并达到一定的时间,这种断路器将断开,几秒钟后因温度降低,断路器重新闭合。如果导致大电流的原因仍然存在,断路器将再次断开。只要形成电流过高的条件未消除,断路器就将循环断开和闭合。

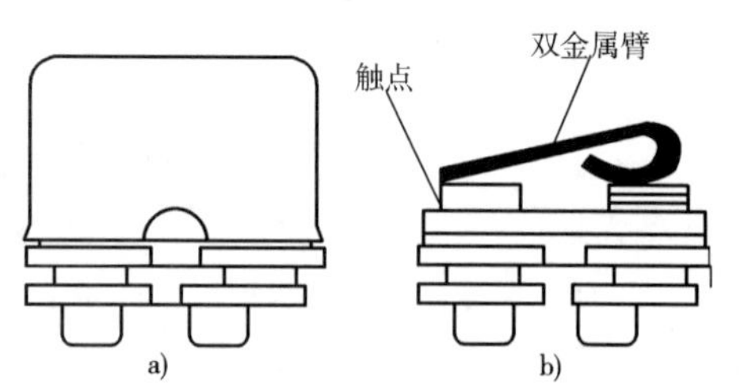

图1-15　双金属片循环式断路器
a)外形;b)内部

(2)正温度系数(FIE)断路器。正温度系数(FIE)断路器,即高分子聚合物正温度系数器件。该形式的断路器能在电流过大、温度过高时对电路起保护作用。使用时,将其串联在电路中,在电路正常时,其电阻很小,损耗也小,基本不影响电路的正常工作;但当电路中电流过大时(如短路),这种断路器的电阻将迅速增加。过大的电流将正温度系数装置加热,随着该装置受热,其电阻增大。达到限制电流过大的目的,电阻最终可以升高至将电路有效断开,避免损坏电路中的元器件。与普通断路器不同的是,只要电路不断开,保留端子上的电压,正温度系数装置就不会复位。电压撤销后,该断路器将在一两秒钟内重新闭合。

如果断路器连续不停地断、通,则说明电路已短路,应立即进行检修。

3. 熔断器

熔断器俗称保险,常用于保护局部电路,其限额电流值较小。熔断器的主要元件是熔丝(片),其材料是锌、锡、铅、铜等金属的合金。熔断器是最常用的汽车线路保护方法。只要流经电路的电流过大,易熔部件就会熔断并形成开路或断路。熔断器属于"一次性"保护装置,每次过载都需要更换。

现代汽车常设有多个熔断器,集中安装于熔断器盒内,且在盒盖上注明各熔断器的名称、额定容量和位置。常见熔断器按外形可分为熔管式、绝缘式、缠丝式、插片式等,如图 1-16 所示。丰田车系的熔断器如图 1-17 所示。插片式熔断器是现代汽车应用最广泛的一种熔断器,不论额定电流大小,其外形尺寸都一样。通常根据其塑料外壳的颜色区分熔断器的最大允许电流。表 1-6 列出了插片式熔断器塑料外壳颜色所代表的额定电流。

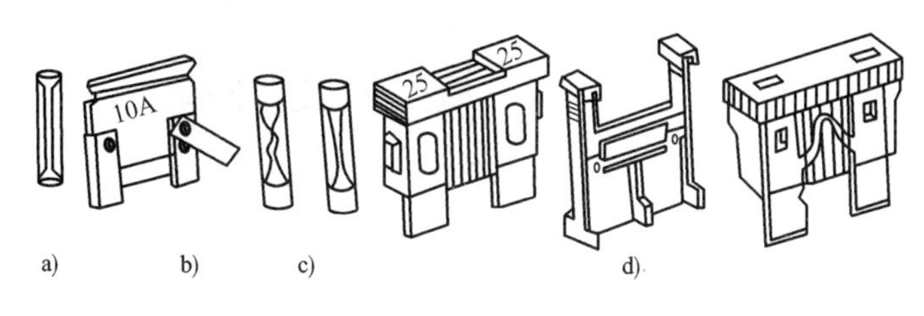

图 1-16 各种类型的熔断器

a)绝缘式;b)缠丝式;c)熔管式;d)插片式

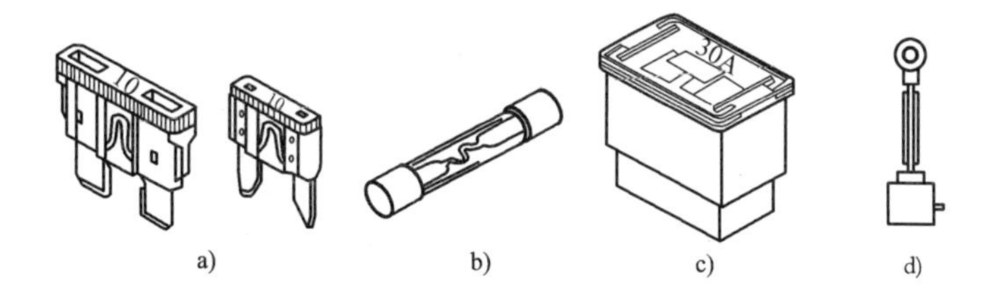

图 1-17 丰田车系的熔断器

a)叶片型;b),c)管型;d)连锁型

插片式熔断器塑料外壳颜色所代表的额定电流 表 1-6

颜 色	深绿	灰	紫红	紫	粉红	棕黄	金	褐	橘红	红	黑	淡蓝	黄	白	淡绿
额定电流(A)	1	2	2.5	3	4	5	6	7.5	9	10	14	15	20	25	30

小提示

更换熔断器时,应更换同规格的熔断器,切不可使用铜丝代替熔断器。

在电路原理图中,易熔线、断路器、熔断器这三种电路保护装置常用不同的符号来表示,如图 1-18 所示。

(四)电路控制装置

1. 各种开关

开关是控制电路接通和断开的关键。电路中主要的开关往往都汇集许多导线,如点火开关、车灯开关、组合开关等。汽车开关按结构分类,有单刀单掷开关、单刀双掷开关、多刀多掷开关等;按操纵方式不同分类,有旋转式、推拉式、顶杆式、扳柄式、翘板式及组合式等。下面重点介绍按操纵方式分类的开关。

(1)旋转式开关。它主要用于暖风机开关、点火开关、出风口位置调节开关等,暖风机开关的结构和外形如图 1-19 所示。

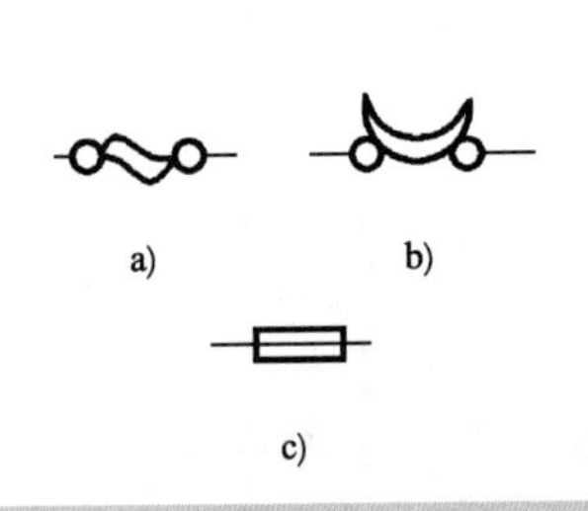

图 1-18 电路保护装置的常用符号
a)易熔线;b)断路器;c)熔断器

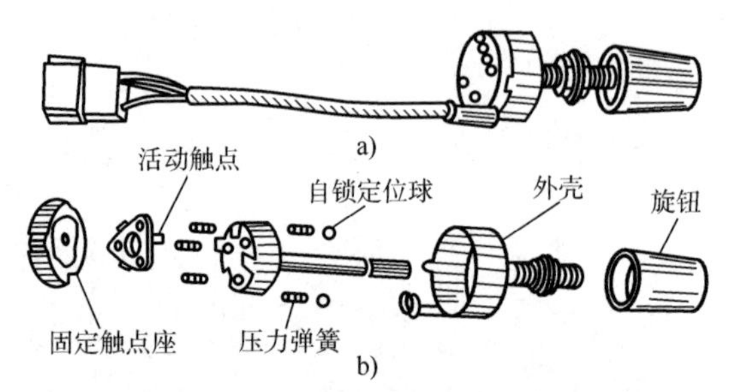

图 1-19 暖风机开关
a)外形图;b)分解图

点火开关主要用来控制点火电路、发电机磁场电路、仪表电路、起动继电器电路以及一些辅助电器等。一般都具有自动复位的起动挡位并配有钥匙以备停车时锁住,因此又称为钥匙开关。点火开关的接线端子有插片式和接线柱式两种。点火开关有的安装在仪表板台板上,如图 1-20 所示;有的安装在转向柱管上,以便停车时锁止转向盘。

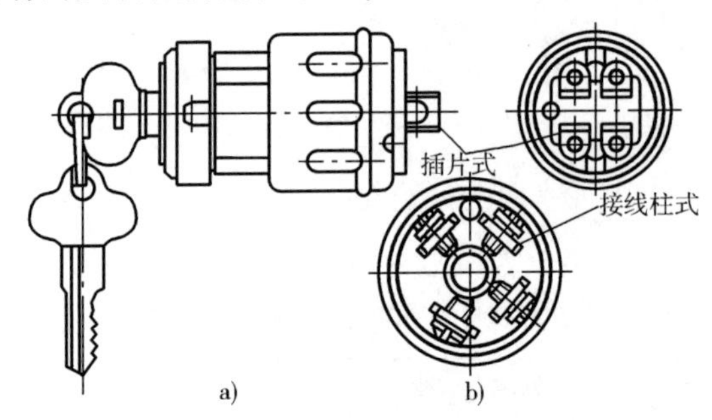

图 1-20 点火开关
a)外形图;b)接线柱

常用的点火开关是四接线柱式,4 个接线柱的连接情况:1 号接线柱为电源火线(BAT);2 号接线柱接点火系统(IG);3 号接线柱接辅助电器(Acc);4 号接线柱接起动电路(STA)。

(2)推拉式开关。它常用于控制灯光和刮水器,具有 2 ~ 3 个挡位,其结构如图 1-21 所示。

(3)顶杆式开关。顶杆式开关常用作门控灯开关、制动灯开关、倒车灯开关等,其结构如图 1-22 所示。

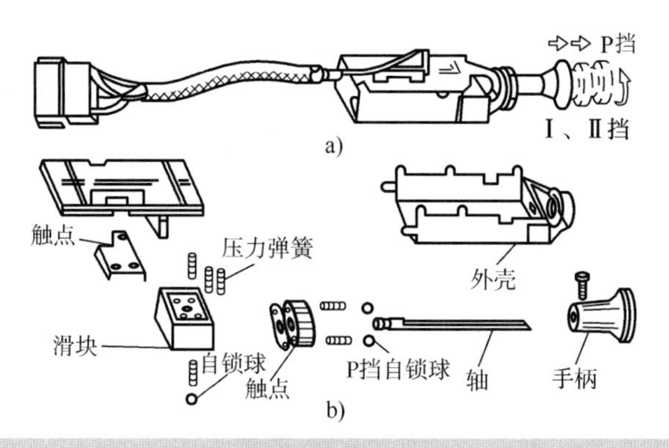

图 1-21　推拉式开关

a)外形图;b)分解图

(4)扳柄式开关。扳柄式开关因操纵空间较大,早期车辆上用得较多,如图 1-23 所示。

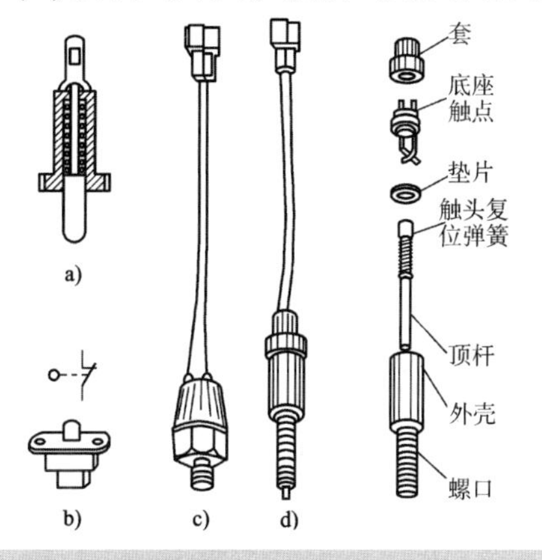

图 1-22　顶杆式开关

a)驻车制动灯开关;b)门开关;c)倒挡灯开关;d)制动灯开关(机械式)

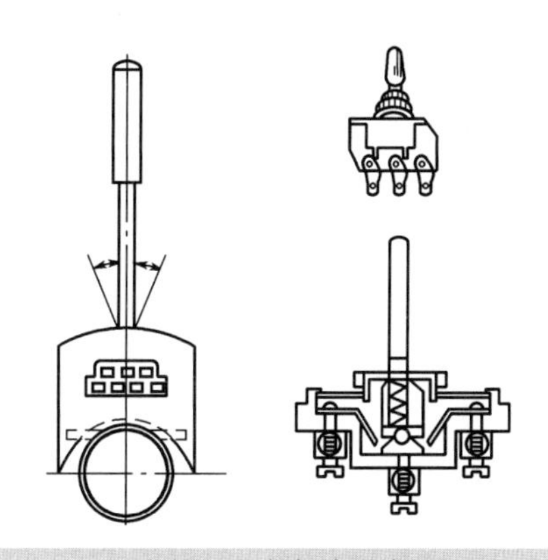

图 1-23　扳柄式开关

(5)翘板式开关。翘板式开关常用于风窗玻璃开关、自动车门开关等,如图 1-24 所示。

(6)组合式开关。为了操纵方便,保证行车安全,将各种开关组装在一个组合体内称之为组合开关。常常安装在转向盘下的转向柱上,且操纵手柄上制有表示用途的图形符号,丰田轿车灯光开关如图 1-25 所示;也常有布置在仪表板左下侧的,迈腾轿车、福特翼虎汽车灯光开关如图 1-26 所示。

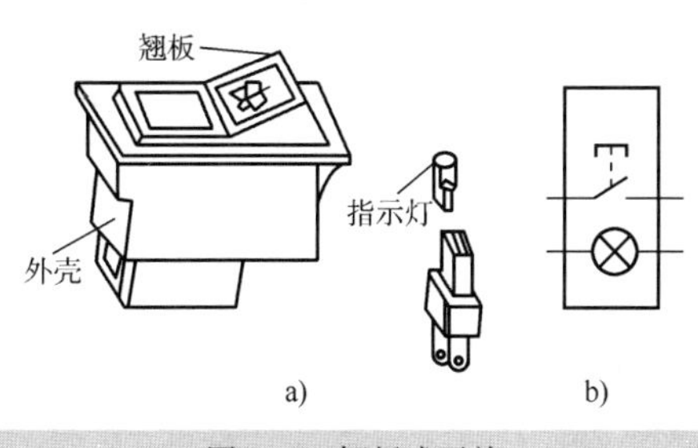

图 1-24　翘板式开关

a)外形图;b)图形符号

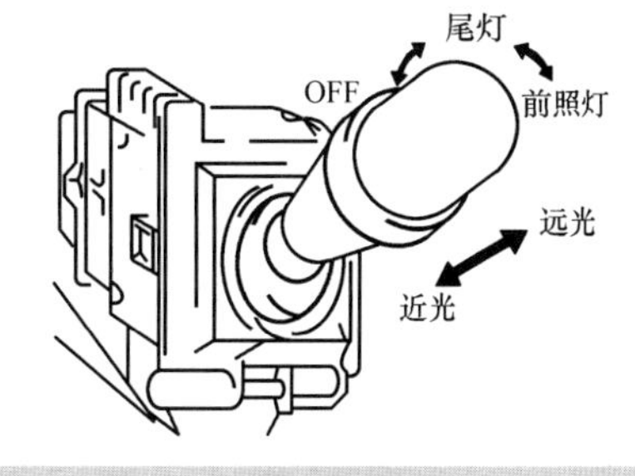

图 1-25　组合式开关

图1-26　迈腾轿车和翼虎汽车灯光开关

2. 车用继电器

(1)按继电器功能分类。继电器按功能可分为功能继电器和电路控制继电器两种。功能继电器有闪光继电器、刮水间歇继电器等;电路控制继电器即单纯实现电路通与断转换的继电器,它的作用主要是减小开关的电流负荷,保护开关触点不被烧蚀,即用通过开关的小电流,去控制用电装置的大电流。这种继电器在汽车上常见的有:卸荷继电器、前照灯继电器、雾灯继电器、起动机继电器、喇叭继电器、鼓风机继电器、空调压缩机电磁离合器继电器等,其外形如图1-27所示。

(2)按继电器外形和插脚数分类。继电器按外形分有圆形和方形两种;按插脚数目分有三脚、四脚、五脚、六脚等多种。

(3)按继电器触点状态分类。根据继电器触点的状态不同,又分为常开(动合触点)型、常闭(动断触点)型和开闭混合型三类。常开型继电器触点平时是断开状态,继电器动作后触点闭合,接通控制电路;常闭型继电器触点平时是闭合状态,继电器动作后触点断开,切断控制电路;混合型继电器,平时常开触点断开,常闭触点闭合,如果继电器线圈通电,则触点处于相反状态。图1-28所示为普通继电器外形和原理图。一般继电器接线端子的标记与含义见表1-7。

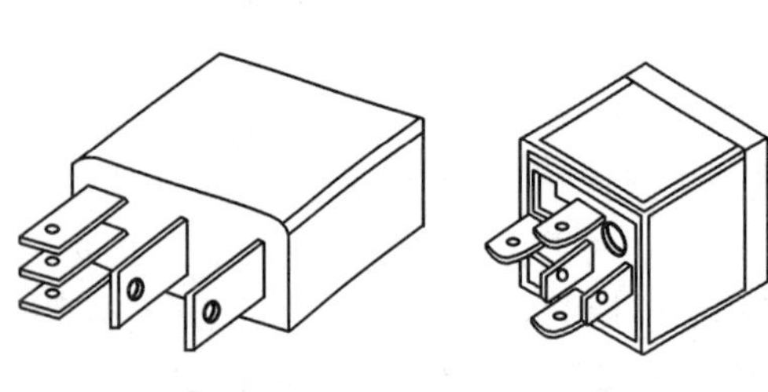
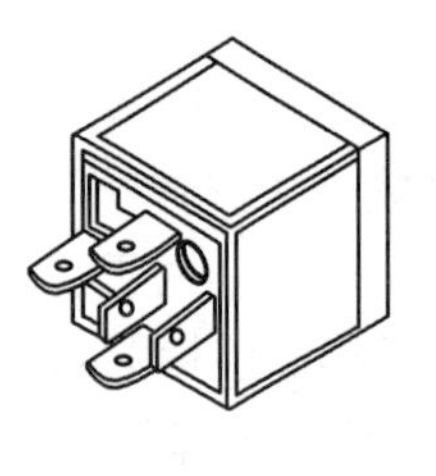

图1-27　继电器外形图

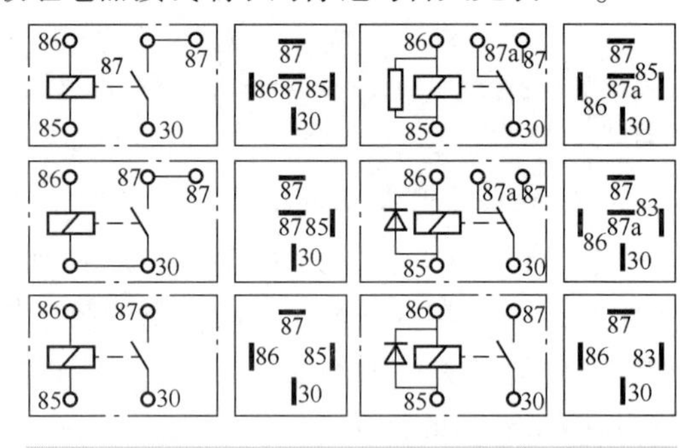

图1-28　继电器的外形和原理图

常闭触点继电器接线端子的标记与含义　　表1-7

接线端子标记		接线端子标记的含义
基本标记	下标	
30		继电器上,常闭触点、常开触点、转换触点的输入接线端子
85		继电器上,绕组始端接线输入端子
86		继电器上,绕组末端接线输出端子
87		常开触点的输出接线端子
	87a	常闭触点的输出接线端子

小提示

有的继电器接线端子的标记因生产厂家不同,会出现相同的数字而含义不同。

(4)按继电器的连接方式分类。继电器按连接方式不同,分为接柱式和插接式两种。接柱式继电器触点的容量较大,在较早的国产车上起动电路、喇叭电路很常见,但连接烦琐,已被插接式继电器所取代。插接式继电器因安装方便、体积较小,在国外和国产新型汽车上得到了广泛的应用。

(5)按继电器的工作电压分类。继电器按工作电压分为12V和24V两种,分别应用于相应标称电压的汽车上,两种标称电压的继电器不能互换使用。

(6)继电器的组成及部分参数。继电器由电磁铁和触点等组成,为防止线圈断电时产生的自感电动势将电子设备损坏,有的继电器磁化线圈两端并联泄放电阻或续流二极管。常用12V继电器磁化线圈电阻为65~85Ω,24V继电器磁化线圈电阻为200~300Ω。

3. 中央控制盒

为便于诊断故障,规范布线,现代汽车常将熔断器、断路器、继电器等电路易损元件集中布置在一块或几块配电板上,配电板背面用来连接导线,这种配电板(包括各元件)及其盖子就组成了中央控制盒(或称中央线路板)。轿车整车电气系统采用中央线路板方式,即大部分继电器和熔断器都安装在中央线路板正面,如图1-29所示。部分熔断器安装在仪表板左下方的熔断器盒中,如图1-30所示。

图1-29　迈腾轿车发动机舱中央接线盒

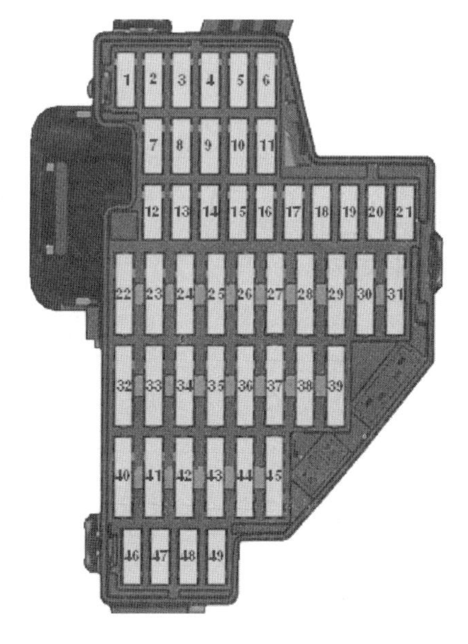

图1-30　迈腾轿车仪表板左熔断器盒

(五)电路符号

汽车电路图是维修汽车电气设备的重要资料,各大汽车生产厂商提供的维修手册都包含有相应的电路图册以备维修时使用,丰田车系电路元件符号见表1-8。

丰田车、美系车电路元件符号　　表1-8

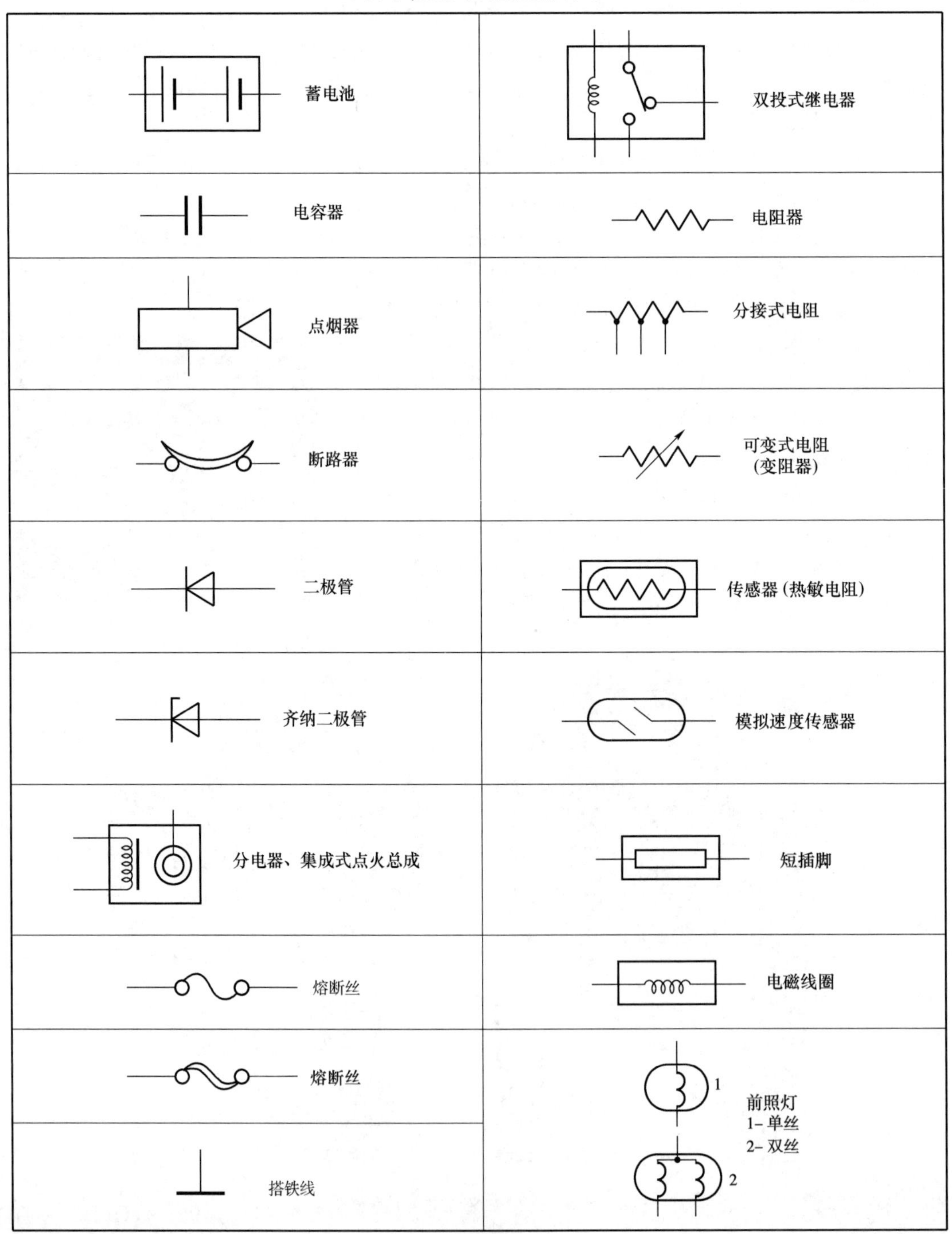

续上表

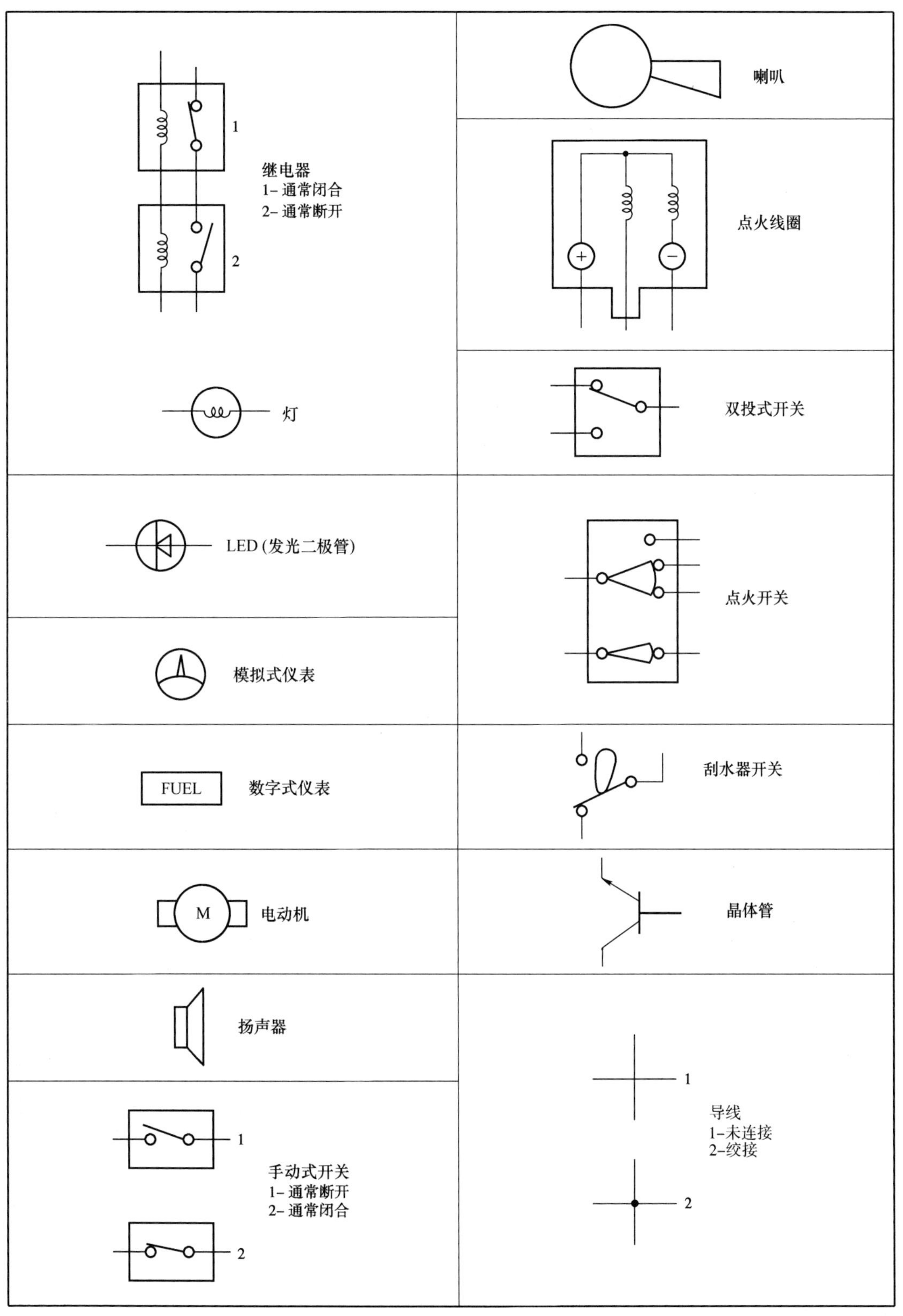

1
2
继电器
1- 通常闭合
2- 通常断开
喇叭
+
−
点火线圈
灯
双投式开关
LED (发光二极管)
点火开关
模拟式仪表
FUEL
数字式仪表
刮水器开关
M
电动机
晶体管
扬声器
1
导线
1-未连接
2-绞接
2
1
手动式开关
1- 通常断开
2- 通常闭合
2

汽车电路基本元件的结构较为复杂,若直接在电路图上画出电路基本元件将使电路图更为复杂,也不容易看懂,因此电路图在绘制中都采用相应的符号来表示各种电路基本元件。目前世界各国汽车生产厂商还没有统一电路图的符号,但从汽车电路图来看,虽然符号不尽相同,但差别不大,并且电路图都有相应的说明来解释所采用的符号。下面以丰田车系的电路图符号为例说明用电路元件符号表示电路基本元件的方法。

(六)检查电路的方法

当汽车电路出现故障时,在进行检查之前,首先应仔细阅读电路图,将系统电路图读懂,搞清楚系统的功能,然后再根据电路图从电源开始检查,一直查到搭铁处,就可将故障点查出。

1. 熔断器及相关电路的检查方法

熔断器可用目视检查,也可用万用表的电阻挡进行检查,测量熔断器是否导通。如果熔断器烧毁,用万用表测量时,其电阻为无穷大。熔断器烧毁后,应找出熔断器烧毁的原因,并对线路进行检测,可用万用表测量熔断器的电源端是否有电源的电压,测量电器端是否直接搭铁。如果电源端无电压则应继续向电源方向检查,直至查到电源为止。若电器端搭铁(检测处与搭铁间电阻为0),则必须查出线路在何处搭铁,排除故障,否则换上新熔断器也会烧毁。

2. 继电器及相关电路的检查方法

继电器一般由一个控制线圈和一对或两对触点组成,触点有常开和常闭触点之分,检查时用万用表的电阻挡测量继电器的线圈,检查其电阻是否符合要求,如果电阻符合要求,再给继电器线圈加载工作电压,检查其触点的工作情况,如果是常开触点,加载工作电压后,触点应闭合,测量电阻应为0;如果触点为常闭触点,加载工作电压后,其触点应断开,测量电阻应为无穷大,如图1-31所示。

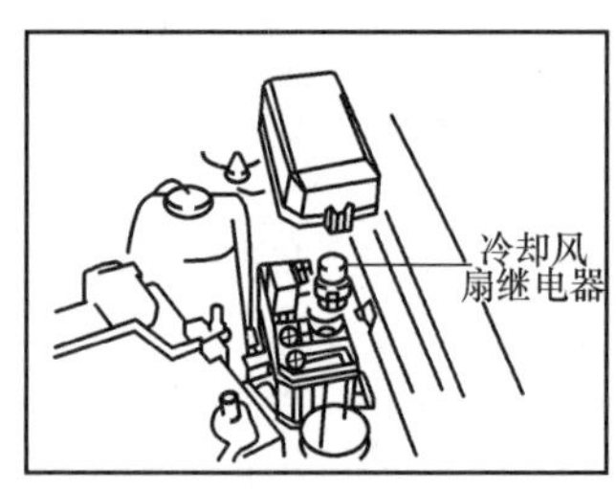

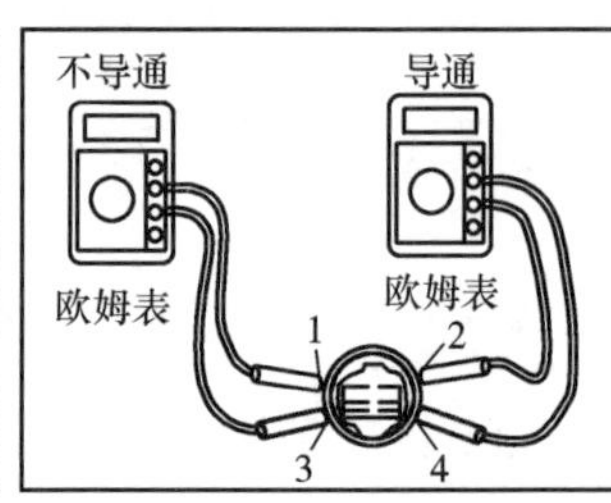

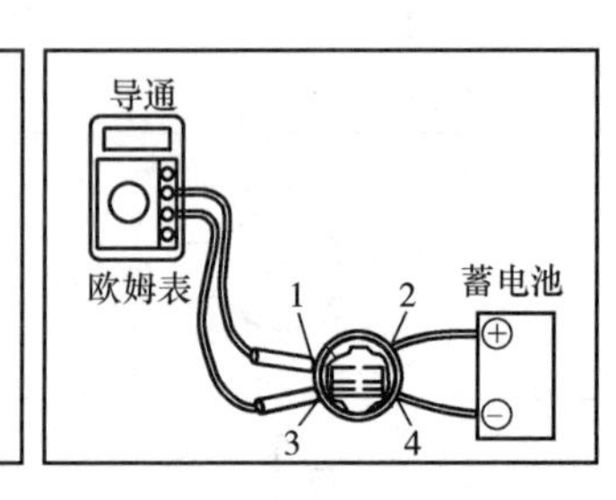

图1-31　继电器的测量

相关电路检测时,继电器线圈的两个插脚,一个在控制开关接通后应有继电器的工作电压,另一插脚应搭铁。触点的插脚应根据电路图确定其应接电源还是搭铁,并按照其工作情况用万用表检测是否符合要求,如图1-32、图1-33所示。

如果检测到的数据与正确的数据不符,就说明系统有故障。如图1-32中在开关断开时各点的电压应为万用表所示的数值,图1-33为开关接通时各点的电压,如果电压不符,如图1-37中继电器触点处有2V电压,就说明此处有接触电阻,故障为触点接触不良。

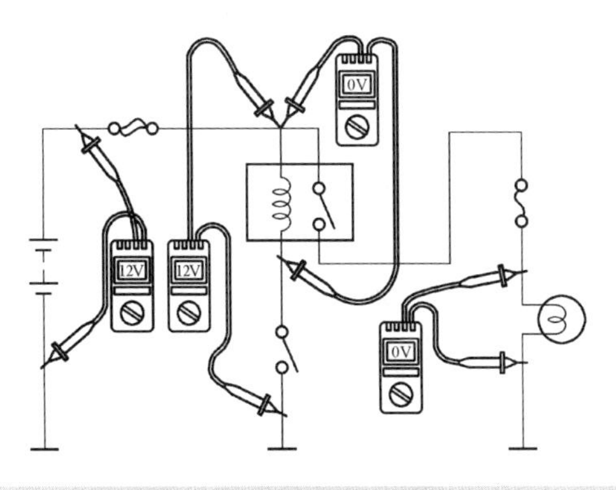

图 1-32　开关断开时继电器电路检查

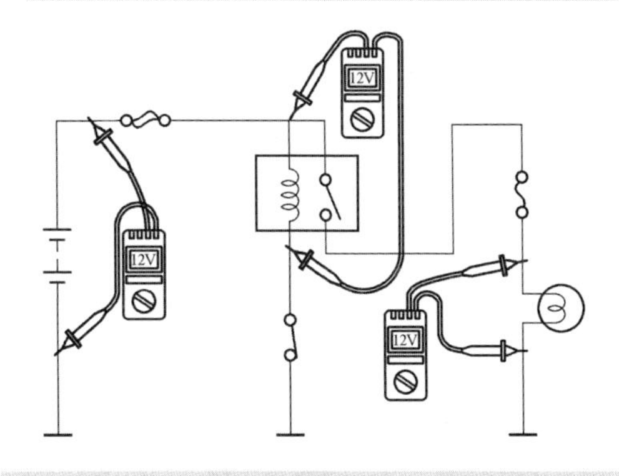

图 1-33　开关闭合时继电器电路检查

3. 灯泡的检查方法

灯泡是汽车电路基本元件中比较容易损坏的部件，检查时一般可用万用表检查灯丝的通断。如果测量到灯丝的电阻为无穷大，则为灯泡损坏，灯泡的检查如图 1-34 所示。

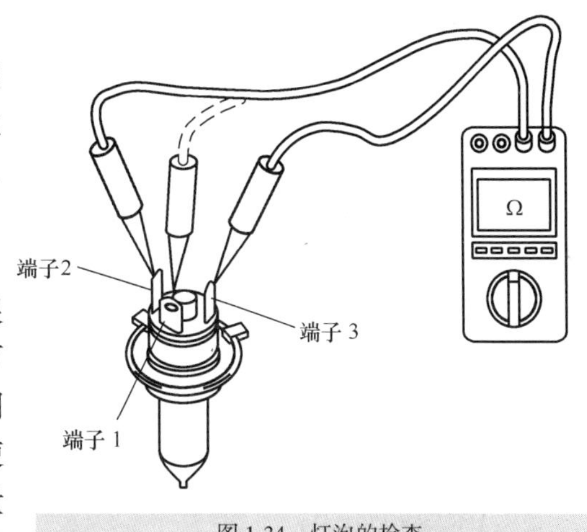

图 1-34　灯泡的检查

4. 开关的检查方法

开关是汽车用电器中最常用的部件，可根据开关的功能和开关各挡位的导通情况用万用表进行检查。通常开关与线束连接时采用插接器，插接器上的导线都有编号，检查时，使开关处于不同的挡位，按照开关接通情况测量插接器相应编号导线之间的导通情况，前照灯开关的检查如图 1-35 所示，如果检查的结果不符合开关的功能要求，说明开关已经损坏。

5. 线路的检查方法

线路检查一般采用两种方法：一种是利用万用表的电压挡，沿着电路图中的线路分段用万用表检查电压或用试灯测试亮灭的情况；另一种方法是用万用表的电压挡测量相应位置电压及搭铁情况，如图 1-36 所示。

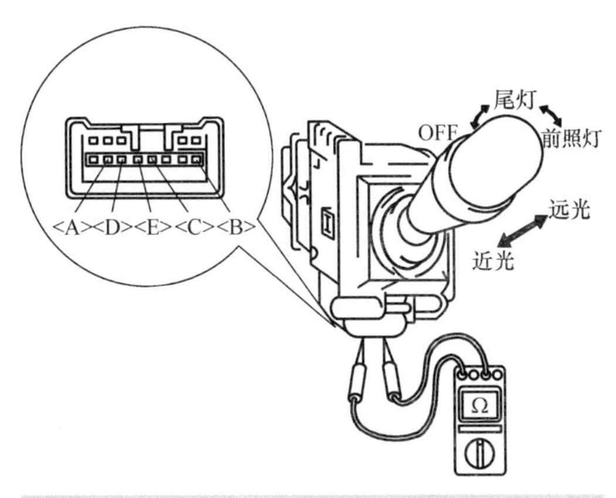

图 1-35　前照灯开关的检查

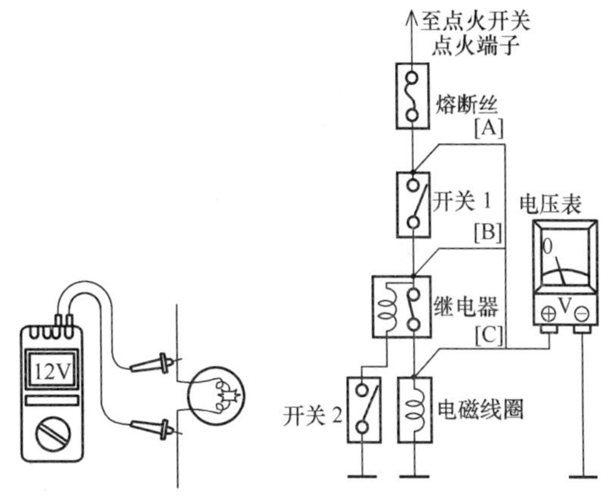

图 1-36　线路电压检测

线路有接触不良或继电器触点接触不良可用万用表电压挡检查,如图1-37所示。

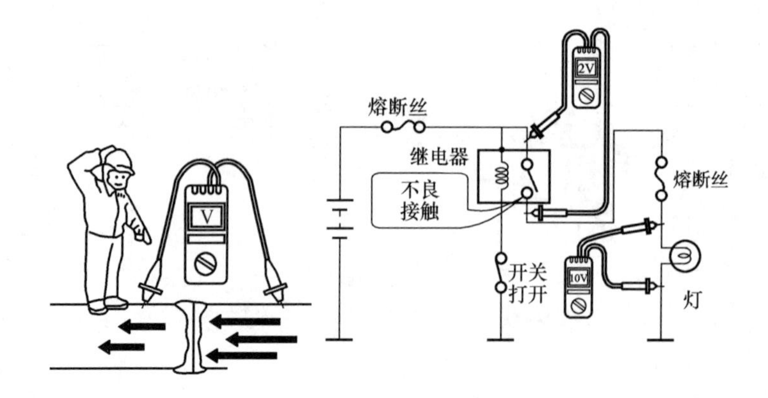

图1-37 线路或触点接触不良的检查方法

二、组 织 实 践

(一)工作任务

(1)检查汽车电路中单个元件,并在必要时更换它们。
(2)诊断汽车电路基本元件故障。

(二)实践操作目标

(1)了解汽车电路基本元件的组成及其结构特点。
(2)通过检测或试验来判断电路基本元件是否正常工作。
(3)通过实践操作,进一步加深对电路基本元件结构和工作过程的理解。

(三)实践准备

1. 实践操作所用的设备

实训用车辆(建议用常见的丰田车、大众车)、蓄电池、工作台等。

2. 实践操作所用工量具和材料

干净的抹布,常用工具,汽车万用表,LED试灯,汽车电路基本元件(导线、熔断器、继电器、开关、插接器、灯或其他用电设备等),汽车电路图册,汽车维修手册等。

(四)技术要求与注意事项

(1)注意万用表使用中,挡位的正确选择(按指导老师要求)。
(2)使用电路图册时,要注意避免破损。
(3)一般来说,汽车的正常冷却液温度应该是80~90℃。
(4)维修手册所述的其他相关要求。

(五)操作步骤及方法

1. 熔断器及导线的检查

(1)如图1-17所示的熔断器,在直观检查时你观察到熔断器＿＿＿＿＿＿(正常/有断路)。

(2)你观察到的一段导线,其颜色是:＿＿＿＿＿＿;截面积是:＿＿＿＿＿＿;外观检查情况＿＿＿＿＿＿(看不出问题/有断路)。

(3)用万用表检查熔断器通断情况,检查结果是:＿＿＿＿＿＿(导通/有断路)。

(4)熔断器和导线检查的结论是:＿＿＿＿＿＿(正常/不正常),处理措施:＿＿＿＿＿＿(不处理/修复/更换)。

2. 线束和插接器的检查

(1)你所用的线束有导线＿＿＿＿＿＿根(数量),它们的颜色分别是＿＿＿＿＿＿;有插接器＿＿＿＿＿＿个(数量);其中一端为插接器座,端子代码为:＿＿＿＿＿＿,插接器颜色标记为:＿＿＿＿＿＿,它连接＿＿＿＿＿＿(部件名称),外形编号图示为:＿＿＿＿＿＿;另一端为插接器头,端子代码为:＿＿＿＿＿＿,插接器颜色标记为:＿＿＿＿＿＿,它连接＿＿＿＿＿＿(部件名称),外形编号图示为:＿＿＿＿＿＿。

(2)用万用表检查线束导通情况,完成表1-9。

线束导通情况检查登记表　　　　表1-9

端子编号	连接导线颜色	端子去向	检查结果

(3)检查线束和插接器的结论:＿＿＿＿＿＿(正常/不正常)。

处理措施为:＿＿＿＿＿＿(不处理/修复/更换)。

3. 开关的检查

(1)你检查的开关名称是:＿＿＿＿＿＿,它用于控制:＿＿＿＿＿＿;有插接器＿＿＿＿＿＿个(数量),其颜色标记为:＿＿＿＿＿＿;导线有＿＿＿＿＿＿根(数量),各自颜色分别为:＿＿＿＿＿＿＿＿＿＿＿＿＿＿＿＿＿＿＿＿。

(2)用万用表检查开关导通情况,以门控灯或制动灯开关为例,完成表1-10。

开关导通情况检查登记表　　　　表1-10

端子编号	连接导线颜色	开关状态(开/关)	正常情况	检查结果

4. 继电器的检查试验

(1)你检查的继电器的名称是:＿＿＿＿＿＿,它用于控制:＿＿＿＿＿＿;它安装于

__________(具体位置),继电器的插脚数为:__________个(数量),其编号分别是__________,继电器外形如图 1-26 所示。

(2)用万用表检查线圈电阻为:__________欧姆,由此判断为继电器线圈:__________(正常/不正常)。

(3)继电器连线试验。

①按图 1-32、图 1-33 所示进行线路、元件连接和测量,你所用到的电路基本元件主要有:______________________________________;它用于控制:______________________________________。

②如图 1-32 所示,当控制开关断开时:

a. 用万用表测量蓄电池两端电压,其电压为:__________V(12/24/0),由此判断蓄电池__________(正常/不正常)。

b. 用万用表测量继电器接线端与控制开关搭铁端之间电压,其电压为:__________V(12/24/0),由此判断蓄电池正极与继电器连接__________(正常/不正常)。

c. 用万用表测量继电器电磁线圈间电压,其电压为:__________V(12/24/0),由此判断继电器电磁线圈没有__________(搭铁/短路/断路)。

d. 用万用表测量灯泡两端电压,其电压为:__________V(12/24/0),此时灯泡本身没有问题,灯__________(亮/不亮),由此判断灯泡没有__________(搭铁/供电)。

e. 结论:控制开关断开,继电器供电__________(正常/不正常)。

③如图 1-33 所示,当控制开关闭合时:

a. 用万用表测量蓄电池两端电压为:__________V(12/24/0),由此判断蓄电池__________(正常/不正常)。

b. 用万用表测量继电器电磁线圈间电压,其电压为:__________V(12/24/0),由此判断继电器电磁线圈__________(有正常电压/有短路/有断路),控制开关__________(正常闭合/正常断开/不正常)。

c. 用万用表测量灯泡两端电压,其电压为:__________V(12/24/0),此时灯泡本身没有问题,灯__________(亮/不亮),由此判断灯泡工作__________(正常/不正常)。

d. 结论:继电器工作__________(正常/不正常)。

5. 工作总结

完成上面的操作后,你认为哪些知识对于你学习电路基本元件知识有帮助?

____

____

____

____

三、学习拓展

图 1-38 是丰田轿车的点火电路图,电路图中标出了电路基本元件,分别有蓄电池、主熔断器、AM2 熔断器、仪表接线盒、点火开关、点火线圈、点火器、ECM 及各导线和插接器。

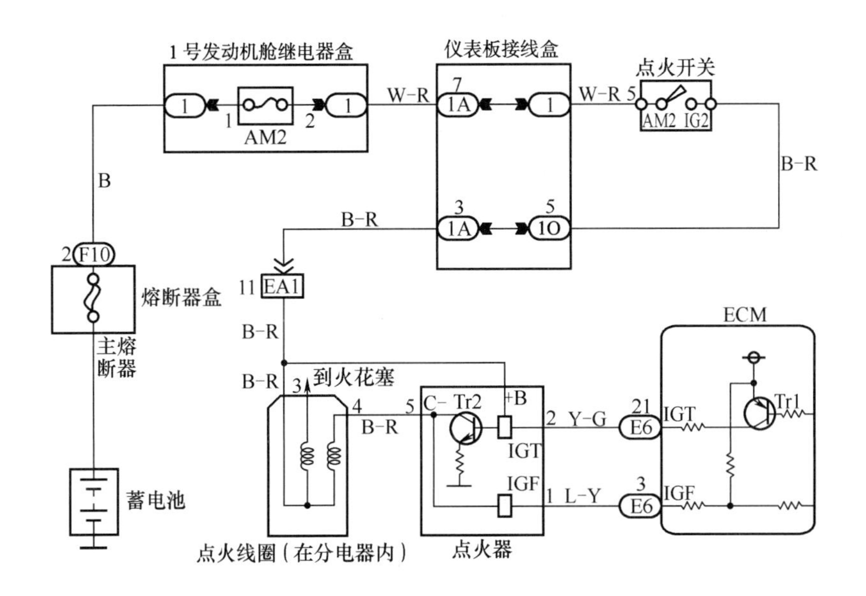

图1-38　丰田轿车点火电路基本元件图

四、评价与反馈

1. 自我评价与反馈

(1)你能否主动参与工作现场的清洁工作？(　　)

A. 主动完成　　B. 被动完成　　C. 未完成

(2)完成本学习任务后，你对《汽车维修手册》等资料的使用是否快速和规范？(　　)

A. 快速规范　　B. 规范但不熟练　　C. 不会使用

(3)你能否正确规范地完成汽车电路基本元件的检修？(　　)

A. 独立完成　　B. 小组合作完成　　C. 老师指导下完成

(4)你是否掌握了汽车电路基本元件的故障诊断流程？(　　)

A. 完全掌握　　B. 部分掌握　　C. 基本掌握

(5)完成本学习任务之后，你对汽车电路基本元件知识的学习有哪些体会？

____

____

____

____

(6)下次遇到类似的学习任务，应如何改善以提高学习效率？

____

____

____

____

(7)其他补充。

____

____

____

签名:________ ________年________月________日

2. 小组评价与反馈

(1)实践操作中边学边做边记的情况如何?(　　)

A. 操作过程中能做认真必要的记录　B. 操作认真但未记录

C. 在老师指导下操作　D. 不会做更不会记录

(2)是否主动参与小组讨论?(　　)

A. 主动参与　B. 被动参与　C. 未参与

(3)是否完成了本学习任务的学习目标?(　　)

A. 完成且效果好　B. 完成但效果不好　C. 未完成

(4)是否积极学习,不懂的是否积极向别人请教,是否积极帮助他人学习?(　　)

A. 积极学习　B. 积极请教

C. 积极帮助他人　D. 都不积极

(5)是否按"5S"规范进行操作?(　　)

A. 按"5S"规范　B. 按"5S"规范未做好

C. 不规范　D. 不按"5S"规范

(6)实践操作是否有收获,操作过程中是否有危险?(　　)

A. 收获大,无危险　B. 收获大,危险大

C. 无收获,无危险　D. 无收获,危险大

(7)其他补充。

____

____

____

____

参与评价的同学签名:________ ________年________月________日

3. 教师评价及答复

____

____

____

____

教师签名:________ ________年________月________日

五、技能考核

汽车电路基本元件的检修考核评分标准见表1-11。

汽车电路基本元件检修考核评分标准　　表 1-11

序号	项目	操作内容	规定分值	评分标准	得分
1	准备	清点工量具、清理工位 被检查元件的情况确认 检查电源开关	3 分 4 分 3 分	酌情扣分 不正确扣 1 ~4 分 检查不正确扣 1 ~3 分	
2	单个元件检查	直观检查 特征记录 元件测量 检查结果	4 分 5 分 5 分 5 分	酌情扣分 不正确扣 1 ~5 分 操作不正确扣 1 ~5 分 不正确扣 1 ~5 分	
3	多个电路元件检修与试验分析	两个以上元件检查 元件连接 线路测试 检查确认 电路试验 检查试验结果及结论 处理措施	5 分 5 分 5 分 5 分 5 分 5 分 5 分	检查不正确扣 2 ~5 分 操作不正确扣 2 ~5 分 操作不正确扣 2 ~5 分 操作不正确扣 2 ~5 分 操作不正确扣 2 ~5 分 不正确扣 2 ~5 分 不正确扣 2 ~5 分	
4	回答问题	电路基本元件有哪些? 电路基本元件检修应注意什么? 电路基本元件安装有哪些位置?	5 分 5 分 5 分	不正确扣 2 ~5 分 不正确扣 2 ~5 分 不正确扣 2 ~5 分	
5	完成时限	10min	10 分	超时 1 ~5min 扣 1 ~5 分 超时 5min 以上扣 10 分	
6	安全文明	无安全隐患,无不文明操作	5 分	未达标扣 1 ~5 分	
7	结束	工量具清洗、归位 工作场地清洁	3 分 3 分	漏一项扣 1 ~3 分 不彻底扣 1 ~3 分	
总分			100 分		

学习任务二 电源系统检修

任务要求

完成本学习任务后,你应能:

1. 叙述汽车发电机的组成、结构;
2. 概括汽车发电机的检修基本方法;
3. 对汽车发电机测试和更换;
4. 简单分析汽车发电机常见故障原因;
5. 识读电源系统电路图。

建议学时:12 学时

任务描述

一辆丰田卡罗拉 1.8L GL-i 型自动挡汽车在行驶过程中充电指示灯忽亮忽灭。到维修站后,维修人员对该电源系统进行检修。确定故障部位在发电机,并进行了相关检修操作,排除了上述故障,故障现象消失。

一、理论知识准备

(一)电源系统概述

汽车电源系统一般由蓄电池、发电机、调节器、电流表(或电压表)、电源状态指示装置及其继电器等组成,如图 2-1 所示。其作用是向全车用电设备提供低压直流电源。

汽车上的电气设备越来越多,传统的电源系统已不能满足要求,现在出现了由计算机管理的新型电源管理系统,对蓄电池电源、发动机的电压及其他用电设备进行统一管理。

1. 蓄电池

蓄电池是将化学能直接转化成电能的一种装置,是按可再充电设计的电池,通过可逆的化学反应实现再充电,通常是指铅酸蓄电池,它是蓄电池中的一种。它的主要作用有:

(1)在起动发动机期间,它为起动系统、点火系统、电控燃油喷射系统和汽车的其他电气设备供电。

(2)当发动机停止运转或低怠速的时候,它给汽车用电设备供电。

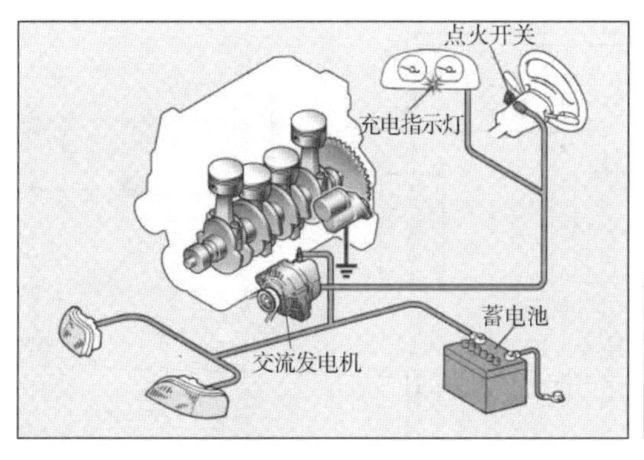

图 2-1　电源系统基本组成

(3)当出现用电需求超过发电机供电能力时,蓄电池也参加供电。

(4)蓄电池起到了整车电器的电压稳定器的作用,能够缓和点火系统中的冲击电压,保护汽车上的电子设备。

(5)在发电机正常工作时,蓄电池将发电机发出的多余的电能存储起来,即发电机为蓄电池充电。

2. 发电机

发电机是汽车的主要电源,由发动机驱动,它在正常工作时,对除起动机以外的所有用电设备供电,若还有过余能量,再向蓄电池充电。发电机与蓄电池处于并联连接关系。

3. 电源指示装置

电源状态指示装置用于指示电源系统的工作情况,指示蓄电池是处于电源还是处于放电状态。汽车电源系统电源指示装置如图 2-2 所示,早期车型采用电流表或电压表,有些车型电流表和指示灯共用。现代轿车广泛采用充电指示灯,充电指示灯又称放电指示灯,它是蓄电池充、放电状态指示灯;点火开关处于打开状态时,灯亮表示蓄电池处于放电状态,发电机不发电或发电机不足;发动机正常运行时灯灭表示发电机正常发电。

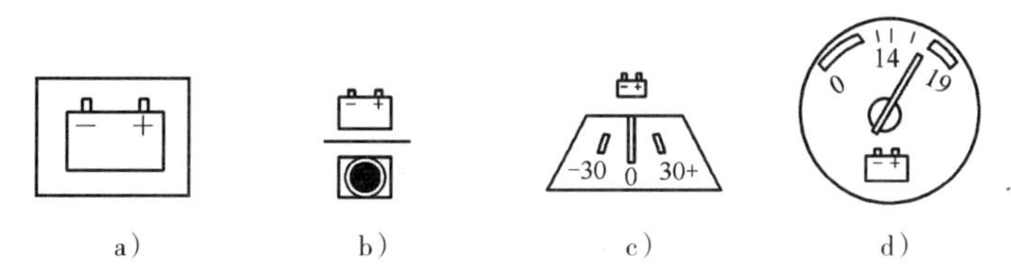

图 2-2　电源状态指示装置

a)白炽灯型指示灯;b)发光二极管指示灯;c)电流表;d)电压表

4. 电源系统电路图

丰田卡罗拉轿车电源系统电路图如图 2-3 所示,主要由蓄电池、发电机、充电指示灯、点火开关和熔断器等组成。

(二)发电机的作用、结构和分类

1. 发电机作用

发动机正常运转时,向所有用电设备(起动机除外)供电,同时向蓄电池充电。

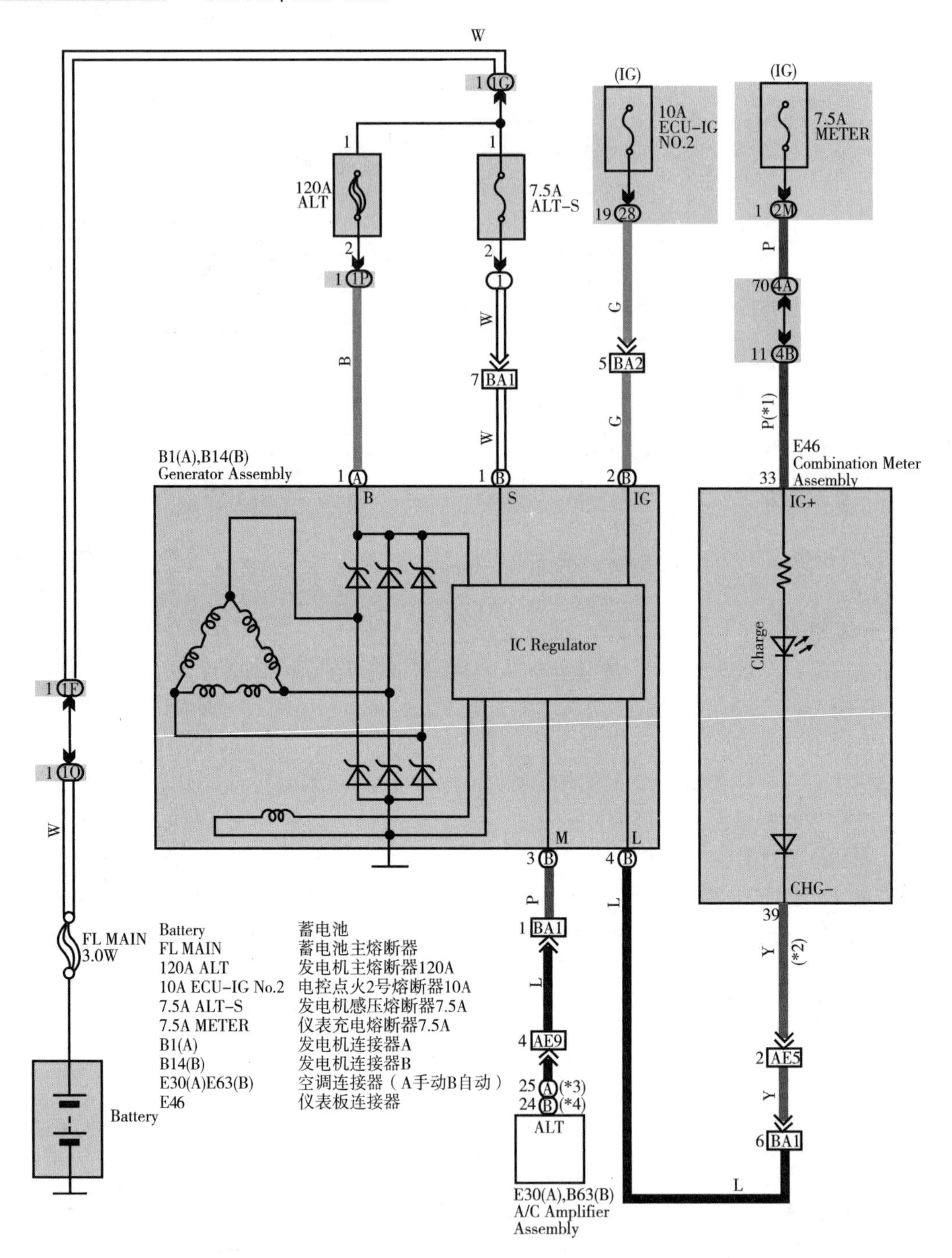

图 2-3　丰田卡罗拉轿车电源系统电路图

2. 发电机结构

汽车用交流发电机是由一个三相同步交流发电机和用硅二极管组成的整流器构成，丰田 40A 型交流发电机如图 2-4 所示。三相同步交流发电机由转子总成、定子总成驱动带轮、风扇、前端盖、后端盖及电刷总成等组成。整流器结构包括硅整流二极管和散热板。

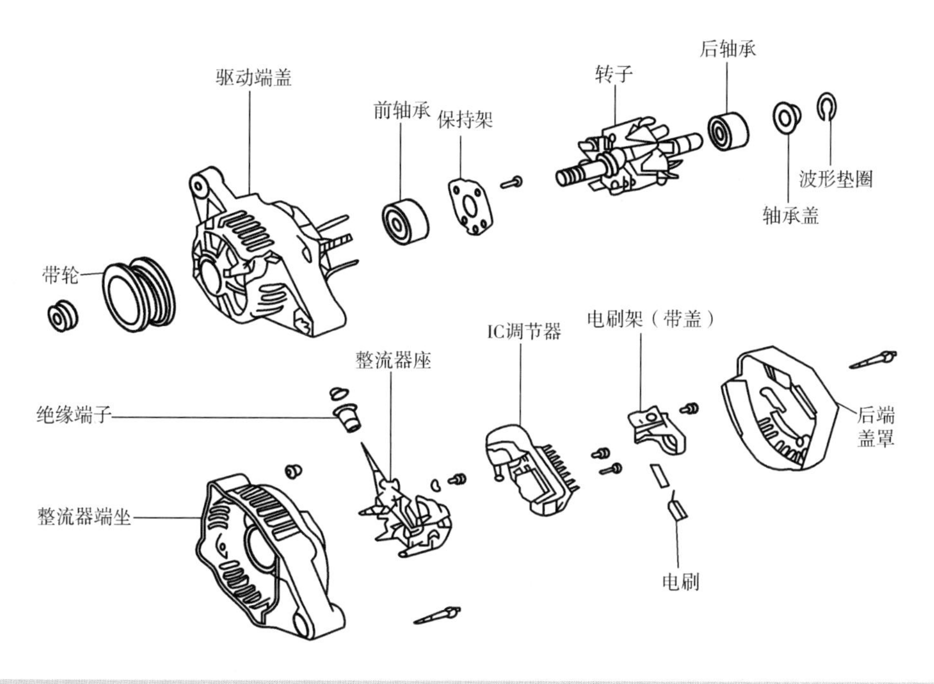

图 2-4　丰田 40A 型交流发电机分解图

1）转子总成

交流发电机转子的功用是产生磁场，其结构主要由转子轴、励磁绕组、爪形磁极和滑环等组成，如图 2-5 所示。

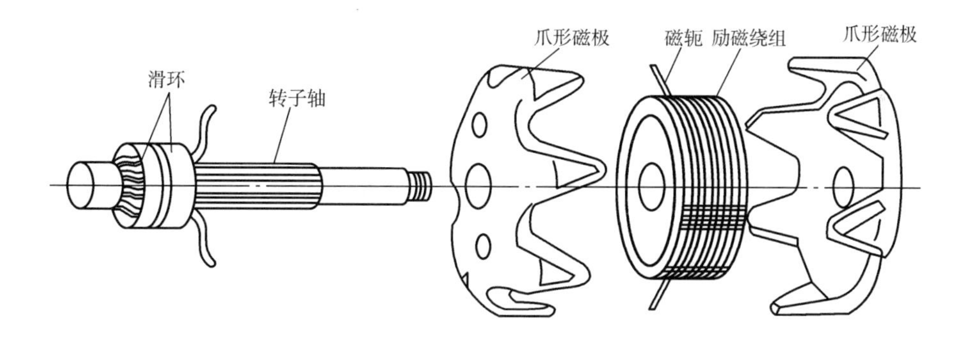

图 2-5　发电机转子结构

由低碳钢制成的两块六爪磁极压装在转子轴上，其空腔内装有导磁用的铁芯，称为磁轭。铁芯上绕有励磁绕组，励磁绕组的二根引出线分别焊接在滑环上，两个滑环是套装在轴上的，滑环与轴绝缘，滑环与装在后端盖内的两个电刷相接触，两个电刷通过引线分别接在两个接线柱上。这两个接线柱即为发电机的 F（磁场）接线柱和“ - ”（搭铁）接线柱。这两个接线柱与直流电源相接时，便有电流流过励磁绕组，从而产生磁场。

2）定子总成

定子的作用是发电机在工作时产生交流电，其结构主要由定子铁芯、三相绕组组成。三相绕组对称的嵌放在定子铁芯的槽中，如图 2-6 所示。

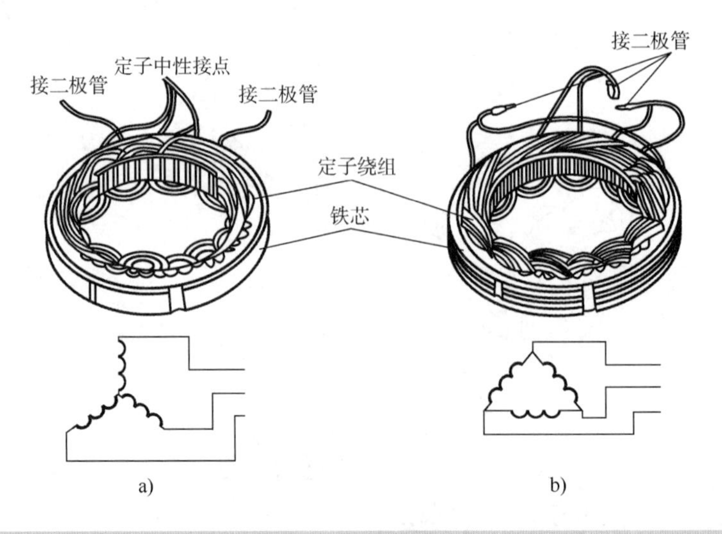

图2-6 发电机定子绕组连接
a)星形连接;b)三角形连接

定子铁芯由相互绝缘的内圆带嵌线槽的圆环状硅钢片叠成,嵌线槽内嵌入三相对称的定子绕组。定子三相绕组的连接有星形(即Y形)连接法和三角形(即△形)连接法两种方式,如图2-6所示。定子三相绕组一般采用星形连接,即每相绕组的首端分别与整流器的硅二极管相接,每相绕组的尾端接在一起,形成中性点N,如图2-7所示。

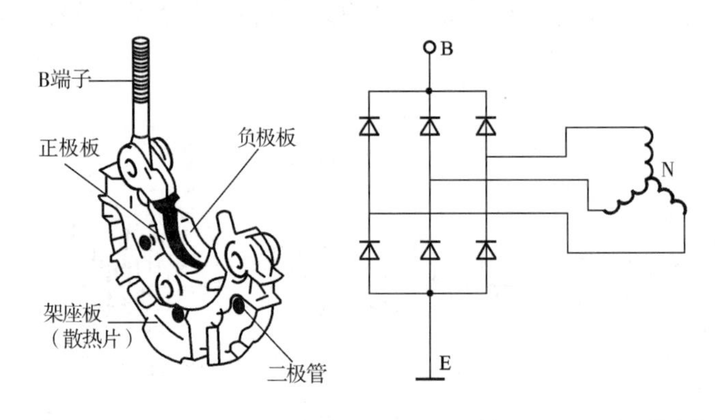

图2-7 发电机定子绕组与整流器连接

3)整流器

整流器的作用是将交流发电机产生的三相交流电变成直流电输出;阻止蓄电池电流向发电机倒流。

最简单的整流器由6只大功率二极管组成三相桥式整流电路(图2-7),也有8只、9只和11只二极管的整流器。

当给二极管加上正向电压,二极管正向偏置,二极管导通,呈现低阻状态;当给二极管加上反向电压,二极管反向偏置,二极管截止,呈现高阻状态。利用二极管的单向导电特性,便可把交流电变为直流电。在图2-7所示的三相桥式整流电路中,二极管正极接绕组始端的二极管称为正二极管;负极接绕组始端的二极管称为负二极管。

4)驱动带轮

驱动带轮利用半圆键装在前端盖外侧的转子轴上,用弹簧垫片和螺母紧固。交流发电机的前端装有带轮和风扇,由发动机通过传动带驱动发电机的转子轴和风扇一起旋转,如图 2-8 所示。

图 2-8 驱动带轮

5)风扇

风扇一般用 1.5mm 厚的钢板冲压而成或用铝合金铸造制成,利用半圆键装在前端盖外侧的转子轴上。发电机工作时,定子绕组和励磁绕组中都会有热量产生,温度过高会烧坏导线的绝缘层导致发电机不能正常工作,所以必须为发电机散热。为了提高散热能力,有的发电机装有两个风扇(前、后各一个)。

6)前、后端盖

前、后端盖用非导磁性的铝合金材料制成,具有轻便、散热性好等优点。

7)电刷总成

电刷的作用是保证发电机励磁绕组通电。装在电刷架的方孔内,并在其弹簧的压力推动下与转子滑环保持良好的接触。两个电刷接线柱分为 F、E 接线柱或 F1、F2 接线柱,如图 2-9、图 2-10 所示。

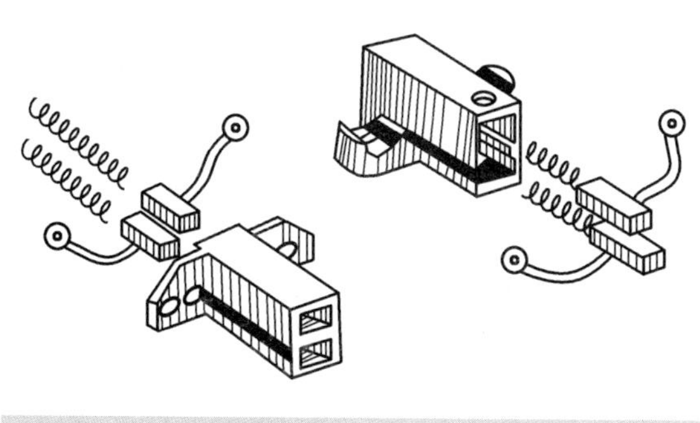

图 2-9 电刷组件

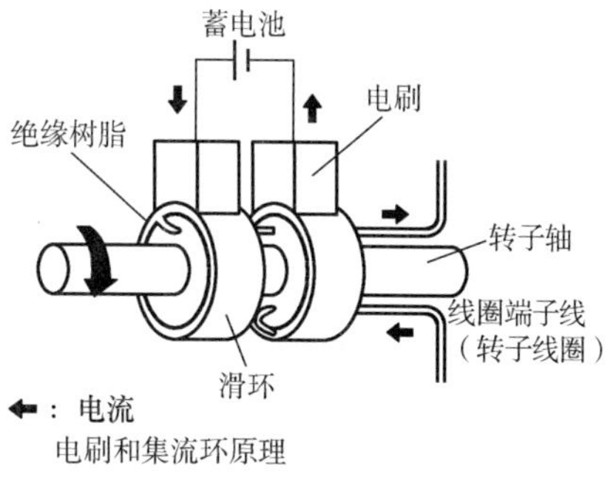

蓄电池
电刷
绝缘树脂
转子轴
线圈端子线
(转子线圈)
滑环
←: 电流
电刷和集流环原理

图 2-10 电刷、电刷架及滑环结构

3. 交流发电机分类

交流发电机按照不同的分类方法分为以下几类。

1)按总体结构分类

发电机按总体结构可分为普通发电机、整体式发电机、带泵的发电机、无刷发电机和永磁发电机等。

(1)普通发电机。无特殊装置和特殊功能,使用时需要配装电压调节器。

(2)整体式发电机。发电机、整流器和调节器制成一个整体。

(3)带泵的发电机。发电机和汽车制动系统用真空助力泵安装在一起。

(4)无刷发电机。发电机极爪旋转,励磁绕组本身不旋转,励磁绕组的供电不需用电刷来实现的发电机。

(5)永磁发电机。转子磁极为永磁铁制成的发电机。

2)按整流二极管数量分类

发电机按整流二极管数量可分6管、8管、9管、11管交流发电机等。

(1)6管交流发电机。发电机整流器上有6只硅二极管(图2-7)。

(2)8管交流发电机。发电机整流器上有8只硅整流二极管。其中6只组成三相全波桥式整流电路,另2只是中性点二极管,对中性点电压进行全波整流,如图2-11所示。

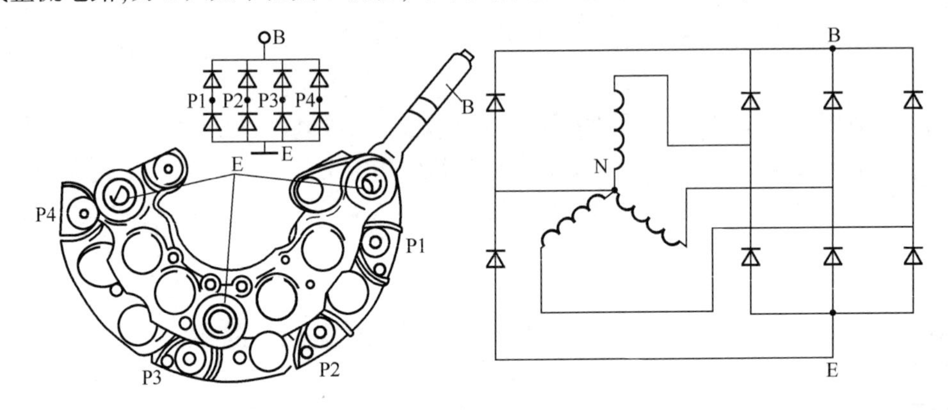

图2-11 8管交流发电机

试验表明:加装中性点二极管的交流发电机在结构不变的情况下可以提高发电机的功率10% ~15%。

(3)9管交流发电机。发电机整流器是由6只大功率整流二极管和3只小功率励磁二极管组成的交流发电机,如图2-12所示。

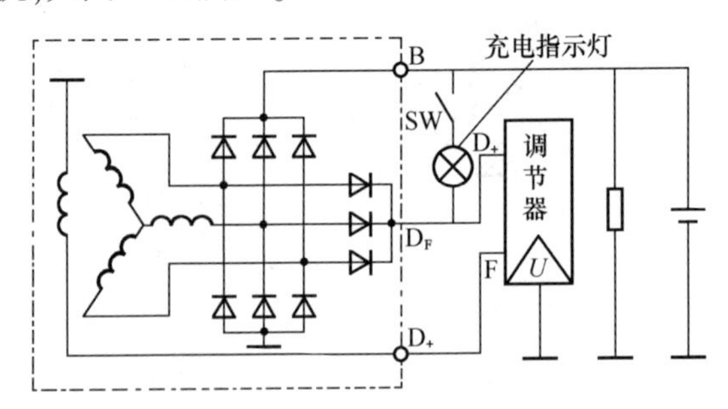

图2-12 9管交流发电机

(4)11 管交流发电机。相当于9 管交流发电机的整流器,加2 只中性点整流管,如图2-13所示。

3)按励磁绕组搭铁形式分类

发电机按励磁绕组搭铁形式可分为内搭铁型和外搭铁型发电机。

(1)内搭铁型发电机。发电机励磁绕组的一端(负极)直接搭铁,如图2-14a)所示。

(2)外搭铁型发电机。发电机励磁绕组的一端(负极)接入调节器,通过调节器后再搭铁,如图2-14b)所示。

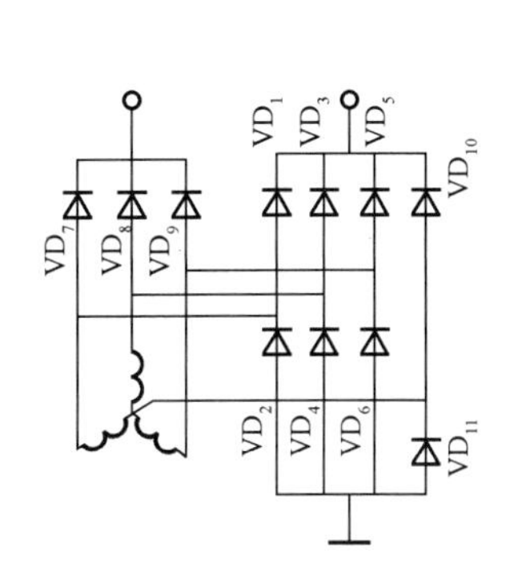

图2-13　11 管交流发电机

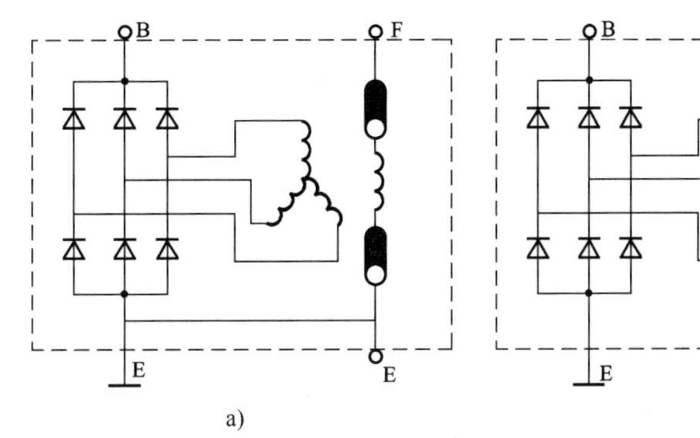

图2-14　发电机励磁绕组的搭铁

a)内搭铁发电机;b)外搭铁发电机

4. 交流发电机的型号

根据汽车行业标准《汽车电气设备产品型号编制方法》(QC/T 73—1993)的规定,汽车交流发电机型号由产品代号、电压等级代号、电流等级代号、设计序号、变型代号五部分组成,如图2-15 所示。

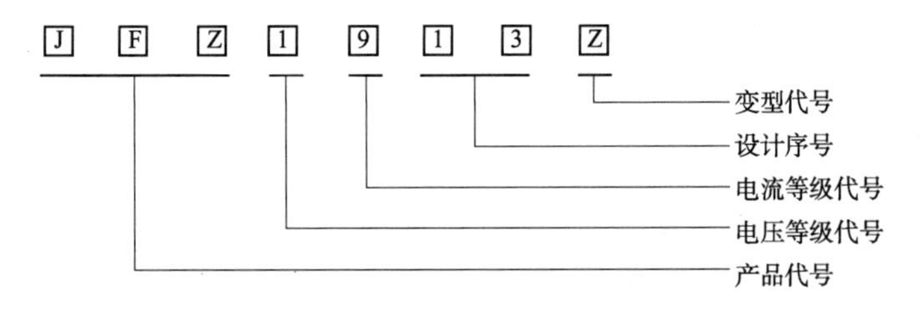

图2-15　交流发电机型号

(1)产品代号用中文字母表示。

JF——普通发电机。

JFZ——整体式(调节器内置)交流发电机。

JFB——带泵的交流发电机。

JFW——无刷交流发电机。

(2)电压等级代号:电压等级代号用一位阿拉伯数字表示。

1——12V 系统。

2——24V 系统。

6——6V 系统。

(3)电流等级代号:电流等级代号也用一位阿拉伯数字表示,见表 2-1。

各代号所代表的电流等级 表 2-1

代号	1	2	3	4	5	6	7	8	9
电流等级(A)	19	≥20~29	≥30~39	≥40~49	≥50~59	≥60~69	≥70~79	≥80~89	≥90

设计序号用 1~2 位阿拉伯数字表示,表示产品设计的先后顺序。

(4)变形代号:以调整臂位置作为变形代号,从驱动端看,调整臂在左边用 Z 表示,调整臂在右端用 Y 表示,调整臂在中间不加标记。

(三)电压调节器的作用、分类

1. 电压调节器的作用

在发电机转速变化时,自动调节发电机电压并限制在某一定值内,使其不因发电机转速高而引起电压过高,烧坏用电器和导致蓄电池过充电。

2. 电压调节器的分类

1)按调节器工作原理分类

汽车发电机电压调节器按工作原理的不同可分为触点式、晶体管式、集成电路式和电脑控制式电压调节器。

(1)触点式电压调节器。调节器触点振动频率慢,存在机械惯性和电磁惯性,电压调节精度低,触点易产生火花,对无线电干扰大,可靠性差,寿命短,现已被淘汰。

(2)晶体管电压调节器。晶体管的开关频率高,且不产生火花,调节精度高,还具有质量轻、体积小、寿命长、可靠性高、电波干扰小等优点。

(3)集成电路电压调节器。除具有晶体管调节器的优点外,还具有超小型,安装于发电机的内部减少了外接线,并且冷却效果得到了改善。大众、丰田等汽车调节器在发电机内部,这种发电机又称整体式发电机,整体式发电机结构如图 2-16 所示,其电路如图 2-17 所示。

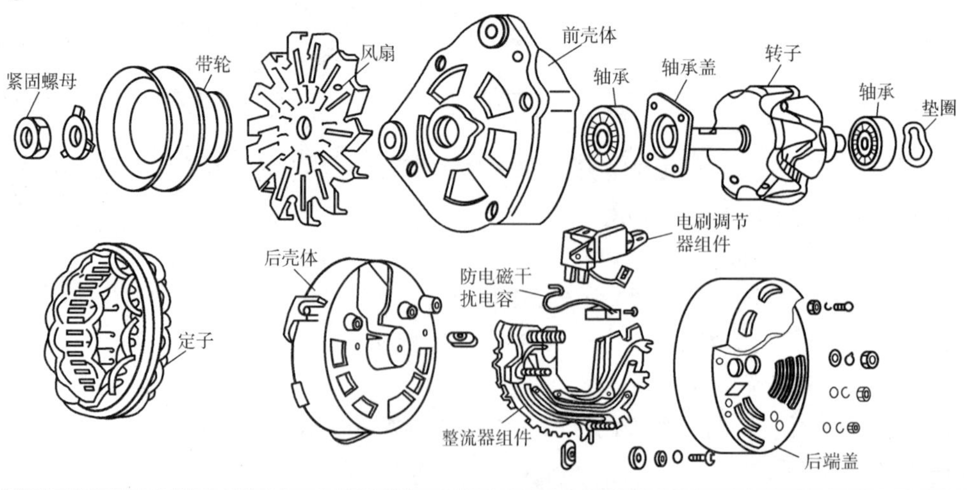

图 2-16 大众轿车整体式发电机结构

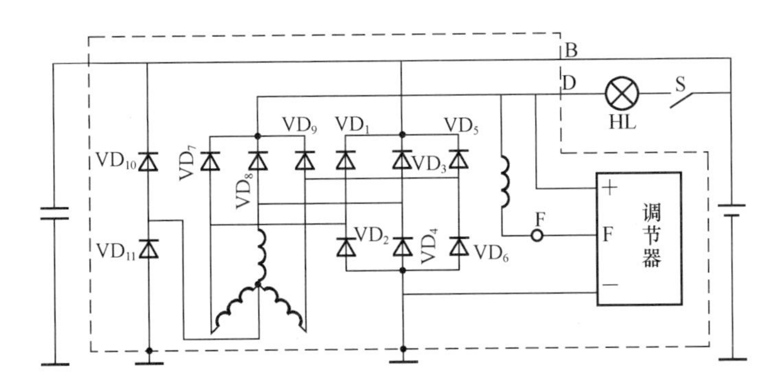

图 2-17　大众轿车整体式发电机内部电路

(4)电脑控制电压调节器。由负载检测仪测量系统总负载后,向发电机电脑发送信号,然后由发动机电脑控制发电机电压调节器,适时地接通和断开磁场电路。既能可靠地保证电气系统正常工作,使蓄电池充电充足,又能减轻发动机负荷,提高燃料经济性。

2)按调节器所匹配的交流发电机搭铁类型分类

汽车发电机电压调节器按调节器所匹配的交流发电机搭铁类型可分为内搭铁型和外搭铁型电压调节器。

(1)内搭铁型电压调节器。适用于内搭铁型交流发电机的电子调节器,发电机与相应的调节器连接通过“F”点,如图 2-18 所示。

(2)外搭铁型电压调节器。适用于外搭铁型交流发电机的电子调节器,如图 2-19 所示。

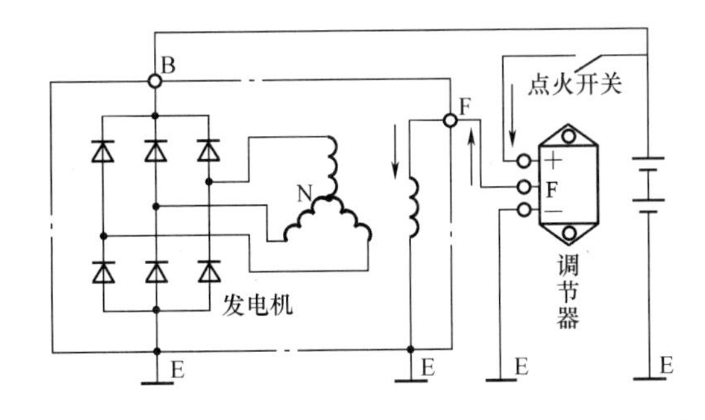

图 2-18　内搭铁型电子调节器与发电机的连接

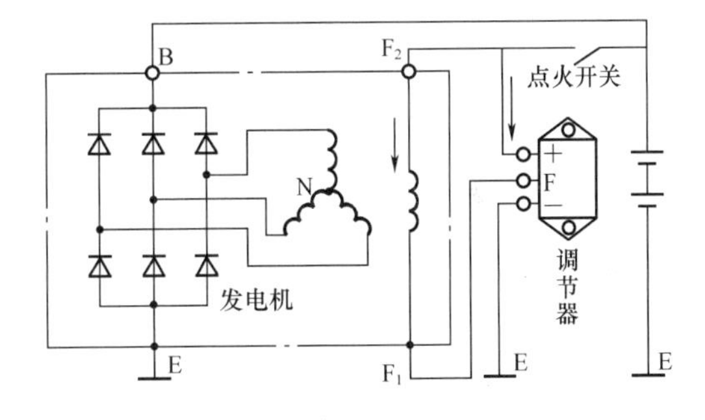

图 2-19　外搭铁型电子调节器与发电机的连接

(四)交流发电机的性能指标

1. 额定电压

交流发电机的电压受电压调节器控制,一般比较稳定,只是在发动机起动阶段略有变化,正常情况下,发动机达到怠速转速时,发电机的输出电压应能达到一个稳定值,这个电压值称为发电机的额定电压,12V 系统的发电机额定电压为 14V,24V 系统的发电机额定电压为 28V。

2. 空载转速

交流发电机不带负载,能够达到额定电压时的初始转速值定为空载转速,空载转速在发电机出厂时通过试验确定,列入产品说明书。空载转速是汽车设计时选择发动机和发电机速比的主要依据,也是发电机使用过程中性能是否下降的评价指标之一。

3. 额定电流和额定转速

交流发电机受结构、转速等条件的限制,对外输出电流的能力是有限的,为了评价发电机的对外输出电流能力,把发电机输出最大电流的2/3定为发电机的额定电流,达到额定电流时的转速定为额定转速。发电机出厂时,通过试验确定额定转速和额定电流,并列入产品说明书,发电机的额定转速和额定电流是评价发电机性能的重要指标,见表2-2。

几种国产交流发电机的主要性能指标 表2-2

型 号	额定电压(V)	空载转速(r/min)	额定电流(A)	额定转速(r/min)	使用车型
JFZ1913Z	14	1050	90	6000	大众、奥迪
JFZ1512Z	14	1050	55	6000	标致
JFZ2518	28	1150	27	5000	切诺基
JFZ1714	14	1000	45	6000	依维柯
JF13A	14	1000	25	3500	NJ1060

(五)发电机检修

一般情况下,汽车每行驶15000km,应检查、调整驱动带的挠度;每行驶30000km,应做交流发电机维护,主要检查电刷和轴承的磨损情况。

1. 交流发电机的车上检查

交流发电机在使用过程中,应按汽车的维护制度定期进行以下检查。

1)检查驱动带

(1)检查驱动带的外观。

驱动带的外观检查如图2-20所示,用肉眼观察驱动带有无裂纹或磨损现象,若有,则应更换驱动带。驱动带的安装应符合图2-20b)所示,如果安装如图2-20c)所示,则应更换驱动带。

(2)检查驱动带的挠度。

驱动带挠度的检查方法如图2-21所示。用100N的力压在两个带轮之间的驱动带的中央部位,此时驱动带的挠度应当符合规定值,新驱动带一般为5~10mm,旧驱动带(即装到车上随发动机转动过5min以上时间的驱动带)一般为7~14mm。

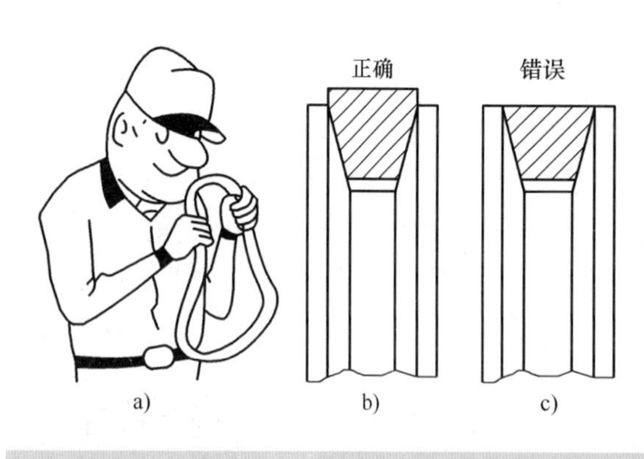

图2-20 驱动带的外观检查
a)检查外观;b)安装正确;c)安装错误

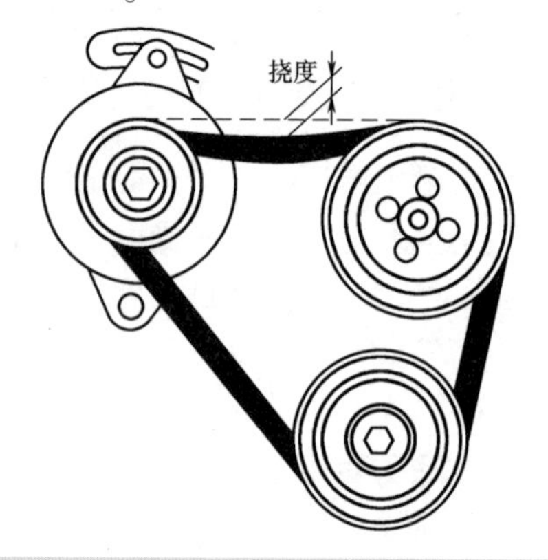

图2-21 检查驱动带的挠度

具体参数应以该车型维修手册规定的为准，挠度不符合规定应予以调整。

2）检查导线的连接

（1）检查发电机各导线连接部位是否正常。

（2）发电机输出“B”端子必须加弹簧垫圈紧固。

（3）采用连接器连接发电机，插座与线束插头的连接必须锁紧，不得有松动现象。

3）检查有无噪声

由于交流发电机的电刷及轴承等有机械磨损，因此使用一段时间后容易出现轴承有明显松旷、轴承磨损、轴弯曲等故障，在发电机工作时，都会发出异常的噪声。检查时，逐渐加大发动机节气门，使发电机转速逐渐升高，同时监听发电机有无异常噪声，若有异响则应拆下发电机并解体检修。

4）检查能否发电

发电机能否发电，直接影响蓄电池的起动性能和使用寿命。检查发电机能否发电的方法如下：

（1）发动机未起动时，将万用表置于直流电压挡（DCV），用黑表笔接发电机搭铁，红表笔接发电机的“输出”端子，记下所测的电压，即蓄电池的电压。

（2）起动发动机并将其转速升高到怠速以上的转速，此时万用表指示的电压若高于蓄电池的电压，说明发电机能发电；若万用表指示的电压低于发动机未起动时蓄电池电压，说明发电机不发电，应对发电机、调节器和充电系统线路进行全面检查。

2. 交流发电机的故障检测

当发现发汽车交流发电机不发电或发电量不足等故障时，应首先判断故障发生在外电路还是发电机内部，若初步确定故障在发电机内部，就应将交流发电机从车上拆下来，对其进行检测、修理。应先对交流发电机进行整机测试，目的是为了判定交流发电机有无故障和故障发生在哪个部位，以便有的放矢地修理。

整机测试包括：测量各接线柱之间的电阻、在万能试验台上进行空载电压和负载电流的试验、用示波器观察发电机输出波形。

1）单机静态测试

目前常采用的方法是：用万用表检测发电机各接线端子之间的阻值。通过所测得的电阻值正常与否来判断两接线柱之间部件和线路是否有故障，如图 2-22 所示。常用发电机各接线柱间电阻值见表 2-3。

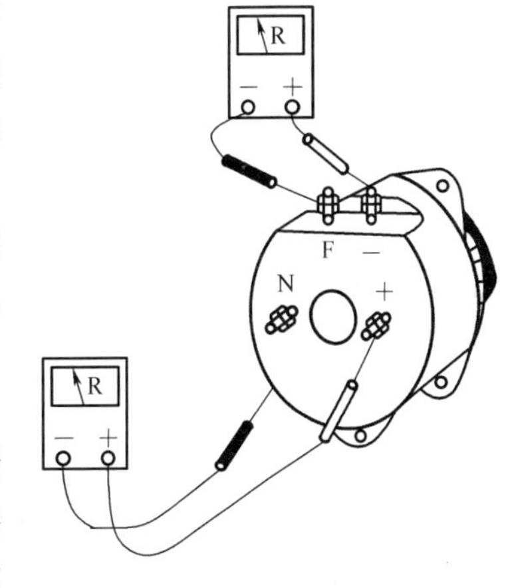

图 2-22　发电机各接线柱间的阻值检查

常用发电机各接线柱间的电阻　　表 2-3

发电机型号	F 与 E 间电阻（Ω）	B 与 E 间电阻（Ω）		N 与 E 或 B 间电阻（Ω）	
		正向	反向	正向	反向
JF11、13、15、21、132N	4 ~ 7	40 ~ 50	>10k	10 ~ 15	>10k
JWF14（无刷）	3.5 ~ 3.8	40 ~ 50	>10k	10 ~ 15	>10k
JFZ1542	2.8 ~ 3.0	40 ~ 50	>10k	10 ~ 15	>10k

续上表

发电机型号	F与E间电阻(Ω)	B与E间电阻(Ω)		N与E或B间电阻(Ω)	
		正向	反向	正向	反向
JFZ1913	2.8~3.0	65~80	>10k	10~15	>10k
故障现象及原因	(1)电阻值为∞,则绕组或引线连接断路; (2)电阻过小,则为励磁绕组有短路; (3)电阻过大,则为电刷与滑环接触不良; (4)电阻为0,则F接线柱搭铁或滑环之间短路	(1)正向电阻过小,则有二极管短路; (2)正向电阻过大,则有二极管断路; (3)正反向电阻均为0,则B端子搭铁或正负二极管至少有1只短路		(1)正向电阻值为∞,N端子引线所连该相绕组短路或3只负二极管均断路; (2)正、反向电阻值均为0,负二极管中至少有1只短路	

小提示

使用MF500型指针式万用表检测与使用数字式万用表应有出入。

2)手转发动机测电压

用12V直流电源给发电机励磁(注意搭铁极性和搭铁方式),将万用表如图2-23所示方式连接,红表笔接电枢(B+),黑表笔搭铁,然后用力转动驱动带轮,万用表应该显示电压值;将红表笔移至N,转动驱动带轮,此时显示电压值应该为前者一半。此法可用于无检测设备的场合。

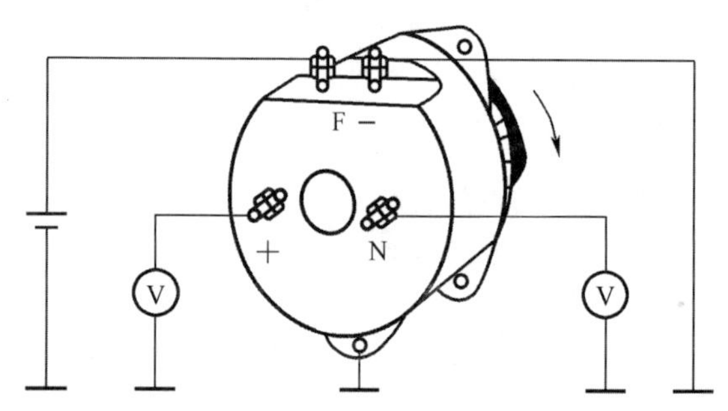

图2-23 发电机手转试验

3)就车动态测试

用万用表检测发电机“B+”端子与搭铁间在发动机转速分别在怠速、中速、高速时的电压。

3.发电机解体后检测

当确认发电机有故障后,就需要对发电机电路情况检查。对于断路、短路故障检查,如果使用指针万用表挡位应该选择R×1Ω挡,如果使用数字式万用表则选择略高于被测对象的电阻挡位。对绝缘故障检查,使用指针万用表挡位应该选择R×10kΩ以上的挡位,使用数字式万用表则选择10MΩ以上的挡位。下面以MF500型指针万用表检测为例介绍检测解体发电机。

1)检查转子

(1)励磁绕组短路与断路检查。用万用表 R×1Ω 挡检测两滑环之间电阻,如图 2-24a)所示,如果电阻值在规定的范围内,则说明励磁绕组良好。若阻值为∞,则说明断路;若阻值过小,则说明短路。

一般 12V 发电机励磁绕组电阻为 3.5~6Ω,24V 的发电机励磁绕阻电阻为 15~21Ω。

(2)励磁绕组搭铁检查。即检查励磁绕组与铁芯(或转子轴)之间的绝缘情况。用万用表电阻最大挡检测两滑环与铁芯(或转子轴)之间的电阻,如图 2-24b)所示,若表针有偏转,则说明有搭铁故障,正常应指示∞。

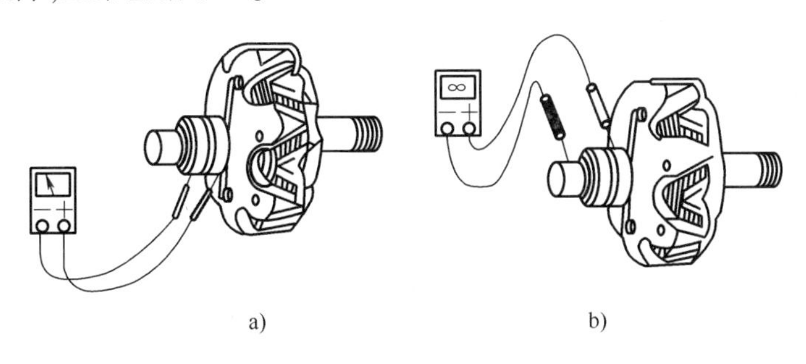

图 2-24 发电机转子与励磁绕组的检测
a)励磁绕组电阻值的检测;b)励磁绕组与转子轴绝缘电阻的检测

当励磁绕组断路故障发生在端头焊接处时,可以重新焊接排除故障;若断路、短路和搭铁故障无法排除,则一般都需要更换转子总成。

(3)滑环(集电环)检查。滑环表面应平整光滑,无明显烧损。轻微的烧蚀用"00"号纱布打磨,严重的烧蚀,则应在车床上精车加工,滑环表面粗糙度 *Ra* 不得低于 1.60μm,转子铁芯与定子铁芯间的气隙为 0.25~0.5mm,最大不得超过 1.0mm。两滑环间隙处应无污垢。滑环圆度误差不超过 0.025mm,厚度不小于 1.5mm,否则应予以更换。

(4)转子轴检查。用百分表检查轴的弯曲,检查方法如图 2-25 所示。弯曲度不超过 0.05mm(径向圆跳动公差不超过 0.1mm),否则应予校正。爪形磁极在转子轴上应固定牢靠,间距相等。

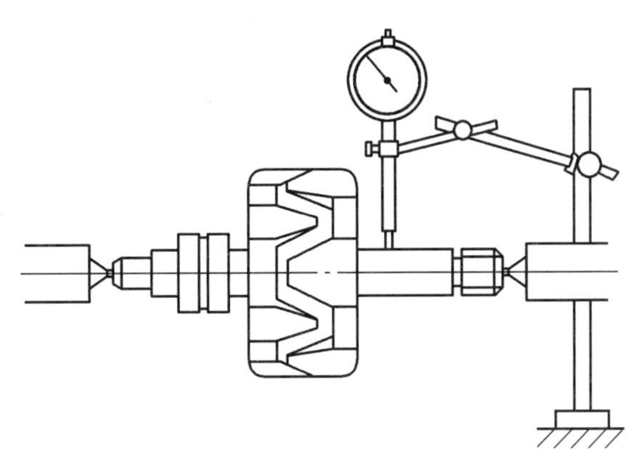

图 2-25 检测转子轴的径向摆差

2)检查定子

(1)定子绕组短路与断路检查。用数字万用表检测定子绕组3个接线端,两两相测,如图2-26a)所示。正常时阻值小于1Ω且相等。若万用表不导通(电阻无穷大),说明断路。

(2)定子绕组搭铁检查,即检查定子绕组与定子铁芯间绝缘情况。用数字万用表电阻最大挡检测定子绕组接线端与定子铁芯间的电阻,如图2-26b)所示,若绝缘电阻小于10kΩ,则说明有搭铁故障,正常绝缘电阻值应大于10kΩ。

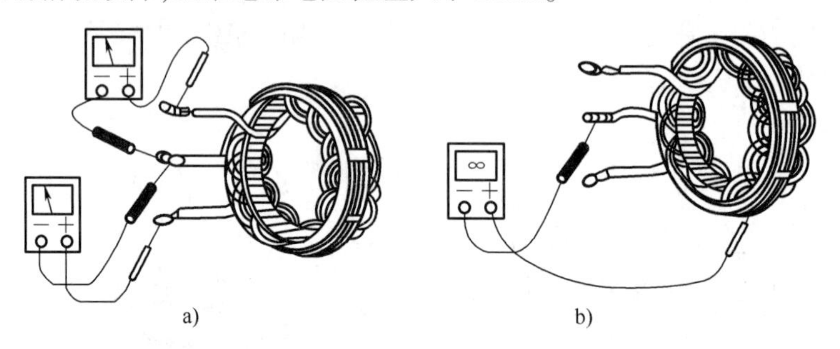

图2-26 定子(电枢)绕组的检测
a)电枢绕组电阻值的检测;b)电枢绕组与定子铁芯绝缘电阻的检测

3)整流器的检修

(1)普通二极管的检测。

整流器的检修主要是整流器二极管的检修,当二极管的引出端头与定子绕组的引线端头拆开后,即可用万用表分别对每只二极管进行检测。测量二极管,即可以使用指针式万用表,也可以使用数字式万用表。

检测时先用万用表的两表笔分别接在被测二极管的两级上检测一次,然后交换两表笔的位置再检测一次。

如图2-27所示,当使用指针式万用表检测二极管时,二极管的阻值随万用表内部电压高低、挡位不同数值也会不同,通常使用R×1或者R×10挡测量,正向电阻值一般为8~10Ω;反向电阻值一般为10kΩ以上。若正反向电阻值一大一小差异很大,说明二极管良好。若正反向电阻均为∞,说明断路。

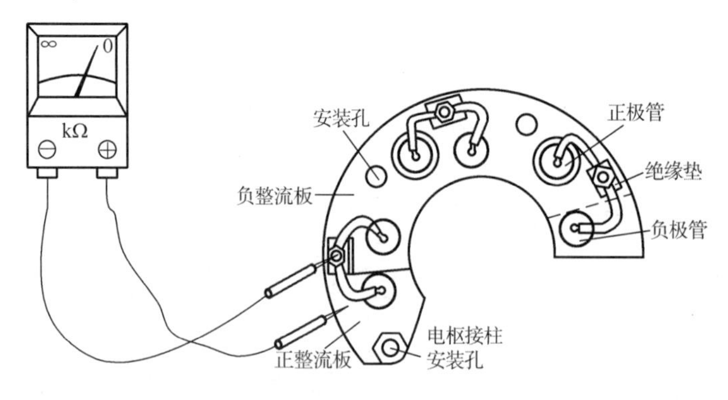

图2-27 指针式万用表检测二极管

使用数字万用表测量时,一般用二极管测量挡,测量时显示数值表示的是二极管的正向压降值,单位是 mV。质量良好的二极管正向压降一般为 500～700mV,反向时万用表显示值为 1,如图 2-28 所示。

对焊接式整流二极管来说,只要有一只二极管短路或断路,该二极管所在的正或负整流板总成就需要更换新品,如果二极管是压装在整流板或后端盖上,那么在二极管短路或者断路后,只需同型号规格的二极管更换故障二极管即可。

(2)整体式发电机整流器检修。

检测负二极管时,整流器如图 2-11 所示,先将万用表(R×1 挡)黑表笔接 E 端负极,红表笔分别接 P1、P2、P3、P4 点,万用表均应导通,如不通,说明该负二极管断路,则应更换整流器总成;再调换两表笔检测部位进行测量,万用表应不导通,如导通,说明该负二极管短路,也需更换整流器总成。

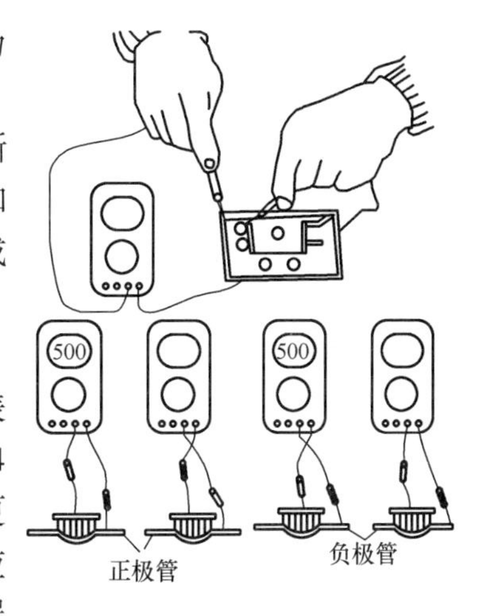

图 2-28　数字万用表检测二极管

检测正二极管时,先将万用表红表笔接整流器正极端子 B;另一只表笔分别接 P1、P2、P3、P4 点进行检测,万用表均应导通,如不通,说明该正二极管断路,则应更换整流器总成;再调换两表笔检测部位进行检测,此时万用表应不导通,如导通,说明该正二极管短路,也应更换整流器总成。

4)电刷组件的检修

电刷及电刷架应无损坏或裂纹,电刷表面不得有油污且在电刷架中应能活动自如,不得出现发卡现象。

(1)电刷高度的测量。

电刷高度是指电刷露出电刷架的长度,电刷磨损不得低于原高度的 1/2。电刷高度可用游标卡尺或钢直尺测量,图 2-29 所示为用游标卡尺测量发电机电刷长度。当电刷外露长度低于配用发电机规定的极限值时,应当更换新电刷。

(2)电刷弹簧压力的检测。

交流发电机各电刷都有弹簧,检测电刷弹簧压力时应一只一只的测量。当电刷从电刷架中露出长度 2mm 时,电刷弹簧力一般为 2～3N,如图 2-30 所示。弹簧力过小时,应更换新电刷,否则会造成电刷与滑环接触不良而烧蚀滑环或使发电机输出功率降低。

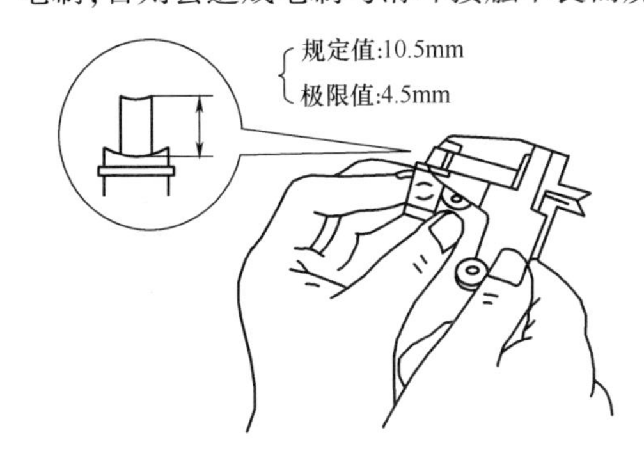

图 2-29　检测电刷外露长度

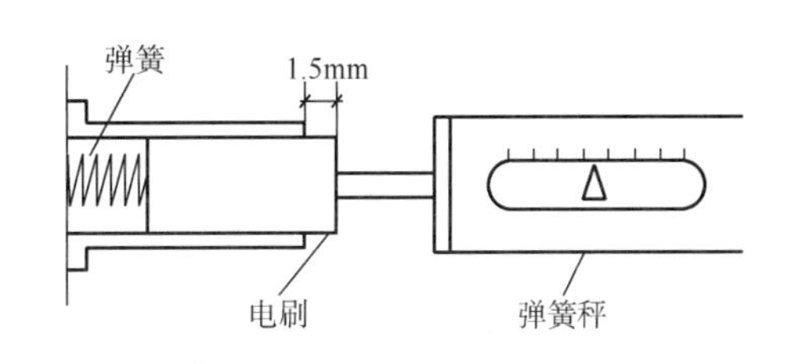

图 2-30　检测电刷弹簧压力

(3)电刷工作面的检修。

电刷表面不得有油污,电刷与滑环接触面积应达到75%以上,否则,应进行修磨。

电刷需要修磨时,为了确保其工作面与滑环的接触面积,可将500号砂纸裁成与两滑环宽度相等的长条形,按发电机旋转方向将其缠绕在两滑环表面上,并用细铁丝在两端紧固,再将发电机装复,然后按发电机旋转方向转动发电机驱动带轮,这样可使电刷均匀磨合,最后拆下电刷总成,用尖嘴钳取出铁丝与砂纸,用压缩空气吹净发电机内部的电刷粉尘,再将电刷总成装到发电机上即可。

5)其他零件检查

检查轴承轴向和径向间隙均不应大于0.20mm,滚珠、滚道无斑点,轴承无转动异响;检查前后端盖、驱动带轮等应无裂纹,绝缘垫应完好。

二、组织实践

(一)工作任务

汽车交流发动机检修,包括就车检测、发电机分解、部件检测及维修。

(二)实践操作目标

(1)诊断交流发电机的故障部位及原因,并正确排出故障。

(2)通过检测或试验来判断发电机工作是否正常。

(3)通过实践操作,进一步加深对交流发电机的结构和原理的理解。

(三)实践准备

1. 实践操作所用的设备

实训用车辆(建议用常见的丰田轿车、大众轿车)、蓄电池、交流发电机、工作台等。

2. 实践操作所用工量具和材料

干净的抹布,常用工具,汽车用数字万用表,试灯,导线,导线夹,汽车电路图册,汽车维修手册。

(四)技术要求与注意事项

(1)万用表使用过程中,注意挡位、量程的正确选择。

(2)使用电路图册时,要注意电路图应与使用车型相对应。

(3)一般来说,汽车蓄电池电源线与搭铁间电压为12V,发动机正常输出电压不超过14V。

(4)注意电气线路在操作过程中的短路。

(5)蓄电池桩头正负极一定不能接反。

(五)操作步骤及方法

1. 检修准备

(1)小组共同清洁工位、清点工量具,保持场地、设备、工量具干净整齐及性能良好。

(2)安装好车轮挡块、使用空挡和驻车制动。

(3)安装好前栅格布和翼子板布及防护套。

2. 交流发电机的车上检查

(1)检查驱动带,如图 2-20 所示。

①检查驱动带的外观。检查发电机驱动带,你检查的情况是____________________,你的处理意见是______________________________。

②检查驱动带的挠度,如图 2-21 所示。你检查发电机驱动带的挠度是_______mm,该驱动带是_______(新的/旧的),标准挠度为_______(5 ~ 10mm/7 ~ 14mm),你检查后判断该驱动带_______(松紧度合适/太松/太紧),你的处理意见是__________________(更换驱动带/调整至正常挠度)。

挠度若不符合规定应予以调整,调整步骤是:先______________________________,然后____,符合要求后再拧紧紧固螺母。

(2)检查导线的连接。

①检查各导线端头的连接部位是否正确。你检查的导线端头名称是_____________,导线颜色是_____,导线直径_____mm,导线端头松紧情况是_____(正常/不正常)。

②发电机输出(B)端子必须加弹簧垫圈紧固。

③采用连接器的发电机,其插座与线束插头的连接必须锁紧,不得有松动现象。

你检查的导线连接情况是____,你的处理意见是____。

(3)检查发电机有无噪声。你检查到的情况是______________________________,你的处理意见是____。

(4)检查发电机能否发电。

①发动机未起动时,将万用表置于直流电压挡(DCV),用黑表笔接发电机_______端子或外壳,红表笔接发电机的_______端子,记下所测的电压(即蓄电池的电压)。你测得蓄电池的电压为_______V。

②起动发动机并将其转速升高到怠速以上的转速,此时万用表指示的电压为_____V,说明发电机_____(能发电/不能发电)。

3. 交流发电机的不解体检测

用万用表检测发电机各接线端子之间的阻值。通过所测得的电阻值正常与否来判断两接线柱之间部件和线路是否有故障。检查你的发电机,完成表 2-4。

交流发电机各接线柱间的电阻　　表 2-4

发电机型号	F 与 E 间电阻(Ω)	B 与 E 间电阻(Ω)		N 与 E 或 B 间电阻(Ω)	
		正向	反向	正向	反向
JF					
检查结果 (正常/不正常/其他故障)					
故障原因					

4. 发电机解体后检测

(1)检查转子。

①励磁绕组短路与断路检查,如图 2-24 所示。你检查的励磁绕组电阻正常值为____Ω,你实际检测电阻是____Ω,你的处理意见是________________。

②励磁绕组搭铁检查。你检查的励磁绕组搭铁电阻正常值为____Ω,你实际检测电阻是____Ω,你的处理意见是________________。

③滑环(集电环)检查。你检查的情况是__________,你的处理意见是__________。

(2)检查定子。

①定子绕组短路与断路检查,如图 2-26a)所示。图中定子绕组属于________(三角形/星形)连接,三端子中每两端子间电阻分别为:________Ω、________Ω、________Ω,由此判断此定子绕组是________(正常/断路/短路),若是有故障,你的处理措施是:________________________。

②定子绕组搭铁检查,如图 2-26b)所示。三端子与定子铁芯间电阻应该为________(∞/0Ω/其他),你测量的值分别是________、________、________,由此判断此定子绕组是________(正常/断路/短路),若是有故障,你的处理措施是:________________;定子绕组检测后完成表 2-5。

定子绕组检测情况表 表 2-5

定子绕组								
A 相	测试结果		B 相	测试结果		C 相	测试结果	
	结论			结论			结论	
绝缘性检测								
A 相	测试结果		B 相	测试结果		C 相	测试结果	
	结论			结论			结论	

(3)整流器的检修。

①普通二极管的检测。使用数字万用表测量时,一般用________挡,测量正反向电阻(图 2-27、图 2-28),完成表 2-6。

二极管检测情况表 表 2-6

正二极管		负二极管	
正向电阻		正向电阻	
反向电阻		反向电阻	
结论		结论	

②整体式整流器的检修。以图 2-11 所示整流器为例。当检测负二极管时,先将与万用表(R×1 挡)黑表笔接 E 端,红表笔分别接 P1、P2、P3、P4 点,万用表均应导通,如不通,说明该负二极管断路,则应更换整流器总成;再调换两表笔检测部位进行测量,万用表应不导通,如导通,说明该负二极管短路,也需更换整流器总成。

当检测正二极管时,先将与万用表红表笔接整流器端子 B;另一只表笔分别接 P1、P2、P3、P4 点进行检测,万用表均应导通,如不通,说明该正二极管断路,则应更换整流器总成;

再调换两表笔检测部位进行检测，此时万用表应不导通，如导通，说明该正二极管短路，也应更换整流器总成。

你检查的情况是____；

你的处理意见是____。

(4)电刷组件的检修。

①电刷高度的测量。电刷高度是指电刷露出电刷架的长度，电刷磨损不得低于______；你检查的情况是____________，你的处理意见是____________。

②电刷弹簧压力的检测。

你检查的情况是____；

你的处理意见是____。

三、学 习 拓 展

水冷式交流发电机

汽车技术的进步，使汽车用电量越来越高。20 年前，中档轿车发电机输出功率一般为 500W 左右，现一般都在 1000W 左右。发电机输出功率随汽车上用电设备增加而增大。现代汽车上发电机都是风冷式发电机，由其带轮后风扇将风吹入发电机壳内进行冷却。受风冷式发电机结构限制，其功率增大必然会导致发电机体积增大，同时，为提高冷却强度而加大风扇尺寸又会使噪声增大，为解决这个问题出现了水冷式交流发电机。

据研究，电源电压为 12V 的汽车上，2500W 以下发电机适宜用风冷式交流发电机，而 2500W 以上和电源电压为 24V 的汽车上适宜用水冷式交流发电机。目前，德国博世公司与宝马汽车公司合作小批量生产水冷式交流发电机，并将它用于宝马汽车公司推出的某些高档轿车上。

1. 水冷式交流发电机结构

水冷式交流发电机，如图 2-31 所示，利用冷却液代替风扇进行冷却。发电机壳体为铝质，呈锅状。发电机被固定在发动机上或发动机汽缸体内，发电机壳体和发动机汽缸体间形成一个冷却液腔，与发动机冷却系统相通。发电机主要发热源，如定子、功率二极管、调压器和固定励磁绕组，与发电机壳体连接，发电机壳体将热量散至冷却液内。水冷式交流发电机所有电路连接点都在其驱动侧。

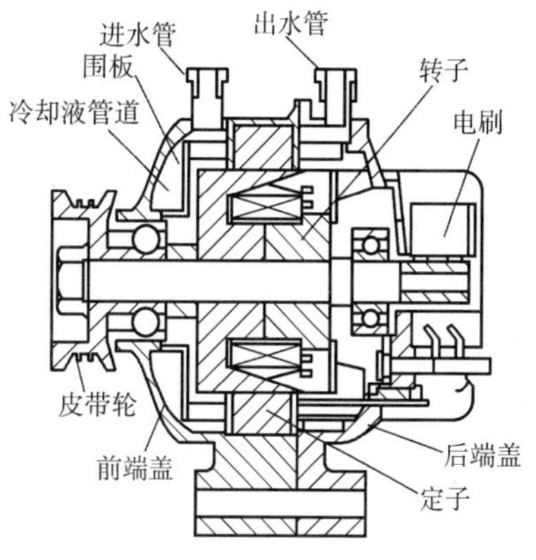

图 2-31　水冷式交流发电机

2. 水冷式交流发电机特点

与风冷式交流发电机相比，水冷式交流发电机内部构造比较复杂，对防漏密封性要求提高了，成本也较高；同时，因需要连接冷却液管，其安装布置受到较多限制。水冷式交流发电机供电及低噪声性能均远远高于风冷式交流发电机。

(1)水冷式交流发电机具有良好低速充电性能。水冷式交流发电机大幅度抑制了定子、转子及调节器温升，可以相应提高励磁电流，使发电机输出电压提高，水冷式交流发电机低速运转时也能很好地对蓄电池进行充电,这种低速充电性能对城市用车辆相当重要。

(2)水冷式交流发电机噪声低。省略了风扇,没有发电机风扇发出噪声,发电机转速为3500r/min时,水冷式交流发电机噪声比风冷式交流发电机低15dB。

四、评价与反馈

1. 自我评价与反馈

(1)能否主动参与工作现场的整理工作?(　　)

A. 主动完成　　B. 被动完成　　C. 未完成

(2)完成本学习任务后,你对《汽车维修手册》等资料的使用是否快速和规范?(　　)

A. 快速规范　　B. 规范但不熟练　　C. 不会使用

(3)你能否正确规范地完成汽车交流发电机检修?(　　)

A. 独立完成　　B. 小组合作完成　　C. 老师指导下完成

(4)完成前面的学习任务之后,你对汽车交流发电机检修有哪些体会?

____

____

(5)下次遇到类似的学习任务,应如何改善以提高学习效率?

____

____

____

(6)其他补充

____

____

____

签名:________　________年________月________日

2. 小组评价

(1)实践操作中边做边记的情况如何?(　　)

A. 操作认真,能做必要的记录　　B. 操作认真但未记录

C. 在老师指导下操作　　D. 不会做更不会记录

(2)是否主动参与小组讨论?(　　)

A. 主动参与　　B. 被动参与　　C. 未参与

(3)是否完成了本学习任务的学习目标?(　　)

A. 完成且效果好　　B. 完成但效果不好　　C. 未完成

(4)是否积极学习,不懂的问题是否积极向别人请教,是否积极帮助他人学习?(　　)

A. 积极学习　　B. 积极请教　　C. 积极帮助他人　　D. 全部不积极

(5)是否按“5S”规范进行操作?(　　)

A. 按“5S”规范　　B. 按“5S”规范未做好

C. 不规范　　D. 不按“5S”规范

(6)实践操作是否有收获,操作过程中是否有危险?(　　)

A. 收获大,不危险　　B. 收获大,危险大

C. 无收获,无危险　　D. 无收获,危险大

(7)其他补充。

____

____

参与评价的同学签名:________ ________年________月________日

3. 教师评价及答复

____

____

教师签名:________ ________年________月________日

五、技 能 考 核

汽车发电机检修考核评分标准见表2-7。

汽车发电机检修考核评分标准　　表2-7

序号	项目	操作内容	规定分值	评分标准	得分
1	准备	清点工具、清理工位	4分	酌情扣分	
		被检查对象的外观清洁	4分	操作不正确扣1~4分	
		检查电源开关	3分	操作不正确扣1~3分	
2	汽车发电机拆卸	外观检查万用表等工具	3分	酌情扣分	
		从汽车上拆下	5分	操作不正确扣1~5分	
		解体发电机	5分	操作不正确扣1~5分	
		拆卸顺序	5分	操作不正确扣1~5分	
3	汽车发电机检修与故障分析	表笔触试点的确定	5分	不正确扣2~5分	
		就车检查发电机	5分	检查不正确扣2~5分	
		整机检查	5分	检查不正确扣2~5分	
		转子检查	5分	检查不正确扣2~5分	
		定子检查	5分	检查不正确扣2~5分	
		整流器检查	5分	检查不正确扣2~5分	
		故障分析	5分	检查不正确扣2~5分	
4	回答问题	调节器更换应注意哪些问题?	5分	不正确扣2~5分	
		发电机整流器作用是什么?	5分	不正确扣2~5分	
		汽车发电机常见故障有哪些?	5分	不正确扣1~5分	
5	完成时限	20min	10分	超时1~5min扣1~5分 超时5min以上扣10分	
6	安全文明	无安全隐患,无不文明操作	5分	未达标扣1~5分	
7	结束	工具、量具清洁、有序	3分	漏一项扣1~3分	
		工作场地清洁	3分	不彻底扣1~3分	
总分			100分		

学习任务三　起动机及其控制电路检修

任务要求

完成本学习任务后,你应能:

1. 描述汽车起动控制电路的基本组成;
2. 描述起动机各组成部件的作用、特点;
3. 能检测起动机及各个零部件;
4. 描述起动控制电路的类型及主要部件作用、特点;
5. 正确检修汽车起动控制电路;
6. 正确诊断汽车起动控制电路常见故障及分析原因。

建议学时:6 学时

任务描述

张先生早上准备驾驶卡罗拉轿车上班,起动汽车时,听到起动机"啪"的一声响后,再也没有任何反应。通过对起动控制电路进行细仔的故障诊断、检测,发现是起动控制电路和起动机内有故障,经修复电路和更换电磁开关必要的部件后,起动系统工作正常,故障排除。

一、理论知识准备

发动机利用蓄电池、起动机等起动装置由静止状态过渡到能自行运转的过程,称为发动机的电力起动。这种起动方式操作简单,起动迅速,具有重复起动能力,并且可以远距离控制,因此被现代汽车广泛采用。这种起动系统主要由蓄电池、起动机和起动控制电路等组成,如图 3-1 所示。本学习任务以起动机和起动控制电路为主要内容。

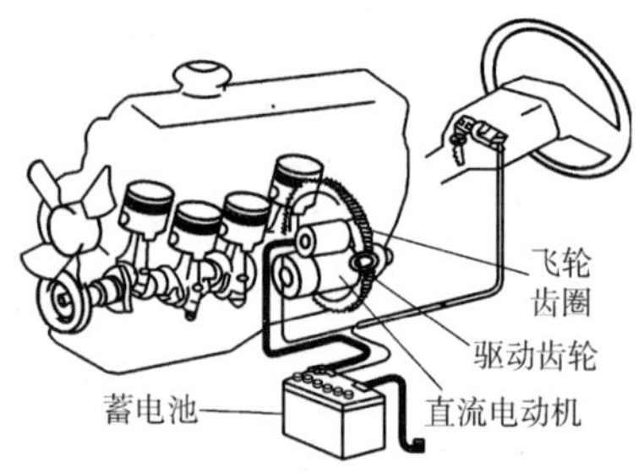

图 3-1　电力起动系统的组成

(一)起动机结构组成

常见的起动机是电磁控制强制啮合式起动机,一般由直流串励电动机、传动机构和控制装置三大部分组成,如图 3-2 所示。

1. 串励式直流电动机

串励式直流电动机的作用是产生转矩，一般均采用串励式直流电动机。“串励”是指电枢绕组与磁场绕组串联。

直流电动机是将直流电能转化为机械能并产生机械转矩的动力设备。它是根据带电导体在磁场中受到电磁力作用这一理论为基础而制成的。

直流电动机由机壳、定子、转子、换向器及电刷等组成，如图3-3所示。

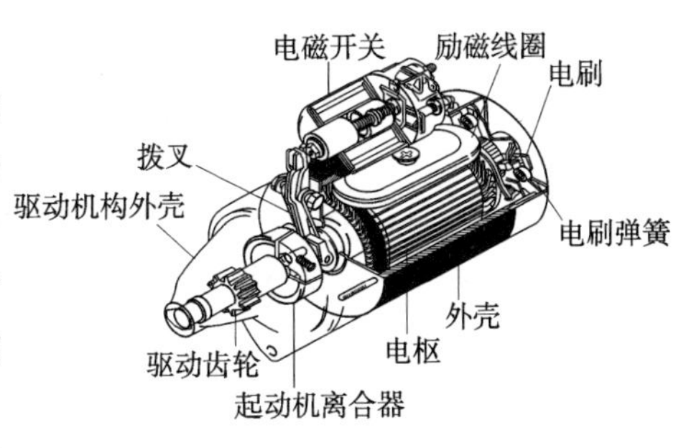

图3-2　常规起动机的组成

1)机壳

机壳或轭铁(励磁线圈架)用钢管制成，机壳内装有铁芯和磁场绕组，如图3-2～图3-4所示。某些机壳上有一个电流输入接线极柱，并在内部与磁场绕组连接。

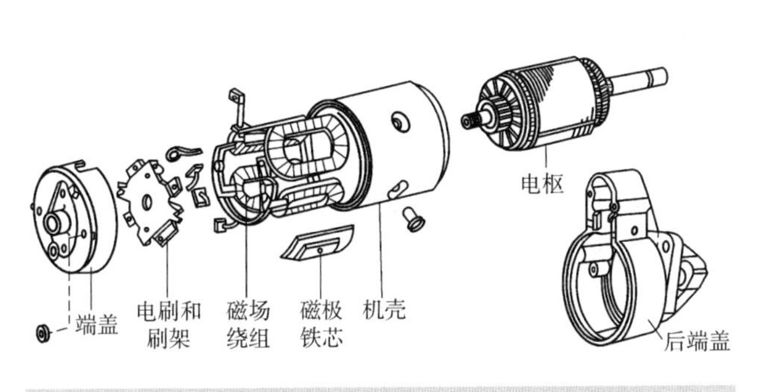

图3-3　直流电动机组成、结构

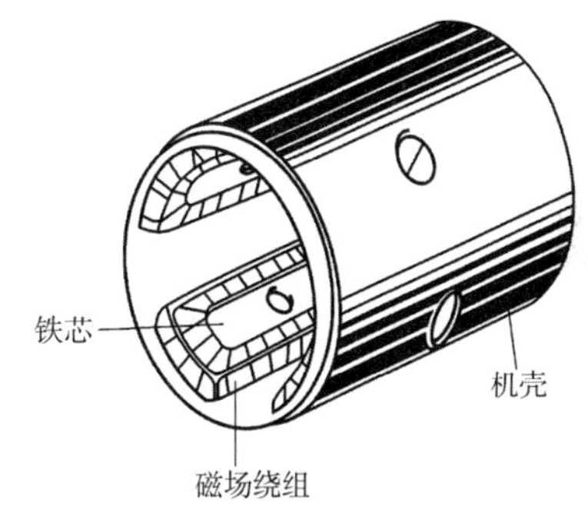

图3-4　磁极所在位置

机壳是电动机的磁极和电枢的安装机体，其中一端有4个检查窗口，便于进行电刷和换向器的维护，同时起动机的电磁开关也安装在机壳上。

2)磁极

磁极的作用是产生需要的磁场。磁极又称定子，它由固定在起动机机壳上的磁极铁芯和磁场绕组组成，如图3-3所示。磁场绕组又称定子绕组，它在机壳内的铁芯周围，其作用是建立电动机的电磁场。机壳内一般装有4个(2对)铁芯，磁场绕组采用较粗的矩形裸铜线绕制，它一端接在外壳的绝缘接线柱上，另一端与两个非搭铁电刷相连接。4个磁场绕组的连接方法主要有串联和串－并联两种方式。

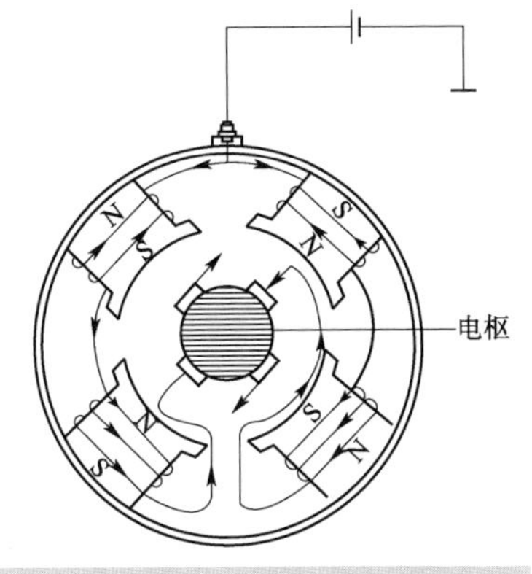

图3-5　起动机串－并联连接的磁场电路

(1)串联连接磁场电路。

4个磁场绕组都与电枢绕组串联，并以不同的绕向绕制，形成交替的N极和S极。来自蓄电池的电流流入每一相磁场绕组，然后进入电枢绕组。

(2)串－并联连接磁场电路。

串－并联连接磁场电路如图3-5所示，来自蓄电池的电流进入电动机后分成两路，分别流向磁场绕组互相串联的两条支路。每条支路通过电刷各与电枢绕组串联,但磁场绕组又与电枢绕组形成的两条支路并联。这种连接方式又称分流连接方式,被用来控制起动机工作时的最大转速。

3)电枢

电枢总成如图3-6所示。电枢又称转子,是产生扭转力矩的核心部件。由外圆带槽的硅钢片叠成的铁芯和嵌装在铁芯槽内的电枢绕组以及换向器等构成。当电枢绕组和磁场绕组所产生的磁场相互作用时,电枢便会转动。

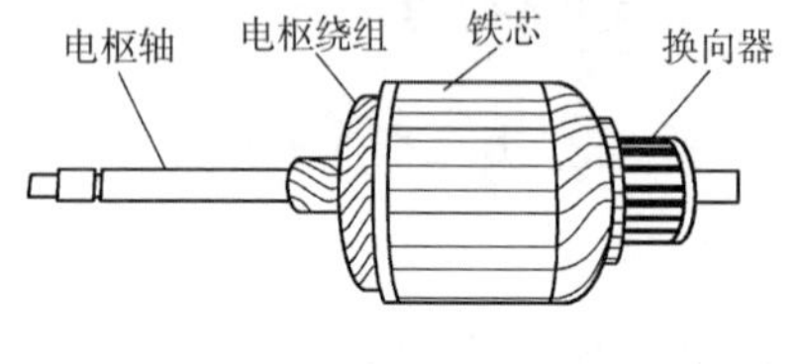

图3-6 起动机电枢总成结构

转子铁芯与电枢轴为紧配合。电枢绕组也采用横截面为矩形的铜线绕制,以满足几百安培工作电流的要求。实际上,电枢中有多个绕组,每一个绕组的两端都被连接到以筒状形式布置的换向器上。电枢轴由装在起动机端盖上的轴承支承。叠层硅钢片铁芯用来收集磁场和减小涡流形成的热效应损耗。

4)换向器

换向器装在电枢轴上,它由许多换向片组成。换向片嵌装在轴套上,各换向片之间均用云母绝缘。

换向器的作用是将通过磁场绕组的电流连接到电枢绕组,并保证电枢产生的扭转力矩方向不变,使电枢轴能输出固定方向的转矩。如图3-7所示,换向器由许多截面呈燕尾型的铜片围合而成,铜片嵌在换向器轴套和压环组成的槽中,铜片之间以及铜片与轴套、压环之间均用云母绝缘。铜片一端有焊接电枢绕组线头的凸缘。

5)电刷及电刷架

电刷和换向器配合使用,用来连接磁场绕组和电枢绕组的电路,并使电枢轴上的电磁力矩保持固定方向。

电刷装在端盖上的电刷架中,电刷弹簧使电刷与换向片之间具有适当的压力以保持配合,如图3-8所示。

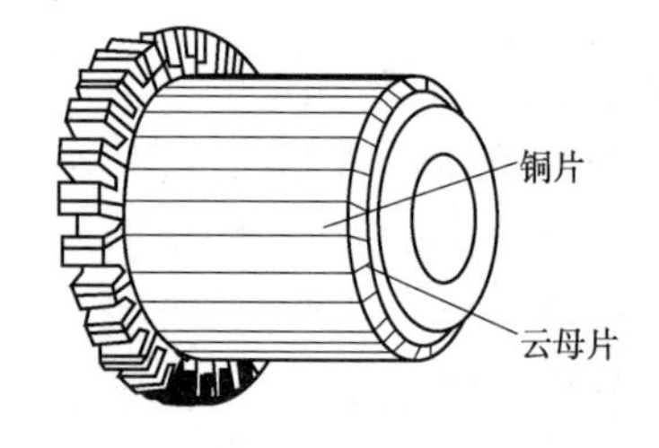

图3-7 换向器

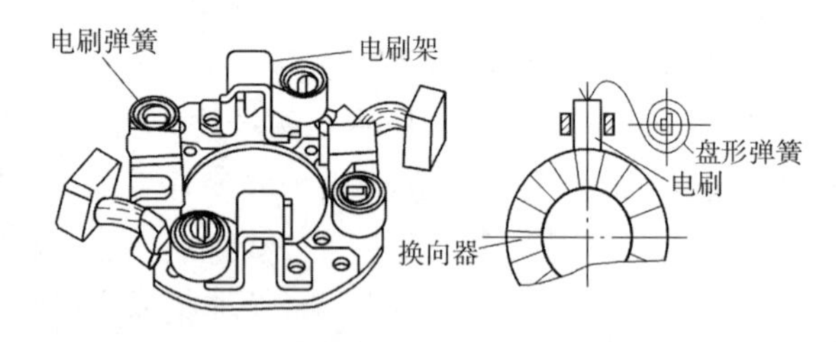

图3-8 电刷及电刷架的组合

以四磁极电动机为例,其中两个电刷与机壳绝缘,即绝缘电刷;电流通过这两个电刷进入电枢绕组,另外两个为搭铁电刷,通过电枢绕组的电流通过这两个电刷搭铁。

6)端盖

端盖由换向器端框架(前端盖)和驱动机构外壳(后端盖)组成。分别装在机壳的两端,靠两个长螺栓将它们紧固在一起(图3-3)。两端盖内均装有青铜石墨轴承套或铁基含油轴承套,用以支承电枢轴。

2. 传动机构

起动机传动机构的作用是把直流电动机产生转矩传递给飞轮齿圈,再通过飞轮齿圈把转矩传递给发动机的曲轴,使发动机起动;发动机起动后,飞轮齿圈与驱动小齿轮自动打滑脱离啮合。

起动机传动机构包括单向离合器和拨叉两部分。离合器起着传递转矩将发动机起动,同时又能在起动后自动打滑脱离啮合从而保护起动机不致损坏的作用。拨叉的作用是使离合器做轴向移动。

1)单向离合器

现代汽车上常用起动机单向离合器有滚柱式、弹簧式和摩擦片式3种,轿车上普遍采用滚柱式单向离合器。

起动机滚柱式单向离合器的驱动齿轮采用40号中碳钢加工淬火而成,与外壳连成一体。外壳内装有十字块和四套滚柱弹簧,十字块与花键套筒固连,壳底与外壳相互扣合密封,如图3-9所示。

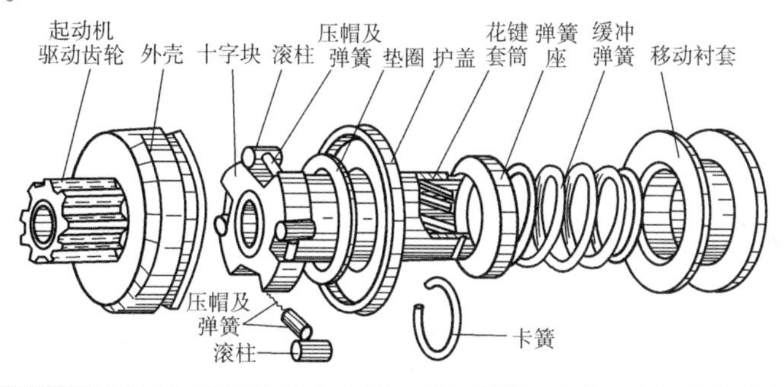

图3-9　滚柱式单向离合器

花键套筒的外面装着缓冲弹簧及衬圈,末端固装着拨环与卡圈。整个离合器总成利用花键套筒套装在起动机轴的花键部位上,可以做轴向移动和随轴转动。

离合器的外壳与十字块之间的间隙为宽窄不同的楔形槽。这种离合器就是通过改变滚柱在楔形槽中的位置来实现离合器的,如图3-10所示。

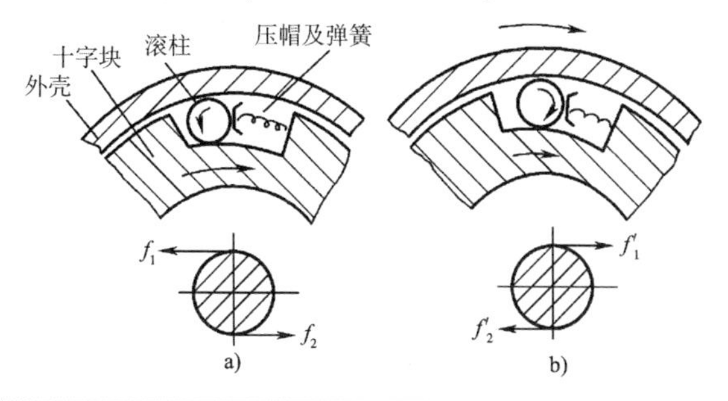

图3-10　滚柱式离合器的工作原理

a)发动机起动时;b)发动机起动后

发动机起动时,拨叉动作,经拨环将离合器沿花键推出,驱动齿轮啮入发动机飞轮齿圈。此时电枢转动,十字块随电枢一起旋转,滚柱滚入楔形槽窄的一侧而卡住,从而传递转矩,驱动曲轴旋转,如图3-10a)所示。

发动机起动后,飞轮齿圈的转速高于驱动齿轮,滚柱滚入楔形槽宽的一侧而打滑,如图3-10b)所示。这样转矩就不能从驱动齿轮传给电枢,从而防止电枢超速飞散的危险。

起动完毕,则由电磁开关复位弹簧作用,经拨叉使离合器退回,驱动齿轮完全脱离飞轮齿圈。

2)拨叉

拨叉的作用是使单向离合器做轴向移动,将驱动齿轮啮入和脱离飞轮齿圈。

拨叉被封装于起动机壳体上,如图3-2所示,通常由电磁式开关操纵拨叉。起动机电磁开关由活动和静止两部分组成,活动部分是电磁铁芯,用螺杆活络地连接拨叉;电磁开关静止部分由绕在电磁铁芯钢套外的线圈和复位弹簧组成。

发动机起动时,驾驶人只需将点火开关旋至起动挡,起动机电磁开关线圈通电产生电磁力,将铁芯吸入,于是带动拨叉转动,由拨叉头推出单向离合器,使驱动齿轮啮入飞轮齿圈。

发动机起动后,松开点火开关,点火开关便自动复位ON位置,起动机电磁开关线圈断电,电磁力消失,在复位弹簧作用下,铁芯退出,拨叉返回,拨叉头将打滑工况下的单向离合器拨回,驱动齿轮脱离飞轮齿圈。

3. 控制装置

电磁控制装置在起动机上又称电磁开关,它的作用是控制驱动小齿轮与飞轮齿圈的啮合与分离,并控制直流电动机电路的接通与切断。在现代汽车上,起动机均采用电磁式控制电路,电磁式控制装置是利用电磁开关的电磁力操纵拨叉,使驱动小齿轮与飞轮啮合或分离。

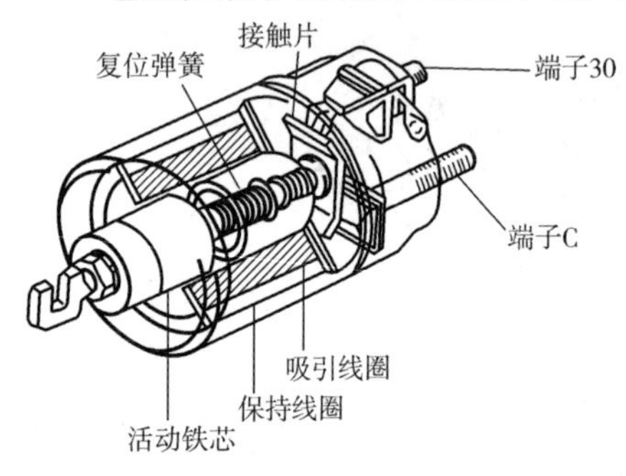

图3-11 电磁开关结构

电磁开关主要由吸引线圈、保持线圈、复位弹簧、可动铁芯、接触片等组成,如图3-11所示。其中,端子50用导线接点火开关STA挡或起动继电器输出端,为电磁开关的线圈提供电源正极;端子30用较粗的导线直接接蓄电池正极,端子C接入直流电动机。

(二)起动机的检测

起动机的检测分为解体检测和不解体检测两种,解体测试随解体过程一同进行。

1. 起动机的不解体检测

在进行起动机的解体之前,最好进行不解体检测,通过不解体的性能检测大致可以找出故障。起动机组装完毕之后也应进行性能检测,以保证起动机正常运行。在进行以下的检测时,应尽快完成,以免烧坏电动机中的线圈。

(1)电磁线圈性能测试。

①首先把励磁线圈的引线断开,如图3-12所示。

②用跨接线连接蓄电池负极到电磁开关C端子和起动机壳体,连接蓄电池正极到电磁开关50端子。

驱动小齿轮应能伸出;没有任何反应表明电磁线圈及铁芯功能不正常。

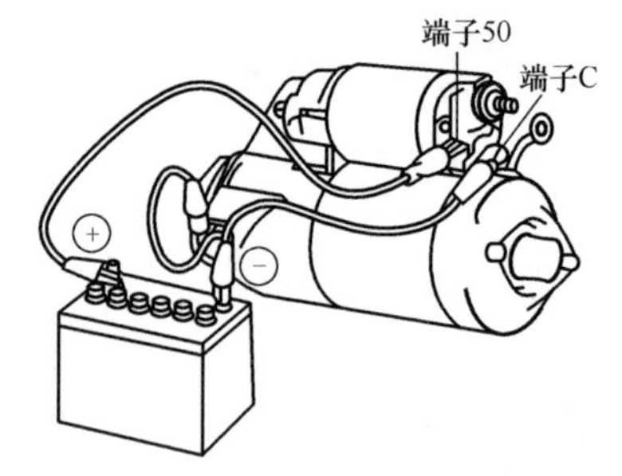

图3-12 电磁开关吸引线圈功能试验

(2)保持线圈性能测试。

在电磁线圈性能测试正常的情况下,按其连接方法,在驱动小齿轮伸出之后从端子 C 上拆下短接负极导线,如图 3-13 所示。

驱动小齿轮仍能保留在伸出位置,否则表明保持线圈损坏或接地不正常。

(3)驱动小齿轮回位测试。

接线方法如图 3-14 所示,然后拆下蓄电池负极接线。

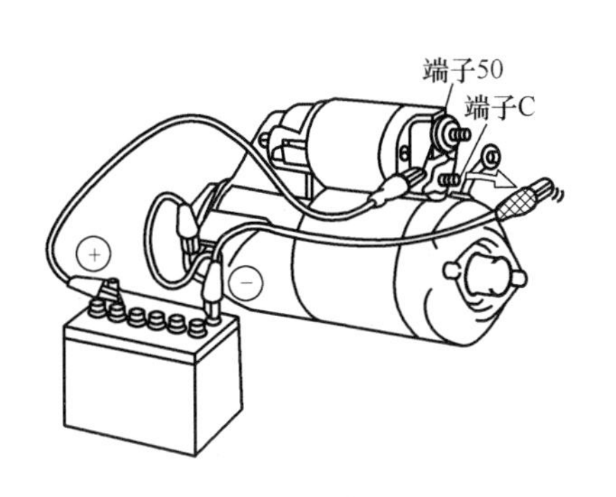

图 3-13　电磁线圈和保持线圈功能试验

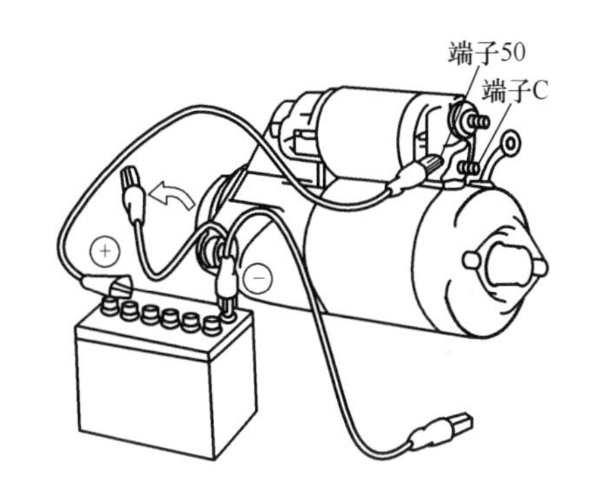

图 3-14　驱动齿轮复位试验

拆下蓄电池负极接外壳的接线夹后,驱动小齿轮能迅速返回原始位置即为正常。

测量时先把驱动小齿轮推向电枢方向,消除间隙后测驱动小齿轮端和止动套圈间的间隙,并和标准值进行比较。

(4)空载测试。

空载测试时按下面步骤进行操作:

①固定起动机。

②按图 3-15 所示的方法连接导线。

③检查起动机应该平稳运转,同时驱动小齿轮应移出。

④读取电流表的数值,应符合标准值。

⑤断开端子 50 后,起动机应立即停止转动,同时驱动小齿轮缩回。

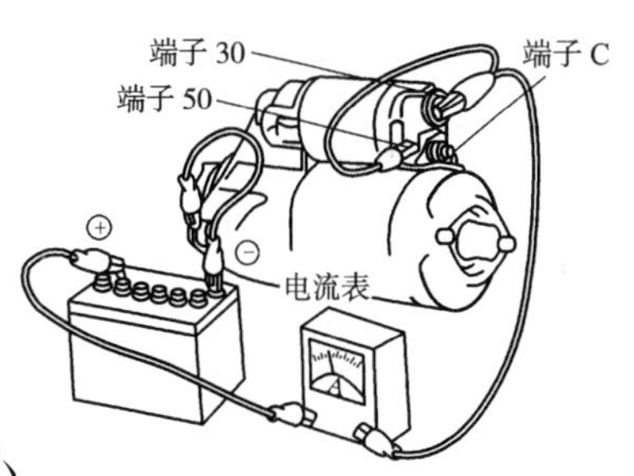

图 3-15　起动机的空载测试

2. 起动机的解体检测

(1)直流电动机的检测。

①磁场绕组的检查(图 3-16)。用万用表欧姆挡检查磁场绕组两电刷之间时导通情况,应能导通。

用万用表千欧挡检查磁场绕组和定子外壳之间导通情况,不应导通。

②电枢的检查。用万用表千欧挡检查换向器和电枢线圈铁芯之间导通情况,如图 3-17 所示,不应导通。

用万用表欧姆挡检查任意两换向片之间的导通情况,应导通。

(2)电磁开关的检测。

①吸引线圈电阻检测。使用万用表欧姆挡 R ×1 量程,用红黑表笔分别接电磁开关的

端子 C 和端子 50,如图 3-18 所示,电阻应在 0.25 ~0.65Ω。

②保持线圈电阻检测。使用万用表欧姆挡 R×1 量程,用红黑表笔分别接电磁开关的端子 50 和搭铁,如图 3-19 所示,电阻应在 0.85 ~1.45Ω。

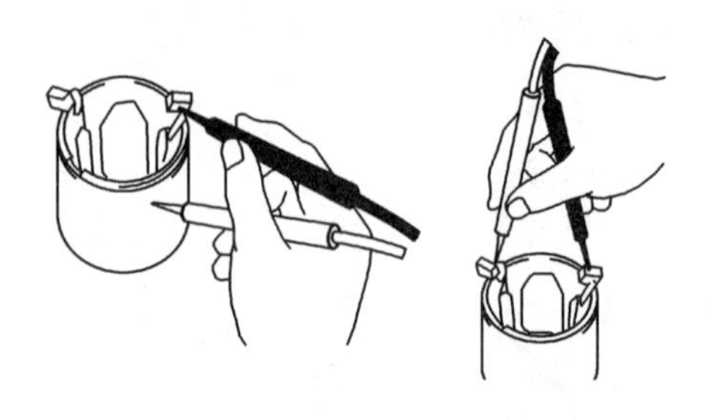

图 3-16　磁场绕组及其外壳的检查

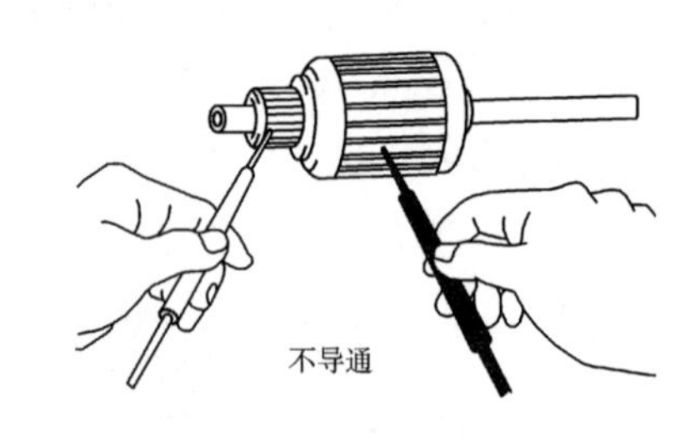

图 3-17　换向器的检查

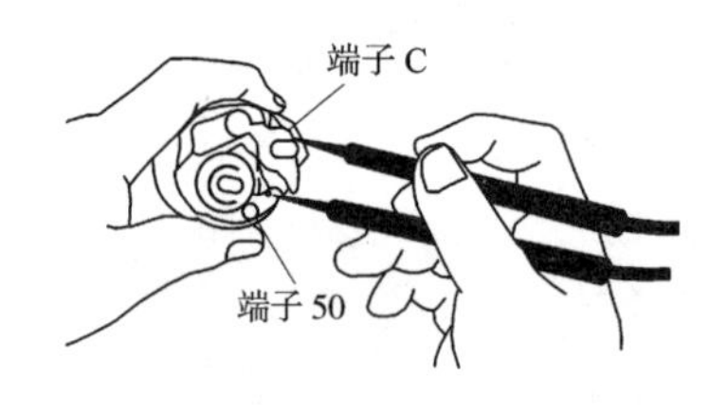

图 3-18　吸引线圈电阻及通断检查

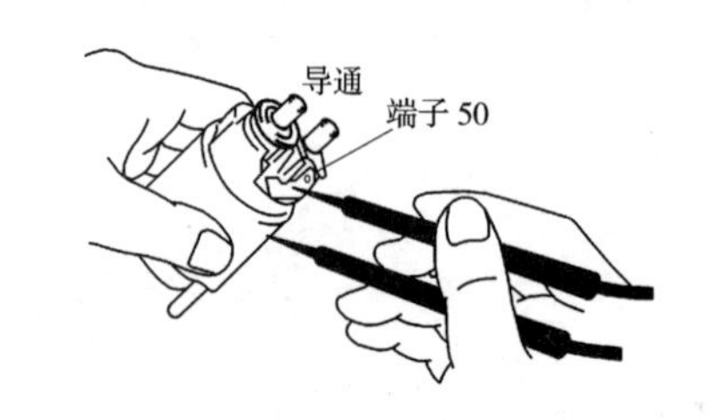

图 3-19　保持线圈电阻及通断检查

(三)起动控制电路

1. 起动控制电路组成

起动控制电路指起动系统除起动机以外的起动系统控制电路。起动控制电路随车型的不同而有所不同,大体上可以分为无起动继电器的控制电路、带有起动继电器的控制电路和带有保护继电器的控制电路,常见的是带有起动继电器的控制电路,主要由蓄电池、熔断器、点火开关、起动继电器和保护开关等组成,丰田卡罗拉轿车起动系统电路图如图 3-20 所示。

2. 起动控制电路中各部件的检修

(1)起动开关的检修。

起动开关即点火开关,丰田卡罗拉点火开关安装在转向盘支撑架上,点火开关连接器 E4 如图 3-21 所示。断开点火开关连接器 E4,用欧姆表测量点火开关端子 1-2、7-8 之间的电阻,按表 3-1 所示内容测量。如果结果不符合标准,说明点火开关故障,则更换点火开关总成。

(2)起动继电器的检修。

起动继电器外形和各端子位置如图 3-22 所示,继电器各端子在起动控制电路中的电路连接如图 3-20 所示,对继电器的就车检测分别有继电器线圈电阻检测、触点开关断开电阻检测、触点开关接通电阻检测和继电器工作是各端子电压检测,检测试验按表 3-2 所示内容进行操作,若不符合正常标准,直接更换起动继电器。

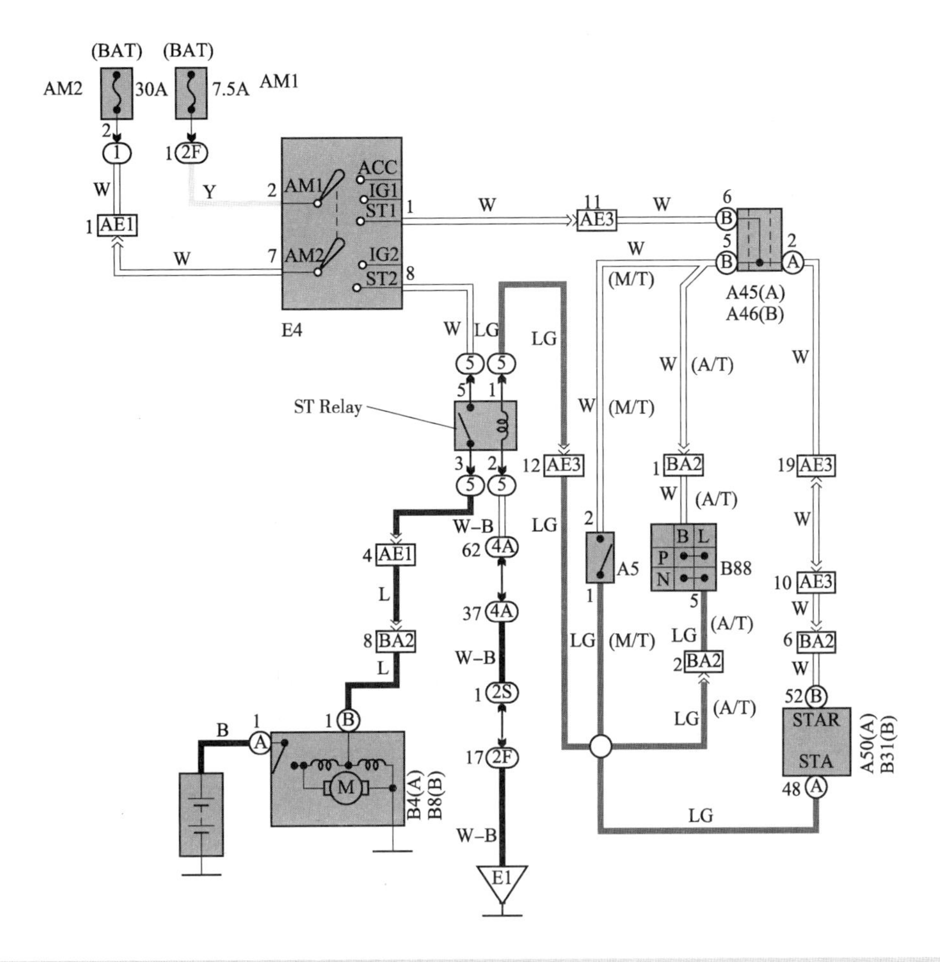

图 3-20　丰田卡罗拉起动系统电路图

AM1-7.5A 主熔断器；AM2-30A 主熔断器；A5-离合器开关；B88-N/P 挡开关；E4-点火开关；ST Relay-起动继电器

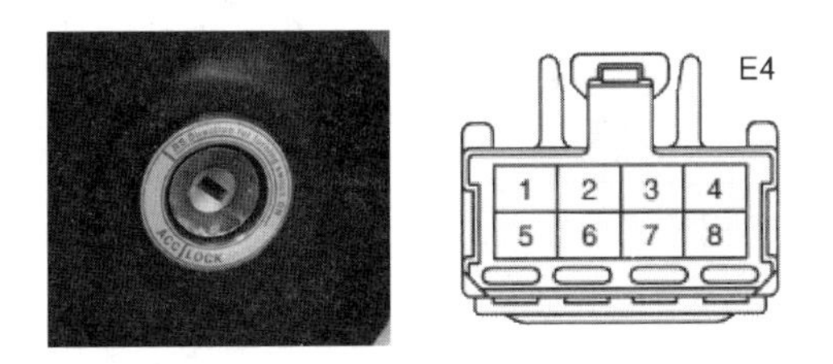

图 3-21　点火开关连接器 E4

点火开关的检测表　　表 3-1

序　　号	检 查 条 件	检测端子号	正常标准(Ω)
1	非起动挡	$E4_1 - E4_2$	电阻 > 10k
2	起动挡		电阻 < 1
3	非起动挡	$E4_7 - E4_8$	电阻 > 10k
4	起动挡		电阻 < 1

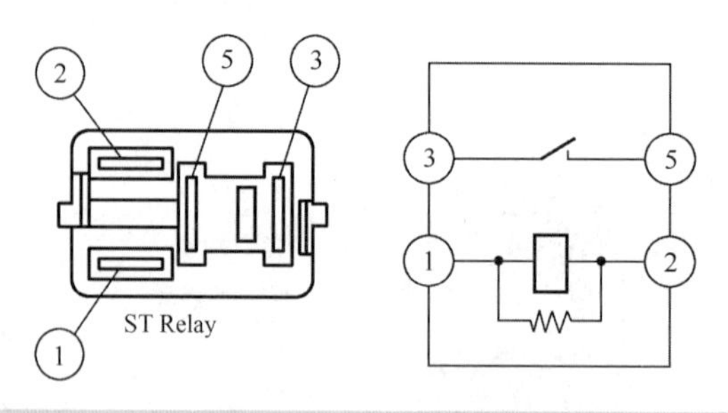

图 3-22　起动继电器端子示意图

起动继电器检测试验表　　表 3-2

序　号	检查条件	检测端子号	正常标准
1	关闭点火开关	1－2	检测电阻 200～400Ω
		3－5	检测电阻＞10kΩ
2	端子 1、2 间接上蓄电池的正负极	3－5	检测电阻＜1Ω
3	起动	1－搭铁 (3)5－搭铁	检测电压应＞10V

(3)驻车/空挡开关的检修。

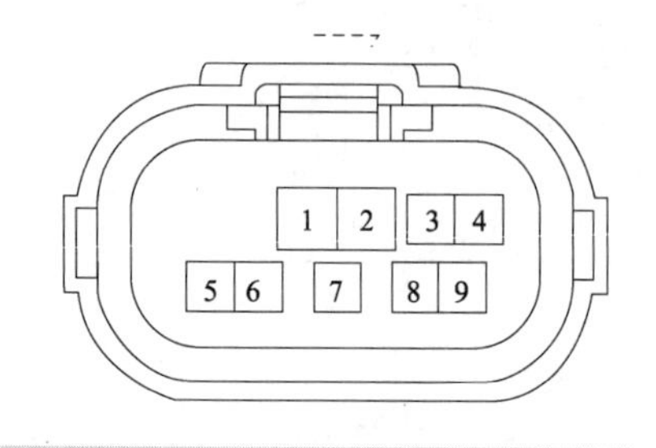

图 3-23　驻车/空挡开关连接器 B88 各端子示意图

自动变速器的驻车/空挡开关,不仅要用于显示各挡位,还起到安全开关的作用,丰田卡罗拉轿车自动变速器的驻车/空挡开关连接器 B88 各端子编号如图 3-23 所示。检测驻车/空挡开关电阻时,应断开连接器 B88,使用万用表欧姆挡 R×1 量程检测变速器上驻车/开关的端子 4、5 间情况;断开连接器 B88,使用万用表电压挡 20V 量程检测驻车/空挡开关连接器 B88 插头端子 4、5 与搭铁间的电压,应符合表 3-3 所示标准,若检测值不符合标准,则更换驻车/空挡开关。

驻车/空档开关的检测　　表 3-3

序　号	检查条件	检测端子号	正常标准
1	P/N	$B88_4$－$B88_5$(开关)	电阻＜1kΩ
2	非 P/N		电阻＞10Ω
3	START	$B88_4$－搭铁(插头)	电压高于 10.5V
4	非 START		电压 0V

对于手动变速器的丰田卡罗拉轿车安全开关就是离合器开关,它在起动控制电路中的连接位置如图 3-20 所示,离合器开关连接器各端子示意图如图 3-24 所示,其检测电阻、通电电压的方法与驻车/空挡开关相同。

(四)起动系统故障诊断

以丰田卡罗拉轿车起动控制电路为例,分析起动系统的故障。其他汽车起动控制电路的诊断思路和方法相似。

图 3-24　离合器开关连接器 A5

1. 起动机不转的故障诊断

将点火开关旋至起动挡，起动机驱动小齿轮不向外伸出，起动机不转，感觉是没什么反应。

此种故障可能由蓄电池及电路连接造成，也有可能由起动机本身造成，首先应进行区分，方法如下：用螺丝刀或导线短接起动机电磁开关上的端子 30 和端子 C 两个接线柱。若起动机不转，说明电动机有故障，应解体检修；若起动机运转，说明电动机正常，故障在起动机本身以外的电路。

(1)检查端子 50 的电压，若电压过低(低于 8V)，应对蓄电池的正极线、搭铁线，各接线柱、点火开关、继电器、驻车/空挡开关等进行检查，若接线柱有脏污或松脱，应清洁或紧固，若点火开关、继电器、空挡开关损坏，应进行修理和更换。

(2)若故障仍然存在，说明故障在起动机本身。此时应进行起动机的性能测试(吸引线圈和保持线圈测试等)或解体测试进行故障诊断和排除。

2. 起动机转动无力的故障诊断

将点火开关旋至起动挡，驱动小齿轮发出“咔哒”声向外移出，但是起动机不转动或转动缓慢无力。

(1)首先应该查蓄电池电量和电源导线的连接情况，确认蓄电池电量是否足够，线路连接是否良好。

(2)若故障依然存在要区分故障在起动机或发动机本身，还是在端子 30 之前的电路，方法是用短接线短接起动机电磁开关的端子 30 和端子 C 两个接线柱。若短接后起动有力且运转正常，说明起动机电磁开关内主触点和接触盘接触不良；若短接后起动仍然无力，则可认为电动机有故障，需进一步拆检。故障可能是由主开关接触不良、电刷和换向器之间电阻过大或接触不良，单向离合器打滑等引起的。

(3)如果在接通点火开关起动挡后，起动机有连续的“咔哒”声。

短接起动机电磁开关的两个主接线柱，起动机转动正常，说明电磁开关保持线圈断路或短路，应更换电磁开关或起动机。

3. 起动机空转的故障诊断

接通点火开关起动挡，起动机只是空转，不能带动发动机运转。

(1)起动机空转时，有较轻的摩擦声音，起动机驱动小齿轮不能与飞轮齿啮合而产生空转，即驱动小齿轮还没有啮合到飞轮齿中，电磁开关就提前接通，说明主回路的接触盘行程过短，应拆下起动机，进行起动机接通时刻的调整。

(2)起动机空转时，有严重的碰擦轮齿的声音：说明飞轮轮齿或起动机驱动小齿轮严重磨损，应拆下起动机进一步检查，根据实际情况更换驱动小齿轮或飞轮齿圈。

(3)起动机空转时，速度较快但无碰齿声音：说明起动机单向离合器打滑，即驱动小齿轮已经啮入飞轮齿中，但不能带动飞轮旋转，只是起动机电枢轴在空转，应更换单向离合器总成。

4. 起动控制电路检修注意事项

(1)起动机的拆装过程必须按照规范的操作步骤进行，绝不能毫无规律的乱拆和乱装，特别是解体作业，规定不能解体的小总成绝对不能拆，以免造成损坏。

(2)在进行解体作业过程中,进度放慢点为宜,并且每进行一步,都要仔细研究构造、工作原理、装配关系、接线关系和作用等。

(3)拆下的零部件(或小总成)要按先后顺序排列好,平垫和弹簧垫可串在螺杆上,再拧上螺母,以免装配时出现差错和遗漏,还要特别注意小件不能丢失。

(4)在拆装过程中,要避免用锤子、大活动扳手等工具敲击,以免零部件损坏。

(5)做磁场绕组和电枢绕组的短路故障检查时,动作要快,时间要短,以免烧毁。

(6)蓄电池的电压应与被试起动机的额定电压相同,蓄电池的容量应与被测起动机的功率相匹配,而且必须采用技术状况良好的充足电的蓄电池。

(7)起动机与蓄电池之间的连接导线截面积要足够大,导线长度要短,其电压降不得超过0.2~0.3V,电路中所有的接线柱保持清洁和连接可靠。

二、组织实践

(一)工作任务

检查和诊断起动控制电路故障,并加以排除。

(二)实践操作目标

(1)了解起动控制电路的故障部位及原因,并正确排出故障。
(2)能诊断起动机故障,并能拆卸起动机。
(3)通过实践操作,进一步加深对起动系统结构和工作过程的理解。

(三)实践准备

1. 实践操作所用的设备

实训用车辆(建议用常见的丰田卡罗拉轿车、大众迈腾轿车)、蓄电池、工作台等。

2. 实践操作所用工量具和材料

干净的抹布,常用工具,汽车万用表,LED试灯,汽车电路图册,汽车维修手册。

(四)技术要求与注意事项

(1)万用表使用过程中,注意挡位、量程的正确选择。
(2)使用LED试订要注意正负极性。
(3)严禁造成短路。
(4)起动前检查空挡、停车挡。

(五)操作步骤及方法

1. 检查和诊断起动控制电路的基本情况

(1)你检查和诊断起动控制电路所用到的车型是:______________________________。
(2)你所诊断的起动控制电路属于的类型是:________________(不带继电器/带继电

器/带组合继电器)。

(3)你所诊断的起动控制电路呈现的故障现象是:____。

2. 起动控制电路故障诊断

(1)检查起动电源。

蓄电池电压:________V,蓄电池连接桩头________(可靠/松动/有腐蚀),起动控制电路熔断器________(正常/不正常),从蓄电池正极到熔断器间的线路________(通路/断路/短路),检查前面这些内容所用的工量具是:______________(万用表/普通试灯/发光二极管试灯/其他)。

通过前面的操作,可以判断:____。

想一想

用小灯泡制作的试灯去测试电控线路会有什么后果?

(2)测试起动机。

直接给起动机电磁开关端子“50”供电,发现________________(无反应/起动机正常运转/电磁开关有吸合声音无运转/其他)现象,用导线短接端子“30”和端子“C”时发现直流电动机________________(无反应/空转/不正常转动)。

通过前面操作,可以判断:____。

(3)点火开关的检测。

你检测点火开关起动挡用的是________________(万用表/普通试灯/发光二极管/其他方法),点火开关的其他挡位________________(正常/不正常)。

通过前面的操作和检测结果,可以判断:____。

3. 故障处理措施

(1)通过前面的故障诊断,其故障原因是:____。

(2)你的处理措施是:____。

(3)处理后的结果是:____。

(4)其他____。

4. 起动控制电路检修注意事项

(1)____。

(2)____。

5. 起动机控制电路典型故障案例

以大众迈腾轿车不能起动典型故障为例，参见起动系统电路图 3-25 所示内容，对照实训用迈腾轿车或其试验台架进行如下验证和测试，诊断出故障原因。

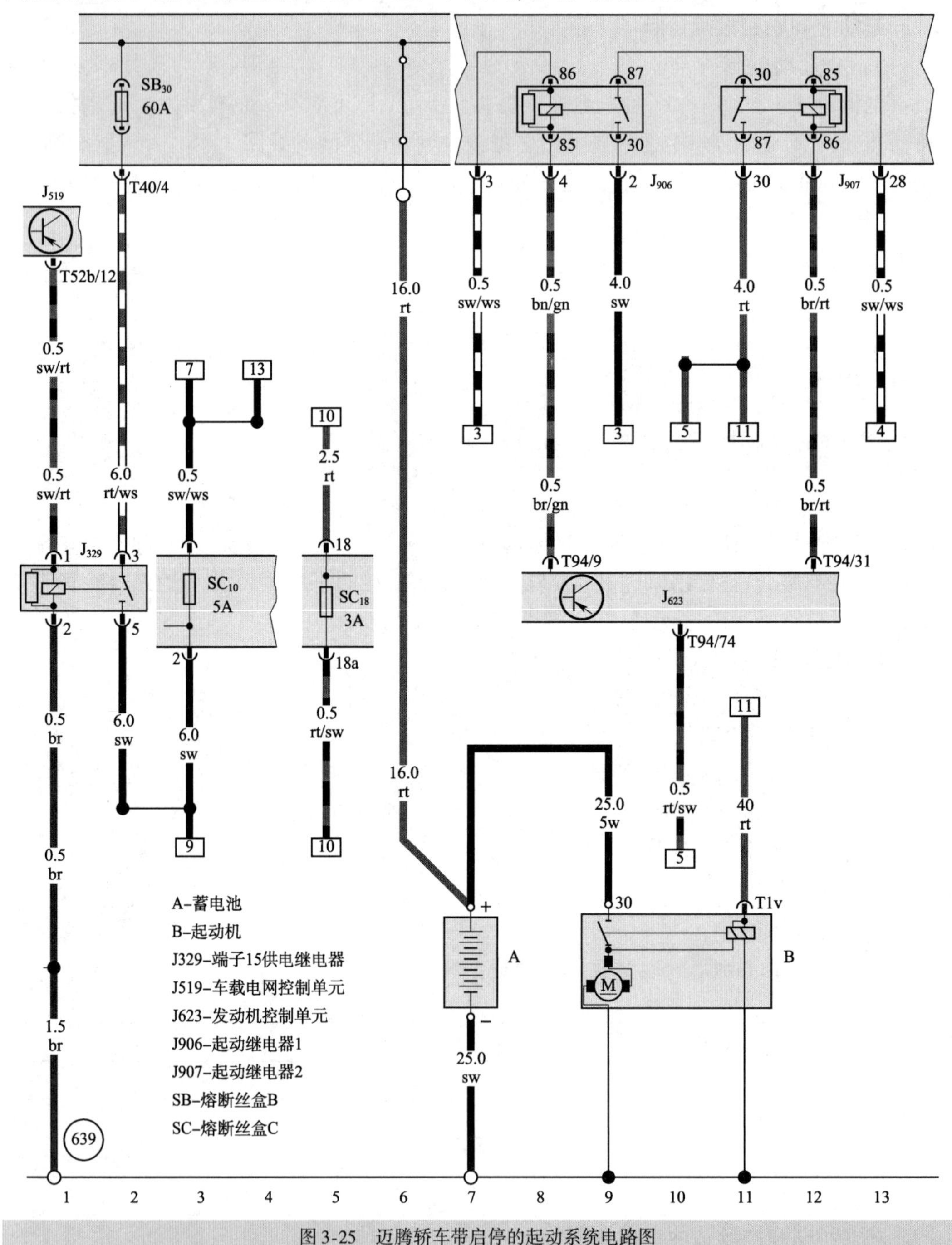

图 3-25 迈腾轿车带启停的起动系统电路图

(1)检查起动电源(蓄电池)。

用 LED 试灯负极端接蓄电池负极，LED 试灯正极接蓄电池正极桩、连接线，此时试灯

__________（都亮/都不亮/桩头亮接线上不亮/桩头亮接线暗），用LED试灯负极接蓄电池正极，LED试灯正极接蓄电池负极，试灯__________（亮/不亮/亮但较暗），由此说明试灯__________（正常/不正常），蓄电池__________（基本正常/不正常），蓄电池桩头连接__________（可靠/不可靠/接触不良）。

可以通过按喇叭按钮试验，观察电喇叭声音__________（正常/不正常/其他），从而判断蓄电池电量及连接__________（正常/不正常/其他）。

（2）检查起动机是否有故障。

关闭点火开关，断开起动机控制连接器端子Tlv，使用专业连接线将起动机电源端子30与起动机上端子Tlv连接，观察起动机工作情况。你观察到起动机工作__________（正常/不正常），起动机工作正常说明故障在__________（起动机/起动机外/其他），起动机不正常工作或不工作，说明故障在__________（起动机/起动机外/其他）。

当起动机有故障时，应将起动机__________（拆卸检修/更换/其他）。

（3）检查起动机控制连接器及导线。

①前面起动机检查没有故障后，应做下面的诊断检查。关闭点火开关，断开起动机控制连接器端子Tlv，用LED试灯负极接搭铁线，并保证接触可靠，用LED试灯正极接连接器端子Tlv，将点火开关拧到起动挡，试灯__________（亮/不亮/亮但较暗），说明起动控制电源正极__________（正常/没有/不知道）送到连接器端子Tlv。

②当检查到试灯不亮时，接下来应关闭点火开关，取下起动继电器J907，用万用表检测起动机控制连接器端子Tlv与起动继电器J907端子87之间的导线电阻，电阻值应$<1\Omega$，你检测的电阻是__________Ω，判断此段导线电阻__________（正常/不正常）。此段导线颜色为__________（红色/黑红色/黑白色/其他），导线截面积为__________（4.0/1.0/0.5）mm^2。

（4）检查起动继电器供电电源。

①当检测到起动机控制接连接器端子Tlv处试灯不亮，其导线电阻正常时，取下起动继电器J907，用试灯正极检查起动继电器J907座端子85，点火开关打开，起动继电器J907座端子85处都应有电，试灯__________（亮/不亮/亮但较暗），你检查的结果是试灯__________（亮/不亮/亮但较暗），如果检查时试灯不亮，说明____________________有故障。

②打开点火开关，用试灯正极检查起动继电器J907座端子30，应有电，试灯__________（亮/不亮/亮但较暗），你检查的结果是试灯__________（亮/不亮/亮但较暗）。

当检测到此处没有电时，从起动继电器J907座端子30到供电继电器J329到蓄电池正极，涉及较多部件，中间包括导线、供电继电器J329、连接器、电控单元甚至点火开关等都可能出现故障，都可以一个一个的诊断和排除。

③由此可以判断起动继电器J907的供电电源__________（正常/不正常）。

（5）试验起动继电器。

按图3-22所示方法和表3-2所示的标准进行检测试验正确判断。

（6）起动继电器控制导线检查。

当前面的检测全部都正常时，故障应出现在电控单元（ECU）和起动继电器控制导线上。电控单元（ECU）故障较复杂，不作说明，而起动继电器控制导线故障检测方法如下。

关闭点火开关，取自起动继电器J907，拆下发动机电控单元J623连接器T94，使用万用表检测起动继电器J907座端子86与电控单元J623连接器T94端子31之间的导线电阻,电阻值应<1Ω,你检测的电阻是__________Ω,判断此段导线电阻__________(正常/不正常)。此段导线颜色为__________(红色/棕红色/黑白色/其他),导线截面积为__________(4.0/1.0/0.5)mm^2。

小提示

当电控单元连接器端子针脚较多、较细及裸线较多时应避免造成短路!

测试过程中比较困难的是____

____。

6. 工作总结

完成上面的工作任务后,你认为哪些知识对于你诊断电路故障有所帮助?

____

____。

三、学习拓展

发动机自动起停技术

1. 概述

发动机自动起停就是在汽车行驶过程中临时停车(例如等红灯)的时候,自动熄火。当需要继续前进的时候,自动重起发动机的一套系统,英文简称STT。

它是通过在传统发动机上植入具有怠速起停功能的加强电动机,使汽车在满足怠速停车条件时,发动机完全熄灭不工作。当整车再需要起动前进时,怠速起停电动机系统迅速响应驾驶人起动命令,快速起动发动机,瞬时衔接,从而大大减少油耗和废气排放。

该系统通过电脑判断车辆的状态,例如车辆在红灯、堵塞等停滞状态,电脑可以控制发动机自动停止运行,并且停止运行阶段,并不影响车内空调、音响等设备的使用。通过此项技术在一般路况条件下可以节约5%的燃油,而在拥堵路段中最高可以节约15%左右的燃油。

2. 起停系统的工作原理

现在有自动起停功能的大多数是自动挡车,一般汽车配备这个功能的,只要汽车发动,自动起停系统就处于正常工作的状态。这套系统是建立在电脑控制的基础上,实现自动控制。当你驾驶车辆遇到红绿灯或者其他原因停车的时候,踩下制动踏板停车,一般2s后发动机就会自动熄火,然后,汽车要起步,你再松开制动踏板,踩下加速踏板,或者轻轻转动转向盘的时候,发动机就再次起动。当汽车因为拥堵或者路口停止行进,驾驶人踩下制动踏板,这时候,系统自动检测:发动机怠速运转,制动状态;车轮转速传感器为零;电子电池传感器显示有足够的能量进行下一次起动。满足这三个条件后,发动机自动停止转动。而当信号灯变绿后,驾驶人只要一松开制动踏板,或者转动转向盘,发动机又会马上自动起动,立即又可以踩加速踏板起步,整个过程自动变速器都处于D挡状态。

3. 应用现状

目前市场上已经有许多车型搭载发动机自动起停系统,欧洲车装备自动起停技术的车型较多,无论是合资车还是进口车,包括奥迪、奔驰(E、S级等)、宝马(1-7系、X1/X3)、沃尔沃全系新车、保时捷全系新车等,大众旗下各品牌如一汽-大众高尔夫、速腾蓝驱版、迈腾,上汽大众的帕萨特蓝驱版、途观蓝驱版、斯柯达绿动版都采用了自动起停技术,另外,马自达CX-5、荣威550、帝豪EC7、长城C30、铃木锋驭等也装备了类似系统。

经过一段时间的发展,目前越来越多的厂商开始推广自动起停技术,所以目前装备此功能的车型并不少。

据报道,近年来欧盟地区已有超过半数的上市新车配备此功能,而福特汽车的较多车型都配备自动起停系统。目前我国汽车的生产和销售正保持着高速增长的势头,相信中国的汽车产业也会跟随这一发展趋势,并且随着自动起停系统本身技术的逐步完善,人们保护环境和珍惜能源的意识不断加强,它必将会为我国的节能减排工作乃到环境的优化做出更大的贡献。

4. 存在的疑虑

当然在日常使用过程中,许多人对发动机起停产生了一些技术产生一些困惑,比如频繁的熄火、点火会不会对发动机造成磨损;频繁地点火会不会缩短蓄电池的寿命等。

其实频繁起动并不会对发动机造成多大磨损,发动机内部主要靠油膜润滑,鉴于自动起停的时间都很短,被机油泵打上去的机油不会都流回去,零件上还是保留了很多机油,在起动而且是热起动那么点转速和时间里没什么影响。传统上对发动机磨损大的是冷起动和高温起动,冷起动以目前的机油技术,只要能用好些的机油其对磨损的影响应该是低于高温带来的折寿。对于会不会缩短蓄电池寿命这一点来说是肯定的,但是一般的起停系统都不会在蓄电池亏电和车辆刚发动的时候就马上起动,它会在车辆行驶一段距离,保证蓄电池有充足电量的时候起动。所以对于蓄电池寿命虽然会有影响,但也是微乎其微的。

一项技术被用在量产车上肯定经过很严苛的测试,自动起停技术在欧洲已经很普及,耐久性不会有什么问题。采用这项功能的车辆,发电机和起动机等相关元件都已进行了优化,使用强度变得更大,因而在正常驾驶情况下,将大大提高整套动力系统的可靠性,所以无须对此进行担忧。目前我国汽车的生产和销售正保持着高速增长的势头,并且随着人们保护环境和珍惜能源的意识不断加强,发动机自动起停正作为一种新的汽车科技成为新的热点和增长点。发动机自动起停技术减少了怠速时的油耗,同时还美化了我们生存的环境,只要平时稍加注意,发动机起停对车辆本身只能有益无害。

5. 关闭自动起停功能

自动起停省油而对发动机影响不大,但并不意味着说在任何情况下都必须开启,以下几种情况建议大家必须关掉,操作按钮如图3-26所示。

图3-26　自动起停开关

1)连续短暂停车时

如果我们在城市拥堵路段,尤其是上下班高峰期,汽车走走停停,每次停几秒就又要行驶,这种短时间内反复的起停,建议大家最好关掉。

2)坡道上临时停车时

在斜坡情况临时停车,如果自动起停系统工作,发动机关闭,再次松制动踏板的时候,汽车会在发动机没起动前溜车,而且发动机没起动,制动力的助力不足,这种情况是很难制动住车的,非常危险。

图3-27 坡道较徒时关闭起停开关

现在有些汽车的设计还是比较人性化的,会在自动起停系统中做一个“坡道监测”功能,当监测到上坡和下坡的坡度超过10%的时候,这个自动起停功能就不会起动,更好的保护坡道上的安全,如图3-27所示。

3)开空调连续制冷时

在开空调连续制冷的时候最好不要开启自动起停。因为发动机关闭后,空调的制冷压缩机是不工作的,但自动起停系统会根据你开空调设定的温度值与车内空间进行检测对比,一旦发现这个温差太大,它会再次起动发动机,这又会造成发动机的反复起停,对乘坐的舒适度也会产生影响,如图3-28所示。

4)倒车入库时

在倒车入库的时候,不停的制动,找位置并调整,在短时间内反复进行,应关闭自动起停功能。

5)涉水行车时

夏天下暴雨,涉水行车的时候,自动起停也要关闭,如图3-29所示。因为在水中停车再次起动的时候,水会从排气管吸入发动机里面,发动机直接呛水,严重的话就报废了。

图3-28 持续空调制冷关闭自动起停

图3-29 涉水行车关闭自动起停

四、评价与反馈

1. 自我评价与反馈

(1)你能否主动参与工作现场的整理、整顿工作?(　　)

A. 主动完成　　B. 被动完成　　C. 未完成

(2)完成本学习任务后,你对《汽车维修手册》等资料的使用是否快速和规范?(　　)

A. 快速规范　　B. 规范但不熟练　　C. 不会使用

(3)你能否正确规范地完成汽车起动控制电路故障检修?(　　)

A. 独立完成　　B. 小组合作完成　　C. 老师指导下完成

(4)你是否掌握了仪表系统的故障诊断流程?(　　)

A. 完全掌握　　B. 部分掌握　　C. 基本掌握

(5)完成前面的学习任务之后,你对汽车起动控制电路故障检修有哪些体会?

____

____

(6)下次遇到类似的学习任务,应如何改善以提高学习效率?

____

____

(7)其他补充。

____

____

签名:________　________年________月________日

2. 小组评价

(1)实践操作中边做边记的情况如何?(　　)

A. 操作认真,能做必要的记录　　B. 操作认真但未记录

C. 在老师指导下操作　　D. 不会做更不会记录

(2)是否主动参与小组讨论?(　　)

A. 主动参与　　B. 被动参与　　C. 未参与

(3)是否完成了本学习任务的学习目标?(　　)

A. 完成且效果好　　B. 完成但效果不好　　C. 未完成

(4)是否积极学习,不懂的问题是否积极向别人请教,是否积极帮助他人学习?(　　)

A. 积极学习　　B. 积极请教

C. 积极帮助他人　　D. 全部不积极

(5)是否按"5S"规范进行操作?(　　)

A. 按"5S"规范　　B. 按"5S"规范未做好

C. 不规范　　D. 不按"5S"规范

(6)实践操作是否有收获,操作过程中是否有危险?(　　)

A. 收获大,不危险　　B. 收获大,危险大

C. 无收获,无危险　　D. 无收获,危险大

(7)其他补充。

____

____

____

参与评价的同学签名:________　________年________月________日

3. 教师评价及答复

____

____

____

教师签名:________ ________年________月________日

五、技能考核

汽车起动控制电路检修考核评分标准见表3-4。

汽车起动控制电路检修考核评分标准 表3-4

序号	项目	操作内容	规定分值	评分标准	得分
1	准备	清点工具、清理工位 被检修对象的清洁整理 对检修车辆的安全措施和防护	4分 4分 7分	酌情扣分 操作不正确扣1~4分 操作不正确扣1~7分	
2	理清起动控制电路	掌握起动控制电路的组成 知道各组成元件的具体位置 避免原则性错误	3分 3分 3分	据掌握情况酌情扣分 据知道情况扣1~3分 不正确扣1~3分	
3	汽车起动控制电路常见故障诊断	诊断方法正确 使用工具正确 操作步骤合理 诊断有序 能做出正确分析 得出结论正确 处理措施正确	5分 5分 5分 5分 5分 5分 5分	方法不正确扣2~5分 使用不正确扣2~5分 步骤不合理扣2~5分 诊断不正确扣2~5分 分析不正确扣2~5分 结论不正确扣2~5分 措施不正确扣2~5分	
4	回答问题	此起动控制电路属哪种类型? 此起动控制电路具有什么特点? 起动控制电路中最主要的部件是什么	5分 5分 5分	不正确扣2~5分 不正确扣2~5分 不正确扣1~5分	
5	完成时限	20min	10分	超时1~5min扣1~5分 超时5min以上扣10分	
6	安全文明	无安全隐患,无不文明操作	10分	未达标扣1~10分	
7	结束	工具、量具清洗、归位 工作场地清洁	3分 3分	漏一项扣1~3分 不彻底扣1~3分	
总分			100分		

学习任务四　点火系统检修

任务要求

完成本学习任务后,你应能:

1. 描述汽车电控点火系统基本组成;
2. 描述点火电路的结构特点;
3. 正确检测汽车点火电路各检测点;
4. 正确检修电控点火系统主要部件;
5. 简单分析点火系统常见故障原因。

建议学时:12 学时

任务描述

一辆大众迈腾轿车 1.8CEAA 型发动机运行中突然熄火,然后再也无法起动,检查后发现故障在发动机点火系统,通过对点火电路检测、诊断,确定了故障具体部位是带模块的点火线圈损坏,通过更换点火线圈,排除故障。

一、理论知识准备

点火系统的作用是按照发动机的要求,产生电火花,点燃汽缸内的混合气。轿车上常见的点火系统是电控点火系统,它主要由火花塞、带模块的点火线圈、曲轴位置(发动机转速)传感器、凸轮轴位置传感器、爆震传感器和电控单元等组成,如图 4-1 所示。电控单元(ECU)依据曲轴位置传感器、凸轮轴位置传感器、节气门位置传感器等传感器信号确定基本点火提前角,再依据冷却液温度传感器、爆震传感器等传感器进行修正点火提前角,电控单元最终确定最佳点火提前角,对点火模块发出命令,在点火线圈上得到执行,于火花塞上产生电火花,点燃发动机汽缸里的混合气。

(一)电控点火系统

1. 执行元件点火线圈

丰田卡罗拉汽车电控点火系统执行元件就是点火线圈,这个点火线圈每个汽缸一个,这种又称独立控制点火方式。它安装在火花塞上,并带有点火模块,是点火系统的主要部件,如图4-2所示。4个点火线圈连接器分别是B26、B27、B28、B29，各连接器所连接的4根导线的去向如图4-3所示。各点火线圈连接器端子1是电源正极线，端子4是电源负极线，端子3是点火正时控制线IGT，端子2是点火反馈信号线IGF。

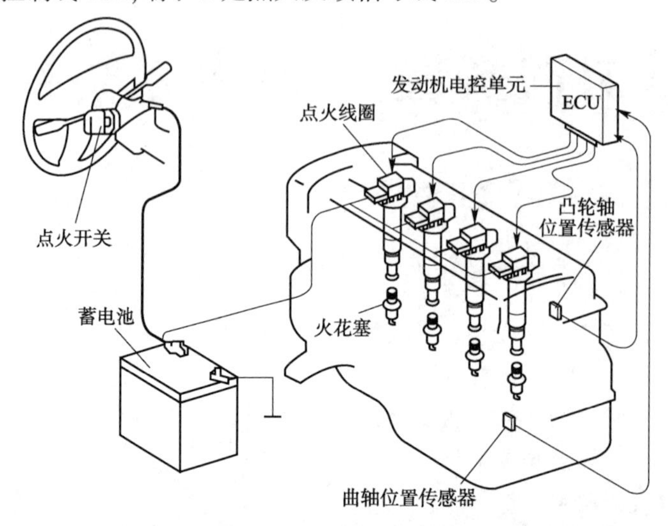

图4-1　电控点火系统组成

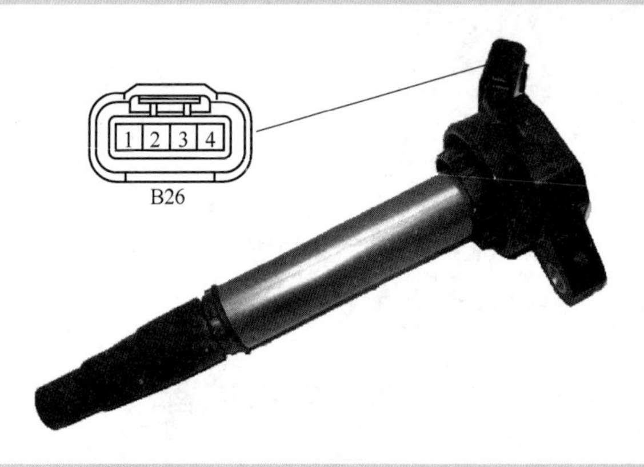

图4-2　带模块的点火线圈及1缸连接器B26

本书中连接器端子采用统一格式，如丰田卡罗拉发动机1缸点火线圈连接器B26，端子1统一记为$B26_1$。

2. 主要传感器

1）曲轴位置传感器

丰田卡罗拉磁感应式曲轴位置传感器的外形和结构如图4-4所示，主要包括触发轮转子、永久磁铁、感应线圈和支座等。传感器触发轮外圆上加工了若干齿与曲轴同步旋转，传感器固定在发动机机体上，磁头与触发轮齿保持1～2mm的间隙。触发轮齿依次通过磁头，使磁隙不断发生变化，通过感应线圈绕组的磁通量也不断发生变化，从而产生了交变的感应电动势，通过导线传给发动机电控单元（ECU），即告诉电控单元曲轴所在的位置、时刻等信息，作为主控信号，确定基本喷油量和基本点火提前角。曲轴位置传感器中的电磁线圈电阻值在1850～2450Ω，与电控单元的电路连接如图4-5所示。

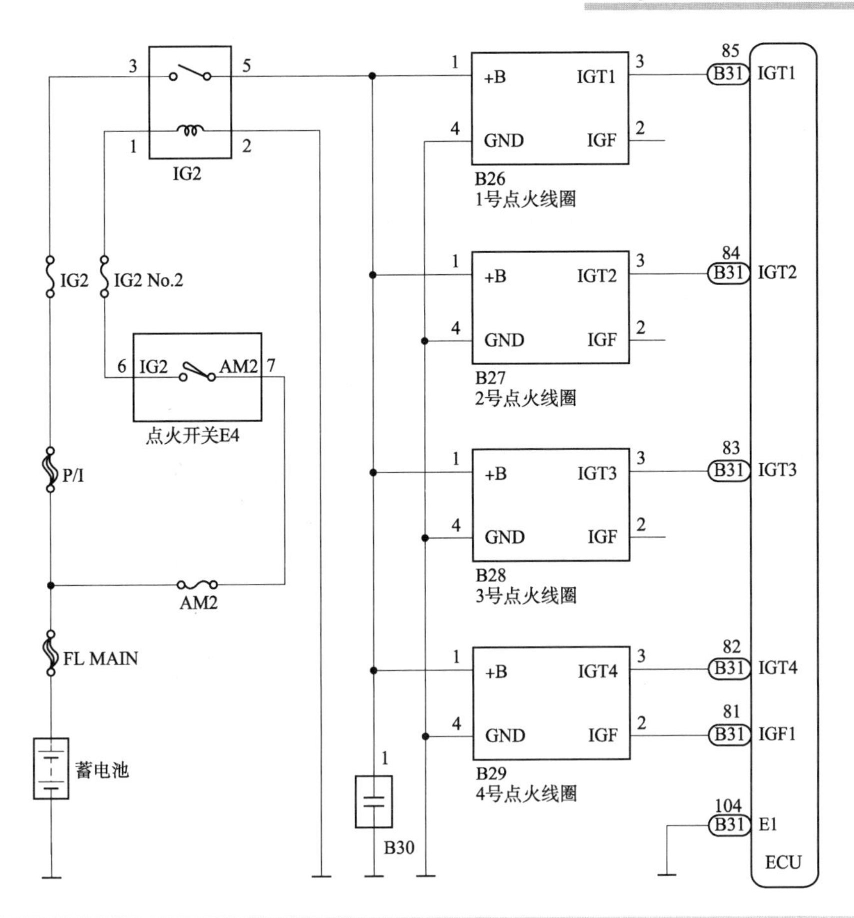

图 4-3 带模块的点火线圈电路控制图

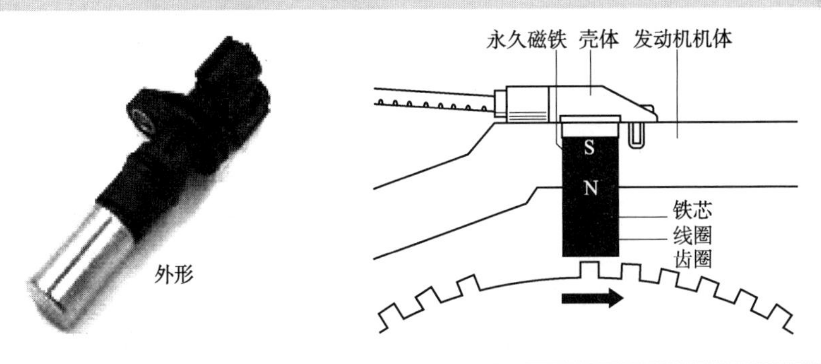

图 4-4 磁感应式曲轴位置传感器

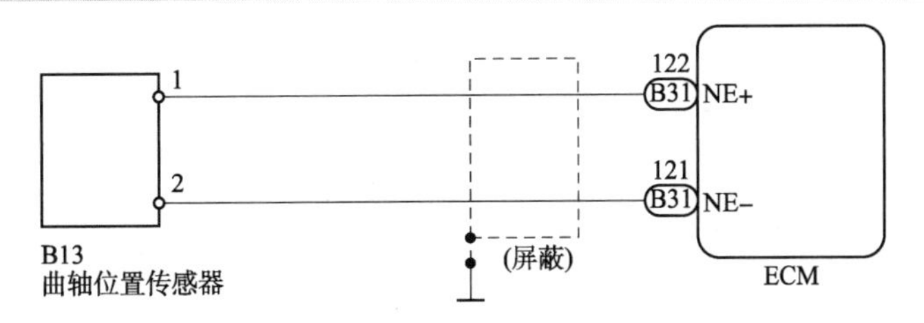

图 4-5 曲轴位置传感器电路图

2)凸轮轴位置传感器

凸轮轴位置传感器的功用是采集配气凸轮轴的位置信号,并输入电控单元(ECU),以便电控单元识别汽缸压缩上止点,特别是1缸上止点,从而进行顺序喷油控制、点火时刻控制和爆震控制等。

丰田卡罗拉1ZR发动机凸轮轴位置传感器布置在发动机缸盖上后端,如图4-6所示。它分为进气和排气凸轮轴位置传感器,它采用霍尔效应式。霍尔效应是当电流垂直于外磁场通过导体时,载流子发生偏转,垂直于电流和磁场的方向会产生一附加电场,从而在导体的两端产生电势差,这一现象就是霍尔效应。丰田卡罗拉1ZR发动机凸轮轴位置传感器是可变配气系统VVT重要传感器,它与电控单元的电路如图4-7所示。

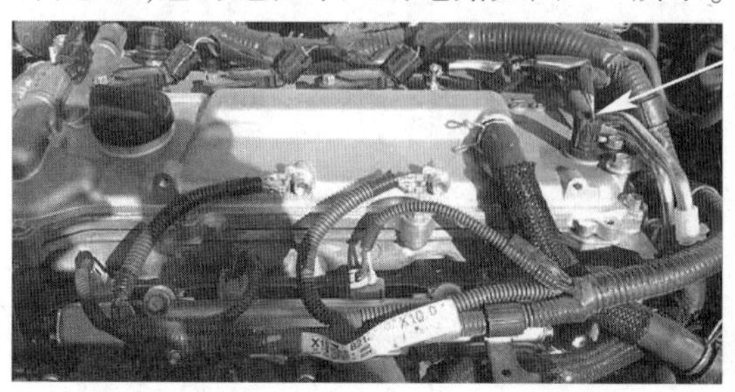

图4-6　凸轮轴位置传感器外形和安装位置

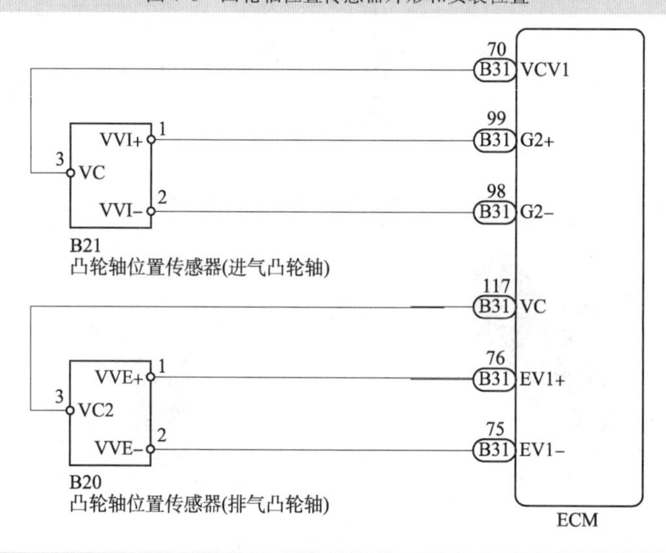

图4-7　凸轮轴位置传感器电路图

3)爆震传感器

爆震传感器是反映点火提前角是否合适的主要部件,其功用是将爆震时传到气缸体上的机械振动转换成电信号传给电控单元,来判断发动机是否发生了爆震和爆震强度。电控单元依据爆震传感器的反馈信号来调整点火提前角,使用发动机保持在最佳点火提前角运行状态,以避免发动机出现爆震,改善发动机的工作性能。

丰田卡罗拉发动机爆震传感器安装在发动机缸体的2、3缸之间,如图4-8所示,传感器的电阻值是120~280kΩ,与电控单元的连接如图4-9所示。

图 4-8　爆震传感器外形和安装位置

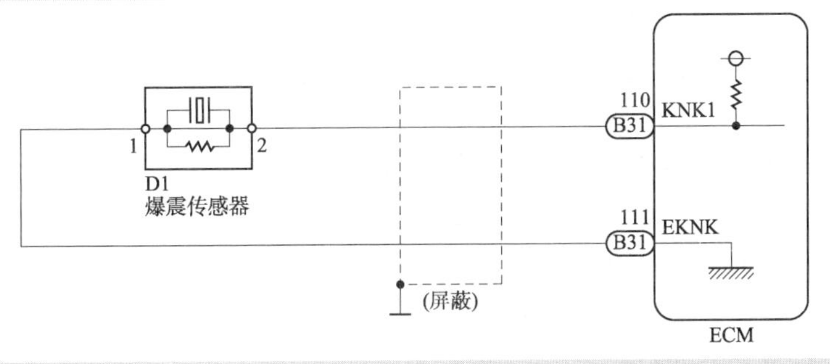

图 4-9　爆震传感器电路图

(二)点火系统故障检修

发动机在运行过程中出现故障的 50% 都是由供油系统和点火系统引起的。通常情况下,发动机在运转中突然熄火并且不能起动或起动困难,多为点火系统故障。下面以丰田卡罗拉轿车为例,介绍点火系统故障诊断过程和方法。

1. 发动机不能起动的点火系故障检修

1)故障现象

起动发动机的时候发动机能被起动机正常带动转动,始终无法起动;除点火系统外的其他系统都正常工作;试验无高压电火花。

2)故障分析

根据故障现象,发动机曲轴能正常转动,说明起动系统包括蓄电池正常;始终无法起动就能肯定是有故障;除点火系统外的其他系统都正常工作,包括了发动机的进气、燃油供给、电控和发动机机械等都正常,进一步缩小了故障范围就在点火系统;试验无高压火花就再次印证了故障就在点火系统。

3)故障原因

故障在点火系统,常见的原因有以下方面:点火线圈、火花塞和曲轴位置传感器故障。

4)故障诊断

(1)试火花。

将火花塞拆下来逐缸试火,若无火花,可确定故障在点火系统;使用正常的火花塞试验,观察火花塞有无火花产生及火花状态,如图 4-10 所示,若此时仍无火花,说明点火系统除火花塞以外的部件可能有故障;将原车火花塞检测,或使用试验台试火,或在正常的车辆上试火,若火花正常,说明原车火花塞正常,若仍无火花或火花强度不够,则火花塞有故障,应更换火花塞。当确定火花塞无故障或更换火花塞后,发动机仍然存在故障,应做后面的诊断步骤。(如果火花很强,呈蓝色,说明低压电路工作正常,如果无火花或火花很弱,说明低压电路有故障。)

(2)试验点火线圈。

将各缸点火线圈拆下来,装到另一同型正常车辆上逐个试火,如图4-10所示,若无火花或火花不正常,说明点火线圈故障,应更换点火线圈;若火花正常,说明原车的点火线圈正常,故障不在点火线圈,故障应在点火线圈以外,包括电路、连接器和曲轴位置传感器等,应做进一步检查。

(3)检查点火线圈电路。

检查点火线圈电源电压时,先关闭点火开关,断开点火线圈连接器,用直流电压挡,红表笔接端子1,黑表笔接端子4,如图4-11所示,然后打开点火开关,检测点火线圈电源电压,电压应高于12.5V;若没有电压,根据电路图4-3所示,沿着电流的方向,依次分段检测电压,也可以使用发光二极管试灯检查;当检测到导线的两端子中一个有电压一个无电压时,应检测本段导线电阻,检查导线电阻时,应关闭点火开关,将蓄电池负极断开,断开导线连接器,导线电阻值应$<1\Omega$,绝缘检查时电阻值应$>10k\Omega$。

图4-10 试火花

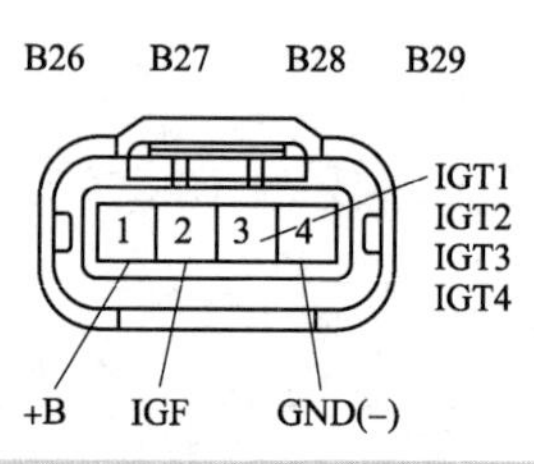

图4-11 点火线圈连接器图

(4)曲轴位置传感器检查。

当点火系统有故障,而火花塞、点火线圈及其电路都没有故障时,应对曲轴位置传感器进行检查,包括检查传感器线圈电阻、磁场磁性、信号及转子情况。

(5)凸轮轴位置传感器检查。

凸轮轴位置传感器检查方法与曲轴位置传感器检查方法相同,只是检查时要分清楚该传感器属于哪种类型,是磁电式、霍尔式还是光电式等。

2. 发动机能起动,工作不正常的点火系统故障检修

1)故障现象

发动机能起动,但工作不正常,包括怠速不稳、转速不均、抖动、异响、加速无力、动力不足、油耗增加和排放超标等。

2)故障分析

发动机能起动,有工作不正常的现象,一定是有故障。能起动,说明点火系统工作了,但工作的不理想或断续工作,仍然是有故障,可能是某一缸或者多缸,可能是电路中有接触不良。

3)故障原因

故障在点火系统,主要包括火花塞、点火线圈、曲轴位置传感器与它们相连接的电路和连接器故障,不排除有接触不良。

4)故障诊断

(1)使用故障诊断仪读取故障码和数据。

①将故障诊断仪连接到诊断接口上。

②将点火开关打开ON。

③打开诊断仪,选择相应的菜单。

④读取故障码并记录。

⑤读取数据并记录。

⑥变换点火线圈位置,重复①~⑤步骤。

优先解决故障码、数据失常所涉及的故障,仍没诊断出故障应做后面的内容。

(2)检查点火线圈电源。

①断开各点火线圈总成连接器。

②将点火开关打开ON。

③如图4-11所示点火线圈连接器位置,按表4-7测量电压应符合规定参数。

④关闭点火开关OFF。

⑤连接各点火线圈总成连接器。

(3)检查及试验火花塞火花,如前述。

(4)模拟试验。

发动机能起动,但工作不正常,出现在点火系统的故障除前面列举的外,通常是点火系统连接器、导线等的接触不良。诊断故障时可以进行模拟试验,通过在发动机不正常工作期间,对涉及点火系统连接器和导线抖动,观察故障现象是否有变化,抖动前后没有任何变化的,该连接器或导线属于正常,抖动后故障更突出的为接触不良的故障点,并对多个连接器逐个模拟试验,直到诊断出故障原因。

二、组 织 实 践

(一)工作任务

(1)大众迈腾1.8CEAA型轿车点火电路检修。

(2)丰田卡罗拉轿车点火电路检修。

(二)实践操作目标

(1)能诊断点火系统常见故障。

(2)掌握发动机点火系统电路检修方法。

(三)实践准备

实践操作所用的设备和材料:干净的抹布,常用工具,汽车维修手册。

实训用车辆:大众迈腾1.8CEAA型轿车及丰田卡罗拉轿车。

(四)技术要求与注意事项

(1)万用表使用中,注意挡位、量程的正确选择。

(2)使用电路图册、维修手册时,要注意避免破损。

(3)一般来说,汽车的正常冷却液温度应该是 80～90℃。

(4)大众迈腾 1.8CEAA 型轿车发动机怠速点火提前角为 6°±1°。

(5)4 缸发动机工作顺序为 1-3-4-2。

(6)维修手册所述的其他相关要求。

(五)操作步骤及方法

1. 大众迈腾 1.8CEAA 型轿车点火电路检修

1)检修准备

(1)小组共同清洁工位、清点工量具,保持场地、设备、工量具干净整齐及性能良好。

(2)安装好车轮挡块、使用空挡和驻车制动。

(3)安装好前栅格布和翼子板布及护套。

2)读懂点火线圈电路图

大众迈腾 1.8CEAA 型轿车点火电路如图 4-12 所示。

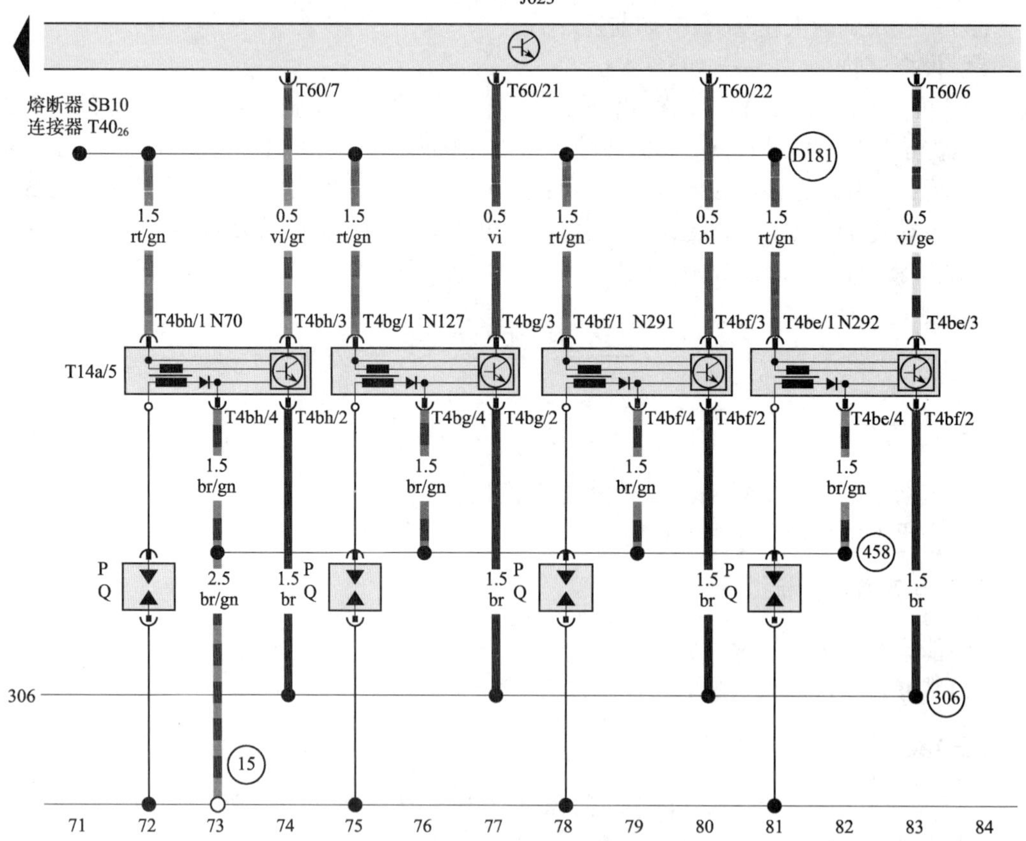

图 4-12　大众迈腾轿车带模块的点火线圈电路图

J623-发动机电控单元;N70-带模块点火线圈 1;N127-带模块点火线圈 2;P-火花塞连接器;Q-火花塞;306-点火线圈搭铁点;D181-发动机舱连接点;T60-电控单元连接器

图4-12中N70是大众迈腾1.8CEAA型轿车1缸点火线圈,该点火线圈有上有一连接器T4bh,它有________(4,3,2,1)个接线端子;端子1通过导线与熔断器________(SB10,SA10,SC10,其他)的中央线路板端子$T40_{26}$相连,是点火线圈的________(正极,搭铁,控制,其他)端子。端子2接的导线颜色是________(棕色br,红色rt,红绿色rt/gn,其他),它连接到搭铁线,是点火线圈的________(搭铁,电源正极,控制,其他)线。端子3通过导线连接到电控单元J623连接器T60,端子是T60/7,是点火线圈的________(控制,电源正极,搭铁,其他)线。端子4通过导线连接到搭铁,该导线和2、3、4缸点火线圈连接器端子4出来的导线汇合点是458,也是点火线圈的搭铁线。

3)点火电路检测

(1)检查点火线圈连接器电源电压。

断开各点火线圈连接器T4bh、T4bg、T4bf、T4be,用万用表电压挡红表笔接每缸点火线圈连接器端子1,黑表笔接端子2,点火开关置于ON,测量的电压应该有蓄电池开路电压9~14V。测量时依次从1缸到4缸,将你检测的结果填入表4-1中。

点火线圈连接器检查标准电压

表4-1

缸　号	检测位置	点火开关位置	标准电压	检测结果(V)	结　论
1	T4bh/1(+)-T4bh/2(-)	打开ON	10~14V		
2	T4bg/1(+)-T4bg/2(-)	打开ON	10~14V		
3	T4bf/1(+)-T4bf/2(-)	打开ON	10~14V		
4	T4be/1(+)-T4be/2(-)	打开ON	10~14V		

当检测电压都低于标准值时,应按下一步(2)内容操作;当某缸检测电压低于标准值时,应检查该缸点火线圈的电源连接导线电阻和连接器是否连接可靠。

(2)检查熔断器。

选择万用表电压挡,使用红表笔分别接熔断器SB10两检测点,熔断器SB10位于发动机舱左侧接线盒里,如图4-13所示位置,黑表笔接搭铁线,点火开关开启,两测量点的电压应为9~14V,你检查的电压是______V,判断为______;若一端电压正常,一端无电压,应检查熔断器;若两端均无电压,应按下一步(3)内容操作检查继电器J271和熔断器SB13等。

(3)检查主继断器。

①检查主继电器供电电源。关闭点火开关,取下继电器J271,继电器在接线盒的位置如图4-13所示的A2,选择万用表电压挡,用黑表笔接搭铁,红表笔接继电器座端子30,如图4-14所示红色实线指示位置,应有电压9~14V,你检测的电压是______V;用红表笔接端子85,如图4-14所示红色虚线指示位置,打开点火开关时应有电压9~14V,你检测到的电压是______V。若检测都无电压时,应继续向电源正极方向检测。当端子85、30电压均正常后,应试验继电器是否正常。

②试验主继电器。

如图4-15所示,使用专用导线将蓄电池正极与取下的主继电器J271的端子85连接,用另一专用导线将蓄电池负极与端子86连接,用万用表欧姆挡,将红表笔接端子30,黑表笔接端子87,测得电阻值应$<1\Omega$;你试验时检测的电阻是________Ω,由此判断主继电器________。当主继电器不正常时,应更换主继电器。

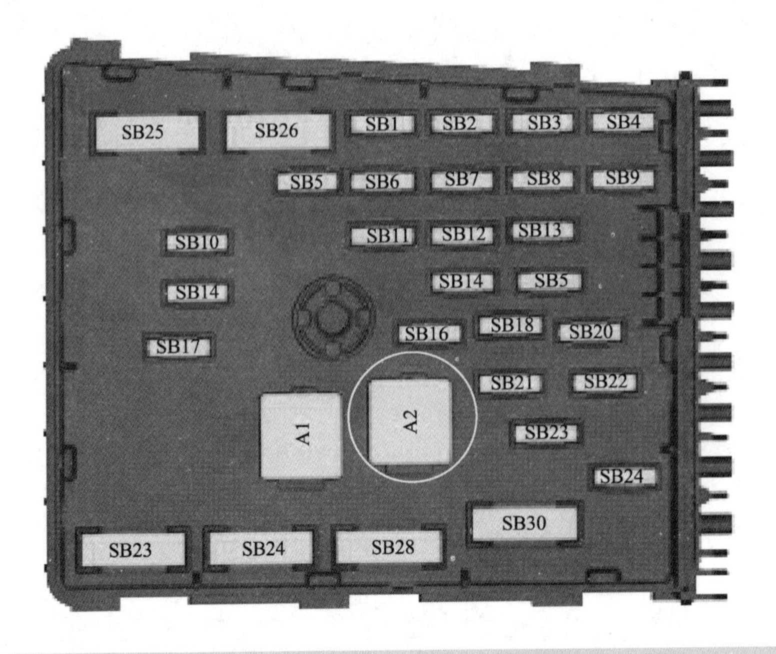

图 4-13　熔断器 SB10、主继电器 A2 位置图

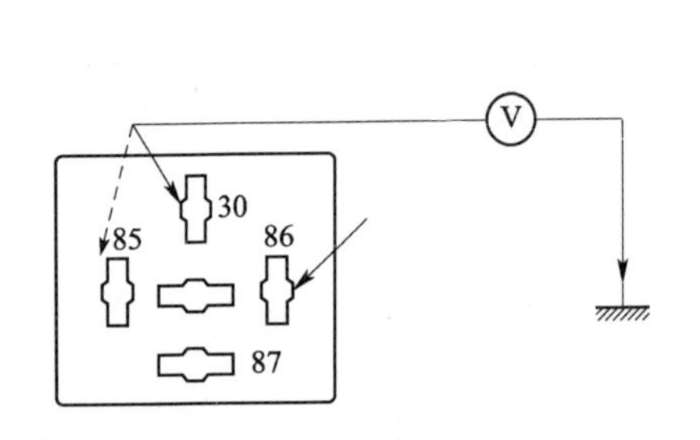

图 4-14　主继电器座端子位置和电压检测位置图

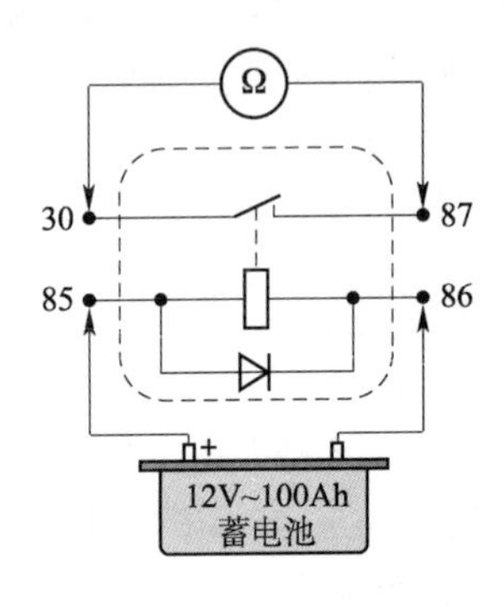

图 4-15　常开继电器试验方法图

检查主继电器供电电源、主继电器 J271 均正常时后，应检查主继电器 J271 的控制导线和电控单元，按下一步(4)内容操作。

(4)检查控制导线和电控单元。

关闭点火开关，断开蓄电池负极，取下主继电器，断开电控单元 J623 连接器 T94，按图 4-16 所示电路图位置，选择万用表欧姆挡，两表笔分别接主继电器座端子 86 和连接器 T94 端子 69，如图 4-14、图 4-17 所示端子位置，检查主继电器控制线电阻。电阻值应 $<1\Omega$；电阻∞时，说明导线断路，应找到断路点并连接；电阻较大时，说明有接触不良，应找到接触不良处并适当处理。

当检查主继电器控制线及连接器正常，而继电器仍不工作时，前面的部件、电路也都正常的情况下，可以判断电控单元没工作或没正常工作，应从电控单元不工作或不正常工作的造成的原因入手进行检查。

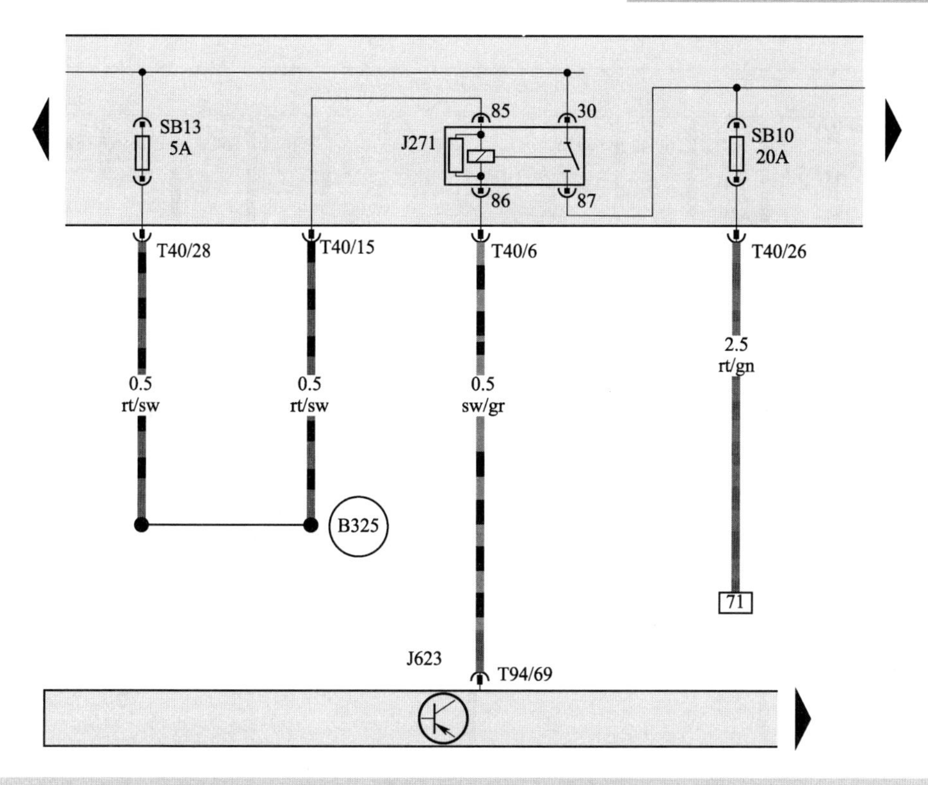

图 4-16　主继电器控制线电路检测位置

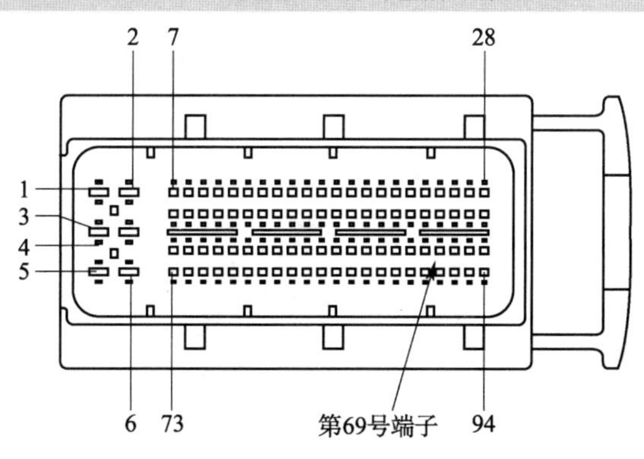

图 4-17　电控单元连接器 T94 检测端子

4)检查与点火有关的元件

在检查了火花塞、点火线圈及其控制电路包括电控单元都是正常的情况下,火花塞仍然没有火花,接下来应检查与点火有关的元件,即以曲轴位置传感器、凸轮轴位置传感器和爆震传感器为主的传感器,电路如图 4-18 所示。

(1)检查曲轴位置传感器。

迈腾曲轴位置传感器安装在发动机后端缸体上,其位置和外形如图 4-19 所示,检查曲轴位置传感器的内容较多,具体步骤如下。

①测量传感器电阻值。

a. 关闭点火开关。

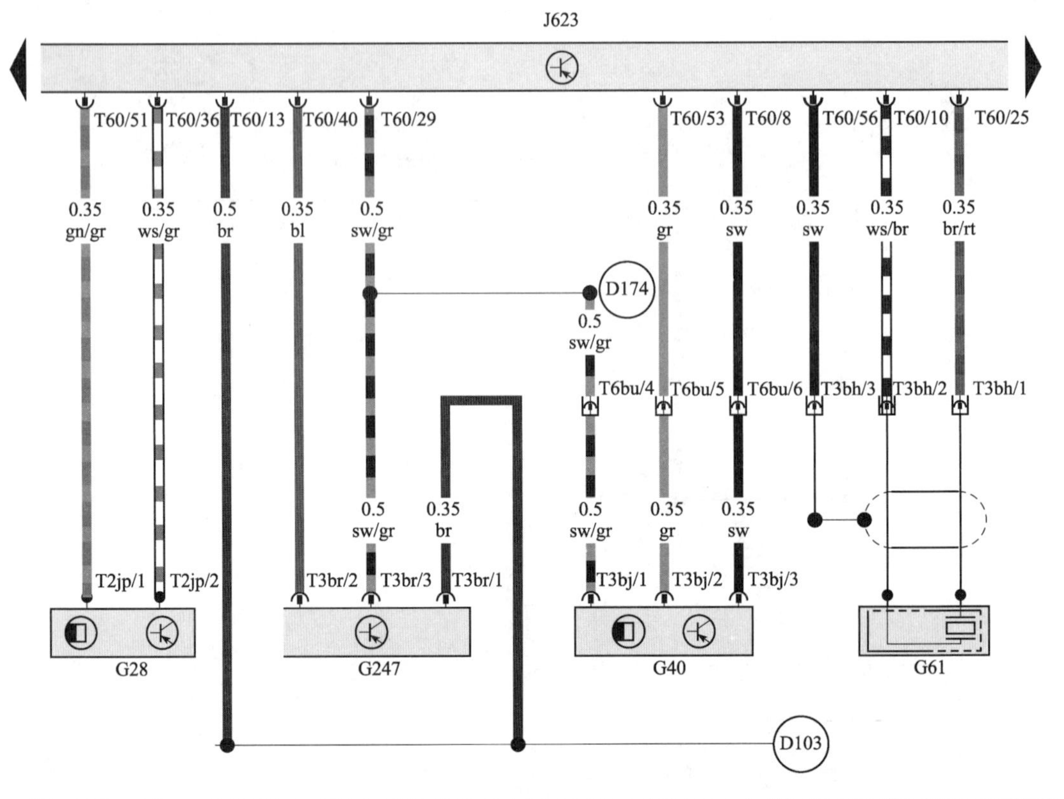

图4-18 大众迈腾轿车曲轴位置传感器、凸轮轴位置传感器、爆震传感器电路图

J623-发动机电控单元;G28-转速传感器;G40-凸轮轴位置传感器;G61-爆震传感器;G247-燃油压力传感器;T2jp/2 芯曲轴位置传感器连接器;T3br/3 芯燃油压力传感器连接器;T3bj/3 芯凸轮轴位置传感器连接器;T3bh/3 芯爆震传感器连接器;T60-电控单元60 芯连接器;D103 发动机舱线束连接点;D174-发动机顶线束连接点

图4-19 迈腾曲轴位置传感器

b. 取下曲轴位置传感器连接器 T2jp。

c. 用万用表电阻挡测量曲轴位置传感器端子1与端子2之间的电阻值。其电阻值20℃时应为(850±85)Ω。如果电阻值不符合要求,则应更换曲轴位置传感器。

d. 插上曲轴位置传感器连接器 T2jp。

②检查导线电阻。

a. 关闭点火开关。

b. 取下曲轴位置传感器连接器 T2jp。

c. 取下发动机电控单元 J623 连接器 T60。

d. 按表 4-2 内容测量曲轴位置传感器两导线电阻，即检测连接器 T2jp 端子 1 与发动机电控单元 J623 连接器 T60 端子 51、连接器 T2jp 端子 2 和发动机电控单元 J623 连接器 T60 端子 36、连接器 T2jp 端子 1 与连接器 T2jp 端子 2 之间的电阻，电阻值应 >10kΩ，判断线路是否短路或断路。

迈腾曲轴位置传感器导线电阻检测　　表 4-2

序　号	检测位置	标准电阻(Ω)	检测结果	结　论
1	T2jp/1 – T60/51	<1		
2	T2jp/2 – T60/36	<1		
3	T2jp/1 – T2jp/2	>10k		

e. 装上发动机电控单元 J623 连接器 T60。

f. 装上曲轴位置传感器连接器 T2jp。

③检测曲轴位置传感器输出交流电压。

a. 关闭点火开关。

b. 取下曲轴位置传感器连接器 T2jp。

c. 断开各喷油器连接器。

d. 将专用连接器连接到曲轴位置传感器 G28 上。

e. 用万用表交流电压挡表笔分别接曲轴位置传感器专用连接器出来的两导线端子。

f. 起动发动机，测得交流电压应在 1.5 ~ 3V 范围内。若无电压或不符合规定应更换曲轴位置传感器 G28。

g. 取下专用连接器，装上曲轴位置传感器连接器 T2jp。

(2)检查凸轮轴位置传感器。

迈腾轿车凸轮轴位置传感器是采用霍尔效应原理的传感器，与电控单元之间的电路连接如图 4-18 所示。它固定在汽缸盖排气侧位置，如图 4-20 所示，与一个固定在凸轮轴上的齿盘(转子)相配合，探测凸轮轴的位置，为电控单元提供凸轮轴准确位置信息，电控单元依据此信息实现各缸燃油喷射、点火时刻的最佳控制。

当凸轮轴位置传感器出现故障使信号中断时，用诊断仪可以检测出故障信息，从而显示出凸轮轴位置传感器故障。它包括以下检测方法。

①传感器电源电压的检测。

a. 关闭点火开关。

b. 取下传感器导线连接器 T3bj。

c. 用万用表的正、负表分别与接端子 1 与 3，接通点火开关时，电压应为 4.5V 以上。如果电压为零，说明线束. 存在断、短路或 ECU 有故障，此时应继续检查导线是否存在断路或短路。

d. 关闭点火开关。

图 4-20　迈腾凸轮轴位置传感器外形图

e. 连接传感器导线连接器 T3bj 到凸轮轴位置传感器上。

②导线电阻的检测。

a. 关闭点火开关。

b. 断开凸轮轴位置传感器 G40 连接器 T3bj 和电控单元 J623 连接器 T60。

c. 按表 4-3 内容测量凸轮轴位置传感器各导线电阻,用万用表的电阻挡检查凸轮轴位置传感器 G40 连接器 T3bj 端子 1 和电控单元 J623 连接器 T60 端子 29 之间的电阻,即端子 1 所连导线电阻;同样的方法,检查端子 2、端子 3 所连导线的电阻,检测结果填入表 4-3 中。如果导线本身电阻过大或无穷大,说明线束接触不良或导线断路,应进行维修或更换线束。

迈腾霍尔传感器导线电阻检测　　表 4-3

序　号	检 测 位 置	标准电阻(Ω)	检测结果(Ω)	结　论
1	T3bj/1 - T60/29	<1		
2	T3bj/2 - T60/53	<1		
3	$T3bj_3$ - T60/8	<1		
4	T3bj/1 - T3bj/2 - T3bj/3	>10k		

d. 将连接器 T3bj 连接到凸轮轴位置传感器上。

e. 将连接器 T60 连接到电控单元 J623 上。

③信号测试。

只有一个万用表测量方法如下:黑表笔接搭铁,红表笔接信号线,用手转动信号盘,万用表显示器的电压会有 0.5 ~ 1.5V 电压波动为正常。如果没有信号输出,应该检查:信号盘(信号是否很脏),传感器间隙,传感器本身等。

2. 丰田卡罗拉轿车点火电路检修

丰田卡罗拉轿车发动机点火电路采用电脑控制独立点火方式。

(1)电源电路检测。

对照丰田卡罗拉轿车点火电路图 4-3 所示,完成如下操作和任务。

①检查蓄电池、熔断器。

按下列操作步骤和方法检测蓄电池、熔断器,将检测数据填入记录表 4-4。

蓄电池、熔断器电压检测　　表 4-4

万用表表笔检测位置	点火开关位置	标 准 电 压	检测的电压	结　论
蓄电池(+)-(-)	点火开关 OFF	9 ~ 14V		
$IG2_1$ -(-) $IG2_2$ -(-)	点火开关 OFF	9 ~ 14V		
$AM2_1$ -(-) $AM2_2$ -(-)	点火开关 OFF	9 ~ 14V		
IG2NO. 2_1 -(-) IG2NO. 2_2 -(-)	点火开关 OFF	9 ~ 14V		

a. 用万用表直流电压挡检测蓄电池电压，电压值应为 9～14V。

b. 用万用表直流电压挡，将黑表笔接蓄电池负极，红表笔分别接熔断器“IG2”“AM2”“IG2 No. 2”的检测点，每个熔断器都有两个检测点，各检测点电压值应为 9～14V，涉及的熔断器在中央接线盒中的位置如图 4-21 所示。

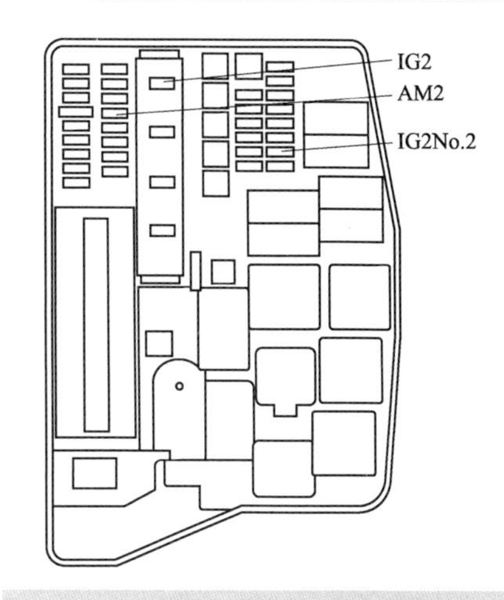

图 4-21　丰田卡罗拉点火系统熔断器在中央接线盒中的位置

检查结果为：____________________；若检查出熔断器有故障，处理措施为：________________________________。

②检查点火开关、继电器。

检查点火开关有如下操作步骤，将检测结果填入表 4-5。

点火开关检查记录表　　表 4-5

万用表表笔检测位置	点火开关位置	标准电阻(Ω)	检测电阻(Ω)	结　论
$E4_6-E4_7$	点火开关 OFF	>10k		
$E4_6-E4_7$	点火开关 ON	<1		
$E4_6-E4_7$	点火开关 ST	<1		

a. 关闭点火开关 OFF，断开了蓄电池负极。

b. 断开点火开关连接器 E4，如图 4-22 所示。

c. 用万用表电阻挡检测点火开关连接器 E4 的端子 6、7，电阻应 >10kΩ。

d. 打开点火开关 ON。

图 4-22　点火开关连接器 E4 端子

e. 用万用表电阻挡检测点火开关连接器 E4 的端子 6、7，电阻应 <1Ω。

f. 打开点火开关至起动挡 ST。

g. 用万用表电阻挡检测点火开关连接器 E4 的端子 6、7，电阻应 <1Ω。

h. 关闭点火开关 OFF。

i. 连接点火开关连接器 E4。

j. 连接蓄电池负极。

检查试验 IG2 继电器有如下操作步骤，将检测结果填入表 4-6。

IG2 继电器线圈电阻检测和继电器试验　　表 4-6

检测仪连接	条　件	标准电阻(Ω)	检测结果(Ω)	结　论
$IG2_1(85)-IG2_2(86)$		80		
$IG2_3(30)-IG2_5(87)$	线圈通电	<1		

a. 关闭点火开关 OFF。

b. 取下 IG2 继电器。

c. 用万用表电阻挡检测 IG2 继电器端子 85、86 之间的电阻,如图 4-14 所示,电阻应符合规定值。

d. 对继电器试验,试验方法如图 4-15 所示,将继电器线圈端子 85、86 之间供电,用万用表电阻挡检测继电器端子 30、87 之间电阻,判断继电器是否正常,不正常时应更换继电器。

e. 将正常的继电器装回中央接线盒。

(2)点火线圈电路检测。

①检测点火线圈电源电压。

a. 关闭点火开关。

b. 断开各点火线圈连接器,连接器及其端子如图 4-11 所示。

c. 打开点火开关。

d. 用万用表直流电压挡,红、黑表笔分别接连接器端子 1 和 4,检查点火线圈电源电压,完成表 4-7。

e. 连接好各连接器。

点火线圈连接器检查标准电压 表 4-7

检测仪连接	点火开关位置	标 准 电 压	检测的电压	结 论
$B26_1(+B)-B26_4(-)$	点火开关 ON	9~14V		
$B27_1(+B)-B27_4(-)$	点火开关 ON	9~14V		
$B28_1(+B)-B28_4(-)$	点火开关 ON	9~14V		
$B29_1(+B)-B29_4(-)$	点火开关 ON	9~14V		

②检测点火线圈导线电阻和绝缘。

根据丰田卡罗拉点火系统电路图 4-3 所示,以检测 1 缸点火线圈导线为例的操作步骤如下。

a. 关闭点火开关,断开蓄电池负极。

b. 断开点火线圈连接器,连接器各端子如图 4-11 所示。

c. 断开发动机电控单元连接器 B31,它与点火线圈导线连接位置如图 4-23 所示。

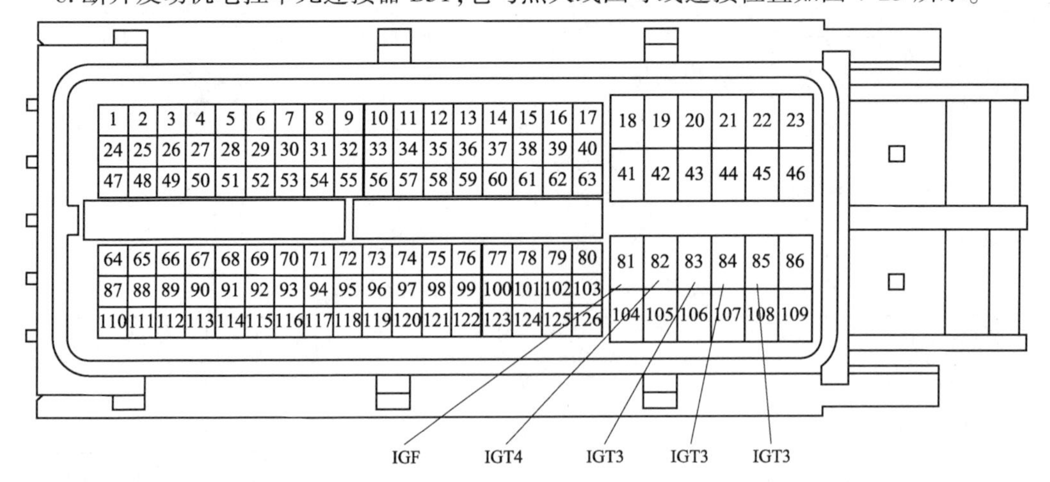

图 4-23 连接器 B31 与点火圈导线连接端子

d. 检查各导线的通路电阻,检测结果填入表 4-8。

e. 检查各导线间的绝缘电阻,检测结果填入表 4-8。

点火线圈连接器导线电阻检查表　　表 4-8

检测仪连接	条　件	标准电阻(Ω)	检测电阻(Ω)	结　论
$B26_1$(+B) - $IG2_5$(87)	始终	<1		
$B26_2$(IGF) - $B31_{81}$	始终	<1		
$B26_3$(IGT1) - $B31_{85}$	始终	<1		
$B26_4$(GND) - 搭铁	始终	<1		
$B26_1$ - $B26_2$ - $B26_3$ - $B26_4$	始终	>10k		

f. 此时换另一缸的导线检测时,重复 d ~ e。

g. 检测完后连接好各连接器。

三、学 习 拓 展

信号波形测试

当使用万用表、解码器不能诊断出汽车电气设备故障时,为弄清故障原因,经常要使用示波器来检测某元件的信号波形,示波器外形和探头如图 4-24 所示。信号波形是指信号电压随着时间的变化规律。

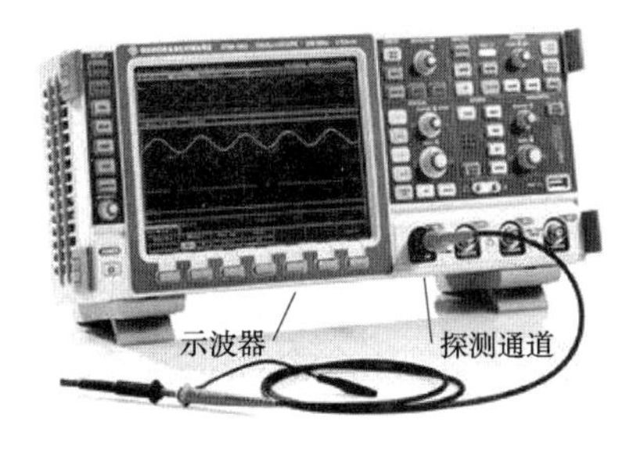

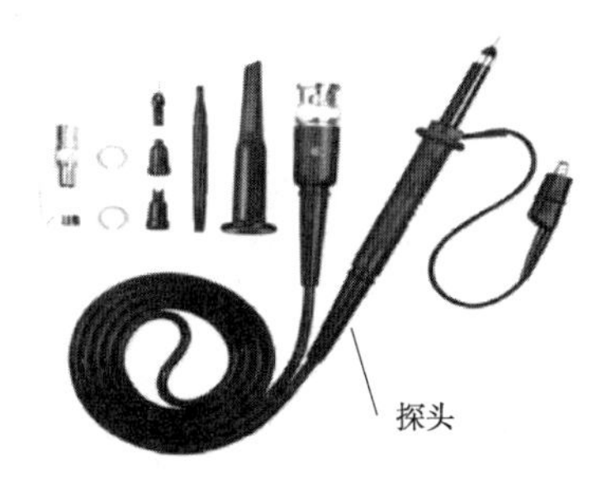

图 4-24　示波器及其探头

曲轴位置传感器是发动机电控系统中比较简单、但非常重要的一个电气元件,当传感器信号不正常时容易产生故障,并且不容易被常规仪器检测出来,此时能够正确地使用示波仪器并对信号波形进行分析对于这个部件的故障诊断至关重要。

1. 使用示波器检测曲轴位置传感器信号波形

1)使用示波器的操作步骤

(1)关闭点火开关。

(2)将图 4-24 所示的示波器的探头连接到示波器通道上。

(3)将示波器探头的探针插入曲轴位置传感器导线合适的位置。

(4)开启示波器开关,选择相应的通道、每格的时间和每格所代表的电压。

(5)起动发动机。

(6)调整示波器波形显示位置、每格的时间和每格所代表的电压等,得到所需要的波形。

(7)打印、记录或储存信号波形图。

(8)关闭点火开关和示波器。

2)信号波形分析

将测得的信号波形与标准波形做比较(图4-25),可以得到以下几种结果。

(1)测得波形与标准波形基本吻合。

发动机电控单元正确接收到了曲轴位置传感器的信号,曲轴位置传感器及线路都没故障,检测结束。

(2)无波形信号或者测得波形相对标准波形明显不一致。

发动机电控单元没有接收到转速信号或者接收到的信号不稳定,可能的原因有:

①传感器到转子齿的距离过大。曲轴位置传感器和转子齿之间的安装气隙通常为1mm±0.5mm,过大或过小都将影响传感器的信号。但现代车辆多数传感器使用螺栓固定,也就是说间距是不可调的,因此故障维修过程中大体可以忽略这一因素。但是个别车型在装配发动机时容易将转子齿的位置装错,应注意。

②传感器损坏。排除了前面气隙问题,可以取下传感器的连接器,测量传感器两针脚间的电阻,电阻值应在1850~2450Ω。如果超出了规定阻值范围,说明传感器已经损坏,应该更换曲轴位置传感器。

③传感器导线短路或断路。排除了传感器与转子齿气隙、传感器本生故障后仍有故障,应检查传感器每根导线的电阻值,应<1Ω。如果电阻值在规定范围内,应该继续检查传感器到发动机电控单元间的导线是否存在搭铁短路、对正极短路或者导线之间相互短路的现象,及时排除所发现的问题。

(3)测得波形参考点后的波形数量不正确。

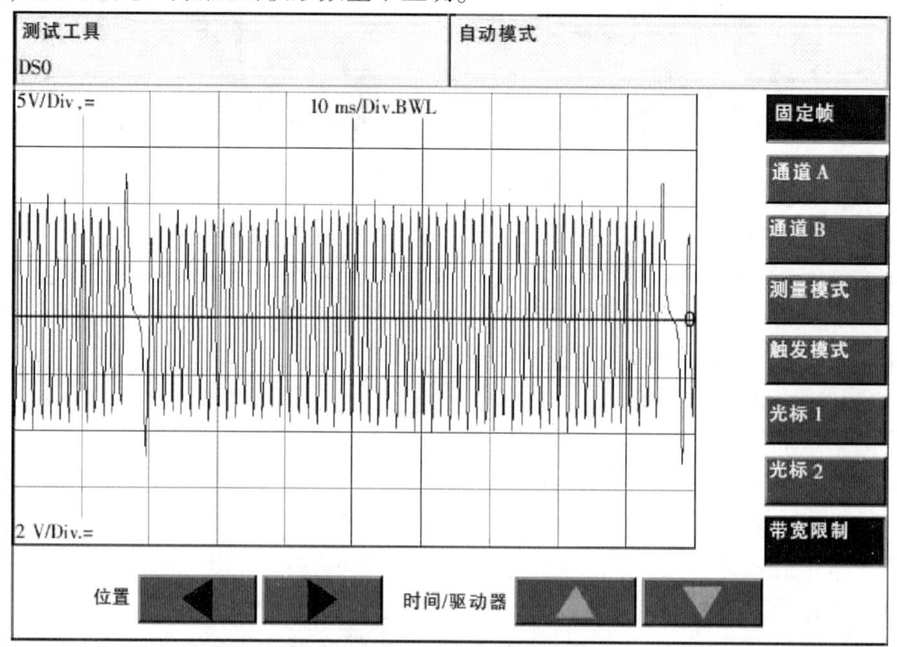

图4-25 曲轴位置传感器标准波形图

可能导致波形数量变化的因素一般会有三种情况：转子齿上有金属碎屑导致产生额外的波形信号；传感器的转子齿损坏，导致波形信号缺失；转子齿松脱或传感器与转子齿间距过大，导致信号失真或丢失。上述这些故障都会对波形数量产生影响，需要维修人员做认真的检查。

(4)当拉动传感器导线或连接器时信号中断。

检查曲轴位置传感器到发动机电控单元之间的连接导线有无松脱并排除相关的线路故障。

2. 凸轮轴位置传感器信号波形

凸轮轴位置传感器的信号波形检测方法与曲轴位置传感器波形检测相同，可以将两传感器信号同时检测，示波器探头始终与传感器信号线相连。

凸轮轴位置传感器标准信号波形与曲轴位置传感器信号波形如图4-26所示。

3. 点火线圈信号波形

丰田卡罗拉点火线圈有IGT和IGF两种信号，它们的标准信号波形如图4-27所示。

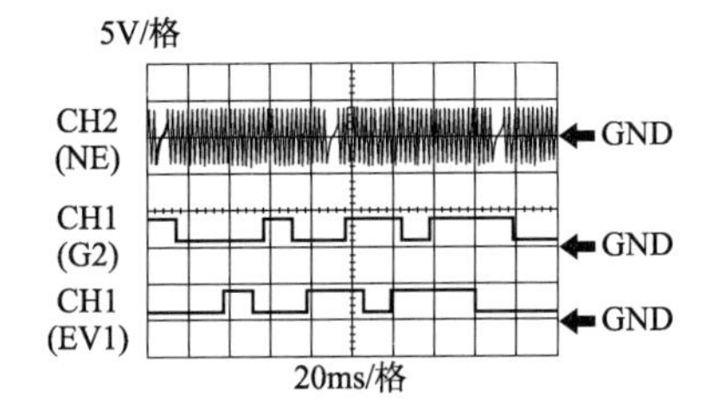

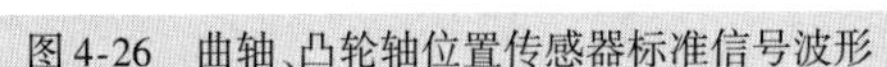
图4-26　曲轴、凸轮轴位置传感器标准信号波形

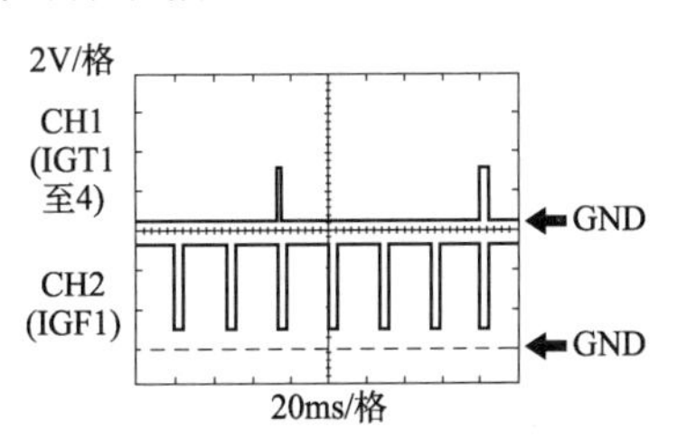

图4-27　点火线圈控制、反馈信号波形

四、评价与反馈

1. 自我评价与反馈

(1)能否主动参与工作现场的清洁和整顿工作？(　　)

A. 主动完成　　B. 被动完成　　C. 未完成

(2)完成本学习任务后，你对《汽车维修手册》等资料的使用是否快速和规范？(　　)

A. 快速规范　　B. 规范但不熟练　　C. 不会使用

(3)你能否正确规范地完成汽车点火线圈的检测？(　　)

A. 独立完成　　B. 小组合作完成　　C. 老师指导下完成

(4)完成前面的学习任务之后，你对汽车点火系统电路检修有哪些体会？

____

(5)下次遇到类似的学习任务，应如何改善以提高学习效率？

(6)其他补充。

____

____

____

签名:________ ________年________月________日

2. 小组评价

(1)实践操作中边做边记的情况如何?(　　)

A. 操作认真,能做必要的记录　　B. 操作认真但未记录

C. 在老师指导下操作　　D. 不会做更不会记录

(2)是否主动参与小组讨论?(　　)

A. 主动参与　　B. 被动参与　　C. 未参与

(3)是否完成了本学习任务的学习目标?(　　)

A. 完成且效果好　　B. 完成但效果不好　　C. 未完成

(4)是否积极学习,不懂的问题是否积极向别人请教,是否积极帮助他人学习?(　　)

A. 积极学习　　B. 积极请教

C. 积极帮助他人　　D. 全部不积极

(5)是否按"5S"规范进行操作?(　　)

A. 按"5S"规范　　B. 按"5S"规范未做好

C. 不规范　　D. 不按"5S"规范

(6)实践操作是否有收获,操作过程中是否有危险?(　　)

A. 收获大,不危险　　B. 收获大,危险大

C. 无收获,无危险　　D. 无收获,危险大

(7)其他补充。

____

____

____

____

参与评价的同学签名:________ ________年________月________日

3. 教师评价及答复

____

____

____

____

教师签名:________ ________年________月________日

五、技 能 考 核

火花塞的检查和更换考核评分标准见表4-9。

火花塞的检查和更换考核评分标准　　表 4-9

序号	项目	操作内容	规定分值	评分标准	得分
1	准备	清点工具、清理工位 检查驻车制动器 检查变速器挡位	5	酌情扣分 操作不正确扣1~4分 操作不正确扣1~3分	
2	拆卸分缸高压线	打开并支撑发动机舱盖 安装前格栅布、翼子板布 清洁发动机上部 拆卸分缸高压线 粘贴分缸线区分标 清洁火花塞座孔	15	酌情扣分 操作不正确扣1~3分 操作不正确扣1~3分 操作不正确扣1~3分 操作不正确扣1~3分 操作不正确扣1~3分	
3	拆卸火花塞	拆卸点火控制模块连接器 拆下喷油器连接器 拆卸火花塞	15	操作不正确扣1~5分 操作不正确扣1~5分 操作不正确扣1~5分	
4	火花塞清洁及检查	清洁火花塞积炭 测量电极间隙 调整电极间隙 检查火花塞密封垫圈	20	检查不正确扣2~5分 检查不正确扣2~5分 检查不正确扣2~5分 检查不正确扣2~5分	
5	火花塞安装	安装火花塞 安装高压分扛线 确认分缸高压线的顺序 安装喷油器连接器 安装发动机装饰革	25	操作不正确扣1~5分 操作不正确扣1~5分 操作不正确扣1~5分 操作不正确扣1~5分 操作不正确扣1~5分	
7	提问	你检查的火花塞属于哪类 怎样观察拆下的火花塞	10	每问5分	
8	时限	25min	10	超时扣5~10分	
9	安全文明	无安全隐患,无不文明操作	5	未达标扣1~5分	
10	结束	工具、量具清洁、有序 工作场地清洁	5	漏一项扣1~3分 不彻底扣1~3分	
总分			100分		

学习任务五　照明和信号电路检修

任务要求

完成本学习任务后，你应能：

1. 知道汽车照明、信号电路的基本组成；
2. 认识照明、信号电路图；
3. 正确检查照明、信号电路基本元件；
4. 检修照明、信号电路简单故障；
5. 诊断和排除照明、信号电路常见故障。

建议学时：12 学时

任务描述

一辆大众迈腾轿车，夜间行驶过程中突然出现前照灯灯光暗淡。将车辆送维修站，经维修人员检查、测试，查出汽车照明系统存在故障，然后进行相应的维修操作后，车辆恢复正常状态。

一、理论知识准备

(一)汽车照明、信号电路的结构组成

为了保证行车安全，提高行驶效率，减少交通事故和机械事故的发生，现代汽车都装有较完善的照明信号装置。普通照明、信号电路组成都大同小异，主要有电源、熔断器、继电器、控制开关和灯等，如图5-1所示，还有导线和连接器为辅件。为了学习和使用的方便，可以将照明、信号系统分成很多电路。照明电路包括前照灯照明电路、尾灯照明电路、仪表照明电路和操作装置照明电路等。信号电路包括转向信号电路、危险警告信号电路和制动信号电路等。各电路间既独立又相互联系，如开启前照灯时，尾灯、车内照明电路也工作，开启危险警告信号电路时，所有的转向信号电路都工作。

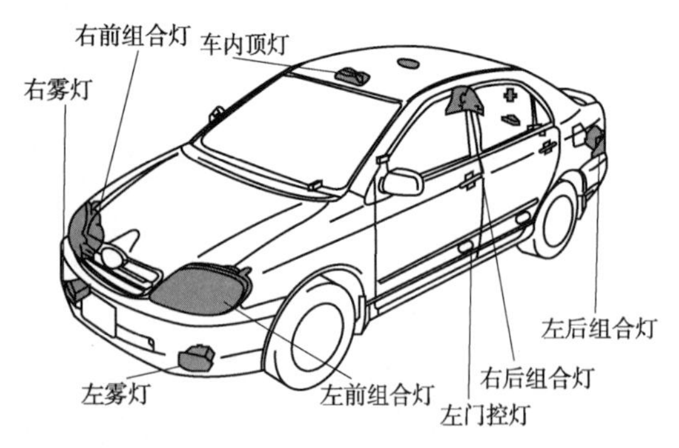

图5-1　照明信号灯位置图

1. 前照灯电路组成

前照灯装在汽车头部的两侧,用于夜间或光线较暗的路面上汽车行驶时的照明,有两灯制和四灯制之分。丰田卡罗拉轿车采用四灯制,主要装置在车上的位置如图 5-1 所示。其前照灯电路如图 5-2 所示,由电源、熔断器、灯光继电器、灯光变光开关、远光指示灯和组合灯具等组成。

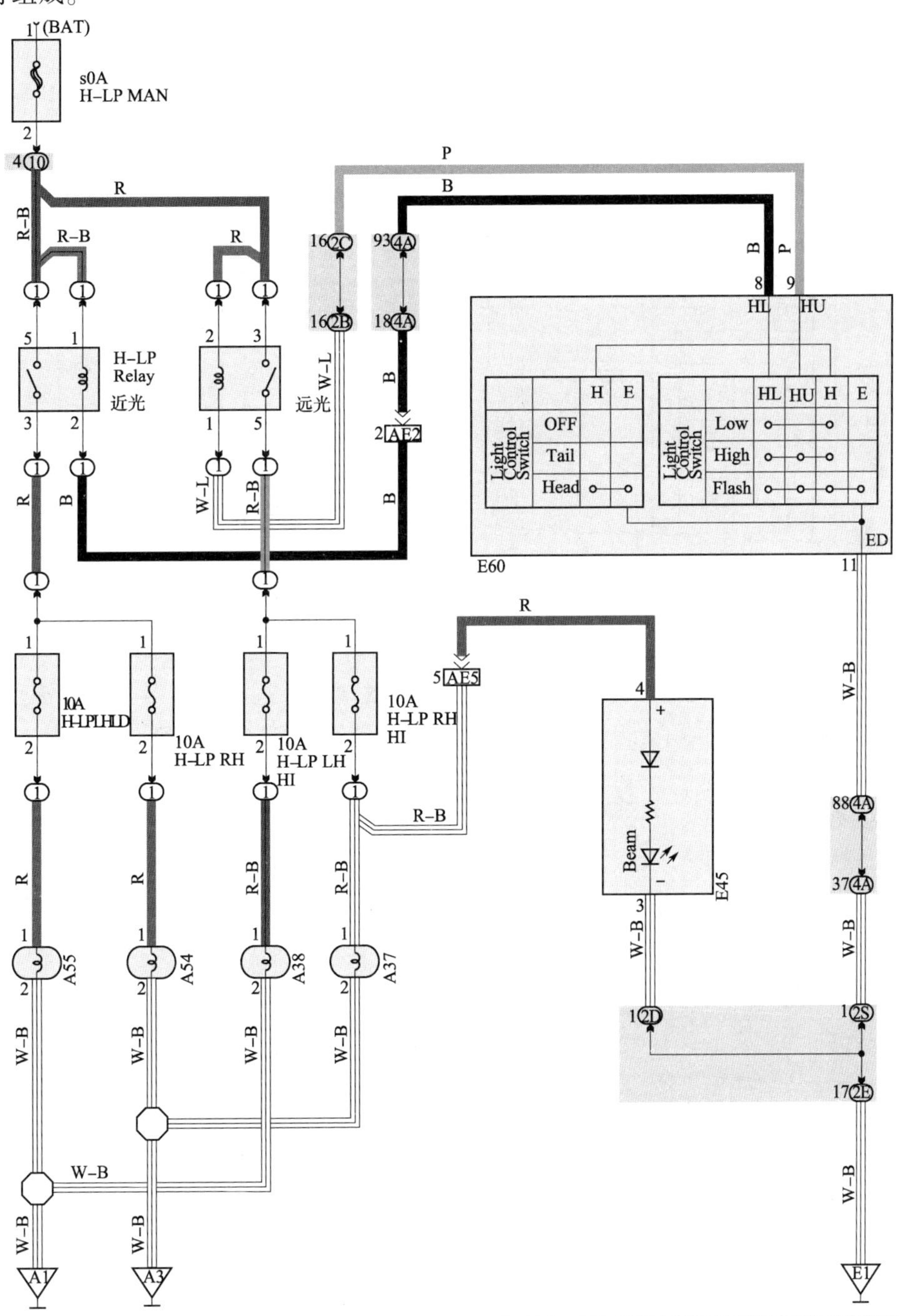

图 5-2　前照灯电路图

1)熔断器和继电器

丰田卡罗拉轿车前照灯电路熔断器共5个,它们是主熔断器50A H-LP MAIN、左近光熔断器10A H-LP LH LO、右近光熔断器10A H-LP RH LO、左远光熔断器10A H-LP LH HI和右远光熔断器10A H-LP LH HI,在接线盒右上角,如图5-3所示。主熔断器位于灯光继电器前,另外4个熔断器位于灯光继电器后。按电流方向,熔断器都是端子1进入,端子2输出。

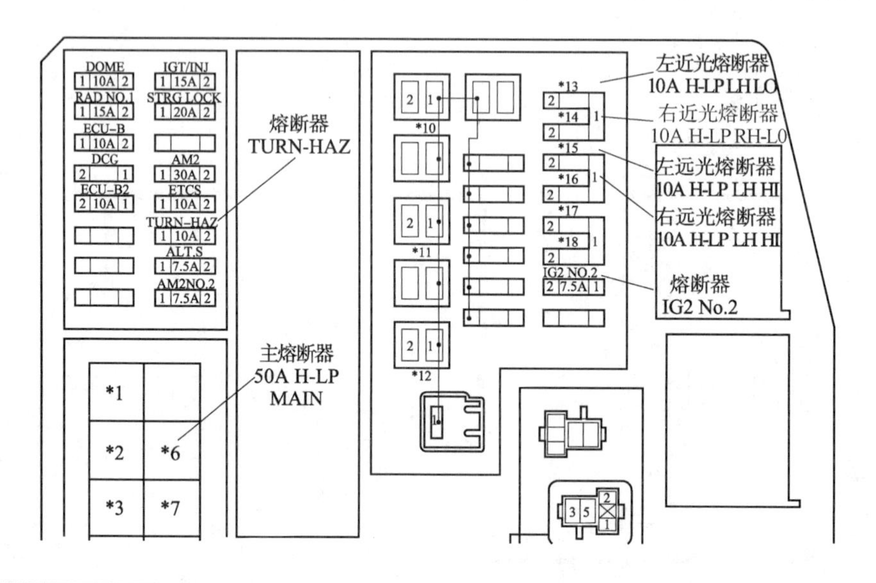

图5-3 前照灯熔断器在接线盒中的位置

前照灯的工作电流较大,特别是四灯制的汽车,用灯光开关直接控制前照灯,开关很容易烧坏,因此在灯光电路中设有灯光继电器。灯光继电器分近光继电器H-LP和远光继电器DIMMER,继电器都由灯光开关控制,如图5-3所示,灯光变光开关控制灯光继电器电磁线圈的搭铁端。

2)灯光、变光开关

丰田卡罗拉轿车灯光、变光开关就是组合开关的左半部分,它集灯光开关、变光开关于一体,如图5-4所示。灯光开关是在操纵手柄上沿径向旋转操作,变光开关是将操作手柄远离转向盘和靠近转向盘操作。与灯光变光开关直接连接的连接器就是组合开关的连接器E60,如图5-5所示。

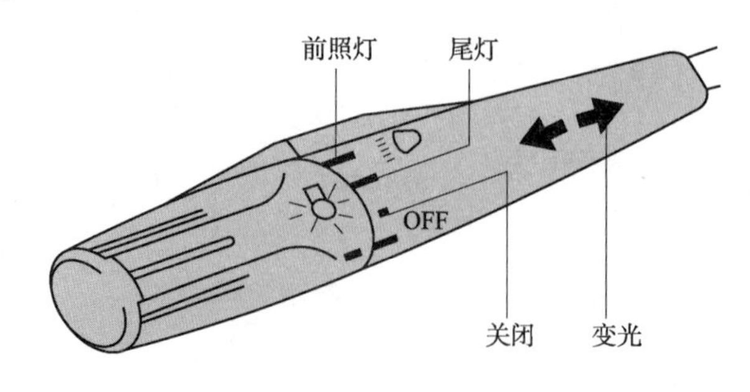

图5-4 灯光变光开关位置图

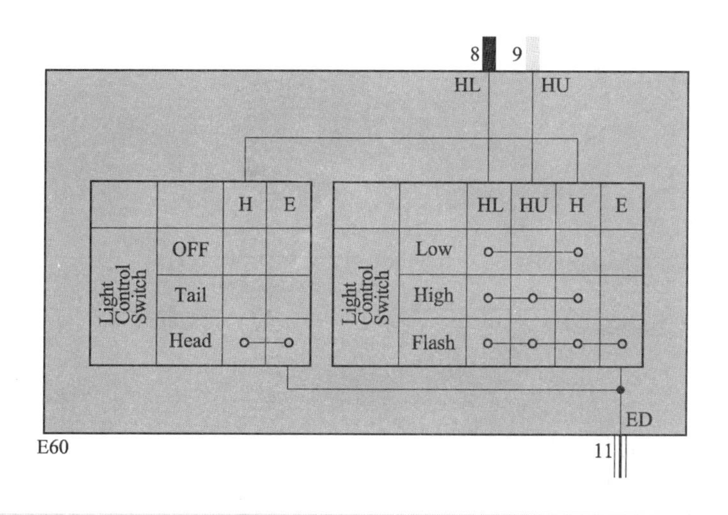

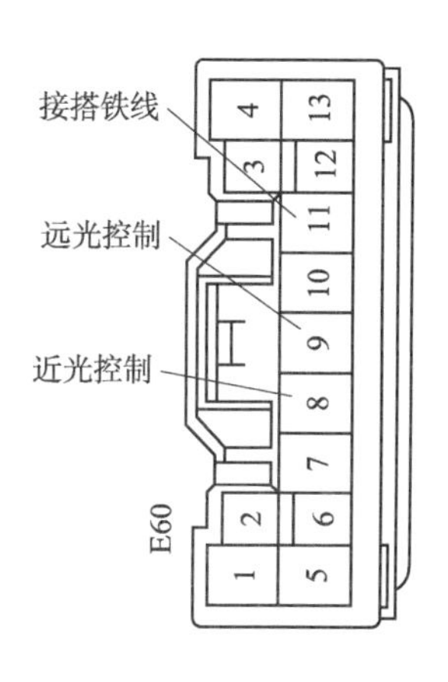

图 5-5　灯光变光开关内部连接图和连接器

当打开前照灯 Head 时，灯光开关内部将端子 H 和端子 E 接通，端子 E 连接到连接器 E60 的输出端子 11 直接搭铁。也就是说不开启前照灯开关，闪光灯开关除外，不论是近光还是远光灯位置，两灯光继电器输出端子 2 都没有接到搭铁线，因此要有正常的近光或远光前提是开启灯光开关。变光开关有 3 个位置，分别是近光位置 Low、远光位置 High 和闪光位置 Flash，近、远光位置是可以固定的，闪光位置是有弹性的位置，必须要用手支撑，通常是最靠近转向盘的位置。变光开关在近光位置时，开关内部近光端子 HL 与端子 H 接通，即连接器 E60 的端子 8 与端子 11 接通，端子 11 是接搭铁线的，近光继电器控制线搭铁，近光继电器工作，前照灯近光灯亮起。变光开关在远光位置时，开关内部远光端子 HU 与端子 H 接通，即连接器 E60 的端子 9 与端子 11 接通，远光继电器控制线搭铁，远光继电器工作，前照灯远光灯亮起。变光开关在闪光位置时，变光开关内部近光端子 HL、远光端子 HU 与端子 H 和端子 E 都接通，即连接器 E60 的端子 8、端子 9 与端子 11 接通，而且不论灯光开关是否开启，此时远、近光继电器控制线都搭铁，远、近光继电器都工作，远、近光灯都亮起，即为闪光。

3）前照灯

卡罗拉轿车前照灯灯泡分左、右、远、近四灯，如图 5-2 所示，普通灯泡功率通常都是 55W。4 个灯泡分别是左近光灯泡 LH（Low）、右近光灯泡 RH（Low）、左远光灯泡 LH（High）和右远光灯泡 RH（High）；每一个灯泡都有一个连接器，分别是左近光灯泡连接器 A65、右近光灯泡连接器 A64、左远光灯泡连接器 A38 和右远光灯泡连接器 A37，前照灯灯泡和连接器如图 5-6 所示。

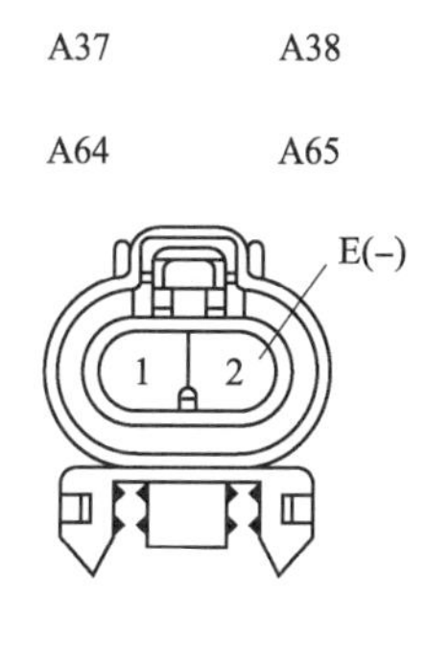

图 5-6　前照灯灯泡和连接器

4）远光指示灯

远光指示灯设置在汽车组合仪表上，如图 5-7 所示，呈蓝色。

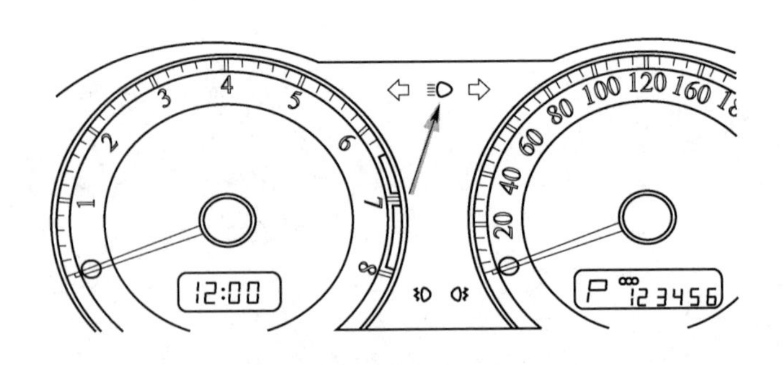

图 5-7　远光指示灯在组合仪表上的位置

组合仪表上的远光指示灯与组合仪表共用一个连接器 E46,如图 5-8 所示。指示灯用了连接器 E46 的端子 3 和端子 4,端子 3 用导线连接到搭铁线,端子 4 用导线连接到右远光熔断器 10A H-LP RH HI 输出端子。

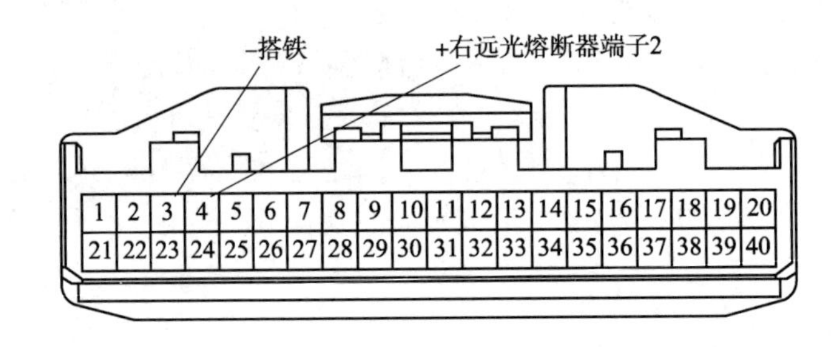

图 5-8　远光指示灯连接器 E46 端子

2. 前照灯高度调节电路组成

丰田卡罗拉前照灯光束高度可以在一定范围内进行手动控制电动调节,配置高的可以进行自动控制调节。其电路组成如图 5-9 所示,主要由电源、熔断器、继电器、调节开关和左右调节电动机等组成。

1)熔断器和继电器

丰田卡罗拉轿车前照灯光束高度调节电路有 2 个熔断器,一个是大电流熔断器 120A ALT,一个是高度调节熔断器 10A TAIL,分别在高度调节继电器 T-LP 的两端。

2)前照灯高度调节开关

前照灯高度调节开关位于组合仪表下装饰板上,与开关相连接的连接器 E44 有 4 个接线端子,开关连接器端子 1 用紫色导线连接至熔断器 10A TAIL 的输出端,端子 4 接搭铁线,端子 2 接调节电动机,端子 3 接开关照明线路,如图 5-10 所示。

3)前照灯高度调节电动机

前照灯高度调节电动机是能在较小角度范围内转动的直流电动机,转动角度由开关控制,左右调节电动机动作是对称动作,电动机应不能互换,电动机对应的连接器是 A9、A20,如图 5-11 所示。

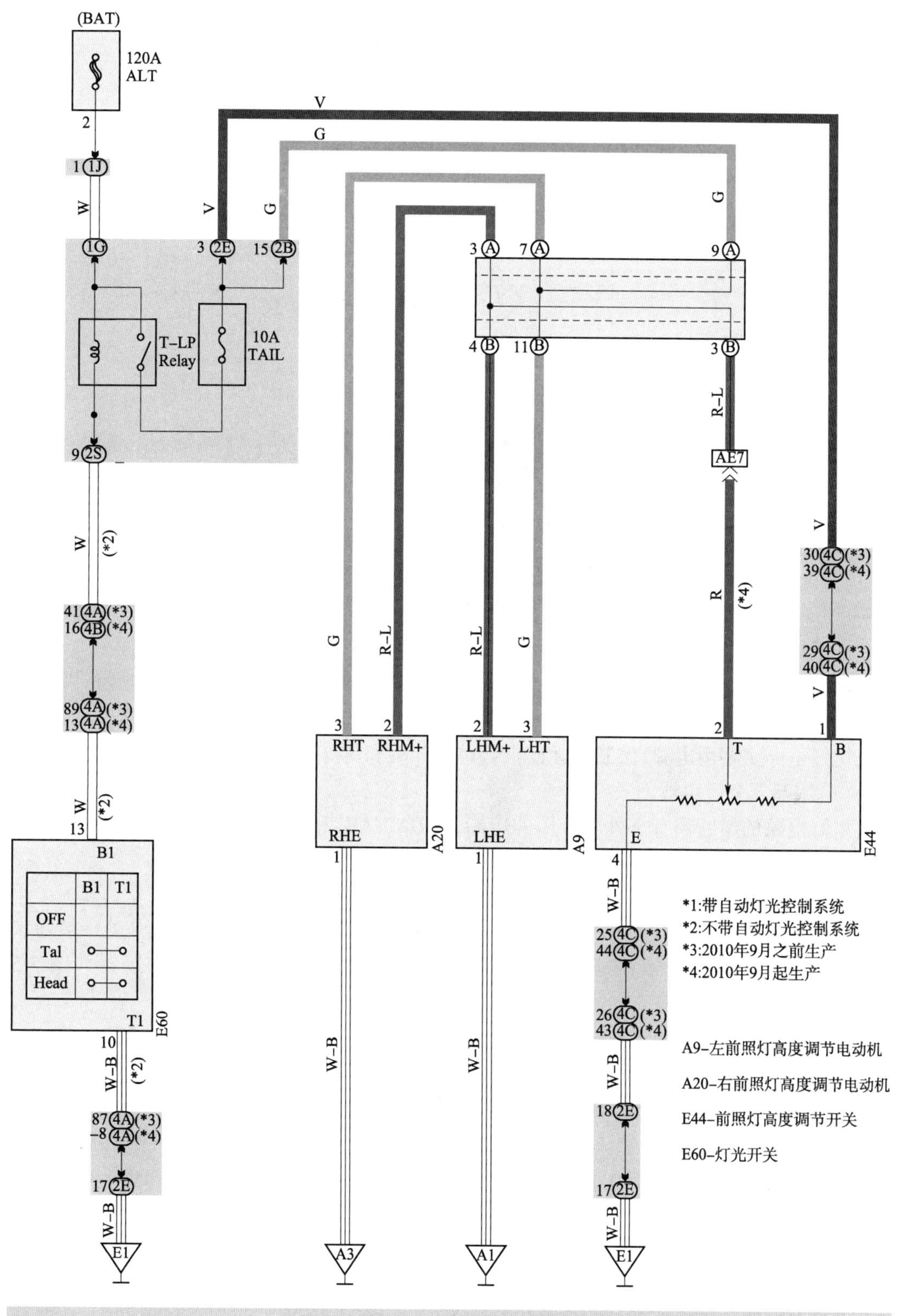

图 5-9　前照灯光束高度调节控制电路图

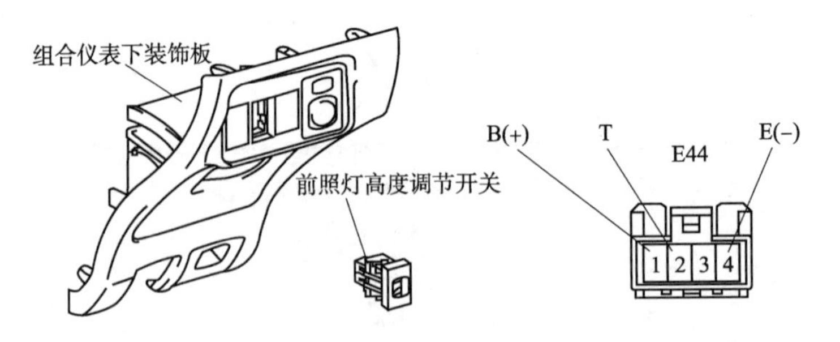

图 5-10 前照灯高度调节开关及其连接器

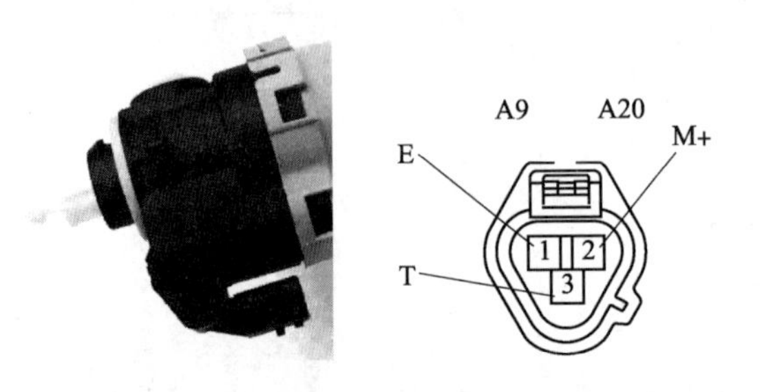

图 5-11 前照灯高度调节电动机和连接器各端子

3. 尾灯电路组成

尾灯是指开启尾灯时,车外亮起的灯,包括前左右小灯、示宽灯、后左右尾灯和牌照灯等。当然,此时车内会有很多灯亮起,如仪表照明灯、操作指示灯和开关照明灯等。

尾灯电路主要由电源、熔断器、继电器、尾灯开关和尾灯组成,如图 5-12 所示。

(1)熔断器和继电器。

尾灯电路的熔断器有车外尾灯用的熔断器 10A TAIL 和车内照明灯用的 7.5A PANEL 两个,继电器是与前照灯光束高度调节电路共用的继电器 T-LP。

(2)尾灯开关。

尾灯开关其实就是灯光开关的尾灯 Tail 挡,在前照灯 High 挡时尾灯挡也是处于接通状态。尾灯开关连接器 E60 端子 10 为搭铁线,端子 13 是尾灯控制端子,连接器如图 5-5 所示。

(3)尾灯。

尾灯主要有后左右组合灯的尾灯 Tail、后左右牌照灯和前左右组合灯的小灯。后左右尾灯与后左右组合灯共用连接器 L7、L29,后左右牌照灯连接器 L9、L10,前左右小灯在前左右组合灯里,有单独的连接器 A8、A19。连接器 A8、A19、L9、L10 端子 1 都连接到搭铁线,端子 2 用导线连接到熔断器 10A TAIL 输出端。后左右组合灯连接器 L7、L29 的端子 4 接搭铁线,端子 1 用导线连接到熔断器 10A TAIL 输出端,如图 5-13 所示。

前照灯光束高度调节开关照明灯在开关里,与开关共用连接器 E44,如图 5-10 所示。高度调节开关照明灯与车内其他开关照明灯一样,起到照明、指示的作用,灯较多,各灯之间都是并联的关系。仪表照明灯与组合仪表其他电路共用连接器。

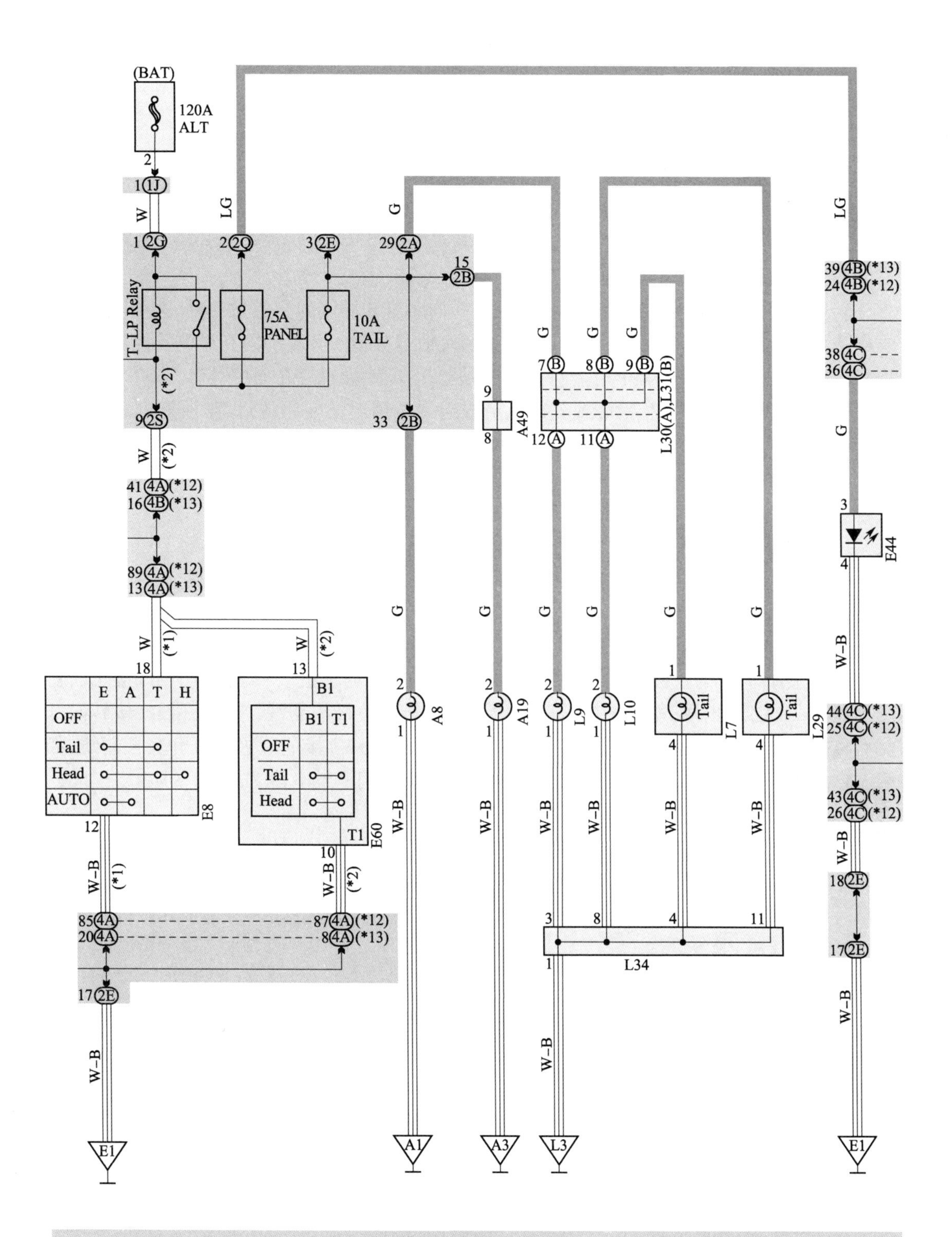

图 5-12　尾灯电路图

A8-左小灯；A19-右小灯；L7-左尾灯；L9-左牌照灯；L10-右牌照灯；L29-右尾灯；L34-结点连接器

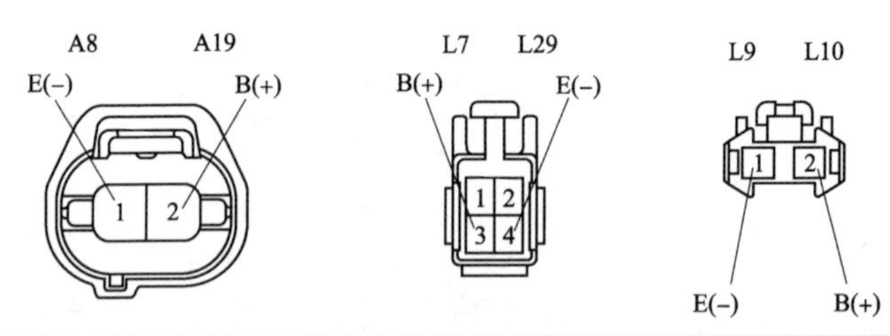

图5-13　尾灯连接器各端子图

A8-左前小灯;A19-右前小灯;L7-左尾灯;L9-左牌照灯;L10-右牌照灯;L29-右尾灯

4. 转向信号、危险警告灯电路组成

转向信号及指示灯是一种信号灯,在汽车转向时告知周围的交通参与者,本车辆的行驶方向或驾驶员意图,转向灯发出闪烁琥珀色光亮,信号受转向开关和闪光继电器控制。转向信号灯通常安装在汽车的4个角上,有的车在最宽的位置设置有转向信号灯。

危险警告灯是车辆发生故障或驾乘人员在遇紧急情况下使用的灯,是所有的转向灯都发出闪光的灯光信号。灯光不受点火开关只受危险警告灯开关控制。

丰田卡罗拉转向信号、危险警告灯控制电路由电源、熔断器、闪光继电器、转向开关、危险警告灯开关、转向灯和转向指示灯等组成,如图5-14所示。

1)熔断器和继电器

转向信号、危险警告灯控制电路的熔断器有不受点火开关控制的熔断器10A TURN-HAZ和受点火开关控制的熔断器10A ECU-IG No.2两个,如图5-3所示;继电器位于驾驶室接线盒右侧,它有8个端子,端子1(IG)接点火开关控制的熔断器10A ECU-IG No.2,端子2(LR)接右侧转向灯的正极线,端子3(LL)接左侧转向灯的正极线,端子4(+B)接熔断器10A TURN-HAZ输出端,端子5(EL)接转向开关左转向负极控制线,端子6(ER)接转向开关右转向负极控制线,端子7(GND)接搭铁线,端子8(EHW)接危险警告灯开关控制线,如图5-15所示。该继电器是转向信号、危险警告灯专用的闪光继电器Flasher。

2)转向信号、危险警告灯开关

转向信号灯开关和灯光变光开关共用操纵手柄,只是转向信号灯开关是沿着转向盘的旋转方向进行操作,如图5-16所示;开关连接器E60端子5、6、7用于转向信号开关,如图5-5所示。连接器端子7接搭铁线,端子5接闪光继电器左转向控制端EL,端子6接闪光继电器右转向控制端ER。

危险警告灯开关通常位于仪表板中间位置,是一带三角形图标的红色按钮,与开关相连接的连接器E41,如图5-17所示。连接器E41端子1接搭铁线,端子4接闪光继电器危险警告灯控制端EHW。

3)转向信号灯

转向信号灯灯泡如图5-18所示,通常分成左前转向信号灯A7、右前A18、左侧A6、右侧A26和装在左后组合灯里面的左后信号灯、装在右后组合灯里面的右后信号灯,共计6个信号灯,有的车型在左右后视镜上还各有1个。连接器A6、A18端子1都接搭铁线,端子2分别接左右转向信号灯控制线;连接器A7、A26端子2都接搭铁线,端子1分别接左右转向信号灯控制线;连接器L7、L29端子4都接搭铁线,端子3分别接左右转向信号灯控制线,如图5-18所示。

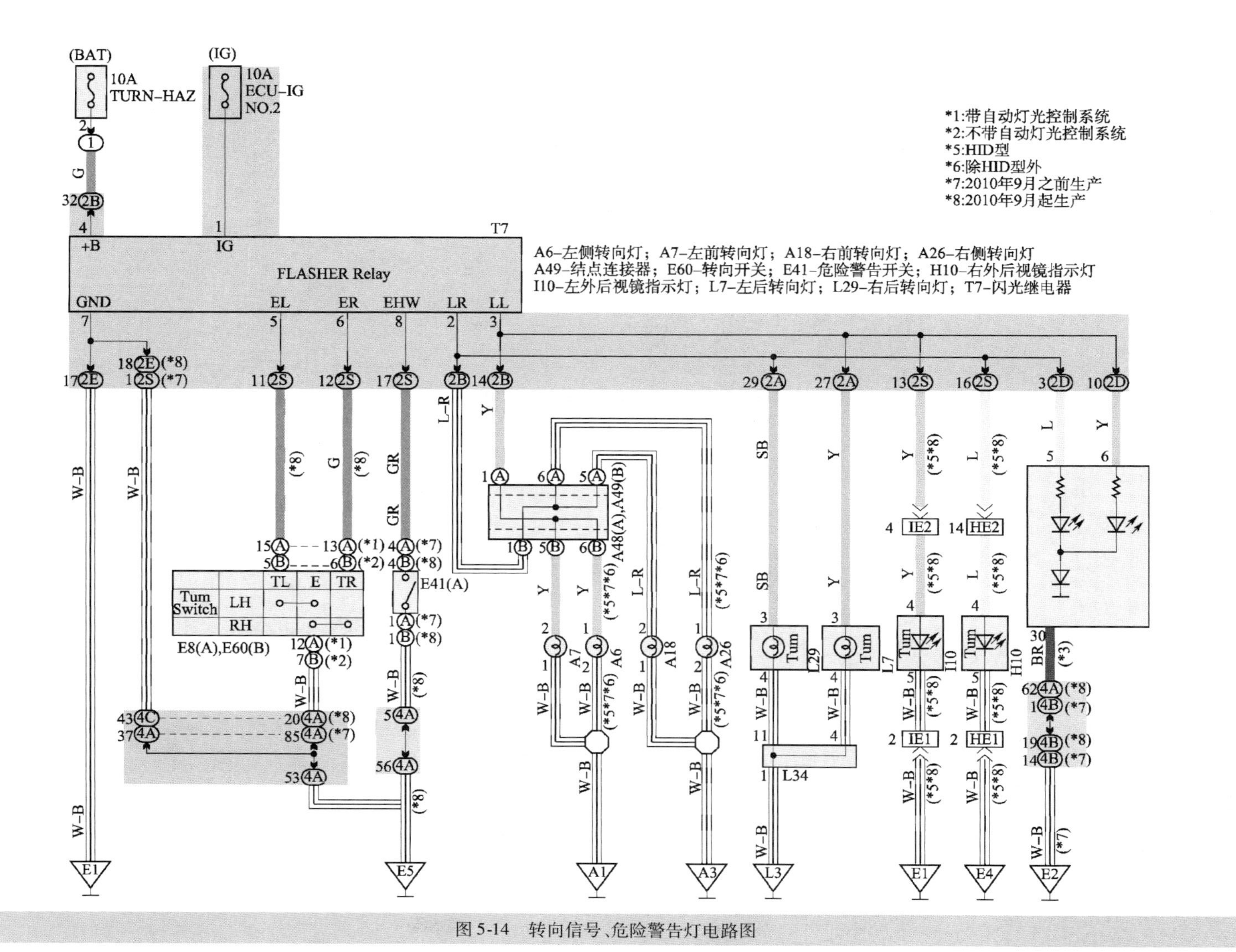

图 5-14　转向信号、危险警告灯电路图

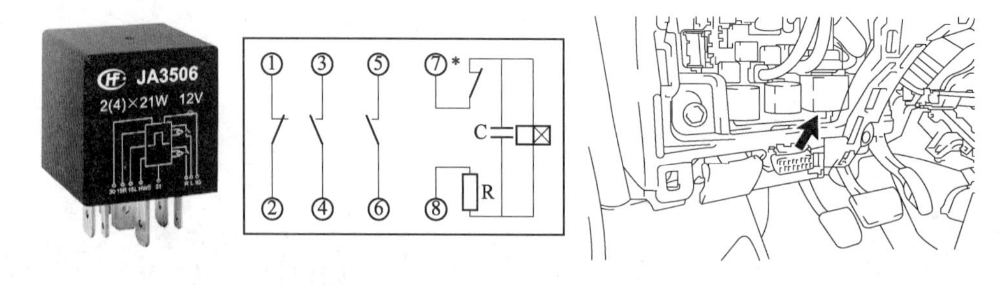

图 5-15 闪光继电器端子及其安装位置图

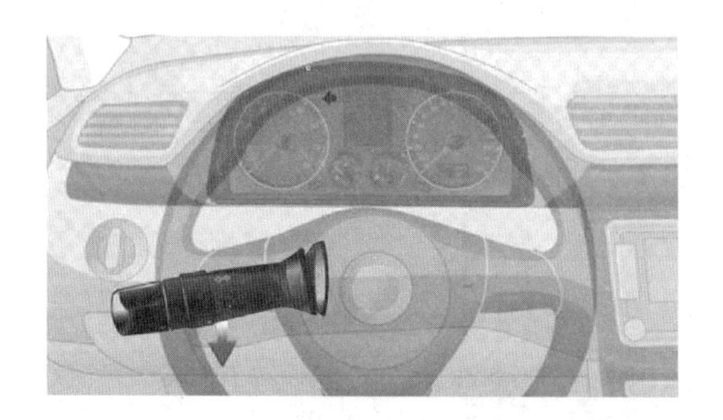

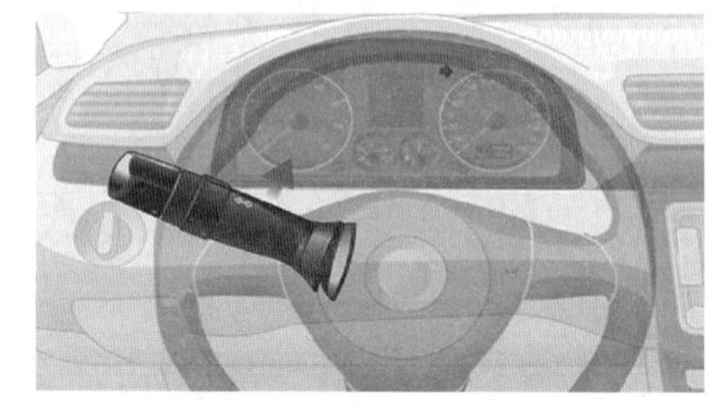

图 5-16 转向信号灯开关操纵方向示意图

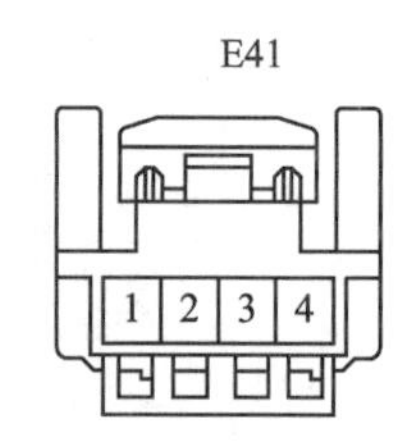

图 5-17 危险警告灯开关和连接器

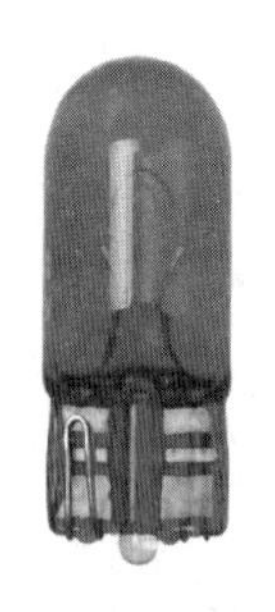

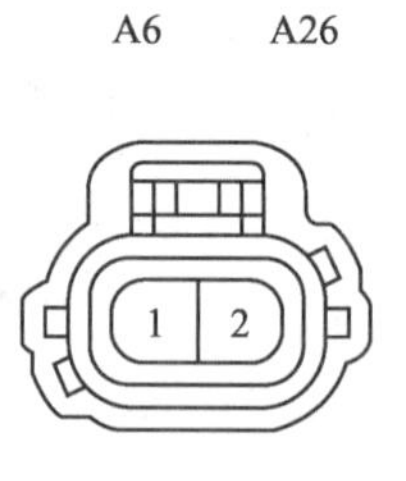

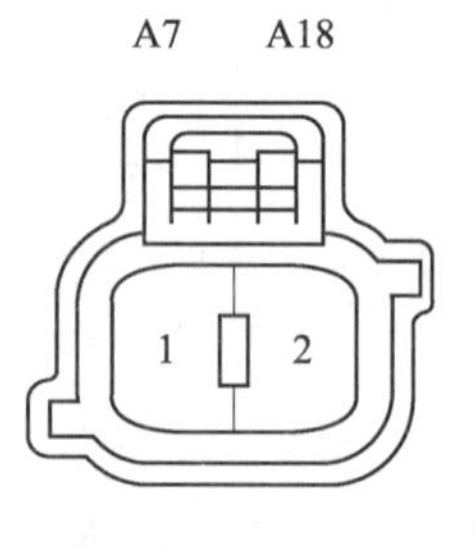

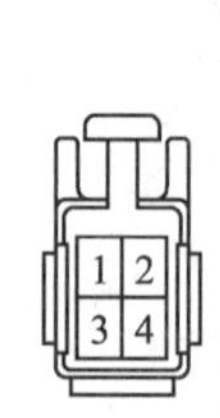

图 5-18 转向信号灯泡和连接器

在组合仪表上还有一对转向信号指示灯,和组合仪表共用连接器 E46,转向信号指示灯用到的端子 30 接搭铁线,端子 6 接左转向信号控制线,端子 5 接右转向信号控制线,如图 5-19 所示。

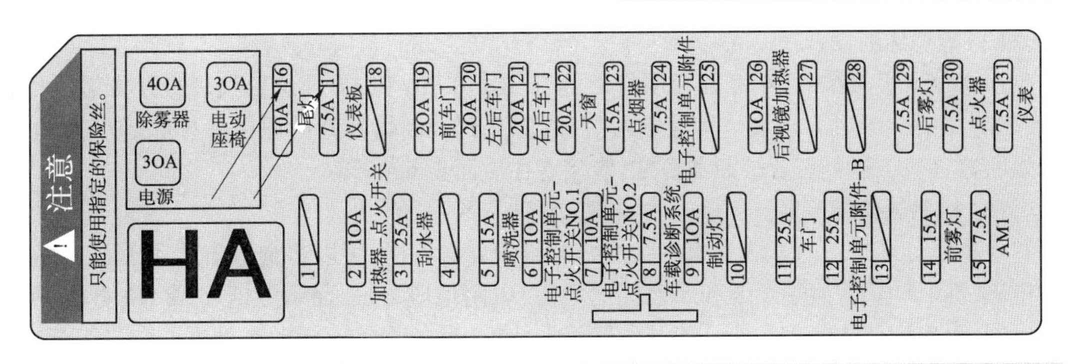

图 5-19　仪表板下接线盒尾灯熔断器

(二)汽车照明、信号电路故障检修

所有的汽车照明、信号电路合在一起,既复杂,也不便检修,将其分解成各个独立的子电路,使用和学习起来就变得比较容易。汽车照明、信号电路常见的故障有:灯全部不亮或部分不亮;全部或局部灯亮度不足;该亮的灯不亮,不该亮的灯亮起;灯光位置或方向不对;信号灯闪烁频率太快或太慢等。

1. 尾灯全部不亮的故障检修

1)故障现象

打开尾灯开关,尾灯不亮,并伴随着其他照明灯也不亮;也有这种故障现象,打开尾灯开关,只有尾灯不亮,其他灯都正常。以前者为例进行故障分析和故障诊断。

2)故障分析

针对故障现象,结合尾灯电路图 5-12,应列出尾灯电路的各组成部件:电源、熔断器、尾灯继电器、尾灯开关、尾灯、各相应的连接器和连接导线。现象中是打开尾灯,所有的尾灯都不亮,还包括其他照明灯都不亮,应重点考虑总控方面的故障可能性比较大,局部都坏的可能性比较小,但不排除有故障。

3)故障原因

(1)蓄电池桩头脱、断。

(2)熔断器损坏。

(3)继电器损坏。

(4)尾灯开关损坏。

(5)灯泡损坏。

(6)连接器松脱、导线断路或短路等。

4)故障诊断

根据故障分析结果,遵循故障诊断原则,对前照灯电路进行检查,可按下列操作步骤和检查方法,确定出故障原因或部件。

(1)检查电源。

打开点火开关,按喇叭按钮,听喇叭声音是否正常。若声音不正常,应检查蓄电池电量是否充足、桩头连接是否正常,有不正常应恢复正常。若声音正常,说明蓄电池电量正常,电源桩头连接正常,应接着往后面步骤操作。

(2)检查熔断器。

检查仪表板接线盒16号位置尾灯熔断器10A TAIL和17号位置仪表板熔断器7.5A PANEL,如图5-19所示位置。若熔断器烧坏,应找到烧断熔断器的原因并排除后更换同型号熔断器,确认故障点;若熔断器正常,应接着往后面步骤操作。

(3)检测试验继电器。

检查尾灯继电器的方法和检查其他继电器的方法相同,可以将继电器端子1与2之间的电磁线圈供电,检测端子3和5之间的电阻,电阻值应<1Ω,否则为不正常,应更换尾灯继电器,再次确认故障点在此。若继电器正常,应接着往后面步骤操作。

(4)检查尾灯电压。

关闭点火开关,拆开后组合灯连接器L7、L29,如图5-13所示,使用万用表,选择直流电压20V量程挡,红黑表笔分别接连接器L7、L29的端子1、端子4,打开尾灯开关,检测尾灯连接器端子电压,电压值应>10V。取下尾灯灯泡,检查是否正常,若左右两尾灯一个有电压,一个无电压,应继续检查无电压一端与尾灯继电器之间导线的电阻,找出故障点并排除。若都无电压,应接着往后面步骤操作。

(5)检查尾灯开关。

断开尾灯开关连接器E60,使用万用表欧姆挡量程200Ω,红黑表笔分别接连接器E60的尾灯开关这一端的端子10和端子13,打开尾灯开关时检测电阻值应<1Ω,关闭时应>10kΩ。若尾灯开关有故障,应更换。若尾灯开关正常,应接着往后面步骤操作。

(6)检查导线电阻。

断开尾灯开关连接器E60、尾灯连接器L7、L29,取下尾灯继电器T-LP,检查尾灯开关与尾灯继电器之间导线电阻,检查尾灯连接器L7、L29尾灯继电器之间导线电阻,每段导线电阻值都应<1Ω,不同导线间的电阻值应>10kΩ,即应绝缘。

2. 右后转向信号灯不亮的故障检修

1)故障现象

开启右转向信号或危险警告灯开关,右后转向信号灯不亮,其他转向信号灯正常亮,但闪烁频率比正常时的高。

2)故障分析

开启左转向信号灯,都正常,说明电源、熔断器、闪光继电器都正常。开启右转向信号灯开关,右前转向信号灯闪亮,闪烁频率较高,右后转向信号灯不亮,根据转向信号灯控制电路图,故障原因应该在与右后转向信号灯这一方面,包括右后灯泡、右后连接器、右后转向信号灯连接导线。

3)故障原因

(1)右后转向信号灯泡烧坏。

(2)右后转向信号灯连接导线烧断。

(3)右后转向信号灯连接器接触不良或损坏。

4)故障诊断

(1)断开右后转向信号灯连接器,取下灯泡,检查灯丝情况,用万用表检查灯泡电阻值,应在规定值范围内。

(2)取下闪光继电器,检查右后转向信号灯连接器 L29 端子 3 与闪光继电器座端子 2 之间导线的电阻值,应 $<1\Omega$。

(3)检查右后转向信号灯连接器 L29、闪光继电器座各端子是否正常。

二、组 织 实 践

(一)工作任务

(1)检查和诊断不能正常工作的照明系统电路组成元件,并在必要时更换它们。

(2)诊断照明系统常见电路故障,排除简单故障。

(二)实践操作目标

(1)了解照明系统的故障部位及原因,并正确排出故障。

(2)通过检测或试验来判断照明系统部件工作是否正常。

(3)通过实践操作,进一步加深对照明系统结构和工作过程的理解。

(三)实践准备

1. 实践操作所用的设备

实训用车辆(建议用常见的丰田轿车、大众轿车)、蓄电池、工作台等。

2. 实践操作所用工量具和材料

干净的抹布,常用工具,汽车万用表,LED 试灯,汽车电路图册,汽车维修手册。

(四)技术要求与注意事项

(1)注意万用表使用中,表笔接触应可靠,不能似接触非接触的。

(2)使用电路图册时,要注意对应车型、元件的电路图。

(3)检测过程中要分清左右,不能搞混。

(4)拆卸连接器时不能蛮干,注意方法及力度等。

(五)操作步骤及方法

下面以迈腾轿车电控前照灯左右灯泡都不亮的故障为例,依据迈腾轿车电控前照灯控制电路图 5-20 进行故障诊断,完成下面操作并做好相关记录。

1. 检查蓄电池电量

(1)直观检查蓄电池电量。

打开点火开关,按喇叭按钮,仔细听喇叭声音是否正常。

当喇叭声音正常时,蓄电池电量检查结束;否则将对蓄电池做电压检测。

(2)检查蓄电池电压。

调整万用表至 DC 电压测量范围。将黑表笔接蓄电池负极端子,红表笔拉蓄电池正极端子。检查蓄电池电压,其电压应在 9 ~ 14V 范围之内。

你检查的结果是:电压________V;结论是:____________。

2. 检查前照灯开熔断器

关闭点火开关、前照灯开关,选择万用表欧姆挡调整到200Ω测量范围,两表笔分别接总熔断器50A SA4两检测点,测量熔断器电阻,电阻值应<1Ω;同样的方法,测量前照灯开关熔断器15A SC13。

你测量的结果是:总熔断器50A SA4电阻值________,前照灯开关熔断器15A SC13电阻值____________;结论是__________________。

3. 检查前照灯灯泡

断开前照灯连接器T10q、T10,选择万用表欧姆挡调整200Ω测量范围,表笔连接到灯泡上,测量灯丝电阻。

(1)近光灯。

在灯绝灯脚1和2之间接红黑表笔。

你检查的结果是:左近光灯泡________,右近光灯泡________;结论是____。

(2)远光灯。

在灯绝灯脚1和2之间接红黑表笔。

你检查的结果是:左远光灯泡____________,右远光灯泡____________;结论是____。

你对前照灯灯泡试验的结果是:________________________________。

4. 检查前照灯连接器T10q、T10

(1)确认前照灯连接器的位置。

依据图5-20所示电路图,你确认T10q是________侧前照灯连接器;你确认T10是____侧前照灯连接器。

(2)找到前照灯连接器检测端子。

前照灯连接器T10q端子5接搭铁线,端子8接左远光灯正极线到车载电网控制单元,端子6接左近光灯正极线到车载电网控制单元。

前照灯连接器T10端子5接搭铁线,端子8接左远光灯正极线到车载电网控制单元,端子6接左近光灯正极线到车载电网控制单元,将观察结果填入表5-1。

(3)确认前照灯连接导线。

以图5-20所示电路图为依据,与实物进行对比,确认前照灯左右远近光控制线束的颜色,即前照灯左右连接器T10、T10q各端子所连接导线颜色,完成表5-1。

控制前照灯各端子所连接的导线颜色记录表　　表5-1

端　子　号	与之连接的导线颜色	端　子　号	与之连接的导线颜色
$T10_5$		$T10q_5$	
$T10_6$		$T10q_6$	
$T10_8$		$T10q_8$	

(4)检查前照灯连接器电压。

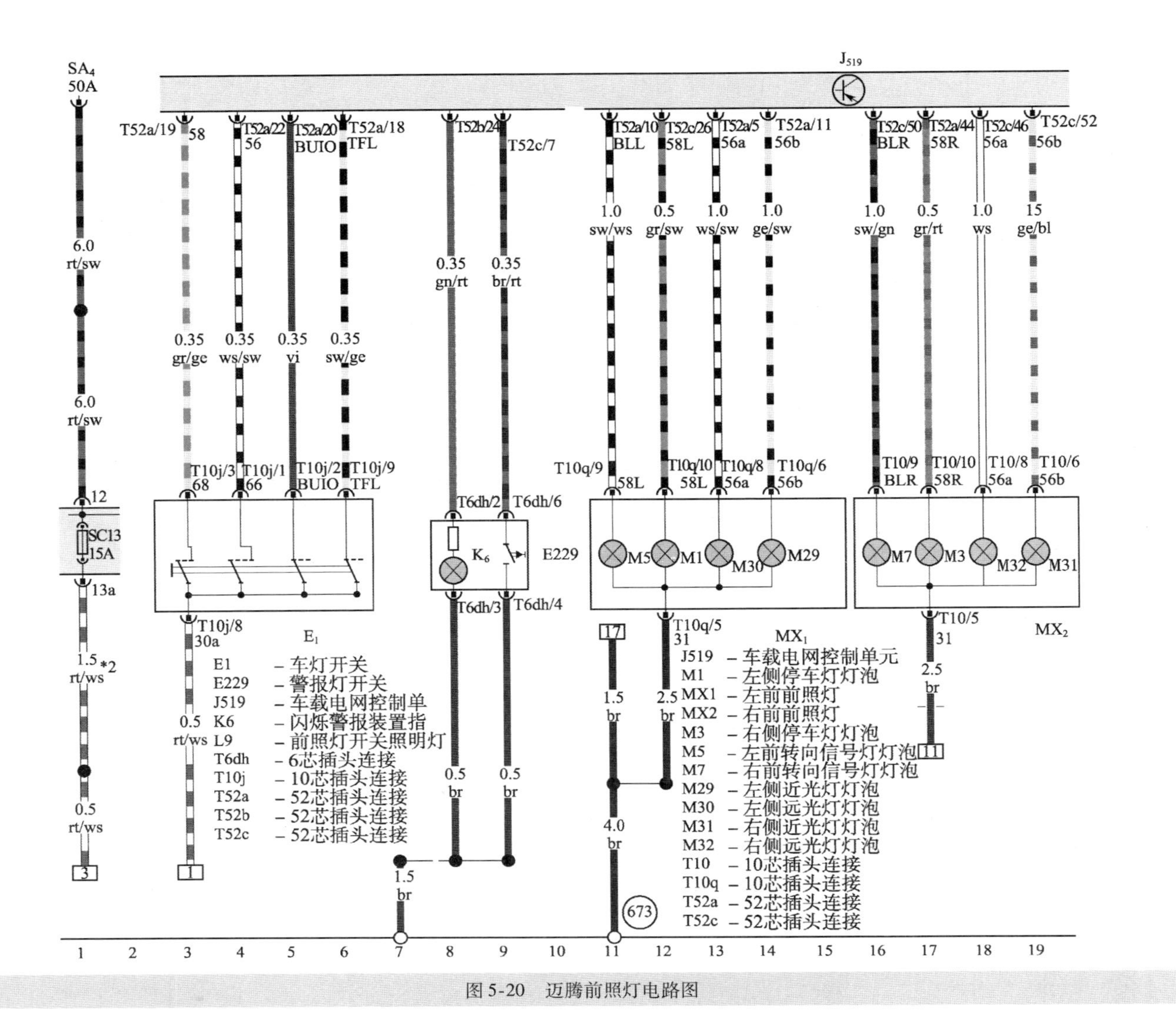

图 5-20 迈腾前照灯电路图

选择万用表电压挡20V量程,红表笔接连接器端子 $T10q_8$,黑表笔接端子 $T10q_5$,打开点火开关,打开前照灯开关到远光,测量连接器两端子之间电压;用同样的方法测量连接器端子 $T10q_6$ 与端子 $T10q_5$ 之间的近光时的电压,将检测结果填入表5-2。

前照灯连接器 T10q、T10q 电压检测记录表 表5-2

检测位置	开关状态	检测结果(V)	标准电压(V)
$T10q_8$-$T10q_5$	点火开关 ON 远光		9~14
$T10q_6$-$T10q_5$	点火开关 ON 近光		9~14
$T10_8$-$T10_5$	点火开关 ON 远光		9~14
$T10_6$-$T10_5$	点火开关 ON 近光		9~14

5. 检查前照灯开关连接器

(1)确认前照灯开关连接器 T10j 的位置。

(2)确认前照灯开关的形状/端子的数目。

(3)确认线束的颜色,完并成表5-3。

前照灯开关连接器控制前照灯的各端子所连接导线的颜色记录 表5-3

端子号	与之连接的导线颜色	端子号	与之连接的导线颜色
$T10j_1$		$T10j_8$	
$T10j_2$		$T10j_9$	
$T10j_3$			

6. 检查前照灯开关

小提示

检查的对象是前照灯开关,即灯光开关。

(1)关闭点火开关,断开灯光开关连接器 T10j。

(2)选择万用表电阻挡测量范围。

(3)旋转前照灯开关各挡位,检查前照灯开关各挡位导通性。

①关闭挡 OFF,检测前照灯开关连接器各端子电阻,将检测结果填入表5-4。

②打开小灯1挡,检测前照灯开关连接器各端子电阻,完成表5-4。

前照灯开关通断检测记录表 表5-4

检测位置	开关状态	检测结果(Ω)	标准电阻(Ω)
$T10j_3$-$T10j_8$	灯光开关关闭 OFF		>10k
$T10j_1$-$T10j_8$			>10k
$T10j_2$-$T10j_8$			>10k
$T10j_9$-$T10j_8$			<1
$T10j_3$-$T10j_8$	灯光开关打开小灯		>10k
$T10j_1$-$T10j_8$			>10k
$T10j_2$-$T10j_8$			<1
$T10j_9$-$T10j_8$			>10k

续上表

检测位置	开关状态	检测结果(Ω)	标准电阻(Ω)
$T10j_3$-$T10j_8$	灯光开关打开近光		<1
$T10j_1$-$T10j_8$			>10k
$T10j_2$-$T10j_8$			>10k
$T10j_9$-$T10j_8$			>10k
$T10j_3$-$T10j_8$	灯光开关打开远光		>10k
$T10j_1$-$T10j_8$			<1
$T10j_2$-$T10j_8$			>10k
$T10j_9$-$T10j_8$			>10k

③打开前照灯2挡近光,检测前照灯开关连接器各端子电阻,完成表5-4。

④打开前照灯2挡远光,检测前照灯开关连接器各端子电阻,完成表5-4。

你对此开关判断是______________________________。

你的处理意见是______________________________。

7. 检查与前照灯控制有关的导线

(1)准备检查。

关闭点火开关,断开蓄电池负极,断开左右前照灯连接器T10q、T10,断开灯光开关连接器T10j,断开电控单元T52a、T52c。

(2)检查与控制前照灯有关的导线电阻。

选择万用表欧姆挡200Ω量程,按表5-5顺序和内容检测。

与前照灯控制有关的导线电阻检测表　　表5-5

序号	端子	规定条件	检查结果	结论
1	$T10j_3$-$T52a_{19}$	导通<1Ω		
2	$T10j_1$-$T52a_{22}$	导通<1Ω		
3	$T10j_2$-$T52a_{20}$	导通<1Ω		
4	$T10j_9$-$T52a_{19}$	导通<1Ω		
5	$T10q_9$-$T52a_{10}$	导通<1Ω		
6	$T10q_{10}$-$T52a_{26}$	导通<1Ω		
7	$T10q_8$-$T52a_5$	导通<1Ω		
8	$T10q_6$-$T52a_{11}$	导通<1Ω		
9	$T10_9$-$T52c_{50}$	导通<1Ω		
10	$T10_{10}$-$T52c_{44}$	导通<1Ω		
11	$T10_8$-$T52c_{46}$	导通<1Ω		
12	$T10_6$-$T52c_{52}$	导通<1Ω		
13	$T10q_5$-$T10_5$	导通<1Ω		

8. 试分析一下汽车前照灯不亮的原因,并描述其故障排除步骤

原因分析:______________________________

____

故障排除:______________________________

____

三、学 习 拓 展

1. 汽车照明系统的发展简史

1896 年美国人将油灯用于汽车照明。1907 年法国人采用乙炔车灯。1911 年,电灯被美国人用于汽车照明。1913 年,汽车前照灯被置于挡泥板上。1916 年美国开始使用停车灯。1920 年,通用公司在车内安装顶灯。1921 年林肯汽车将转向信号装置作为标准配置。1924 年双丝灯泡问世。1926 年通用公司将汽车前照灯变光开关由转向盘移到了地板上,改用脚操纵。1929 年,汽车小灯开始安装。1940 年,封闭式前照灯问世。

在 20 世纪 90 年代,欧洲开发了自适应前照灯控制系统(AFS)的前照灯,日本开发了智能灯光系统(ILS)。在 AFS 灯光系统中,每只前照灯组件内有 8 个反射器,在转弯、高速行驶及雨雾天气等不同情况下受控生成能适应各种驾驶环境的灯光模式。但由于其体积较大,存在装配上的局限性,且灯泡更换不方便,因此推广困难。而 ILS 正在向自动控制光线的方向发展,为驾车者提供比较理想的光束模式。这需要引入微电子技术,必须装入先进的电控元件。近几年,随着电子技术、人工智能的不断发展,智能化灯光系统将会陆续普及。

智能化灯光系统能使汽车前照灯随行驶状况的变化而实时变化,将会出现具有 10 ~ 15 种不同光束的前照灯,相对行驶速度和路面而“随机应变”。例如在高速公路上,汽车前照灯会照亮前方不宽的区域,要远一点。当汽车行驶在弯道上,在车辆的转弯时外侧要亮度大些,使驾驶人看清楚弯道情况,而内侧要暗些,为的是不要使对面会车的驾驶人炫目。

2. 汽车前照灯的电子控制装置

1)前照灯会车自动变光器

前照灯自动变光器的光敏器件一般安装于通风栅之后,散热器之前,当 150 ~ 200m 以外对方车辆灯光发出信号时,能够自动地将本车的远光变为近光,避免了给对方驾驶人带来的炫目,两车交会后,又可自动恢复为远光,同时仍保留原来的变光开关。

2)前照灯昏暗自动发光器

这种昏暗自动发光器的作用是在汽车行驶过程,当汽车前方自然光的强度减低到一定程度,如:汽车通过高架桥、林荫小道、树林、竹林,或天空突然乌云密布等,发光器便自动将前照灯电路接通,开灯行驶以确保行车安全。

该装置早已作为美国通用和克莱斯勒汽车公司的轿车选装件,一般安装在汽车仪表板上,这种轿车的灯光控制开关设有自动挡位。

3)灯光提示警报系统及或自动关闭系统

这种系统的作用是:当点火开关关闭,但是驾驶人忘记关闭灯光控制开关时,能够自动发出警报,警告驾驶人关闭前照灯和小灯,或者自动关闭灯光。

4)前照灯自动关闭延时器

前照灯自动关闭延时器是一种自动关闭前照灯的控制装置,当汽车停驶时,为驾驶人下车离去提供一段照明时间。

在有些汽车上还装有白天行车灯系统(DRL),可以自动减弱前照灯在白天使用时的发光强度,以延长灯泡的使用寿命,降低电能的消耗。另外有些汽车的行李舱里装有灯光损坏传感器,可以在前照灯、示廓灯或制动灯等灯泡损坏时,发出警报,提醒驾驶人。

四、评价与反馈

1. 自我评价与反馈

(1)能否主动参与工作现场的整理、整顿工作?(　　)

A. 主动完成　　B. 被动完成　　C. 未完成

(2)完成本学习任务后,你对《汽车维修手册》等资料的使用是否快速和规范?(　　)

A. 快速规范　　B. 规范但不熟练　　C. 不会使用

(3)你能否正确规范地完成汽车照明系统检修?(　　)

A. 独立完成　　B. 小组合作完成　　C. 老师指导下完成

(4)你是否掌握了照明系统的故障诊断流程?(　　)

A. 完全掌握　　B. 部分掌握　　C. 基本掌握

(5)完成前面的学习任务之后,你对汽车照明系统结构及检修有哪些体会?

____

____

(6)下次遇到类似的学习任务,应如何改善以提高学习效率?

____

____

(7)其他补充。

____

____

____

签名:________　________年________月________日

2. 小组评价

(1)实践操作中边做边记的情况登记?(　　)

A. 操作认真,能做必要的记录　　B. 操作认真但未记录

C. 在老师指导下操作　　D. 不会做更不会记录

(2)是否主动参与小组讨论?(　　)

A. 主动参与　　B. 被动参与　　C. 未参与

(3)是否完成了本学习任务的学习目标?(　　)

A. 完成且效果好　　B. 完成但效果不好　　C. 未完成

(4)是否积极学习,不懂的问题是否积极向别人请教,是否积极帮助他人学习?(　　)

A. 积极学习　　B. 积极请教

C. 积极帮助他人　　D. 全部不积极

(5)是否按“5S”规范进行操作?　(　　)

A. 按“5S”规范　　B. 按“5S”规范未做好

C. 不规范　　D. 不按“5S”规范

(6)实践操作是否有收获,操作过程中是否有危险? (　　)

A. 收获大,不危险　　B. 收获大,危险大

C. 无收获,无危险　　D. 无收获,危险大

(7)其他补充。

____

____

参与评价的同学签名:________ ________年________月________日

3. 教师评价及答复

____

____

____

教师签名:________ ________年________月________日

五、技 能 考 核

前照灯电路检修考核标准见表5-6。

前照灯电路检修考核标准　　表5-6

序号	项　目	操 作 内 容	规定分值	评 分 标 准	得分
1	准备	清点工具、清理工位 被检查对象的外观检查 检查电源开关	4分 4分 3分	酌情扣分 检查不正确扣1~4分 检查不正确扣1~3分	
2	汽车前照灯电路分析	外观检查万用表等工具 检修前照灯电路 检修仪表、牌照灯电路 检查其他照明系统电路	3分 5分 5分 5分	酌情扣分 检修不正确扣1~5分 检修不正确扣1~5分 检查不正确扣1~5分	
3	汽车前照灯电路检修与故障分析	前照灯检测方法及步骤 检查各照明灯开关 分析故障原因 检查各故障点 故障排除与处理 故障诊断与排除顺序	5分 5分 5分 5分 5分 5分	不正确扣2~5分 检查不正确扣2~5分 分析不正确扣2~5分 检查不正确扣2~5分 操作不正确扣2~5分 操作不正确扣2~5分	
4	回答问题	灯泡更换应注意哪些? 前照灯电路分析应注意什么? 照明系统有哪些常见故障?	5分 5分 5分	不正确扣2~5分 不正确扣2~5分 不正确扣1~5分	
5	完成时限	20min	10分	超时1~5min扣1~5分 超时5min以上扣10分	
6	安全文明	无安全隐患,无不文明操作	5分	未达标扣1~5分	
7	结束	工具、量具清洗、归位 工作场地清洁	3分 3分	漏一项扣1~3分,未做扣3分 不彻底扣1~3分,未做扣3分	
总分			100分		

学习任务六　仪表装置检修

任务要求

完成本学习任务后,你应能:

1. 描述汽车仪表作用、组成;
2. 描述汽车普通仪表传感器的结构和基本原理;
3. 概括汽车仪表、警报装置的特点;
4. 正确检修汽车仪表装置主要部件和控制电路;
5. 简单分析汽车仪表装置常见故障原因。

建议学时:6 学时

任务描述

一辆丰田卡罗拉轿车行驶到 10 万 km 后逐渐出现汽油表失准,机油报警灯时亮时灭的故障,驾驶人便将车开到了维修站,经技术员诊断故障后,确定了故障原因分别是油量传感器和机油低压传感器不良,通过更换两部件,排除了故障。

一、理论知识准备

(一)常见仪表组成

常见汽车仪表由转速表、车速表、冷却液温度表、燃油表、挡位指示灯、充电指示灯、机油压力报警灯等组成,如图 6-1 所示。

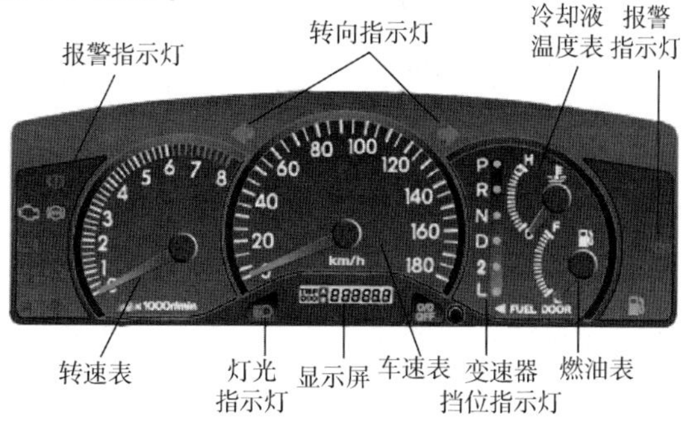

图 6-1　常见仪表的组成

1. 机油压力表

机油压力表是用来显示发动机润滑油压力大小和润滑系统的工作状况,使驾驶人易于检测润滑系统的故障。它由油压指示表和机油压力传感器组成。一般安装在主油道或机油泵上。其类型有动磁式油压表与可变电阻式传感器以及弹簧管式油压表和双金属式油压表与双金属式传感器等多种。双金属式机油压力表电路如图 6-2 所示。

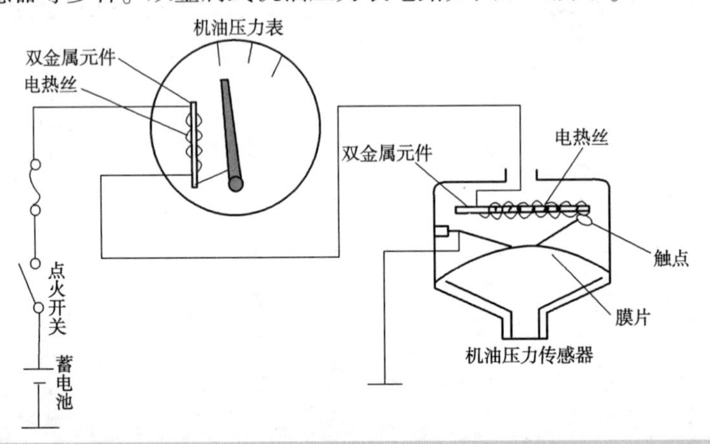

图 6-2　机油压力表电路

双金属式油压表传感器在油压变化时,通过其内部的膜片、触点等将油压大小转变为加热线圈的电流信号,且油压高低与电流大小成正比例。油压高,流过加热线圈的平均电流大,双金属片变形大,带动指针偏转的角度大,指示的油压值大。反之,则指示的油压低。

2. 燃油表

燃油表的作用是指示汽车油箱中存油量的多少。它由仪表板上的油量指示器和油箱内的油量传感器组成。它有两种类型:双金属式和电磁式。大多数新型车都使用电磁式。

如图 6-3 所示,双金属式燃油表在油箱无油时,浮子在最低位置,传感器的滑片滑至最右端,可变电阻值最大,流过燃油表回路电流很小,双金属片几乎不变形,指针指在“0”位:油箱油量增加时,浮子上升,滑片向左移动,可变电阻值减小,流过加热线圈的电流增大,双金

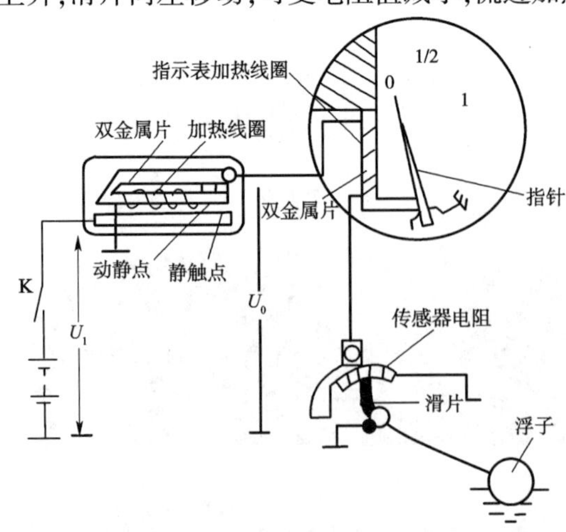

图 6-3　大众轿车双金属片电阻型燃油表电路

属片受热弯曲，带动指针向右偏转，指示油箱存油量；油箱满油时，浮子升至最高位，滑片滑至最左端，加热线圈电流最大，双金属片变形量最大，指针指在“1”位，表示油箱满。

电磁式燃油表中有左、右两个线圈，传感器与左线圈串联，与右线圈并联。工作时，油箱存油量不同，传感器电阻值不同，左右线圈流过的电流及产生的磁场强度不同，转子转动的角度及指示的油量不同，如图 6-4 所示。

3. 冷却液温度表

冷却液温度表（又称水温表）的作用是指示发动机工作时冷却水套中的冷却液的温度。它由冷却液温度表和冷却液温度传感器组成。冷却液温度传感器是将冷却液温度的变化转变为电信号，其类型有双金属式和电磁式。显示器的原理与燃油表基本相同，只是冷却液温度传感器使用了负温度系统的热敏电阻，即当冷却液温度低时，热敏电阻的电阻值大，经过回路的电流小。当冷却液的温度高时，热敏电阻的电阻值小，经过回路的电流相应增大，如图 6-5 所示。

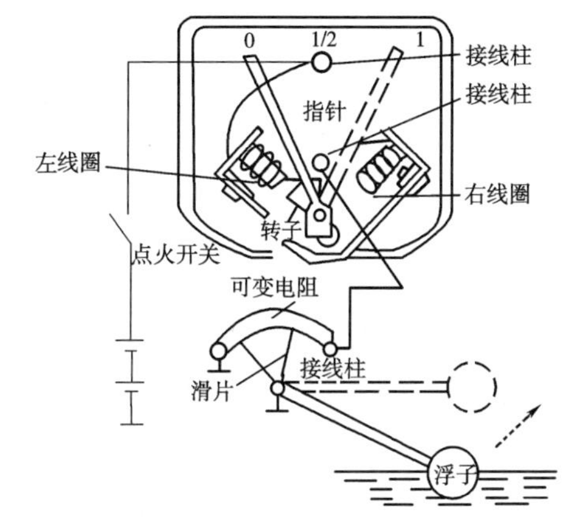

图 6-4　电磁式燃油表

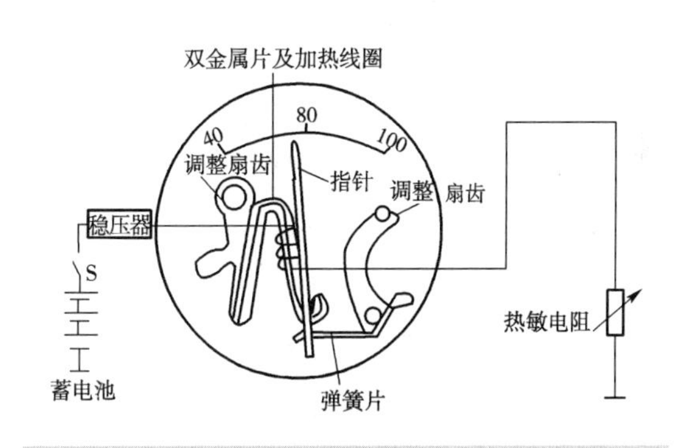

图 6-5　双金属片式冷却液温度表

4. 车速里程表

车速里程表是用来指示汽车瞬时速度和累计汽车行驶里程，它由车速表和里程表两部分组成。车速里程表主要有机械式和电子式两种，如图 6-6 所示。

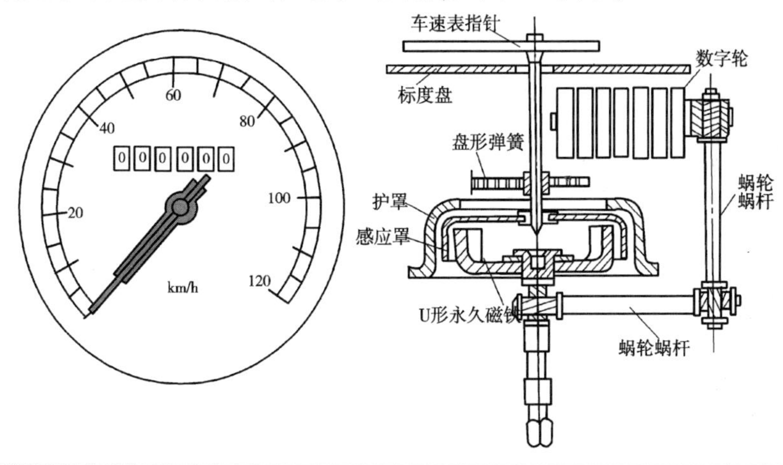

图 6-6　车速里程表与转速表

机械式车速里程表的主要类型是磁感应式,由磁感应车速感应装置和涡轮蜗杆里程计数器组成。

电子式车速里程表多由单片集成电路等构成,由车速表、带有计数器的里程表和信号传感器三部分组成。电子式车速里程表是一个带有通电线圈的指针式显示机构。当车辆行驶时,其传感器产生不同的触点闭合频率信号,经控制电路输出,借以改变车速表指针机构通电线圈中的电流,于是通电线圈在恒定磁场中所受的作用力发生变化,车速表指针转角也随之改变,显示相应的车速。

5. 发动机转速表

发动机转速表主要用于显示汽车发动机的瞬时转速,使驾驶人了解发动机的工作状况和功率输出。转速表有磁感应式、电传动动圈式,其结构、原理与车速表基本相同。

6. 报警指示灯

报警指示灯通常安装在驾驶室内仪表板上,功率为 1 ~ 3W。在灯泡前有滤光片,以使灯泡发黄或发红。滤光片上常刻有图形符号,以显示其功能,其含义如图 6-7 所示。

燃油	(水)温度	油压	充电指示	转向指示灯	远光
近光	雾灯	驻车制动	制动失效	安全带	油温

图 6-7　常见图形符号及其含义

一般报警灯和报警灯开关串联后接入电路,报警灯开关监视相应值,并按照设定条件动作,使得报警电路接通,报警灯点亮。其基本电路如图 6-8 所示。

1)油压报警灯

机油压力是否正常,直接影响汽车的使用性能与工作的可靠性,因此许多车辆设置了油压报警灯,用于提醒驾驶人注意发动机的机油压是否异常。

机油压力警报装置的报警开关一般装在主油道上。有弹簧管式油压报警灯开关和膜片式油压报警灯开关。图 6-9 所示为弹簧管式油压报警开关的结构。

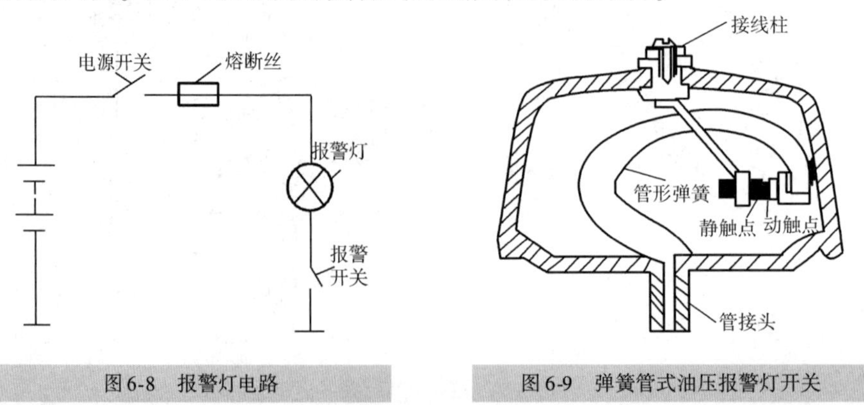

图 6-8　报警灯电路

图 6-9　弹簧管式油压报警灯开关

报警开关为盒式,内有一管形弹簧,一端与接头相连,另一端与动触点相连,静触点与接线柱经接触片与接线柱相连。当机油压力低于0.05MPa时,管形弹簧变形小,动触点和静触点闭合,电路接通,警告灯亮。当机油压力高于0.05MPa时,管形弹簧变形较大,动触点和静触点分开,电路断开,警告灯熄灭。

2)冷却液温度报警灯

冷却液温度报警灯的作用是:当发动机冷却液温度升高至一定限度时,报警灯自动点亮,以示报警。冷却液温度警告灯的通断由温度开关控制,其工作原理如图6-10所示。在传感器的密封套管内装有条形双金属片,自由端焊有动触点,而静触点直接搭铁。当冷却液温度低于95℃时,双金属片上的触点与静触点保持分离状态,警告灯不亮;当温度升高至限定值时,由于双金属片膨胀系数的不同,向静触点方向弯曲,一旦两触点接触,便接通报警灯电路,红色报警灯点亮。

3)燃油量报警灯

当燃油箱内的燃油减少到某一限定值时,为了告知驾驶人引起注意,在许多车辆上都装有燃油量报警灯。该装置由负温度系数热敏电阻式燃油量报警传感器和报警灯组成。如图6-11所示。当油箱内燃油量充足时,热敏电阻元件浸没在燃油中散热较快,其温度较低,电阻值相应大,故此电路中的电流较小,报警灯处于熄灭状态;当燃油不足时,热敏电阻元件露出油面,散热慢,温度升高,报警灯因此点亮,以示报警。

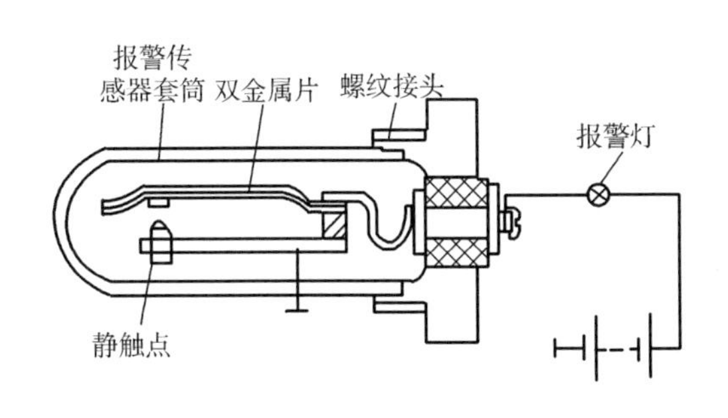

图6-10　冷却液温度报警灯电路

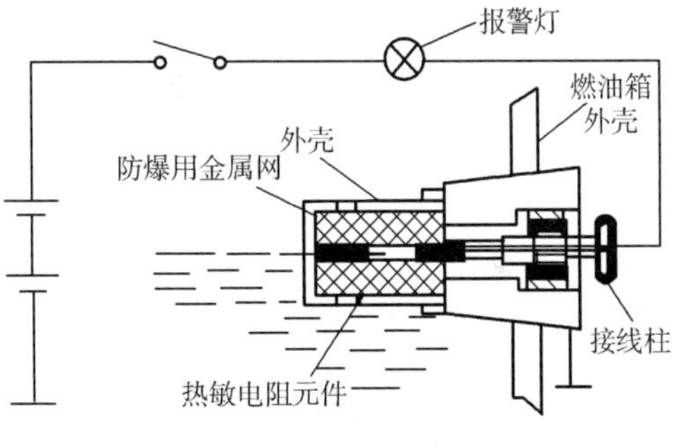

图6-11　燃油量报警灯电路图

4)制动液液面报警灯

制动液液面报警灯的传感器安装于制动主缸的储液罐内,其结构如图6-12所示。在传感器的外壳内装有舌簧开关,开关的两个接线柱与液面报警灯及电源相连接,浮子上固装有永久磁铁。当浮子随制动液液面下降至规定值以下时,永久磁铁的电磁吸力使得舌簧开关闭合,接通报警灯电路,发出报警;当制动液液面在限定值以上时,浮子上升,由于吸力减弱,舌簧开关在自身弹力作用下,断开报警灯电路。

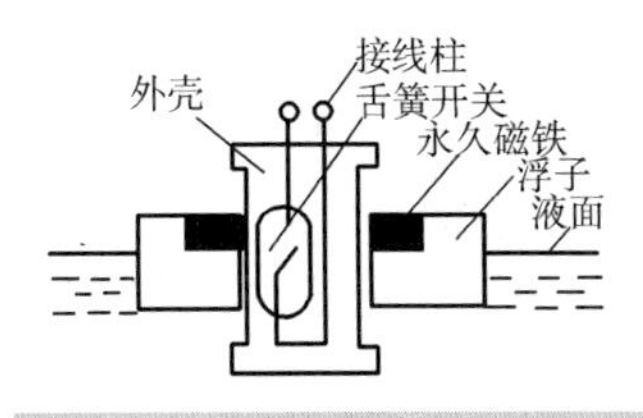

图6-12　制动液液面报警开关

5)充电指示灯

蓄电池对外供电时,该灯点亮。当发电机电压达到正常充电电压时,该灯熄灭。如果在正常行驶时,该灯亮,则提醒驾驶人充电系统功能有故障。

(二)电子显示组合仪表

电子显示组合仪表的结构如图6-13所示,主要包括数字式仪表计算机、车速传感器、燃油油位标尺转换开关、短程控制开关、里程表等元件,这些元件与真空荧光显示器构成了一个整体。

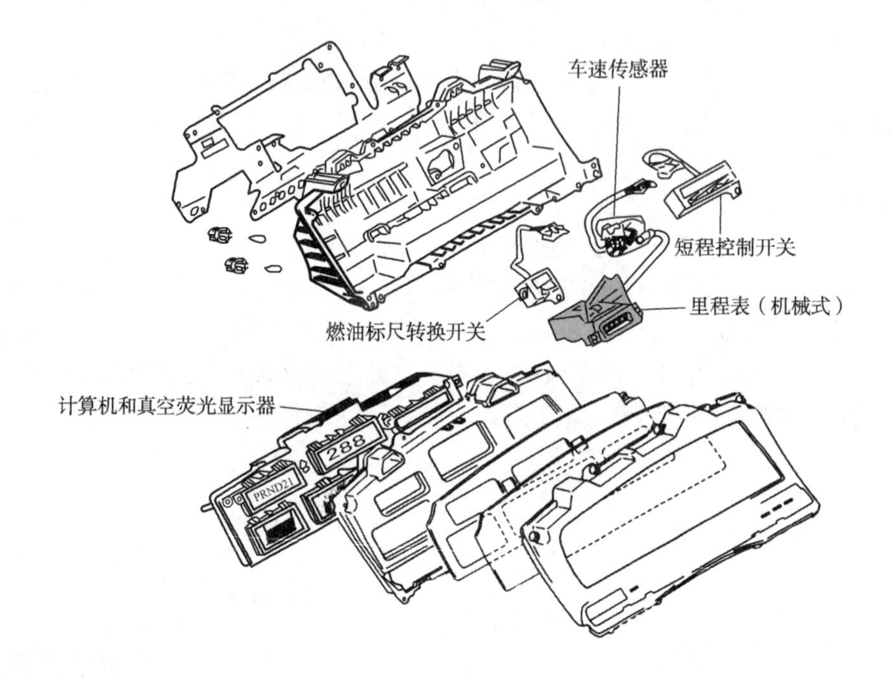

图6-13 电子组合仪表的结构

电子仪表的作用与常规机电模拟式的仪表基本相同,都是从各种传感器接收信号,并将信号经处理后通过显示器显示数据,使驾驶人了解车辆的速度、发动机转速、燃油量、冷却液温度等。不同的是:电子仪表是通过仪表中的微型计算机和各种集成电脑处理各种传感器的信号,然后以数字形式在真空荧光显示器上显示出来。电子仪表的零部件直接连线以及功能示意图如图6-14所示,很多车型各控制单元之间也采用CAN线连接,其基本组成可分为各种传感器、微型计算机和集成电路和真空荧光显示器等。

1. 车速传感器

车速传感器如图6-15所示,其中有一个内置光电耦合器,将发光二极管和光敏晶体管组合在一起。在发出光线的二极管和接收这些光线的光敏晶体管之间,有一个开有20条狭槽的转轮旋转。开槽转轮连接在车速表传动软轴上,其转动速度根据车速的快慢而增减。当开槽转轮转动时,不停地隔断发光二极管和光敏晶体管之间的光线,从而使光敏晶体管时通时断,并因此也使光敏晶体管时通时断,这使光敏晶体管将20个脉冲(每转动一周的脉冲数)信号传输至电控单元端子,使电控单元得知车速。

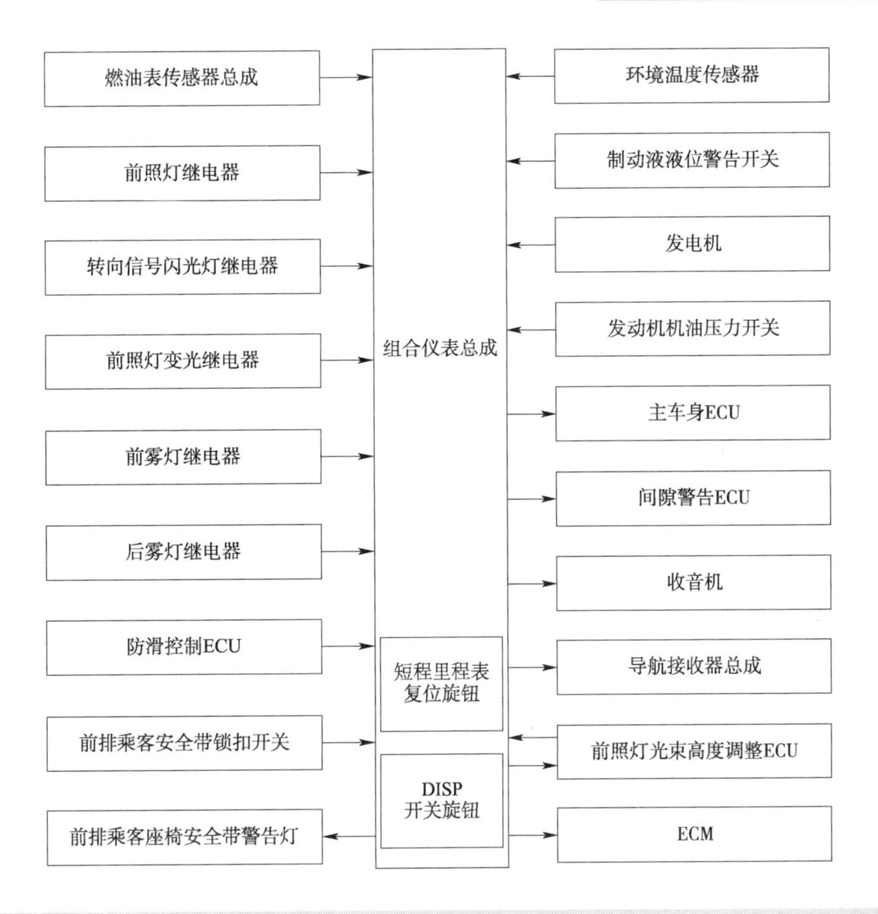

图 6-14　电子仪表的直接连线及功能示意图

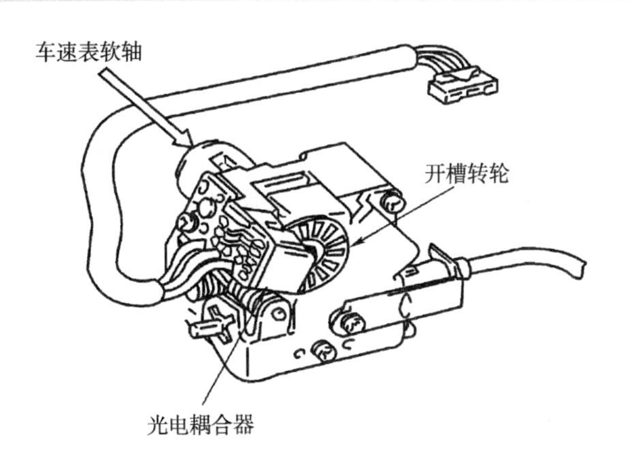

图 6-15　车速传感器

2. 短程复位开关

此开关与短程里程表配合使用。按下该复位开关，便接通了复位开关的触点，让相应的端子搭铁，从而将目前显示的数据复位归零，开关直接安装在组合仪表上，如图 6-14 所示。松开复位开关，各触点便会断开，短程里程表重新开始计算距离。

(三)各电子显示表的原理

1. 车速表

车速表的工作原理如图6-16所示,电脑通过在一段预定的时间内从车速传感器传出的脉冲信号来计算车速,然后使真空荧光显示器发光,显示车速,同时可以通过英里/公里转换开关切换单位。在某些国家使用的车辆上还装有车速报警器,当车速达到或超过125km/h时,电脑内的晶体管便反复接通和断开,使警报器出警告蜂鸣。

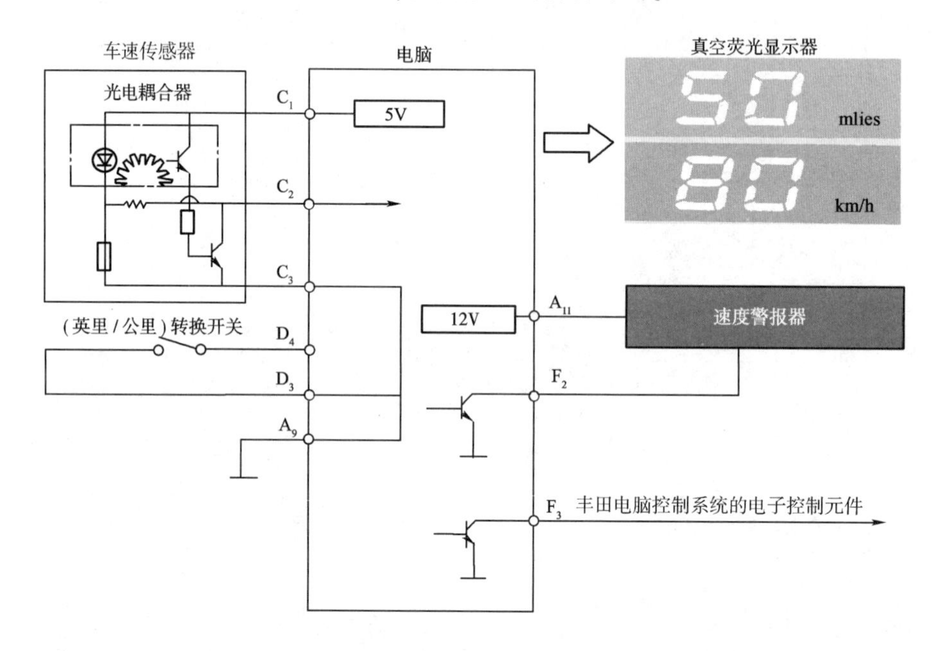

图6-16 车速表的工作原理

2. 双制式短程里程表

双制式短程里程表的工作原理如图6-17所示。它是由微型计算机计算车速传感器发出的速度信号并计算出行驶距离,然后将计算结果由真空荧光显示器显示在短程里程表上,可以通过复位开关进行复位归零,还可以通过模式转换开关转换模式。

3. 转速表

转速信号来自点火线圈的脉冲信号。微电脑用每输入6个脉冲信号所用的时间来计算发动机转速,如图6-18所示,然后控制真空荧光显示器发光,将发动机的转速以条形图形式显示出来。转速表与电脑内部亮度调节器电路相连,这样可对真空荧光显示器的数字板片分配不同的亮度,显示发动机目前转速的初始数字板片N,得到最高亮度,其他板片亮度逐渐降低,从而得到“流星”的显示效果。

4. 冷却液温度表

冷却液温度表的原理如图6-19所示。当发动机冷却液的温度发生变化时,冷却液温度传感器(热敏电阻)的电阻随之变化,使端子A_6的电压发生变化,计算机检测到该电压后,便将其与参考电压比较,然后接通真空荧光显示器,将比较的结果以条形图方式显示出来。

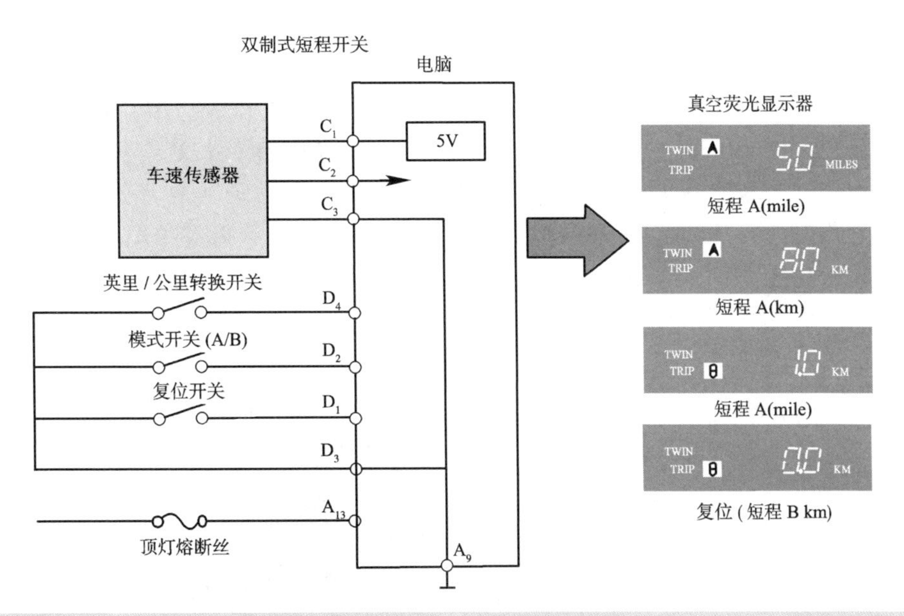

图 6-17　双制式短程里程表的工作原理

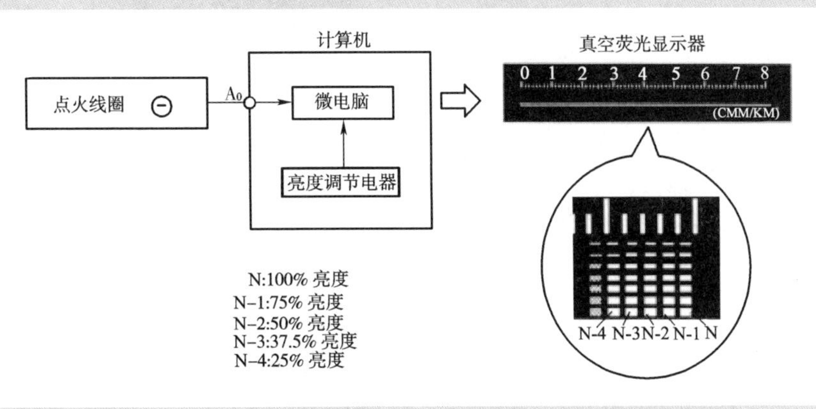

图 6-18　转速表原理图

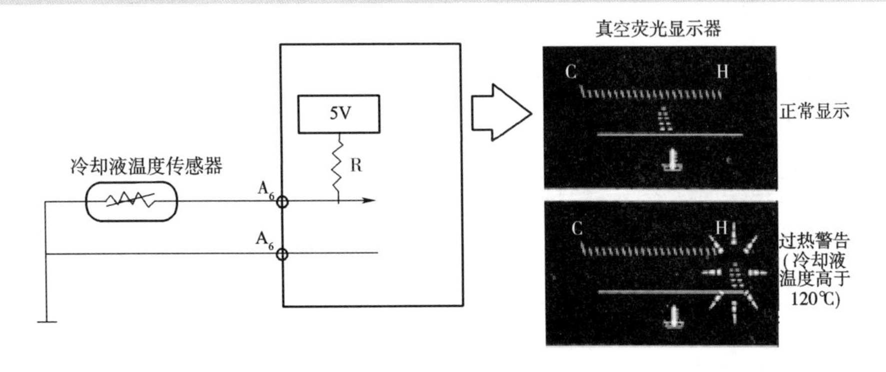

图 6-19　冷却液温度表原理图

真空荧光显示器,用 10 块板片组成一个条形图(每两行真空荧光显示器组成 1 块板片)来显示冷却液温度,当第 10 块板片(即最高温度)闪烁时,则表明发动机过热。

5. 燃油表

如图6-20所示,燃油量传感器的电压为5V,端子A_4与浮子相连,其电压随着浮子的升降而变化,计算机将检测到端子A_4的电压与参考电压相比较,比较后控制真空荧光显示器以条形图的形式显示出燃油油位。条形图由10块板片组成,每两行真空荧光显示器构成1块板片。由于燃油油位波动性较大,计算机要在短时间内对端子A_4电压进行几百次检测,再计算出平均值,然后将平均值作为燃油油位显示出来。当点火开关拧至ON位置时,对端子电压只进行几次检测,计算平均值,以便快速显示燃油油位。

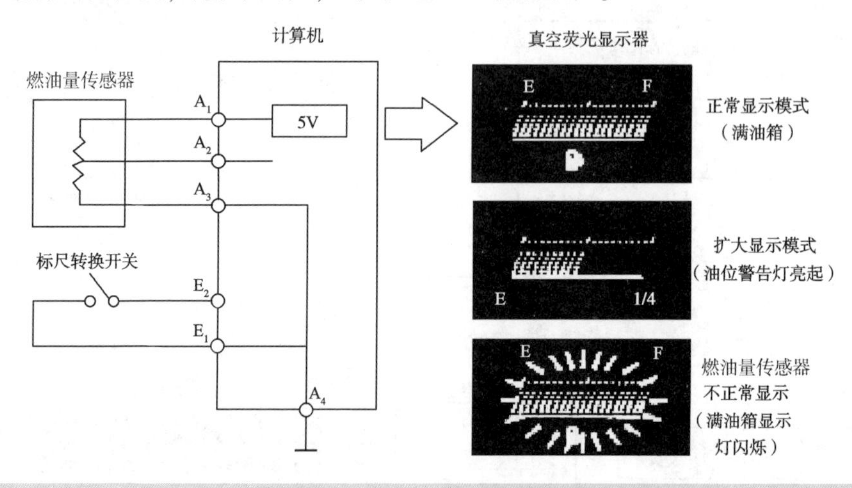

图6-20 燃油表原理图

(四)常规仪表与报警系统常见故障的诊断与排除

当仪表不工作或工作不良时,应对其线路、机械传动装置和传感器进行检查。线路的通断情况可用万用表或试灯进行检查;机械传动装置用常规的检查方法检查即可;传感器的检查相对复杂,故本部分以传感器的检查为主。若线路、机械传动装置及传感器工作正常,而仪表不工作或工作不正常,则应更换仪表。

1. 电热式机油压力表的故障诊断

(1)指针不动。

①故障现象:发动机在各种转速时,机油压力表均无指示值。

②故障原因:

a. 机油压力表故障。

b. 机油压力传感器故障。

c. 连接导线断路。

d. 发动机润滑系统有故障。

(2)发动机未起动指针就动。

①故障现象:接通点火开关,发动机未起动,机油压力表指针即开始移动。

②故障原因:

a. 机油压力表故障。

b. 机油压力传感器故障。

c. 压力表至传感器间的导线搭铁。

2. 冷却液温度表的故障诊断

(1)指针不动。

①故障现象:点火开关置 ON,指针不动。

②故障原因:

a. 冷却液温度表电源线断路。

b. 冷却液温度表故障。

c. 传感器故障。

d. 温度表至传感器的导线断路。

(2)指针指向最大值不变。

①故障现象:接通点火开关后,温度表指针即指向最高温度。

②故障原因:

a. 温度表至传感器导线搭铁。

b. 传感器内部搭铁。

3. 燃油表的故障诊断

(1)燃油表指针总指示“1”(表示油满)。

①故障现象:点火开关置 ON 时,不论燃油量多少,燃油表指针总是指示“1”。

②故障原因:

a. 燃油表至传感器导线断路。

b. 传感器内部断路。

(2)燃油表指针总指向“0”(表示无油)。

①故障现象:点火开关 ON,不论燃油量多少,燃油表指针总是指示“0”。

②故障原因:

a. 传感器内部搭铁或浮子损坏。

b. 燃油表至传感器的导线搭铁。

c. 燃油表电源线断路。

d. 燃油表内部故障。

4. 电子式车速里程表的故障诊断

(1)故障现象:汽车行驶中电子式车速里程表指针不动。

(2)故障原因:

①传感器故障。

②仪表故障。

③线路故障。

5. 发动机转速表的故障诊断

发动机转速表常见故障是不工作,下面以卡罗拉轿车转速表为例说明其故障诊断方法。

(1)故障现象:发动机正常运转,转速表指针不动。

(2)故障原因:

①仪表故障。

②线路故障。

(五)电子组合仪表故障诊断

当仪表不工作或工作不良时,应对其线路、机械传动装置和传感器进行检查。线路的通断情况可用万用表或试灯进行检查;机械传动装置用常规的检查方法检查即可;传感器的检查根据其原理的不同分别检查电源、信号等。若线路、机械传动装置及传感器工作正常,而仪表不工作或工作不正常,则应更换仪表。下面以卡罗拉轿车仪表系统为例,介绍电子组合仪表的故障诊断过程。

1. 检查组合仪表总成

组合仪表连接器 E46,如图 6-21 所示,仪表总成电源电路如图 6-22 所示。

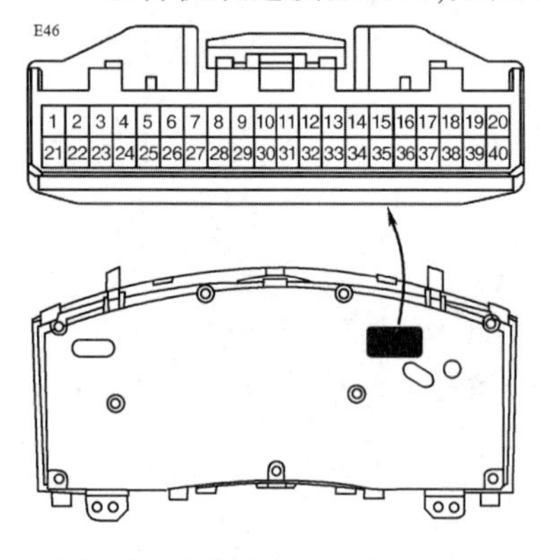

图 6-21　组合仪表总成连接器

自IG2继电器　METER　33　IG+
自蓄电池　ECU-B　32　B
30　ET
E46
组合仪表

图 6-22　仪表总成电源电路

(1)断开连接器 E46。

(2)根据表 6-1 所示的值测量电阻。

组合仪表连接器电阻检查　　表 6-1

检测仪连接	条　件	规定状态
$E46_{30}$(ET)-车身搭铁	始终	<1Ω

(3)根据表 6-2 所示的值测量电压。

若测量值与表中值不相符,则维修或更换线束或连接器;若测量值符合要求,则更换组合仪表总成。

组合仪表电压测量　　表 6-2

检测仪连接	条　件	规定状态
$E46_{33}$(IG+)-车身搭铁	点火开关置于 ON 位置(IG)	9~14V
$E46_{32}$(B)-车身搭铁	始终	9~14V

2. 燃油表故障

1)第一步:用解码器进行主动测试

按照显示屏的步骤操作解码器并选择"主动测试",燃油表传感器 L17 与组合仪表连接器 E46 的电路如图 6-23 所示。

图 6-23　燃油表传感器电路

若测试异常，则更换组合仪表正常。

若指针指示正常，则进行下一步检查。

2）第二步：读取解码器数值

按照显示屏的步骤操作解码器并选择“数据流”。

测试组合仪表，若显示数值不符合表 6-3 中数值，则更换正常的组合仪表。

若显示数值与表 6-3 中符合，则进行下一步检查。

组合仪表测试　　表 6-3

项　　目	测试项目/范围（显示）	正常状态
Fuel Input	燃油输入信号/最小：0，最大：255	燃油表指示（F）：33
		燃油表指示（3/4）：79 ~ 101
		燃油表指示（1/2）：143 ~ 155
		燃油表指示（1/4）：183 ~ 193
		燃油表指示（E）：204 ~ 255

3）第三步：检测燃油表传感器

（1）从燃油表传感器上断开连接器 L17，其端子如图 6-24 所示。

（2）根据表 6-4 中的值测量电阻。

（3）燃油表传感器标准电阻见表 6-4。

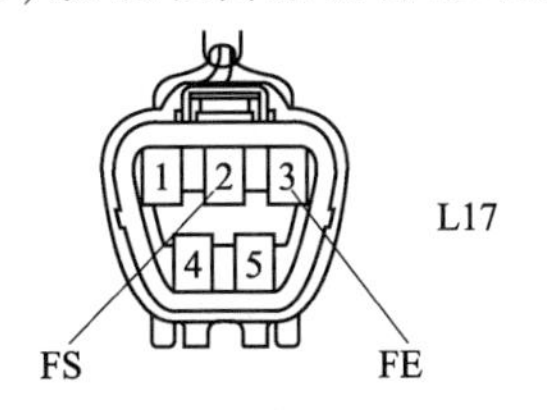

图 6-24　燃油表传感器连接器 L17

燃油表传感器标准阻值　　表 6-4

检测仪连接	规 定 状 态
$L17_2$（FS）-$L17_3$（FE）	6.5 ~ 220.0Ω

若正常则进行下一步检查。

4）第四步：检查组合仪表总成

（1）断开连接器 L17。

（2）将燃油表传感器线束连接器 L17 端子 2、端子 3 短路。

(3)断开蓄电池负极端子,然后重新连接。

(4)将点火开关打开(IG),检查燃油表。

燃油表传感器正常情况见表6-5。

组合仪表试验检测　表6-5

检测仪连接	条　件	规定状态
$L17_2$(FS)-$L17_3$(FE)	短路并且点火开关打开(IG)	燃油表传感器指示“F”或更高

若检查结果正常,则转至第七步。

若检查结果异常,则进行第五步检查。

5)第五步:检查组合仪表总成和燃油表传感器总成之间线束和连接器

(1)断开连接器E46和L17。

(2)根据表6-6中的值测量电阻。

线束和连接器检查标准阻值见表6-6。

线束和连接器检查标准阻值　表6-6

检测仪连接	条　件	规定状态
$E46_{10}$(E)-$L17_3$(FE)	始终	<1Ω
$L17_2$(FS)-$E46_{25}$(L)	始终	<1Ω
$E46_{10}$(E)-车身搭铁	始终	>10kΩ
$E46_{25}$(L)-车身搭铁	始终	>10kΩ

若检测结果异常,则维修或更换线束或连接器。

若检测结果正常,则进行下一步检查。

6)第六步:更换组合仪表总成

若更换组合仪表总成后,组合仪表的工作情况恢复正常,维修工作结束。

若更换后组合仪表仍不能正常工作,则更换ECM。

7)第七步:检查燃油表传感器总成

(1)断开燃油表传感器连接器。

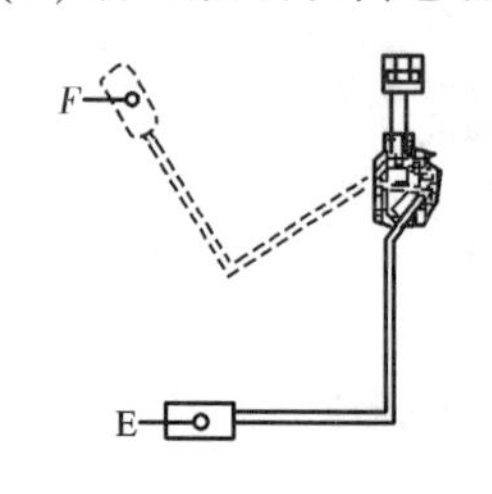

图6-25　燃油表传感器浮子位置

(2)检查燃油表传感器总成。

①拆下燃油表传感器总成。

②检查并确定浮子在F和E之间平滑移动,如图6-25所示。

③根据表6-7中的数值测量连接器L17端子2(S)和3(FE)之间的电阻。

燃油表传感器各位的标准电阻见表6-7。

燃油表传感器各位置标准阻值　表6-7

浮子室液位高度	电阻(Ω)
F	6.5~8.5
在E和F之间	6.5~220.0(渐变)
E	215.0~220.0

二、组 织 实 践

(一)工作任务

(1)检查和诊断不能正常工作的仪表工作系统,排除简单故障,并在必要时更换它们。

(2)诊断仪表板报警灯故障,仪表状况及电路元件。

(二)实践操作目标

(1)了解仪表的故障部位及原因,并正确排除故障。

(2)通过检测或试验来判断仪表系统工作是否正常。

(3)通过实践操作,进一步加深对仪表系统结构和工作过程的理解。

(三)实践准备

1. 实践操作所用的设备

实训用车辆(建议用常见的丰田轿车、大众轿车)、蓄电池、工作台等。

2. 实践操作所用工量具和材料

干净的抹布,常用工具,汽车万用表,LED 试灯,汽车电路图册,汽车维修手册。

(四)技术要求与注意事项

(1)注意拆卸仪表板时不能硬敲,借助一些塑料工具。

(2)操作前先准备好资料,搞清楚其组成元件和结构等。

(3)注意资料与实际车型相吻合。

(4)先思考再行动。

(五)操作步骤及方法

1. 检查和诊断不能正常工作的仪表系统

(1)你用的是什么型号的汽车完成这个工作?________________

(2)观察这个仪表板电路哪些元件符合并联的特征?________________

(3)这个仪表板电路哪些元件符合串联的特征?________________

(4)观察这辆车有哪些仪表,并指出其传感器安装位置:

①________________　②________________

③________________　④________________

想一想

要将你所检查的仪表拆卸下来,应从什么地方入手?

2. 油量表电路检修

(1)如果油量表出现故障你是怎样检查的?(检查步骤)

①________________ ②________________

③________________ ④________________

(2)如果把油量表的浮子向上移动,油量表有什么现象?________________

电压是否随之上升?________________电压最高值:________________V。

电压最低值:________________V。

(3)如果油量表的传感器短路了,油量表有什么故障现象?________________

(4)如果冷却液温度表的传感器导线断开了,表针在哪一边?________________

(5)如果断开油量传感器,用测试灯检查冷却液温度表,表针会摆在哪一边?________

(6)跨接线在仪表板电路可应用于哪些场合?________________

3. 诊断仪表板报警灯故障,仪表状况及电路元件

(1)仪表板灯的数量:________________。

(2)仪表板搭铁端:________________。

(3)仪表板共用熔断器数量:________________。

(4)其他电路元件:________________。

4. 仪表照明电路检修

(1)识别电子电路,找出它们在汽车中的位置和电路路径。

(2)列出检测的仪表板照明路径。

①__________→②__________→③__________→④__________→⑤__________→⑥__________→⑦__________→⑧__________

(3)列出检测的油压警报灯路径。

①__________→②__________→③__________→④__________→⑤__________→⑥__________→⑦__________→⑧__________

(4)测量并联在仪表板上的指示灯的工作电压________________。

(5)如果稳压器不起作用,那么仪表板电路会有什么问题?____________。

5. 工作总结

完成上面的工作过程实践作业后,你认为哪些知识对于你诊断电路故障有所帮助?

____

____

____

____

三、学 习 拓 展

加拿大一家企业推出可取代现有汽车液晶显示器的显示系统。该显示系统在仪表板内部设置一个小型投影机,可以向整个仪表板投射内容并显示,既可使画面尺寸大型化,又可在仪表板之类的曲面上显示。另外,只需改变投影图像,就能更改仪表板的外形,以满足汽车设计的需要。

1. 自动变速器指示灯

如图6-26所示，当点火开关拧至ON位置，12V的电压信号便输入到A_{14}～A_{19}的某个端子，计算机收到空挡起动开关输入的挡位信号后，使真空荧光显示器上相应的位置发光度为100%。当输入断路信号时，使真空荧光显示器显示PWR字样。

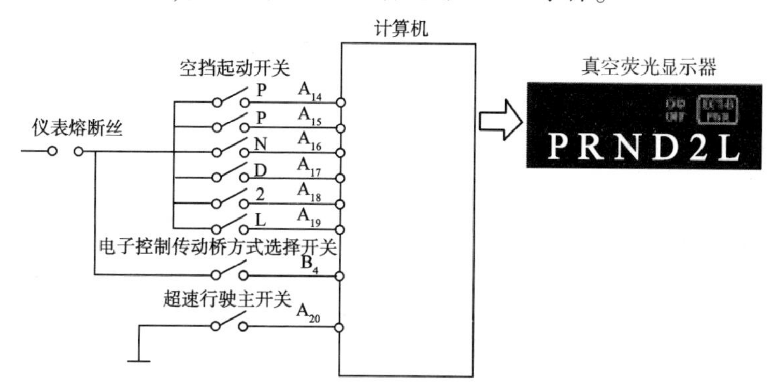

图6-26　自动变速器指示灯原理图

当超速行驶主开关位于“OFF”(断开)位置时，端子A3搭铁，使真空荧光显示器显示出“OD/OFF”字样。

2. 亮度控制器

变阻器旋钮如图6-27所示，转动旋钮，便可降低车速表、短程里程表、燃油表、冷却液温度表和挡位指示灯的真空荧光显示器的亮度。变阻器有两种类型：一种是在尾灯断开之后，仍可改变显示器亮度；另一种只有在尾灯接通后才能改变显示器亮度。

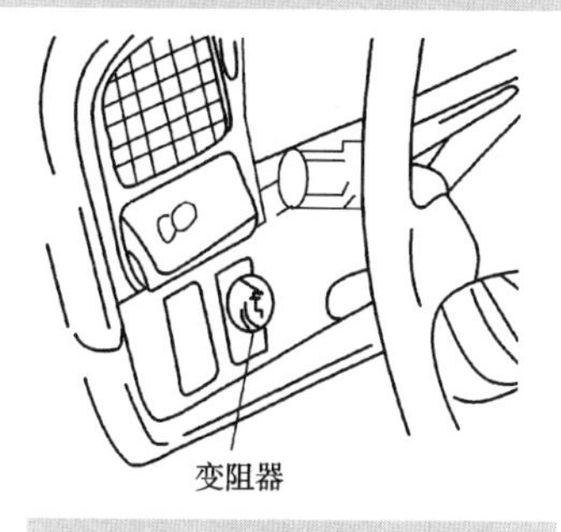

图6-27　变阻器旋钮

四、评价与反馈

1. 自我评价与反馈

(1)能否主动参与工作现场的清洁和整理工作？(　　)

A. 主动完成　　B. 被动完成　　C. 未完成

(2)完成本学习任务后，你对《汽车维修手册》等资料的使用是否快速和规范？(　　)

A. 快速规范　　B. 规范但不熟练　　C. 不会使用

(3)你能否正确规范地完成汽车仪表系统常见故障的检修？(　　)

A. 独立完成　　B. 小组合作完成　　C. 老师指导下完成

(4)你是否掌握了仪表系统的故障诊断流程？(　　)

A. 完全掌握　　B. 部分掌握　　C. 基本掌握

(5)完成前面的学习任务之后，你对汽车仪表系统常见故障的检修有哪些体会？

(6)下次遇到类似的学习任务,应如何改善以提高学习效率?

____

____

(7)其他补充。

____

____

签名:________ ________年________月________日

2. 小组评价

(1)实践操作中边学边做边记的情况如何?(　　)

A. 操作认真,能做必要的记录　　B. 操作认真但未记录

C. 在老师指导下操作　　D. 不会做更不会记录

(2)是否主动参与小组讨论?(　　)

A. 主动参与　　B. 被动参与　　C. 未参与

(3)是否完成了本学习任务的学习目标?(　　)

A. 完成且效果好　　B. 完成但效果不好　　C. 未完成

(4)是否积极学习,不懂的问题是否积极向别人请教,是否积极帮助他人学习?(　　)

A. 积极学习　　B. 积极请教

C. 积极帮助他人　　D. 全部不积极

(5)是否按"5S"规范进行操作?(　　)

A. 按"5S"规范　　B. 按"5S"规范未做好

C. 不规范________　　D. 不按"5S"规范

(6)实践操作是否有收获,操作过程中是否有危险?(　　)

A. 收获大,不危险　　B. 收获大,危险大

C. 无收获,无危险　　D. 无收获,危险大

(7)其他补充。

____

____

____

参与评价的同学签名:________ ________年________月________日

3. 教师评价及答复

____

____

____

教师签名:________ ________年________月________日

五、技 能 考 核

汽车仪表装置检修考核评分标准见表6-8。

汽车仪表装置检修考核评分标准　　表6-8

序号	项目	操作内容	规定分值	评分标准	得分
1	准备	清点工具、清理工位 被检查对象的外观检查 检查电源开关	4分 4分 3分	酌情扣分 检查不正确扣1~4分 检查不正确扣1~3分	
2	汽车仪表拆卸	外观检查万用表等工具 仪表连接导线的拆卸 常见仪表传感器拆卸 拆卸方法	3分 5分 5分 5分	酌情扣分 操作不正确扣1~5分 操作不正确扣1~5分 方法不正确扣1~5分	
3	汽车仪表检修与常见故障分析	表笔触试点的确定 检查常见仪表 检查常见警报装置 检查常见连接导线 检查电子仪表 常见仪表故障分析与处理 检修与处理顺序、方法	5分 5分 5分 5分 5分 5分 5分	不正确扣2~5分 检查不正确扣2~5分 检查不正确扣2~5分 检查不正确扣2~5分 检查不正确扣2~5分 不正确扣2~5分 不正确扣2~5分	
4	回答问题	常规仪表更换应注意哪些? 警报装置检修应注意什么? 仪表检修采用方法有哪些	5分 5分 5分	不正确扣2~5分 不正确扣2~5分 不正确扣1~5分	
5	完成时限	20min	10分	超时1~5min扣1~5分 超时5min以上扣10分	
6	安全文明	无安全隐患,无不文明操作	5分	未达标扣1~5分	
7	结束	工具、量具清洗、归位 工作场地清洁	3分 3分	漏一项扣1~3分 不彻底扣1~3分	
总分			100分		

学习任务七　电动刮水器/喷洗器检修

任务要求

完成本学习任务后,你应能:

1. 叙述汽车刮水器/喷水器系统组成;
2. 概括汽车刮水器/喷水器系统特点;
3. 知道汽车刮水器/喷水器检修方法;
4. 正确检修汽车刮水器/喷水器系统电路主要零部件;
5. 简单分析汽车刮水器/喷水器电路常见故障原因。

建议学时:6 学时

任务描述

一辆 2013 款丰田卡罗拉 1.8L GL-i 型自动挡汽车在行驶过程中因使用喷水器发现无喷洗液喷出,刮水片也没有刮水动作,到维修站后,对该车刮水器/喷水器进行检修。维修人员通过较为简单的方法和手段诊断出故障原因或故障部位,并排除故障,恢复刮水器/喷水器系统功能。

一、理论知识准备

(一)刮水器/喷水器的主要组成

刮水器/喷水器主要由机械传动部分和控制电路组成。机械传动部分主要包括蜗轮箱、曲柄、连动杆、摆臂、刮水片等,如图 7-1 所示。控制电路部分主要包括电源、熔断丝、控制开关、刮水继电器、电动水泵及直流电动机等。

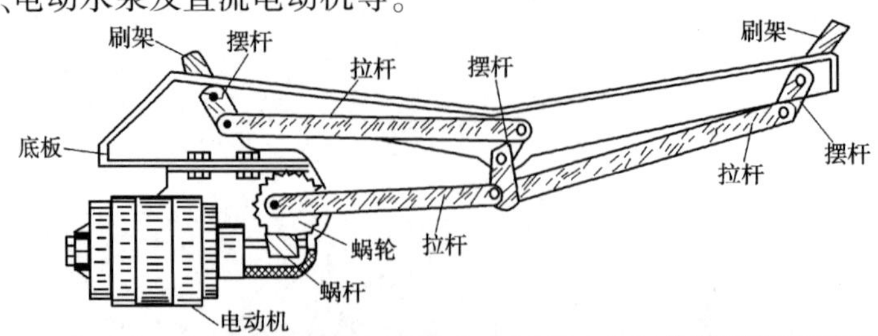

图 7-1　刮水器机械传动部分的组成

(二)刮水器电动机自动复位原理

图 7-2 所示为铜环式刮水器的控制电路,此电路具有自动复位的功能,其工作过程如下。

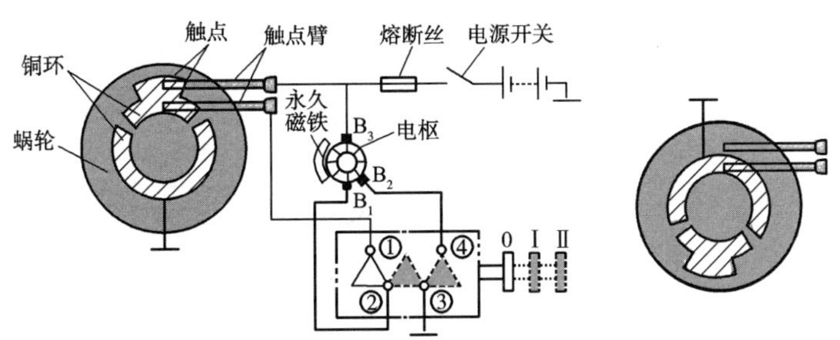

图 7-2　铜环式刮水器的控制电路

当接通电源开关,并把刮水器开关拉出到“Ⅰ”挡(低速)位置时,电流从蓄电池正极→电源开关→熔断丝→电刷 B_3→电枢绕组→电刷 B_1→刮水器开关接线柱②→接触片→刮水器开关接线柱③→搭铁→蓄电池负极,构成回路,电动机以低速运转。

把刮水器开关拉出到“Ⅱ”挡(高速)位置时,电流从蓄电池正极→电源开关→熔断丝→电刷 B_3→电枢绕组→电刷 B_2→刮水器接线柱④→接触片→刮水器接线柱③→搭铁→蓄电池负极,构成回路,电动机以高速运转。

当把刮水器开关退回到“0”挡时,如果刮水片没有停止到规定的位置,由于触点与铜环相接触,如图 7-2 所示,则电流继续流入电枢,其电路为蓄电池正极→电源开关→熔断丝→电刷 B_3→电枢绕组→电刷 B_1→接线柱②→接触片→接线柱①→触点臂→铜环→搭铁→蓄电池的负极。由此可以看出,电动机仍以低速运转直至蜗轮旋转到图 7-2 所示的两盘点臂短接位置,电路中断。由于电枢的运动惯性,电动机不能立即停止转动,此时电动机以发电机方式运行。因此时电枢绕组通过触点臂与铜环接通而短路,电枢绕组将产生强大制动力矩,电动机迅速停止运转,使刮水片复位到风窗玻璃的下部。

(三)汽车刮水器/喷水器系统常见故障现象、主要诊断流程

1. 刮水器/喷水器的常见故障现象

汽车刮水器/喷水器常见故障较多,其中刮水器常见的故障有:刮水器不工作、间断性工作、持续操作不停及刮水片不能复位等,故障征兆见表 7-1。

汽车刮水器/喷水器系统故障征兆表　　表 7-1

故障现象	故障可能部位	排除方法
刮水器电动机不工作	(1)刮水器熔断丝; (2)刮水器开关; (3)刮水器电动机; (4)线束	(1)检查或更换; (2)检修或更换; (3)检修或更换; (4)检修
刮水器间歇(INT)挡不工作	(1)刮水器开关; (2)刮水器电动机	(1)检修或更换; (2)检修或更换

续上表

故障现象	故障可能部位	排除方法
刮水器不能自动复位	(1)刮水器开关; (2)刮水器电动机; (3)线束	(1)检修或更换; (2)检修或更换; (3)检修
刮水器其他挡不工作	(1)刮水器开关 (2)刮水器电动机 (3)线束	(1)检修或更换; (2)检修或更换; (3)检修
喷水器电动机正常但不喷水	喷水器软管和喷嘴	疏通或更换
喷水器电动机不正常工作	(1)电动机故障; (2)喷水器开关; (3)线束	(1)检修或更换; (2)检修或更换; (3)检修

2. 刮水器不工作的检修流程图

如果刮水器在所有挡位都不工作,按图7-3流程图进行检查。

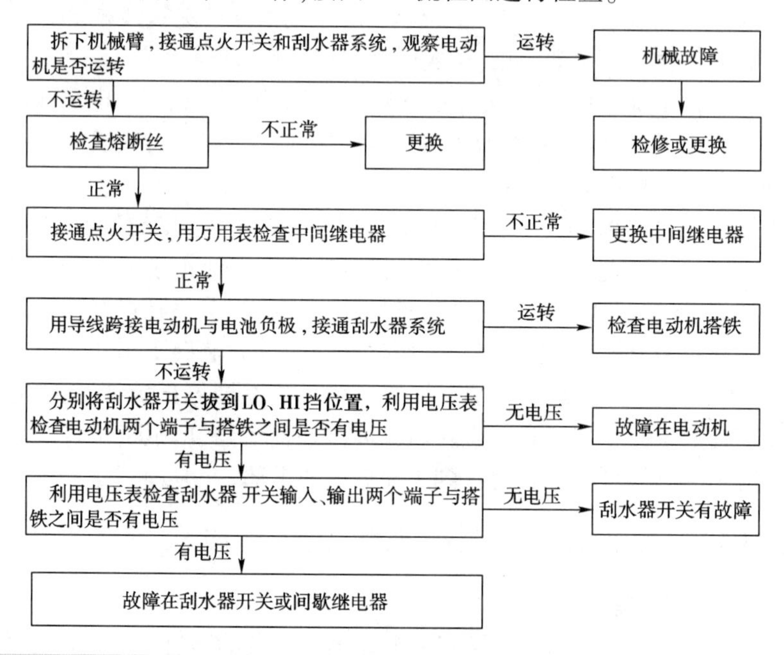

图7-3 刮水器不工作的检修流程图

(四)刮水器/喷水器主要部件及电路的检修

一辆2013款丰田卡罗拉1.8L GL-i轿车刮水器/喷水器出现故障,刮水器/喷水器电动机、开关及控制电路等都可能出现故障,主要部件检修方法如下。

1. 刮水器/喷水器开关的检查

1)刮水器/喷水器开关通断检查

(1)喷水器开关通断检查。

在断开刮水器/喷水器开关连接器E9、E10的情况下,如图7-4所示,使用万用表欧姆挡

200Ω 量程，红黑表笔分别接连接器 E9 端子 2 和端子 3，检查喷水器开关应符合表 7-2。

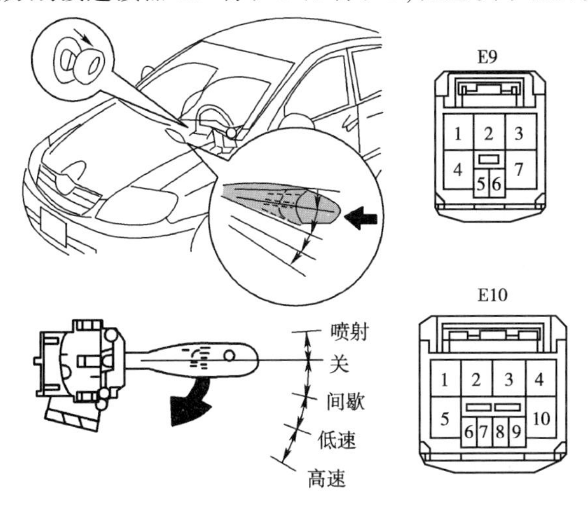

图 7-4　刮水器和喷水器开关及连接器 E9

喷水器开关检查　　　　表 7-2

万用表检测位置	条　件	规定状态
$E9_3$(WF)-$E9_2$(EW)	喷水器开关置于 ON	<1Ω
$E9_3$(WF)-$E9_2$(EW)	喷水器开关置于 OFF	>10kΩ

（2）刮水器开关通断检查。

刮水器开关有 OFF、INT、LO、HI 挡位，其中间歇挡还可调。

①刮水器开关置于 OFF 挡时，刮水器电动机应处于断电状态，供电端子与电动机间也应是断开状态，开关连接器各端子状态应符合表 7-3。

刮水器开关检查　　　　表 7-3

万用表检测位置	条　件	规定状态
$E10_1$(+S)-$E10_3$(+1)	刮水器开关置于 OFF	<1Ω
$E10_2$(+B)-$E10_3$(+1)	刮水器开关置于 LO	<1Ω
$E10_2$(+B)-$E10_4$(+2)	刮水器开关置于 HI	<1Ω

②刮水器开关置于 LO 挡时，刮水器电动机低速挡应处于供电状态，供电端子与电动机低速挡间应是接通状态，开关连接器各端子状态应符合表 7-3。

③刮水器开关置于 HI 挡时，刮水器电动机高速挡应处于供电状态，供电端子与电动机高速挡间应是接通状态，开关连接器各端子状态应符合表 7-3。

2）刮水器间歇性动作检查

间歇性动作在这里指检查刮水器开关内继电器的间歇动作。检查步骤如下。

（1）将刮水器的开关旋至“INT（间歇）”位置，刮水器开关和连接器如图 7-4 所示。

（2）将间歇时间控制开关旋至“FAST（高速）”位置；

（3）将蓄电池的正极（+）连接开关连接器 E10 端子 2，负极（-）连接开关连接器 E9 端子2,用短接线短接端子 $E10_1$ 与 $E9_2$,如图7-5所示。

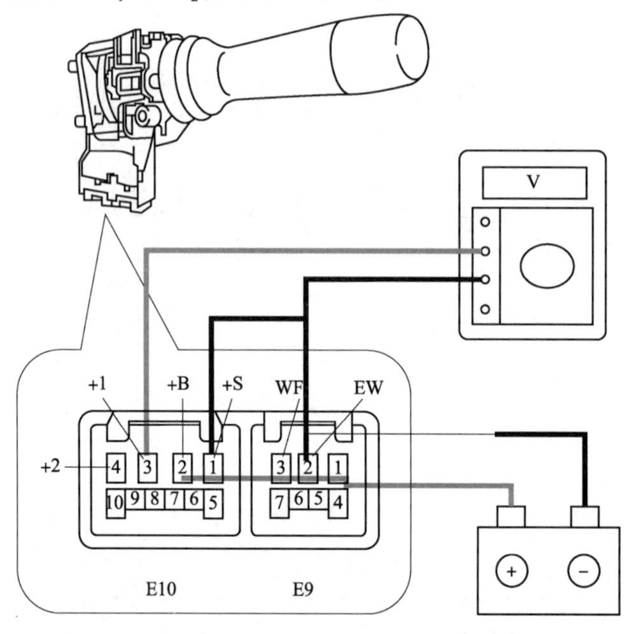

图7-5　刮水器/喷水器开关间歇挡试验检查

(4)将万用表选择电压挡,红表笔和连接器E10端子3相连,黑表笔和连接器E10端子2相连,如图7-5所示,检查万用表显示的电压应该从0上升至蓄电池电压。

3)喷水器开关联动检查

(1)将蓄电池的正极(+)接连接器E10端子2,负极(−)接连接器E9端子2,如图7-6所示。

(2)将万用表调到电压挡20V量程,红表笔接连接器E10端子3,黑表笔接蓄电池负极(−),如图7-6所示。

(3)开启喷水器开关,检查连接器E10端子3的电压应为蓄电池电压,如图7-6所示。

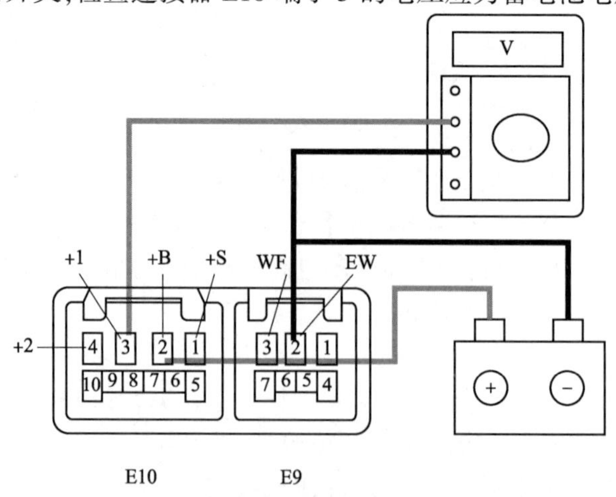

图7-6　喷水器开关联动试验

2. 刮水器、喷水器电动机的检修

1)刮水器电动机低速检查

检查步骤如下:

(1)拆下刮水器电动机的连接器 A11,端子 5 为低速端子,端子 4 为搭铁端子。

(2)把蓄电池正极(+)和负极(-)分别接在电动机连接器端子 5 和端子 4,此时观察电动机是否低速运转。

2)刮水器电动机高速检查

按低速检查的步骤(1),把蓄电池正极(+)和负极(-)分别接在电动机连接器端子 3 和端子 4,此时观察电动机是否高速运转。

3)刮水器电动机自动复位检查

(1)首先让刮水器电动机低速转动。

(2)拆下刮水器电动机连接器 A11 端子 5 的蓄电池正极导线,让电动机停在非规定位置,如图 7-7 所示。

(3)用导线连接端子 5 和端子 1,把蓄电池正极(+)和负极(-)分别接在刮水器电动机连接器 A11 端子 2 和端子 4。

(4)刮水器电动机应自动回到规定并停止,如图 7-7 所示。

4)喷水器电动机的检查试验

(1)拆下喷水器电动机的连接器 A17。

(2)把蓄电池正极(+)和负极(-)分别接在 2 号端子和 1 号端子上,此时观察电动机应该运转且喷嘴开始喷水,如图 7-8 所示,喷洗泵的连续工作时间不应超过 1min。

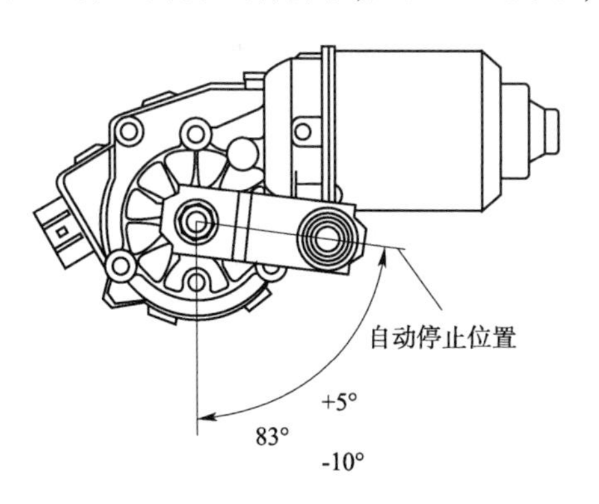

图 7-7　刮水器自动停止位置

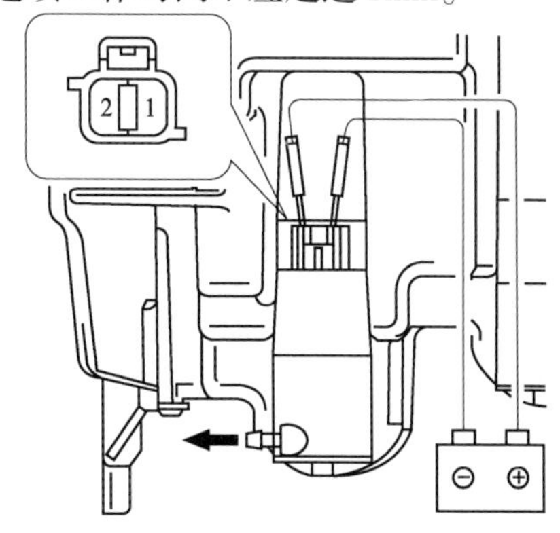

图 7-8　喷水器电机试验

5)喷水器电路检修操作步骤

(1)目视检查熔断丝和电路连接是否良好。

(2)打开喷水器开关,同时观察电动机。如果喷洗泵工作但不喷液,检查泵内有无清洗液\有无堵塞,排除泵体内的任何异物;如果没有堵塞,须更换喷洗泵。

(3)如果喷洗泵不运转,用万用表或试灯检查开关闭合时喷水器电动机上有无电压。若有电压,用万用表欧姆挡检查搭铁回路,若搭铁回路良好,须更换喷洗泵。

(4)在第(3)步中,如果电动机上没有电压,须沿电路向开关查找,检测开关工作是否正常。如果开关有电压输入,但没有输出,须更换开关。

3. 刮水器/喷水器控制电路

丰田卡罗拉轿车刮水器/喷水器控制电路如图 7-9 所示，其控制开关有 5 个挡位，分别是停止复位挡(OFF)、间歇刮水挡(INT)、低速挡(LO)、高速挡(HO)和喷水器挡，各挡位工作过程如下。

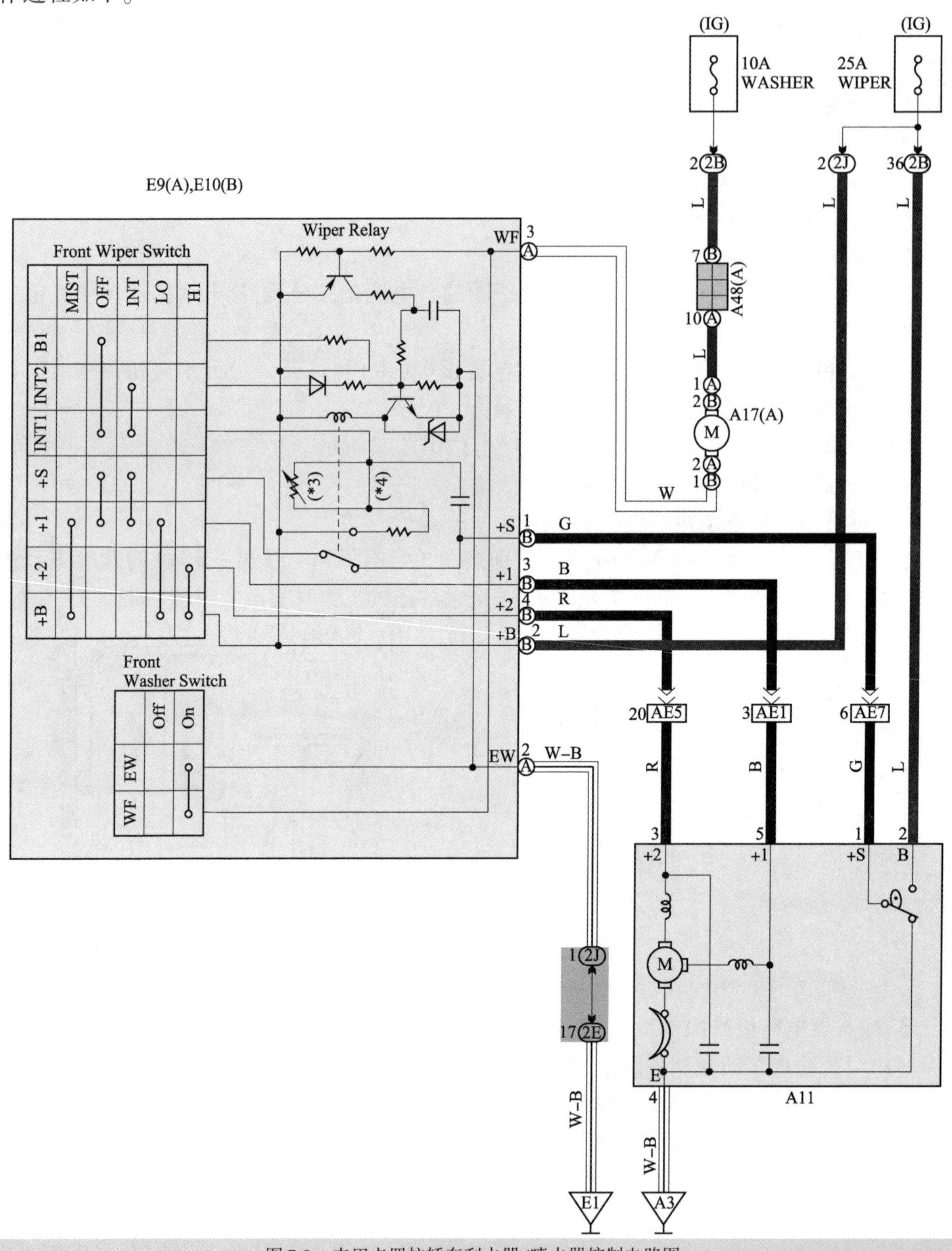

图 7-9　丰田卡罗拉轿车刮水器/喷水器控制电路图

E9-刮水器开关连接器 A；E10-刮水器开关连接器 B；A11-刮水器电动机；A17-喷水器电动机

1)低速挡电流回路

当刮水器开关在低速挡位置时,电流的回路为:蓄电池(+)→IG→熔断器25A WIPER→刮水器开关连接器E10端子2→刮水器控制开关"LO"触点→刮水器连接器E10端子3→刮水器电动机连接器A11端子5→刮水器电动机低速电刷→电动机M→公共电刷→搭铁,形成回路,此时刮水器电动机低速运行。

2)高速挡电流回路

当刮水器开关在高速挡位置时,电流的回路为:蓄电池(+)→IG→熔断器25A WIPER→刮水器开关连接器E10端子2→刮水器控制开关"HIGH"触点→刮水器连接器E10端子4→刮水器电动机连接器A11端子3→刮水器电动机高速电刷→电动机M→公共电刷→搭铁,形成回路,此时电动机高速运转。

3)间歇挡电流回路

当刮水器开关在间歇挡(INT)位置时,刮水器开关内部继电器线圈通电,线圈中产生磁场,使得继电器常闭触点闭合,常开触点关闭,此时刮水器电动机低速挡短暂工作,电流的回路为:蓄电池(+)→IG→熔断器25A WIPER→刮水器开关连接器E10端子2→刮水器控制开关"LO"触点→刮水器连接器E10端子3→刮水器电动机连接器A11端子5→刮水器电动机低速电刷→电动机M→公共电刷→搭铁,形成回路,此时刮水器电动机低速短暂运行。

然后继电器晶体管截止,继电器的常开触点断开,常闭触点闭合,电动机电源电路切断,电动机停止运转。

刮水器电动机停止运转一段时间以后,晶体管电路再次短暂导通,刮水器重复间歇动作。其中的间歇时间调节器可以调节间歇的时间长短。

4)复位挡电流回路

当刮水器开关在任一工作挡到关闭(OFF)挡位置时,若刮水器的刮水片没能停留在规定位置,刮水器电动机内常闭搭铁触点断开,常开正极触点接通,电动机低速运转,直到刮水片到达规定位置,此时电流回路为:蓄电池(+)→IG→熔断器25A WIPER→刮水器电动机连接器A11端子2→刮水器开关连接器E10端子1→刮水器控制开关OFF触点→刮水器开关连接器E10端子3→刮水器电动机连接器A11端子5→刮水器电动机低速电刷→电动机M→公共电刷→搭铁,形成回路,此时刮水器电动机低速运行。

5)喷洗挡电流回路

喷水器开关接通时,在喷水器电动机运转时,刮水器开关内晶体管电路在预定的时间内接通,使刮水器低速运转1~2次。

喷洗泵的电路为:蓄电池(+)→熔断器WASHER→喷水器电动机连接器A17端子2→喷水器电动机→电动机连接器A17端子1→刮水器开关连接器E9端子3→喷水器开关ON触点闭合→刮水器开关连接器E9端子2→搭铁。

刮水器的电路与低速挡电动机回路相同:蓄电池(+)→IG→熔断器25A WIPER→刮水器开关连接器E10端子2→刮水器控制开关LO触点→刮水器连接器E10端子3→刮水器电动机连接器A11端子5→刮水器电动机低速电刷→电动机M→公共电刷→搭铁,形成回路,此时刮水器电动机低速运行。这样就边喷洗边间歇刮水。

二、组 织 实 践

(一)工作任务

刮水器/喷水器检修,包括电动机的试验、开关总成的检测及开关各挡位检测。

(二)实践操作目标

(1)诊断刮水器/喷水器的故障部位及原因,并正确排除故障。
(2)通过检测或试验来判断刮水器/喷水器工作是否正常。
(3)通过实践操作,进一步加深对刮水器/喷水器结构和工作过程的理解。

(三)实践准备

1. 实践操作所用的设备

实训用车辆(建议用常见的丰田轿车、大众轿车)、蓄电池、工作台等。

2. 实践操作所用工量具和材料

干净的抹布,常用工具,汽车用数字万用表,试灯,导线,导线夹,汽车电路图册,汽车维修手册。

(四) 技术要求与注意事项

(1)注意连接器端子编号不能弄错,注意检查的是连接器的插头还是插座。
(2)电路连接过程中,应避免接触不良。
(3)一般来说,汽车蓄电池电源线搭铁电压为12V,发电机正常输出电压不超过14V。
(4)注意测量中电动机电源不能接反,否则电动机反转可能导致不喷水等。

(五)操作步骤及方法

以丰田卡罗拉轿车作为实践操作用车,进行如下操作。

1. 刮水器/喷水器系统电路主要部件的检修

1)检修准备

(1)小组共同清洁工位、清点工量具,保持场地、设备、工量具干净整齐及性能良好。
(2)做好车辆的防护工作和安全措施。
(3)准备好要检测的部件。

2)刮水器/喷水器开关检测试验

丰田卡罗拉刮水器/喷水器控制电路图如图7-9所示,对拆下的组合开关的刮水器/喷水器开关检测,可以在车上直接对刮水器开关进行检测,应将组合仪表下装饰板拆下,断开开关连接器E9、E10,各端子如图7-10所示。

(1)刮水器/喷水器开关导通检测。

①刮水器开关导通检测,完成表7-4。

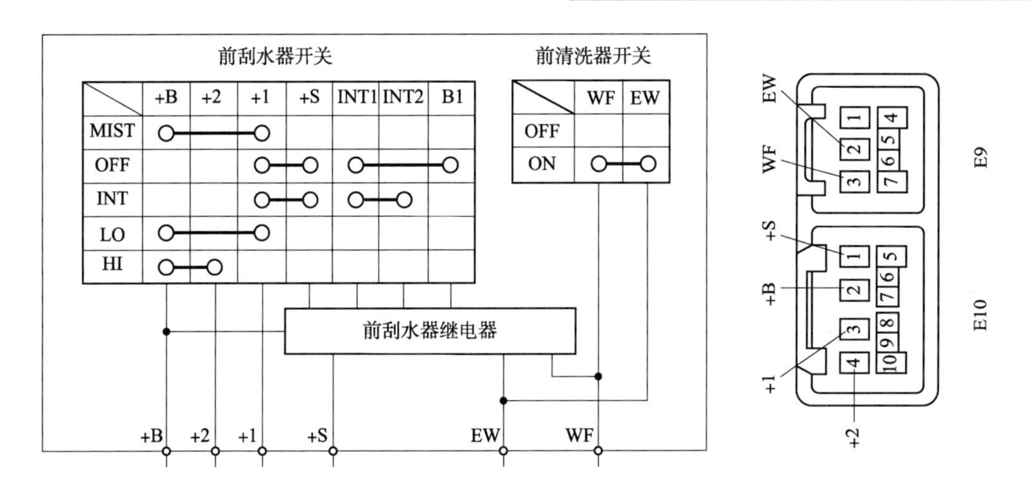

图 7-10　刮水器/喷水器开关连接器 E9、E10

刮水器开关导通检测表　　表 7-4

开关挡位	测试端子	正常状态	测试结果
OFF	$E10_1$(+S)-$E10_3$(+1)	导通	
INT	$E10_1$(+S)-$E10_3$(+1)	导通	
LO	$E10_2$(+B)-$E10_3$(+1)	导通	
HI	$E10_2$(+B)-$E10_3$(+2)	导通	

②喷水器开关导通检测,完成表 7-5。

检测结论:________________。(正常/不正常)

处理措施:________________。(更换/修理)

(2)刮水器/喷水器开关间歇挡试验检测。

对断开连接器器 E9、E10 的刮水器/喷水器开关,可按图 7-5 所示方法,将电源正负极分别接至刮水器/喷水器开关连接器 E9 和 E10 的端子 $E10_2$、$E9_2$,万用表选择电压挡 20V 量程,红黑表笔分别接端子 $E10_3$、$E9_2$,打开刮水器/喷水器开关间歇 INT 挡,测量电压,应是间歇性的电压。

①蓄电池正极(+)接端子 $E10_2$(+B),负极(−)接端子 $E9_2$(EW),如图 7-5 所示。

电动喷水器开关导通检测表　　表 7-5

开关挡位	测试端子	正常状态	测试结果
OFF	$E9_3$(WF)-$E9_2$(EW)	断开	
ON	$E9_3$(WF)-$E9_2$(EW)	导通	

②万用表正极(+)接端子 $E10_3$(+1),负极(−)接端子 $E9_2$(EW),如图 7-5 所示。

③把刮水器开关转到间歇 INT 挡位。

④将间歇挡调到快速。

⑤用短接线短接端子 $E10_1$(+S)-$E9_2$(EW)。

⑥将间歇挡调到慢速。

⑦测量 $E10_3$(+1)-$E9_2$(EW)之间电压。

检测标准,电压间歇时间为 3 ~4s,如图 7-11 所示。

图 7-11 刮水器间歇挡快速和慢速间歇时间标准图

你测量的电压是:________________。

你检测的结论是:________________。(正常/继电器不正常/开关总成不正常)

(3)喷水器开关联动试验检测。

对断开连接器 E9、E10 的刮水器/喷水器开关,可按图 7-6 所示方法,将电源正负极分别接至刮水器/喷水器开关连接器端子 $E10_2$、$E9_2$,万用表选择电压挡 20V 量程,红黑表笔分别接端子 $E10_3$、$E9_2$,打开喷水器开关 ON 挡,测量电压,应是滞后持续性电压。

①蓄电池正极(+)接端子 $E10_2$(+B),负极(-)接端子 $E9_2$(EW),如图 7-6 所示。

②万用表正极(+)接端子 $E10_3$(+1),负极(-)接端子 $E9_2$(EW),如图 7-6 所示。

③把喷水器开关转到喷水 ON 挡位。

④测量 $E10_3$(+1)-$E9_2$(EW)之间电压。

检测标准,电压滞后 0.3s 持续时间为 2 ~3s,如图 7-12 所示。

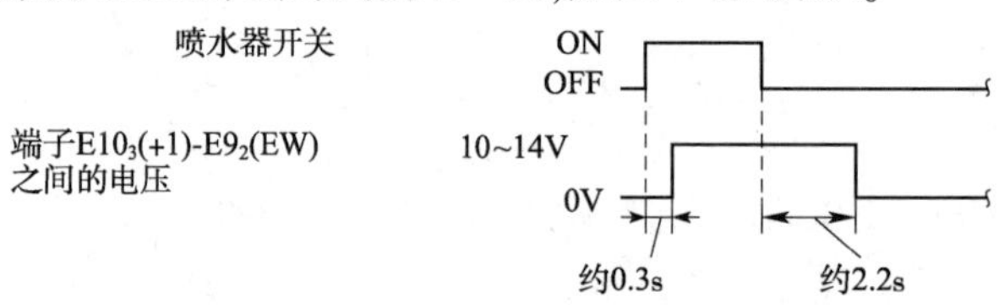

图 7-12 喷水器联动滞后时间与持续时间标准图

你测量的电压是:________________。

你检测的结论是:________________。(正常/继电器不正常/开关总成不正常)

3)刮水器/喷水器电动机检测试验

(1)刮水器电动机低速挡检测试验。

断开刮水器连接器 A11,按如图 7-13 所示进行连线,检查试验电动机在低速挡位的运行情况。

①连线:蓄电池正极(+)接端子 $A11_5$(+1);蓄电池负极(-)接端子 $A11_4$(E)。

②试验结果:________________。(低速/高速/不转)

通过检测试验,若电动机不转或转动太快(不符合低速要求),电动机有故障,需要检修或更换。

③试验结论：______________________________。(电动机低速正常/不正常)

④处理措施：______________________________。(正常不用处理/更换或检修电动机)

(2)刮水器电动机高速挡检测试验。

如图7-14所示，检查试验刮水器电动机在高速挡位的速度。

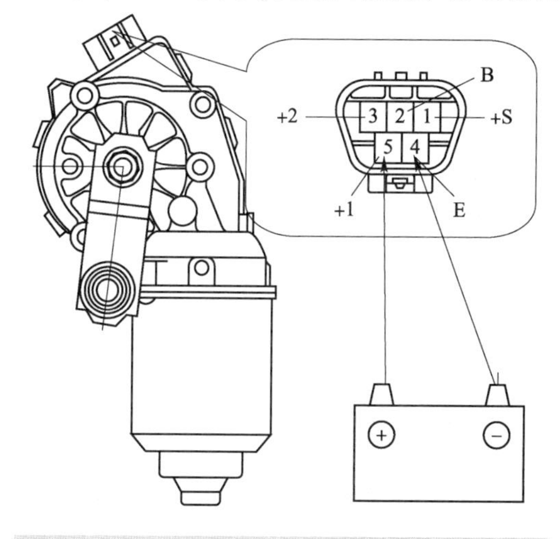

图7-13　刮水器低速试验、检查

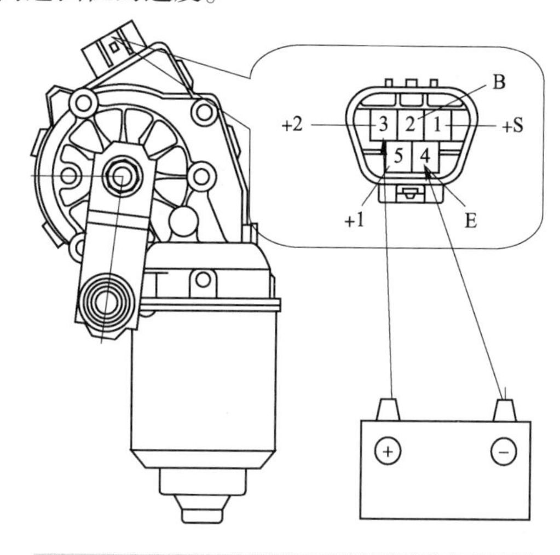

图7-14　刮水器高速试验、检查

①连线：蓄电池正极(+)接端子$A11_3$(+2)；蓄电池负极(-)接端子$A11_4$(E)。

②试验结果：______________________________。(低速/高速/不转)

通过检测试验，若电动机不转或转动太慢(不符合高速要求)，电动机有故障，需要更换或检修。

③试验结论：______________________________。(电动机高速正常/不正常)

④处理措施：______________________________。(正常不用处理/更换或检修电动机)。

(3)刮水器自动复位试验检查。

①按如图7-13所示电路连接，进行低速试验运转。蓄电池正极(+)接端子$A11_5$(+1)；蓄电池负极(-)接端子$A11_4$(E)。

②断开端子$A11_5$(+1)的电源正极，使电动机在任意位置停止转动。

③按如图7-15所示电路连接：蓄电池正极(+)接端子$A11_2$(B)；蓄电池负极(-)接端子$A11_4$(E)；用短接线短接端子$A11_5$(+1)-$A11_1$(+S)。

检查刮水器电动机是否复位到规定位置，如图7-7所示。

④试验结果：______________________。(能够复位/不能复位)

⑤试验结论：______________________。(刮水器电动机正常/刮水器电动机不正常)

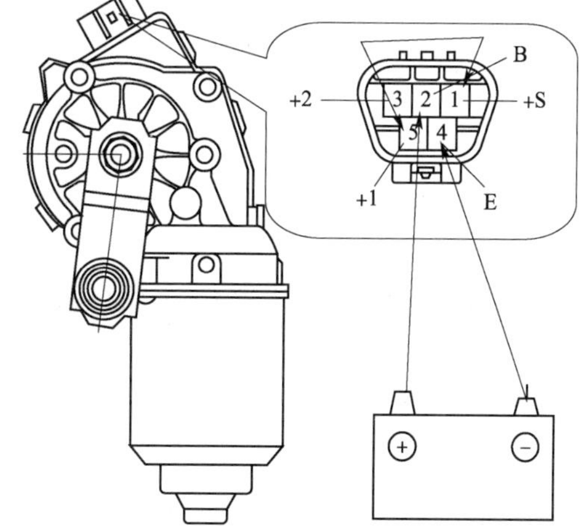

图7-15　刮水器电动机自动复位试验

⑥处理措施:______________________。(正常不用处理/更换刮水器电动机)

(4)喷水器电动机检测试验。

①喷水器电动机两端子间电阻检查。

将喷水电动机连接器 A17 断开,用万用表测量喷水电动机连接器两端子间电阻。

检测的电阻值:______________,使用的万用表量程是:______________(200Ω、2kΩ、20kΩ、200kΩ、2MΩ)。

检测结论:______________________________________。

②喷水器电动机连接器 A17 两端子间电压检测。

试验条件:蓄电池正极(+)接端子 $A17_2$(B);蓄电池负极(-)接端子 $A17_1$(E)。

试验结果:____。

③喷水器电动机直接供电试验,如图 7-8 所示。

试验条件:在喷水器储液罐中装入水;将喷水电动机连接器 A17 断开;蓄电池正极(+)接端子 $A17_2$(B);蓄电池负极(-)接端子 $A17_1$(E)。

试验结果:

a. 喷水器电动机是否有转动(动作或声音):_______;(有/没有)

b. 水是否从喷水器喷嘴喷出:_______;(有喷出/没有喷出)

c. 喷水器管道是否有漏水现象:_______;(有漏水/没有漏水)

d. 没有漏水、没有喷水说明:____________。(喷水器电动机故障/喷洗泵故障/堵塞)

试验结论:______________。(喷水器电动机故障、喷洗泵故障、喷嘴及管道堵塞故障)

处理措施:______________。(更换喷水器电动机、更换喷洗泵、清洗或更换喷嘴及更换管道)

4)刮水器/喷水器电路检修

参见图 7-9 丰田卡罗拉轿车刮水器/喷水器控制电路。

(1)刮水器低速工作电路:

①______________→②________________→③________________→④______________

____

(2)刮水器高速工作电路:

①______________→②________________→③________________→④______________

____

(3)本次检修车辆存在什么电路问题?________________________________

____

(4)检修刮水器/喷水器时,什么样的工具是最有效率的?

____

(5)刮水器/喷水器检修过程中的安全注意事项是什么?

____

____

(6)喷洗泵电路:

①______________→②________________→③________________→④______________

(7)刮水器自动复位电路：

①__________→②__________→③__________→④__________

(8)电路图对诊断刮水器/喷水器电路故障是否有帮助？

(9)做好检修准备工作，有利于：__________(多选)。A.培养良好的行为习惯；B.体现做事有计划性、条理性；C.做检修准备工作很麻烦；D.保护好车辆；E.保证人员、车辆的安全；F.没有必要

(10)完成上面的实践作业后，你认为哪些知识对于你诊断电路故障有所帮助？

2.刮水器/喷水器系统故障诊断与排除

丰田卡罗拉轿车刮水器/喷水器系统常见故障有刮水器不工作、无低速、无间歇工况和喷水器不工作等，各故障都可通过诊断找到故障原因或故障位置，并加以排除。

1)刮水器不工作

(1)故障现象：接通点火开关，开启刮水器开关至各挡位，刮水器都不工作。

(2)故障原因：

①熔断器25A WIPER断路。

②刮水器电动机A11电枢绕组、电刷等故障。

③刮水器开关损坏。

④连杆总成与刮水器脱开。

⑤连接线路断路或连接器松脱。

(3)故障诊断与排除：

①初步诊断。

打开点火开关，开启刮水器开关至各挡位，观察故障现象：若听到刮水器电动机在工作，刮水片始终不工作，可初步确定是刮水器机械方面的故障；若各挡都没有任何反应或动静，可确定是刮水器电路故障。

②检查刮水器熔断器。刮水器熔断器25A WIPER位置在仪表板下接线盒上3号位置，如图7-16所示。当检查出熔断器有故障时，还应查明烧坏熔断器的原因并排除后再进行更换。

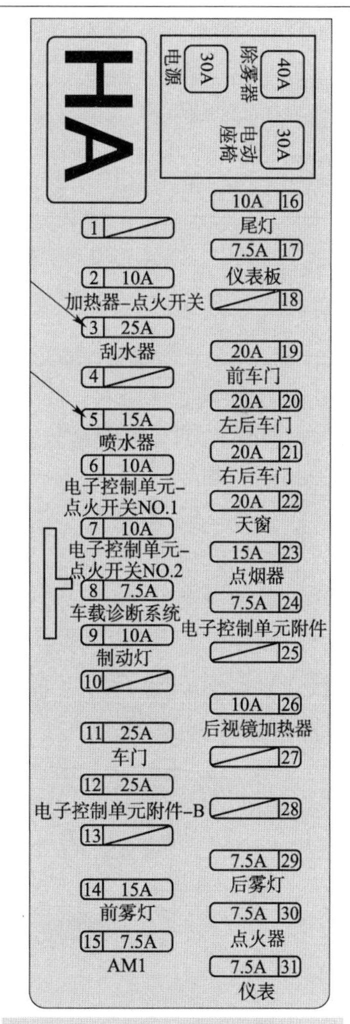

图7-16　刮水器/喷水器熔断器位置图

③检查刮水器电动机连接器A11端子电压。

a.关闭点火开关，断开刮水器电动机连接器A11。

b. 检测刮水器电动机连接器 A11 端子电压。使用万用表直流电压挡 20V 量程,红表笔接连接器 A11 端子 5,黑表笔接端子 4,打开点火开关,开启刮水器开关低速挡,测量刮水器电动机连接器 A11 低速端子电压,应为 9 ~ 14V;红表笔接连接器 A11 端子 3,黑表笔接端子 4,开启刮水器开关高速挡,测量刮水器电动机连接器 A11 高速端子电压,应为 9 ~ 14V;红表笔接连接器 A11 端子 2,黑表笔接端子 4,关闭刮水器开关,测量刮水器电动机连接器 A11 复位端子电压,应为 9 ~ 14V,如图 7-17 所示。

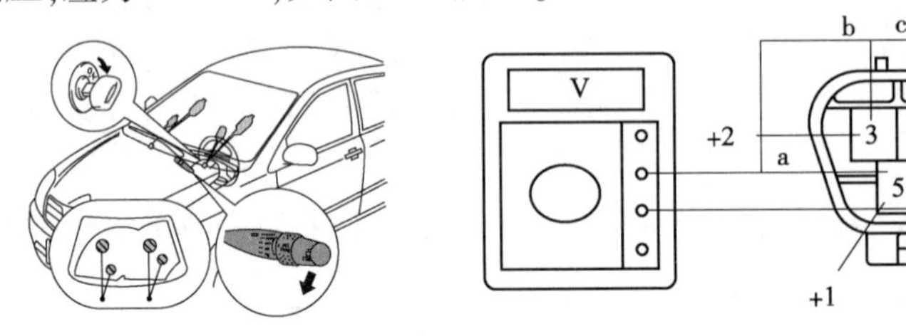

图 7-17 喷水器电动机连接器 A11 端子电压检测

将检测结果填入表 7-6,并判断是否正常。

刮水器电动机连接器 A11 电压检测记录表 表 7-6

万用表检测位置	条件	正常状态	检测数据	判断结果
$A11_5$(+1) - $A11_4$(E)	点火开关 ON 刮水器开关 LO	9 ~ 14V		
$A11_3$(+2) - $A11_4$(E)	点火开关 ON 刮水器开关 HI	9 ~ 14V		
$A11_2$(+B) - $A11_4$(E)	点火开关 ON	9 ~ 14V		

c. 关闭刮水器开关,关闭点火开关。

d. 连接好刮水器电动机连接器 A11。当检查电压有一项或都不正常时,应检查刮水器开关和相连的导线;当检查电压均正常时,应检查试验刮水器电动机。

④检查试验刮水器电动机,如前述。

⑤检测刮水器开关连接器 E9、E10 端子电压。

a. 关闭点火开关,断开刮水器开关连接器 E9、E10。

b. 检测刮水器开关连接器 E9、E10 端子电压。使用万用表直流电压挡 20V 量程,红表笔接连接器 E10 端子 2,黑表笔接连接器 E9 端子 2,打开点火开关,测量刮水器开关连接器电压,如图 7-18 所示,应为 9 ~ 14V。

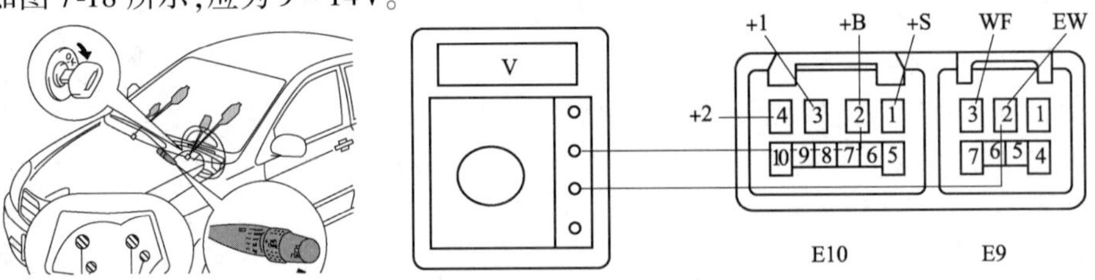

图 7-18 刮水器开关连接器端子电压检测

将检测结果填入表 7-7,并判断是否正常。

刮水器开关连接器 **E9、E10** 电压检测记录表　　表 7-7

万用表检测位置	条　件	正常状态	检测数据	判断结果
$E10_2$(+B) - $E9_2$(E)	点火开关 ON	9～14V		

c. 关闭点火开关。

d. 连接好刮水器电动机连接器 E9、E10。当检查电压不正常时,应检查刮水器开关连接器 E9、E10 与熔断器 25A WIPER 之间相连的导线;当检查电压均正常时,应检查试验刮水器开关。

⑥检查试验刮水器开关,如前述。当检查出刮水器开关有故障时,应更换刮水器开关总成。

⑦检查刮水器控制电路导线电阻。当检查出连接导线有断路或短路甚至接触不良时,应排除相应故障或更换线束。

2)喷水器不工作

(1)故障现象:接通点火开关,开启喷水器开关,喷水器不喷水,刮水器联动正常。

(2)故障原因:

①喷水器电动机损坏。

②喷水器开关损坏。

③喷水壶内无洗涤液或连接水管脱落、堵塞。

④熔断器损坏、连接器松脱或连接导线断路。

(3)故障诊断与排除:

①检查喷水电动机熔断器 15A WASHER。熔断器 15A WASHER 在仪表板下接线盒中 5 号位置,如图 7-16 所示。

②关闭点火开关,断开喷水器电动机连接器 A17。

③使用万用表直流电压挡 20V 量程,红表笔接喷水器电动机连接器 A17 端子 2,黑表笔接端子 1,打开点火开关,测量喷水器电动机连接器电压,如图 7-19 所示,电压应为 9～14V。

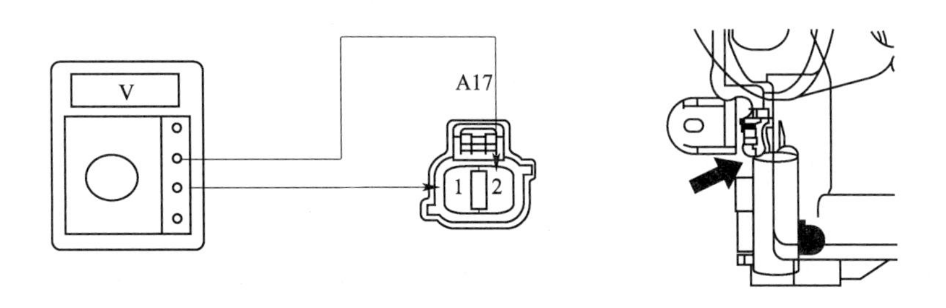

图 7-19　喷水器电动机连接器 A11 电压检测

④使用万用表欧姆挡 200Ω 量程,黑表笔接喷水器电动机连接器 A17 端子 1,红表笔接搭铁,关闭点火开关,开启喷水器开关,检查喷水器开关的通断情况,如图 7-20 所示。喷水器开关关闭时电阻值应大于 10kΩ,打开时电阻值应为小于 1Ω。

⑤检查喷水器控制电路导线电阻。当检查出连接导线有断路或短路甚至接触不良时,应排除相应故障或更换线束。

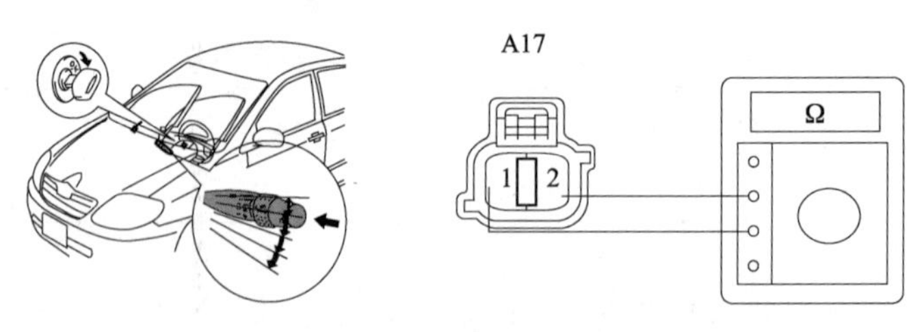

图 7-20　检查喷水器开关通断情况

三、学 习 拓 展

1. 新型风窗刮水电路

1)有凹槽停止功能的刮水器电路

对于外观非常讲究的汽车,控制电路使得在刮水器停止的时候,刮水片能停止在风窗玻璃下面的凹槽中,通常低于风窗玻璃的下嵌条而不影响汽车的外观。在电路方案中,沿着停止开关附加了第二套触点。当刮水器开关转到 OFF 位置时,附加的刮水器停止开关触点将在刮水片到达风窗玻璃底缘的嵌条后保持转动约 150°后停止,其电路结构如图 7-21 所示。

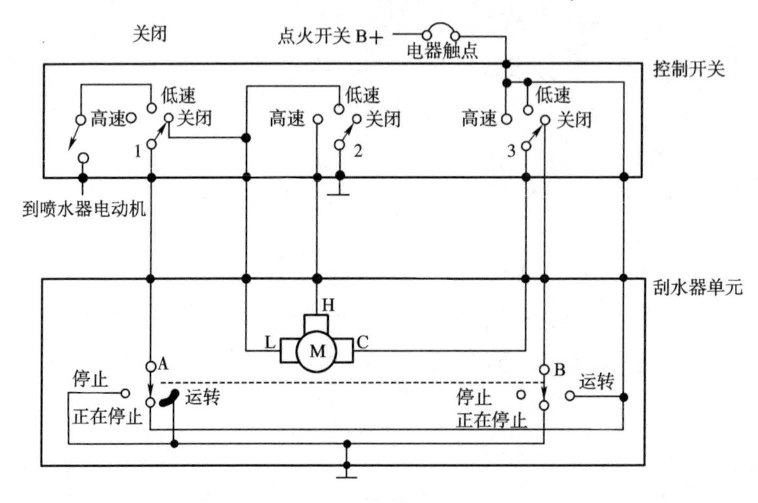

图 7-21　带凹槽停止开关的刮水器电路结构

为实现自动复位功能,有凹槽停止功能的刮水器电路控制回路是:+B 电源线→熔断触点→经过控制开关内置后→到停止开关的 A 触点→再流经刮水器开关的 1 号脚→电流接着通过电动机的低速电刷到达电动机电枢→搭铁电路由刮水器公用电刷通过刮水器 3 号开关触点→停止开关触点 B→到达搭铁端。当刮片到达凹槽的停止位置时,停止开关 A 触点断开,刮水片能停止在风窗玻璃下面的凹槽中。

2)雨滴感知型刮水器/喷水器

刮水器虽然能够实现间歇控制,但不能够随雨量的变化及时调整刮水器的刮水频率。雨滴感知型刮水器则能根据雨量的大小自动调节刮水器刮水频率,使驾驶人始终保持良好的视线。

雨滴感知型刮水器的组成：雨滴感知型刮水器主要由雨滴传感器、间歇刮水放大器和刮水器电动机组成，如图 7-22 所示。

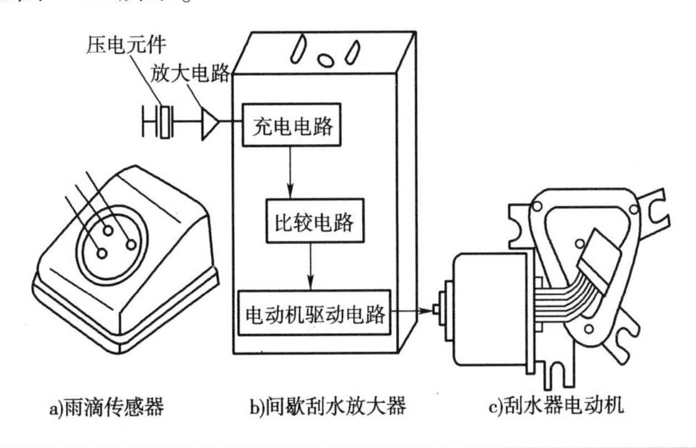

图 7-22　雨滴感知型刮水器的组成

传感器的作用是将雨量的大小转变为与之相对应的电信号。

工作过程：雨滴感知型刮水器控制系统原理框图如图 7-23 所示。工作时，由于雨滴下落撞击到传感器的振动片上，振动片将振动能量传给压电元件。压电元件受压而产生电压信号，电压值与撞击振动片上的雨滴的撞击能量成正比。电压信号经过放大后送入间歇刮水放大电路，对放大器的充电电路（电容）进行 20s 的定时充电，电容电压上升。该电压输入比较电路，比较电路将其与基准电压 U_0 比较。当电容电压达到此时，比较电路向刮水器电动机发出信号，使其工作一次。当雨量大时，压电元件产生的电信号强，充电电路电压达到基准电压值 q 所需时间就短，刮水器的工作间歇时间就短；反之，雨量小时压电元件产生的电压小，充电电路电压达到基准电压 U_0 所需时间就长，刮水器的工作间歇时间就长。当雨量很小，雨滴传感器没有电压信号输出时，只有定电流电路对充电电路进行充电，20s 后充电电路的输出电压达到基准电压 U_0，刮水器动作一次。这样，雨滴感知型刮水器就把刮水器的间歇时间控制在 0 ~ 20s 范围内，以适应不同雨量的需要。

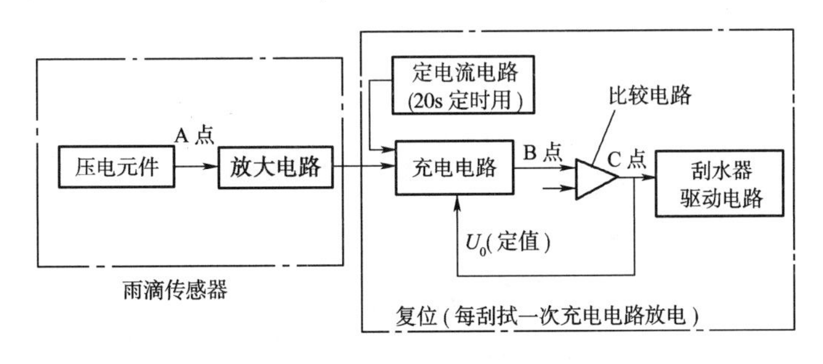

图 7-23　雨滴感知型刮水器控制系统原理框图

2. 最新汽车无骨雨刮片

此外，目前有的高级轿车上采用最新汽车无骨刮水片。如奔驰、沃尔沃、大众斯柯达等高级轿车的原装无骨刮水片，具有外形美观、刮水效果好的特点。无骨刮水片没有支架，采用的整支刮水片本身来加压，这样相当于全部都是受力点，因此无骨刮水片的设计就是比一般传统刮水片更有效，而且有利于提高最佳的视野。

四、评价与反馈

1. 自我评价与反馈

(1)能否主动参与工作现场的清洁和调整工作?(　　)

A. 主动完成　　B. 被动完成　　C. 未完成

(2)完成本学习任务后,你对《汽车维修手册》等资料的使用是否快速和规范?(　　)

A. 快速规范　　B. 规范但不熟练　　C. 不会使用

(3)你能否正确规范地完成汽车刮水器/喷水器检修?(　　)

A. 独立完成　　B. 小组合作完成　　C. 老师指导下完成

(4)完成前面的学习任务之后,你对汽车刮水器/喷水器检修有哪些体会?

____

____

(5)下次遇到类似的学习任务,应如何改善以提高学习效率?

____

____

(6)其他补充。

____

____

____

签名:________　________年________月________日

2. 小组评价

(1)实践操作中边做边记的情况如何?(　　)

A. 操作认真,能做必要的记录　　B. 操作认真但未记录

C. 在老师指导下操作　　D. 不会做更不会记录

(2)是否主动参与小组讨论?(　　)

A. 主动参与　　B. 被动参与　　C. 未参与

(3)是否完成了本学习任务的学习目标?(　　)

A. 完成且效果好　　B. 完成但效果不好　　C. 未完成

(4)是否积极学习,不懂的问题是否积极向别人请教,是否积极帮助他人学习?(　　)

A. 积极学习　　B. 积极请教　　C. 积极帮助他人　　D. 全部不积极

(5)是否按"5S"规范进行操作?(　　)

A. 按"5S"规范　　B. 按"5S"规范未做好

C. 不规范　　D. 不按"5S"规范

(6)实践操作是否有收获,操作过程中是否有危险?(　　)

A. 收获大,不危险　　B. 收获大,危险大

C. 无收获,无危险　　D. 无收获,危险大

(7)其他补充。

____

____

参与评价的同学签名:________　________年________月________日

3. 教师评价及答复

____

____

____

教师签名:________　________年________月________日

五、技 能 考 核

汽车刮水器/喷水器检修考核评分标准见表 7-8。

汽车刮水器/喷水器检修考核评分标准　　表 7-8

序号	项目	操作内容	规定分值	评分标准	得分
1	准备	清点工具、清理工位 被检查对象的外观检查 检查电源开关	4 分 4 分 3 分	酌情扣分 检查不正确扣 1～4 分 检查不正确扣 1～3 分	
2	汽车刮水器拆卸	外观检查万用表等工具 拆卸刮水器 拆卸喷水器 拆卸顺序	3 分 5 分 5 分 5 分	酌情扣分 操作不正确扣 1～5 分 操作不正确扣 1～5 分 操作不正确扣 1～5 分	
3	汽车刮水器检修与故障分析	表笔触试点的确定 检查刮水器电动机 检查刮水器传动机构 检查喷水器 检查刮水片 检查喷水器喷嘴 故障分析	5 分 5 分 5 分 5 分 5 分 5 分 5 分	不正确扣 2～5 分 检查不正确扣 2～5 分 检查不正确扣 2～5 分 检查不正确扣 2～5 分 检查不正确扣 2～5 分 检查不正确扣 2～5 分 分析不正确扣 2～5 分	
4	回答问题	刮水片更换应注意哪些问题? 刮水器是如何变速的? 刮水器常见故障有哪些?	5 分 5 分 5 分	不正确扣 2～5 分 不正确扣 2～5 分 不正确扣 1～5 分	
5	完成时限	20min	10 分	超时 1～5min 扣 1～5 分 超时 5min 以上扣 10 分	
6	安全文明	无安全隐患,无不文明操作	5 分	未达标扣 1～5 分	
7	结束	工具、量具清洁、有序 工作场地清洁	3 分 3 分	漏一项扣 1～3 分 不彻底扣 1～3 分	
总分			100 分		

学习任务八　电动车窗控制电路检修

任务要求

完成本学习任务后，你应能：

1. 叙述汽车电动车窗的主要作用；
2. 知道汽车电动车窗电路组成部件；
3. 明确汽车电动车窗电路的检修步骤；
4. 正确检修汽车电动车窗的主要零部件；
5. 简单分析电动车窗电路常见故障及原因。

建议学时：6 学时

任务描述

一辆 2015 款丰田卡罗拉 1.8L GL-i 型轿车，车主在使用中发现，右前电动车窗升不起来，其他车窗基本正常，到维修站后，对该车右前电动车窗进行检修。维修人员通过较为简单的方法和手段诊断出故障原因及故障部位，并排除故障，恢复电动车窗玻璃能升降自如的功能。

一、理论知识准备

（一）电动车窗电路的组成及分类

现代轿车中普遍安装了电动车窗，以使车窗的升降更加方便。电动车窗主要由车窗玻璃、车窗玻璃升降器、可逆式电动机和控制开关等组成。电动车窗控制电路主要由车窗开关、车窗电动机及车窗继电器等组成，它们在车上的布置如图 8-1、图 8-2 所示。

电动车窗电路中电动机的作用是为车窗玻璃的升降提供动力。它是双向的，有永磁型和双绕组串励型两种。每个车窗各有一个电动机，通过车窗开关控制电动机中的电流方向从而控制玻璃的升降。车窗控制开关通常设有两套，一套为总开关，装在仪表板或驾驶人侧的车门上，这样驾驶人就可以控制每个车窗玻璃的升降。另一套为分开关，分别安装在每个车门或门把手上，这样乘客也可以对各个车窗进行升降控制。由于所有车窗的电动机都要通过总开关搭铁，所以如果总开关断开，分开关就不能起作用，起到锁止的作用。

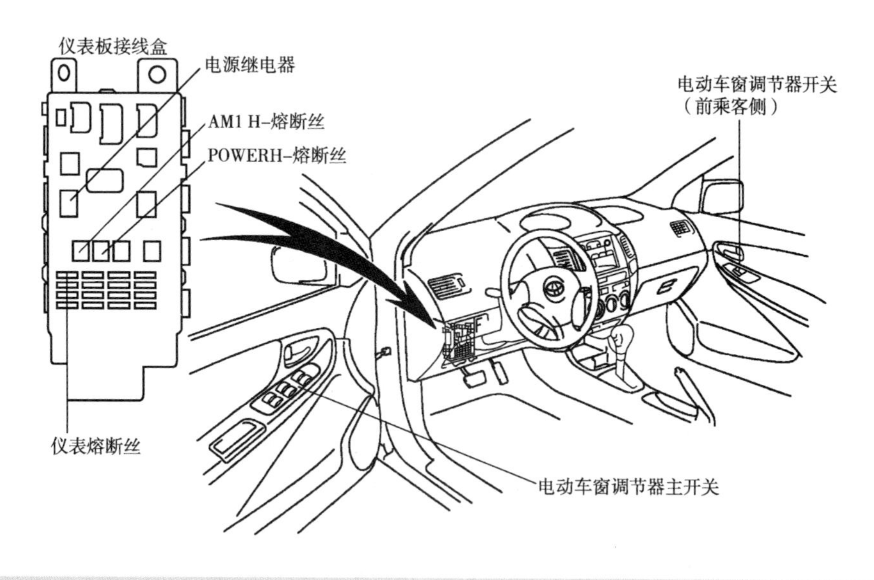

图 8-1　电动车窗控制开关安装位置

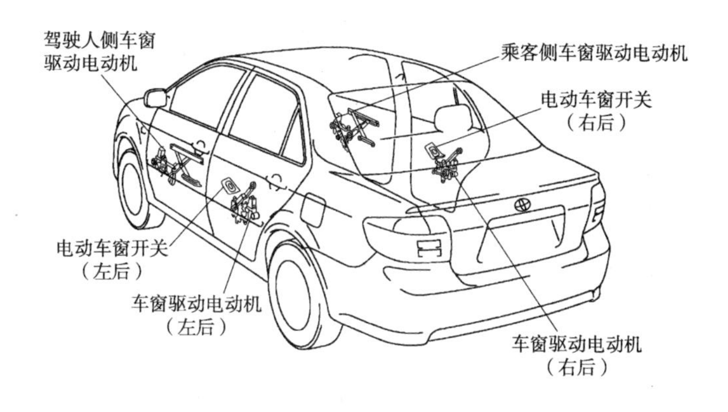

图 8-2　电动车窗电动机安装位置

为了防止在操作过程中电路过载，电路或电动机内装有一个或多个热敏断路开关，用来控制电流。当车窗完成关闭或由于结冰而车窗玻璃不能自由运动时，即使操纵的开关没有断开，热敏开关也会自动断路。有的车上还专门装有一个延时开关，在点火开关断开以后约10min，或车门打开之前，仍有电流供给，使驾驶人和乘客能有时间关闭车窗和操纵其他辅助设备。

常见的电动车窗升降机构有绳轮式、交臂式和软轴式等几种，其中绳轮式和交臂式电动车窗升降机构使用较为广泛，它们都由直流电动机驱动。

（二）电动车窗控制电路工作原理

驾驶人对电动车窗系统进行总操纵，一般安装在左前车门控制台上或变速杆附近。分控开关安装在每个车门的中部或车门把手上，用于乘客对车窗进行操纵。电动车窗系统电路的基本电路组成如图 8-3 所示。

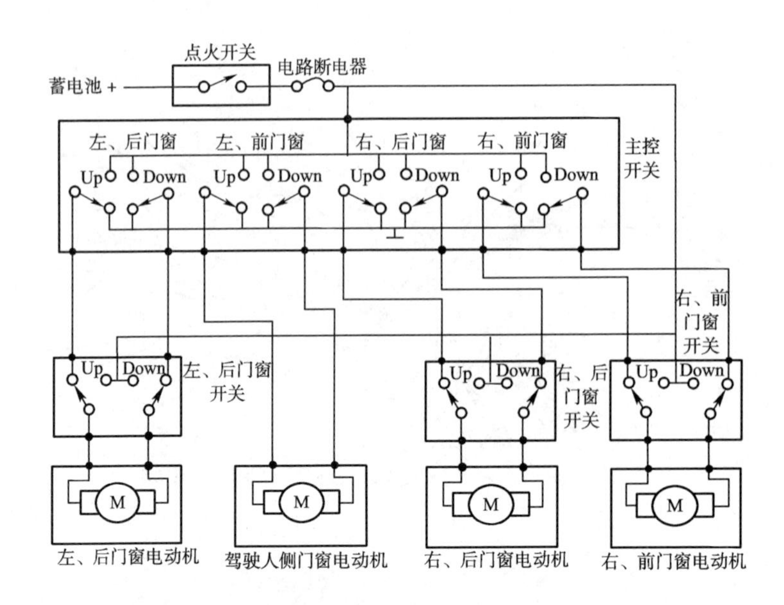

图 8-3　电动车窗系统电路的基本电路组成

丰田车系四车门电动车窗的主控制车窗开关可以实现手动控制和自动控制，所谓的手动控制是指按着相应的手动按钮，车窗可以上升或下降，若中途松开按钮，上升或下降的动作即停止；而自动控制是指按下自动按钮，松开手后车窗会一直上升至最高或下降至最低。下面分别分析手动控制和自动控制过程。

1. 手动控制玻璃升降

当把驾驶人侧的玻璃升降开关向前按下手动按钮后，触点 A 与开关的"UP"相连，其电路如图 8-4 所示。车窗开关的手动旋钮推向 UP 方向，车窗玻璃即上升。此时，触点 A 与 UP 接点相连，触点 B 处于原来搭铁状态，电动机按 UP 箭头方向通过电流，车窗玻璃上升直到松开手或上升到顶；当把手离开按钮时，利用开关自身的恢复力，开关即回到中立位置，触点 A 回到原来的搭铁状态。若把手动按钮推向车辆后方，触点 A 保持原位不动，而触点 B 则与向下 DOWN 侧相连，电动机按 DOWN 箭头所示的方向通过电流，电动机反转，以实现车窗玻璃向下移动，直至松开手或下降到底。

2. 自动控制玻璃升降

电路图如图 8-4 所示，驾驶人侧主控制窗开关上有手动控制和自动控制两种操作模式，手动控制模式时开关是有弹性的，当松开车窗开关时，车窗电动机处于断路状态，自动模式是操作车窗开关后，开关处于确定位置通路模式，是 UP 和 DOWN 中的一种，实现自动升或降车窗玻璃。

在自动上升过程中，若想中途停止，则向反方向扳手动按钮，然后立刻松开。这样触点 B 将短暂脱离搭铁，使电动机因回路被切断而自动停转。同时，通过电磁线圈的电流已被切断，止板弹簧通过滑销压下，自动按钮自动恢复到中立位置，触点 A、B 均搭铁，电动机停转，自动上升停止；当操纵自动上升按钮后不做任何操作，车窗玻璃将升到顶，或遇较大阻力时，主控开关内的比较电路起作用而松开自动开关按钮让车窗电动机处于断路状态。车窗玻璃自动下降的工作情况与上述情况相反，操作时只需将自动按钮压向车辆后方即可。

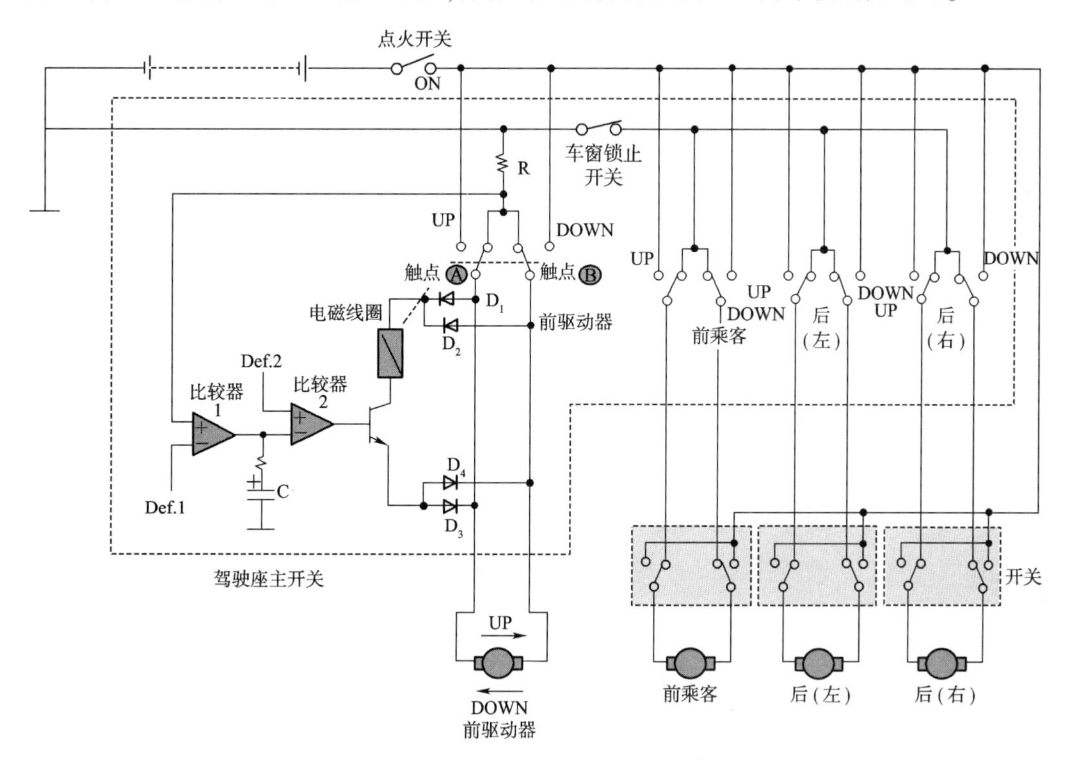

图 8-4　电动车窗控制电路

小提示

在进行车窗电动机的测试时，若电动机停止转动，要立刻断开端子引线，否则会烧坏电动机。

为防止电动机过载，在电路或电动机内装有一个或多个热敏开关，即 PTC 元件开关，用来控制电流。当车窗玻璃上升到极限位置，或由于结冰而使车窗玻璃不能自由移动时，即使操纵控制开关，热敏开关也会自动断路，避免电动机通电时间过长而烧坏。

电动车窗电路通常由以下几个部分组成：车窗控制、失效或锁定功能的车窗主控开关；各车窗控制分开关、各车窗的驱动电动机等，有时还包括齿轮齿条副。车窗主控开关通常位于驾驶人一侧。

图 8-5 所示是一个简化的单个电动车窗控制电路。当点火开关闭合时，电动车窗即可被门窗开关或主控开关所控制。在使用永磁电动机的电路中，永磁电动机本身是没电的，一般通过主控开关供电。电动机内部还安装有正温度系数电路断路保护器，如果负载过大，电动机温度过高将自动断开电动机电路，防止电路烧坏。

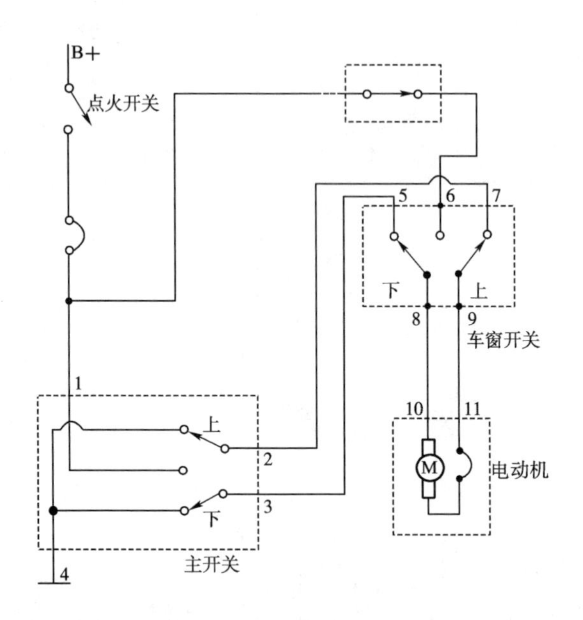

图 8-5　简化的电动车窗控制电路

(三)汽车电动车窗控制电路常见故障、主要诊断流程

1. 丰田汽车电动车窗常见电路故障、原因及排除方法

丰田汽车电动车窗常见电路故障较多,其中常见的故障及排除方法见表 8-1。

电动车窗常见的故障及其原因　　表 8-1

故障现象	故障可能部位	排除方法
电动车窗全部不能工作(门锁不能运作)	(1)ALT 熔断丝; (2)POWERH 熔断丝; (3)车身 ECU 熔断丝; (4)PWR 继电器; (5)线束; (6)电动车窗电动机; (7)主控开关	(1)检查或更换; (2)检修或更换; (3)检修或更换; (4)检修或更换; (5)检修; (6)检修; (7)检修或更换
电动车窗全部不能工作(门锁能正常)	(1)点火开关; (2)电动车窗主控开关; (3)电动车窗电动机; (4)线束	(1)检修或更换; (2)检修或更换; (3)检修或更换; (4)检修
AUTO DOWN(自动下降)功能不能工作	(1)电动车窗主控开关; (2)电动车窗电动机	(1)检修或更换; (2)检修或更换

续上表

故 障 现 象	故障可能部位	排 除 方 法
仅一个车窗不能工作	(1)电动车窗主控开关; (2)电动车窗分开关; (3)电动车窗电动机; (4)线束	(1)检修或更换; (2)检修或更换; (3)检修或更换; (4)检修
车窗锁止系统不能工作	电动车窗主控开关	检修或更换

2. 电动车窗不工作的检修流程图

以左后电动车窗不能正常工作为例,其检修流程如图 8-6 所示。

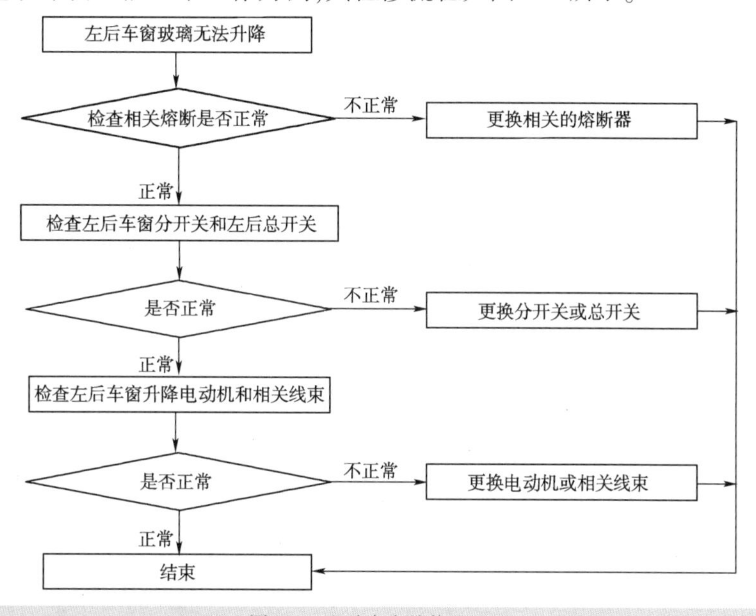

图 8-6　电动车窗检修流程图

(四)电动车窗各组成部件的检修

在对电动车窗的故障进行检修之前,可进行手动操作功能、自动操作功能检查。接通点火开关 ON 挡,分别对各开关置于各工作挡位,进行功能检查,在检查出故障可能存在的部位后,再进一步对部件进行检修。

下面以丰田卡罗拉轿车电动车窗系统检修为例,分别介绍电动车窗开关、车窗电动机的检查方法及控制电路检修,其电动车窗电路图如图 8-7 所示。

1. 电动车窗控制开关的检修

基本方法:将各开关分别置于不同的工作挡位,利用万用表检查各端子之间的通断情况,然后进行好坏判断。

1)电动车窗主控开关导通性检查

图 8-8 所示为驾驶人侧车窗主控开关和连接器 I3。驾驶人车门上的电动车窗控制系统部分由电动车窗主控开关、升降器和带集成电控单元(ECU)的电动机组成。当操作带防夹功能车型的电动车窗主控开关时,驾驶人车门电动车窗升降器电动机由 ECU 控制。

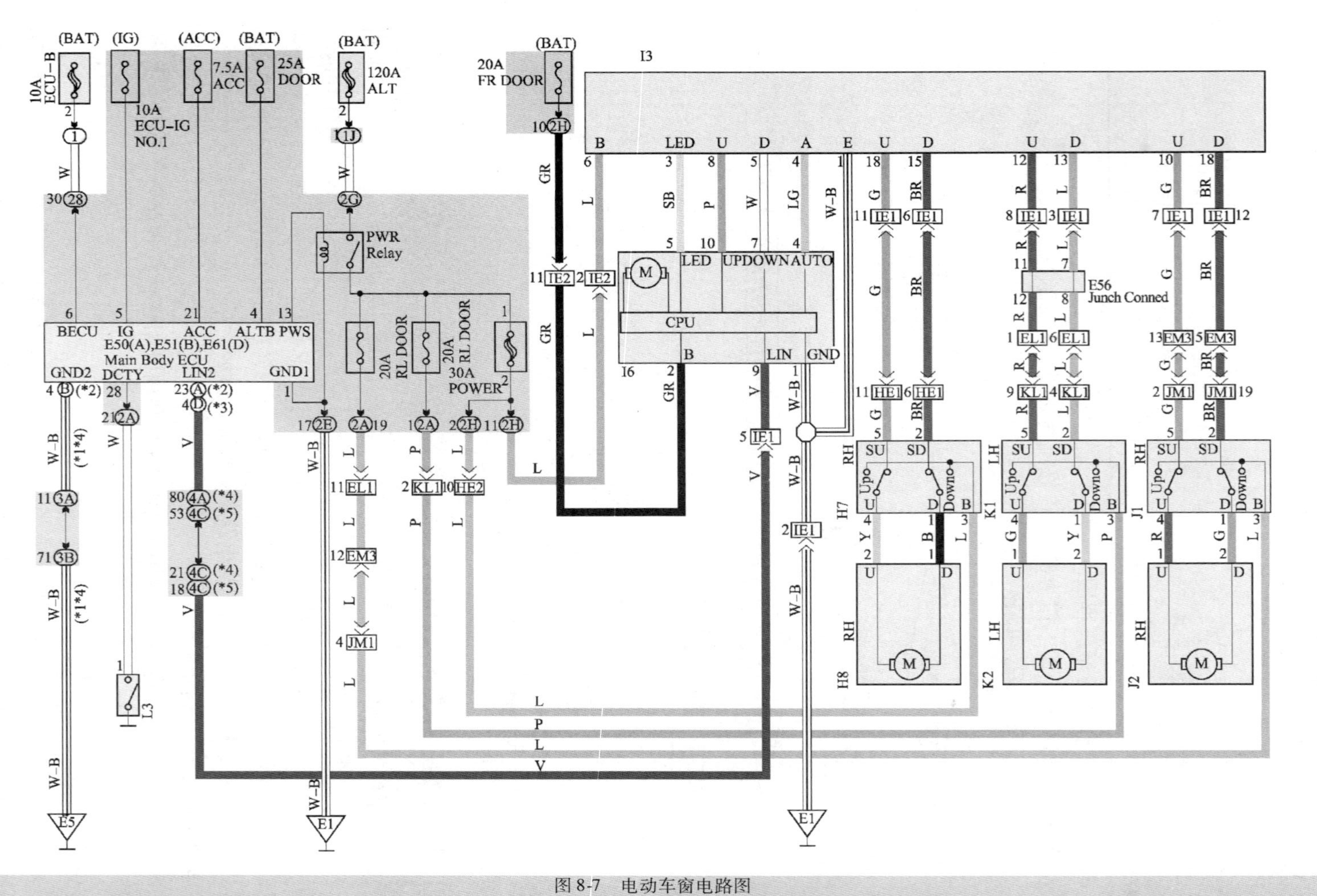

图 8-7　电动车窗电路图

E50(A)-车身电控单元;H7 右前车窗开关;H8-右前车窗电动机;I3-车窗主控开关;I6-左前车窗电动机组件;J1-右后车窗开关;J2-右后车窗电动机;K2-左后车窗电动机;K1-左后车窗开关;L3-左前门控开关

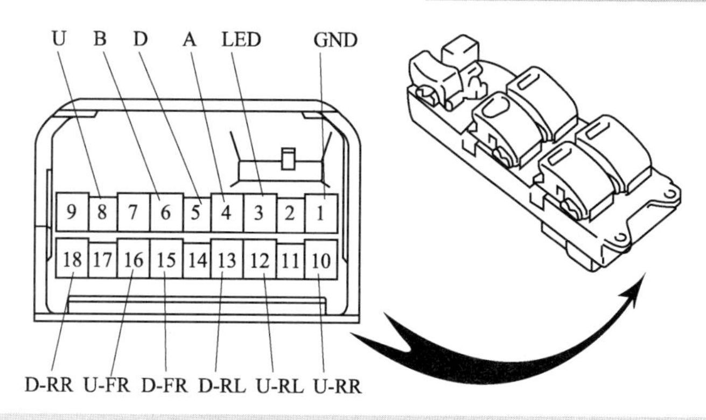

图 8-8　电动车窗主控开关及连接器 I3

当 ECU 确定电动车窗主控开关卡住时，将设置故障码 B2312。其故障原因主要有：驾驶人侧电动车窗升降器电动机、电动车窗主控开关、线束或连接器 I3，在同一位置按住电动车窗主控开关超过 20s。

驾驶人侧主控开关连接器 I3 开关侧各端子间的导通性应符合相应标准。

(1)在驾驶人侧主控开关上做左前(驾驶人侧)车窗开关操作时，连接器 I3 开关侧各端子间的导通性应符合表 8-2。

主控开关上驾驶人侧主车窗开关导通性检查　　表 8-2

开关位置	车窗未锁和上锁	
	端子	正常情况
OFF	$I3_8$-$I3_5$-$I3_1$	<1Ω
UP	$I3_1$-$I3_8$	<1Ω
DOWN	$I3_1$-$I3_5$	<1Ω
AUTO	$I3_1$-$I3_4$	<1Ω

(2)在驾驶人侧主控开关上做右前(前乘员侧)车窗开关操作时，连接器 I3 开关侧各端子间的导通性应符合表 8-3。

主控开关上乘员侧开关导通性检查　　表 8-3

开关位置	车窗未锁		车窗锁止	
	端子	正常情况	端子	正常情况
OFF	$I3_{15}$-$I3_{16}$-$I3_1$	<1Ω	$I3_{15}$-$I3_{16}$-$I3_1$	断开
UP	$I3_{16}$-$I3_6$	<1Ω	$I3_{16}$-$I3_6$	<1Ω
DOWN	$I3_{15}$-$I3_6$	<1Ω	$I3_{15}$-$I3_6$	<1Ω
AUTO	$I3_6$-$I3_4$	<1Ω	$I3_6$-$I3_4$	<1Ω

(3)在驾驶人侧主控开关上做左后侧车窗开关操作时，连接器 I3 开关侧各端子间的导通性应符合表 8-4。

主控开关上左后侧开关导通性检查　　表 8-4

开关位置	车窗未锁		车窗锁止	
	端子	正常情况	端子	正常情况
OFF	$I3_{12}$-$I3_{13}$-$I3_1$	<1Ω	$I3_{12}$-$I3_{13}$-$I3_1$	断开
UP	$I3_{12}$-$I3_6$	<1Ω	$I3_{12}$-$I3_6$	<1Ω

续上表

开关位置	车窗未锁		车窗锁止	
	端子	正常情况	端子	正常情况
DOWN	$I3_{13}$-$I3_{6}$	<1Ω	$I3_{13}$-$I3_{6}$	<1Ω
AUTO	$I3_{6}$-$I3_{4}$	<1Ω	$I3_{6}$-$I3_{4}$	<1Ω

(4)在驾驶人侧主控开关上做右后侧车窗开关操作时,连接器I3开关侧各端子间的导通性应符合表8-5。

主控开关上右后侧开关导通性检查 表8-5

开关位置	车窗未锁		车窗锁止	
	端子	正常情况	端子	正常情况
OFF	$I3_{10}$-$I3_{18}$-$I3_{1}$	导通	$I3_{10}$-$I3_{18}$-$I3_{1}$	断开
UP	$I3_{10}$-$I3_{6}$	<1Ω	$I3_{10}$-$I3_{6}$	<1Ω
DOWN	$I3_{18}$-$I3_{6}$	<1Ω	$I3_{18}$-$I3_{6}$	<1Ω
AUTO	$I3_{6}$-$I3_{4}$	<1Ω	$I3_{6}$-$I3_{4}$	<1Ω

2)车窗主控开关照明灯检查

如图8-8所示,端子6接电源正极,端子3接电源负极,照明灯应该亮,否则更换开关总成。

3)车窗分开关检查

(1)前乘员侧车窗分开关操检查时,其连接器H7开关侧各端子间的导通性应符合表8-6,前乘员侧车窗分开关连接器H7开关侧如图8-9所示。

分开关上前乘员侧车窗开关导通性检查 表8-6

开关位置	端子	正常情况
OFF	$H7_{1}$-$H7_{2}$ $H7_{4}$-$H7_{5}$	导通
UP	$H7_{4}$-$H7_{3}$	导通
DOWN	$H7_{1}$-$H7_{3}$	导通

(2)左后、右后侧车窗分开关操检查时,与前乘员侧车窗分开关检查方法相同,左后侧车窗分开关连接器K1开关侧各端子间的导通性应符合表8-7,右后侧车窗分开关连接器J1开关侧各端子间的导通性应符合表8-8,左后、右后侧车窗分开关连接器K1、J1开关侧如图8-9所示。

分开关上左后侧车窗开关导通性检查 表8-7

开关位置	端子	正常情况
OFF	$K1_{1}$-$K1_{2}$ $K1_{4}$-$K1_{5}$	导通
UP	$K1_{4}$-$K1_{3}$	导通
DOWN	$K1_{1}$-$K1_{3}$	导通

分开关上右后侧车窗开关导通性检查　　表 8-8

开关位置	端　子	正常情况
OFF	$J1_1$-$J1_2$ $J1_4$-$J1_5$	导通
UP	$J1_4$-$J1_3$	导通
DOWN	$J1_1$-$J1_3$	导通

(3)电动车窗分开关连接器线束端各端子检测。

①前乘员侧电动车窗分开关连接器 H7 端子检测(图 8-10)。

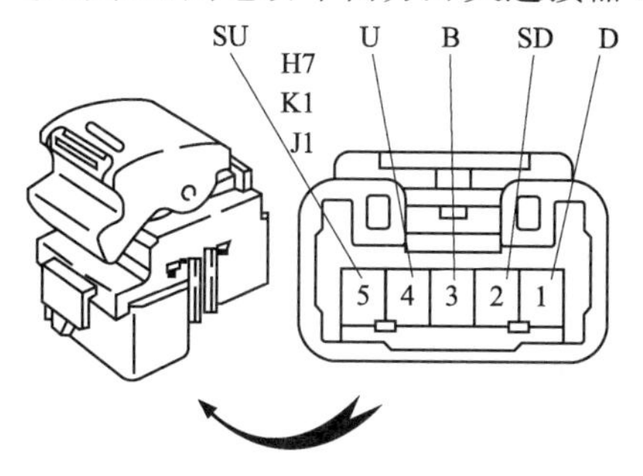

图 8-9　前乘员侧车窗分开关及连接器 H7 各端子

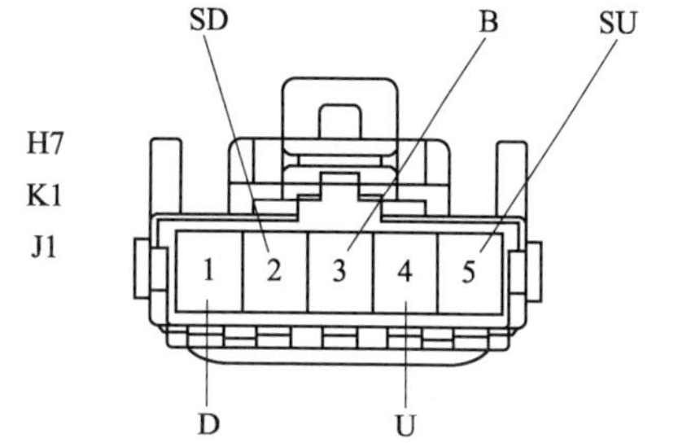

图 8-10　电动车窗分开关连接器 H7 各端子示意图

a. 关闭点火开关。

b. 断开前乘员侧电动车窗分开关连接器 H7。

c. 使用万用表欧姆挡 200Ω 量程,按表 8-9 内容检测, 并符合标准。不符合标准,则应更换线束或主控开关。

前乘员侧车窗分开关上连接器 **H7** 导通性检查　　表 8-9

开关位置	端　子	正常情况
OFF	$H7_5$-车身搭铁 $H7_2$-车身搭铁	导通
UP	$H7_5$-$H7_3$	导通
DOWN	$H7_2$-$H7_3$	导通

d. 检测完成后,应连接好连接器 H7。

②左后、右后侧电动车窗分开关连接器 K1、J1 端子检测。

检测方法与前乘员侧电动车窗分开关连接器 H7 端子检测相同,按表 8-10、表 8-11 所示内容进行检测,并符合标准。

左后侧车窗分开关连接器 **K1** 导通性检查　　表 8-10

开关位置	端　子	正常情况
OFF	$K1_5$-车身搭铁 $K1_2$-车身搭铁	导通
UP	$K1_5$-$K1_3$	导通
DOWN	$K1_2$-$K1_3$	导通

右后侧车窗分开关连接器 **J1** 导通性检查　　表 8-11

开关位置	端　　子	正常情况
OFF	$J1_1$-车身搭铁 $J1_4$-车身搭铁	导通
UP	$J1_5$-$J1_3$	导通
DOWN	$J1_2$-$J1_3$	导通

2. 电动车窗电动机检查

1)电动车窗电动机的转动情况检查

电动车窗电动机的转动情况检查主要是通过给电动机供正反两个方向的直流电源，电动机应能正常地顺时针和逆时针方向旋转。

(1)驾驶人侧电动车窗电动机转动检查。

按如图 8-11 所示方法，将蓄电池正极(＋)接驾驶人侧电动车窗电动机连接器 I6 端子 2，负极(－)接端子 1，然后用短接线将端子 1 与端子 10 相连，按表 8-12 所列步骤、标准检查。

驾驶人侧车窗电动机试验性检查　　表 8-12

车窗位置	蓄电池连接端子	正常情况
手动 UP	蓄电池＋-$I6_2$ 蓄电池－-$I6_1$ $I6_{10}$-$I6_1$	逆时针旋转
手动 DOWN	蓄电池＋-$I6_2$ 蓄电池－-$I6_1$ $I6_7$-$I6_1$	顺时针旋转
自动 UP	蓄电池＋－$I6_2$ 蓄电池-$I6_1$ $I6_{10}$-$I6_1$-$I6_4$	逆时针旋转
自动 DOWN	蓄电池＋-$I6_2$ 蓄电池－-$I6_1$ $I6_7$-$I6_1$-$I6_4$	顺时针旋转

(2)前乘员侧电动车窗电动机转动检查。

按如图 8-12 所示方法，将蓄电池正极(＋)接前乘员侧电动车窗电动机连接器 H8 端子 2，负极(－)接端子 1，按表 8-13 所列步骤、标准检查。

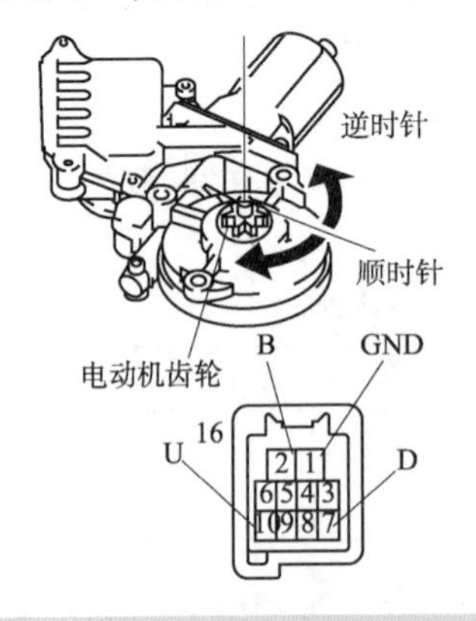

图 8-11　驾驶人侧电动车窗电动机检查

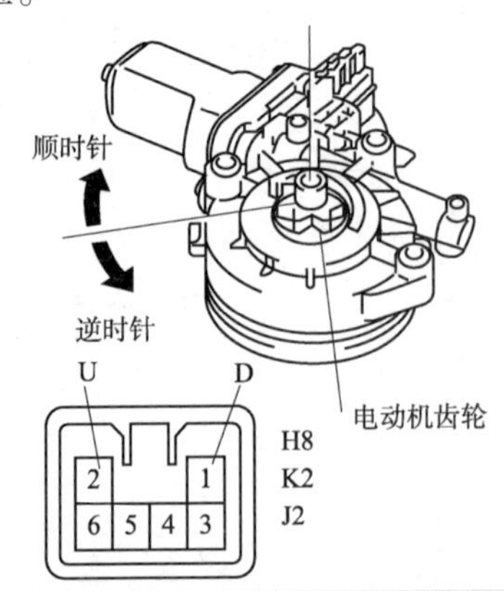

图 8-12　电动车窗电动机检查

前乘员侧车窗电动机试验性检查　　表 8-13

车窗位置	蓄电池连接端子	正常情况
UP	蓄电池 + - $H8_2$ 蓄电池 - - $H8_1$	顺时针旋转
DOWN	蓄电池 + - $H8_1$ 蓄电池 - - $H8_2$	逆时针旋转

(3)左后、右后侧电动车窗电动机转动检查。

如图 8-12 所示,检查方法同前乘员侧电动车窗电动机转动检查相同,按表 8-14、表 8-15 所列步骤、标准检查。

左后侧车窗电动机试验性检查　　表 8-14

车窗位置	蓄电池连接端子	正常情况
UP	蓄电池 + - $K2_2$ 蓄电池 - - $K2_1$	顺时针旋转
DOWN	蓄电池 + - $K2_1$ 蓄电池 - - $K2_2$	逆时针旋转

右后侧车窗电动机试验性检查　　表 8-15

车窗位置	蓄电池连接端子	正常情况
UP	蓄电池 + - $J2_2$ 蓄电池 - - $J2_1$	顺时针旋转
DOWN	蓄电池 + - $J2_1$ 蓄电池 - - $J2_2$	逆时针旋转

2)电动车窗电动机内热敏电阻(PTC)工作情况检查

以前乘员侧电动车窗电动机热敏电阻工作情况检查为例,对电动机进行电流切断检查,检查步骤:

(1)将 400A 的电流表串接于前乘员侧电动车窗电动机连接器 H8 端子 2 上,用专用短接线短接左前车窗电动机连接器 H8 端子 1,检查电路电流方向一致,如图 8-13 所示。

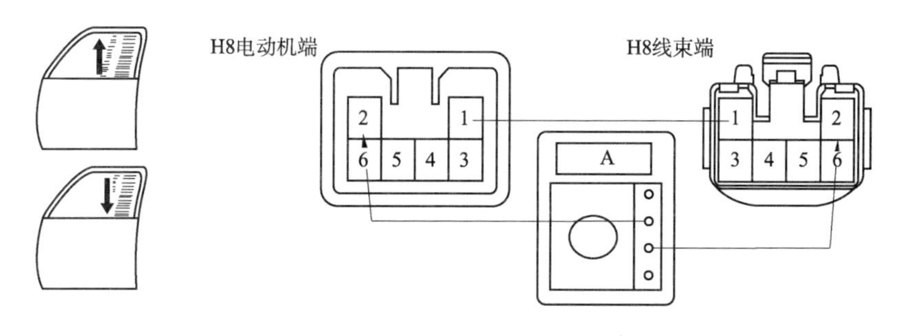

图 8-13　前乘员侧电动机电流切断检查

(2)将主控开关置于 UP(升),至车窗完全合上,正常情况下再经过 4 ~ 90s 后,电流就会由 16 ~ 34A 降到 1A。如果时间太长,则表明 PTC 损坏,应该更换电动机。

(3)将主控开关置 DOWN(降),重复(2)做检查。

3. 电动车窗熔断器、继电器和线束检查

(1)检查电动车窗继电器。

电动车窗继电器 PWR Relay 位于仪表板接线盒上。

(2)检查电动车窗熔断器。

电动车窗用到的熔断器主要位于仪表板下接线盒上,如图 8-14 所示,分别是电源熔断器 30A POWER、11 号位门控熔断器 25A DOOR、8 号位车载诊断熔断器 7.5A ACC、21 号位右后车门熔断器 20A RR DOOR、6 号位电控 1 号熔断器 10A ECU-IG No.1、20 号位左后车门熔断器 20A RL DOOR 和 19 号位右前车门熔断器 20A FL DOOR。还有位于发动机舱接线盒的熔断器 120A ALT 和 10A ECU-B。

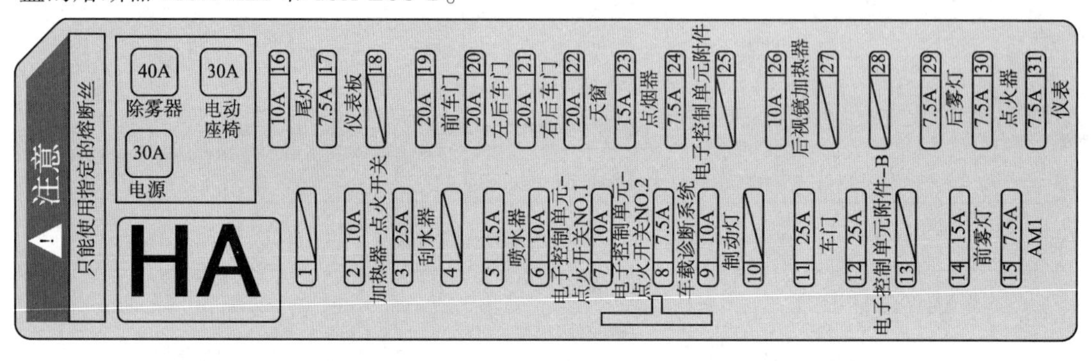

图 8-14 电动车窗电路主要熔断器位置图

(3)检查电动车窗线束和连接器。

检查线束连接器导线时,应将导线两端的连接器断开,使用万用表欧姆挡,检测导线电阻值应 $<1\Omega$,不相连导线间电阻值应 $>10k\Omega$。

①电动车窗主控开关与驾驶人侧车窗电动机间导线及连接器检测,其电路图如图 8-15 所示。

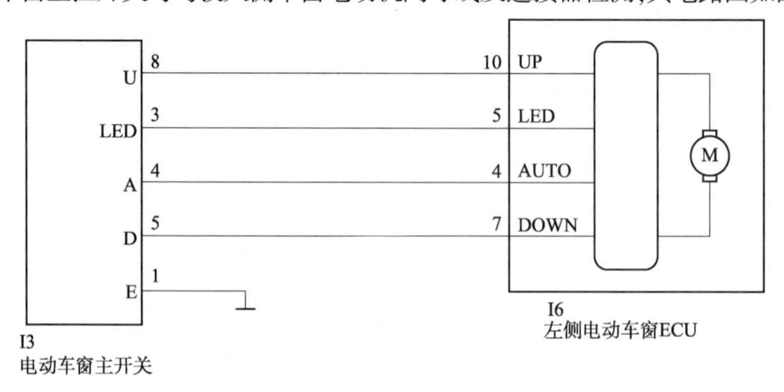

图 8-15 电动车窗主控开关 I3 与驾驶人侧车窗电动机 I6 电路连接图

a. 关闭点火开关,断开驾驶人侧车窗电动机连接器 I6。

b. 使用万用表欧姆挡 200Ω 量程,检测驾驶人侧车窗电动机连接器 I6 线束端端子 $I6_{10}$

(UP)、$I6_7$(DOWN)、$I6_4$(AUTO)与车身搭铁之间电阻值，检测电阻值应 >10kΩ，见表 8-16。

电动车窗驾驶人侧电动机连接器 I6 端子检测　　表 8-16

开关挡位	检测端子位置	正常情况
左前车窗开关 OFF	$I6_{10}$(UP)-车身搭铁 $I6_7$(DOWN)-车身搭铁 $I6_4$(AUTO)-车身搭铁	>10kΩ
左前车窗开关 UP	$I6_{10}$(UP)-车身搭铁	<1Ω
左前车窗开关 DOWN	$I6_7$(DOWN)-车身搭铁	<1Ω
左前车窗开关 AUTO	$I6_4$(AUTO)-车身搭铁	<1Ω
点火开关 ON	$I6_5$(LED)-车身搭铁	9~14V
点火开关 ON	$I6_2$(B)-车身搭铁	9~14V

c. 在主控开关上分别开启左前车窗的 UP、DOWN、AUTO 挡，再检测端子 $I6_{10}$(UP)、$I6_7$(DOWN)、$I6_4$(AUTO)与车身搭铁之间电阻值，检测电阻值应 <1Ω，见表 8-16。

d. 使用万用表电压挡 20V 量程，打开点火开关，检测驾驶人侧车窗电动机连接器 I6 线束端端子 $I6_2$(B)、$I6_5$(LED)与车身搭铁之间电压值，检测电压值应为 9~14V，见表 8-16。

e. 关闭点火开关，断开电动车窗主控开关连接器 I3。

f. 检测电动车窗主控开关连接器 I3 和驾驶人侧车窗电动机连接器 I6 间线束导线电阻，其电路图如图 8-15 所示，各导线检测应符合表 8-17。

电动车窗主控开关 I3 与驾驶人侧电动机 I6 间线束导线及连接器检测　　表 8-17

检测端子位置	正常情况	检测端子位置	正常情况
$I3_8$(U)-$I6_{10}$(UP)	<1Ω	$I3_5$(D)-$I3_7$(DOWN)	<1Ω
$I3_3$(LED)-$I6_5$(LED)	<1Ω	$I3_1$(E)-$I6_1$(GND)-车身搭铁	<1Ω
$I3_4$(A)-$I6_4$(AUTO)	<1Ω		

g. 连接好驾驶人侧车窗电动机连接器 I6 和电动车窗主控开关连接器 I3。

②电动车窗主控开关与前乘员、左后、右后侧车窗分开关连接器端子和导线检测。以前乘员侧检测为例，其电路图参照图 8-7、图 8-16，各导线检测应符合表 8-18。

a. 关闭点火开关，断开前乘员侧车窗分开关连接器 H7。

b. 使用万用表欧姆挡 200Ω 量程，检测连接器 H7 端子 $H7_5$、$H7_2$与车身搭铁之间电阻，电阻值应 <1Ω；分别操纵主控开关上前乘员侧开关于 UP、DOWN 位置，检测连接器 H7 端子 $H7_5$(SU)、$H7_2$(SD)与车身搭铁之间电阻，电阻值应 >10kΩ。

c. 打开点火开关，使用万用表电压挡 20V 量程，检测连接器 H7 端子 $H7_3$与车身搭铁之间电压，电压值应为 9~14V。

d. 关闭点火开关，断开电动车窗主控开关连接器 I3。

e. 使用万用表欧姆挡 200Ω 量程，检测连接器 H7 端子 $H7_5$(SU)、$H7_2$(SD)与连接器 I3 端子 $I3_{16}$(U)、$I3_{15}$(D)之间导线电阻，电阻值应 <1Ω，见表 8-18。

f. 连接好连接器 I3 和 H7。

左后、右后车窗分开关与主控开关之间的导线电阻、连接器端子检测与上面的方法一样。

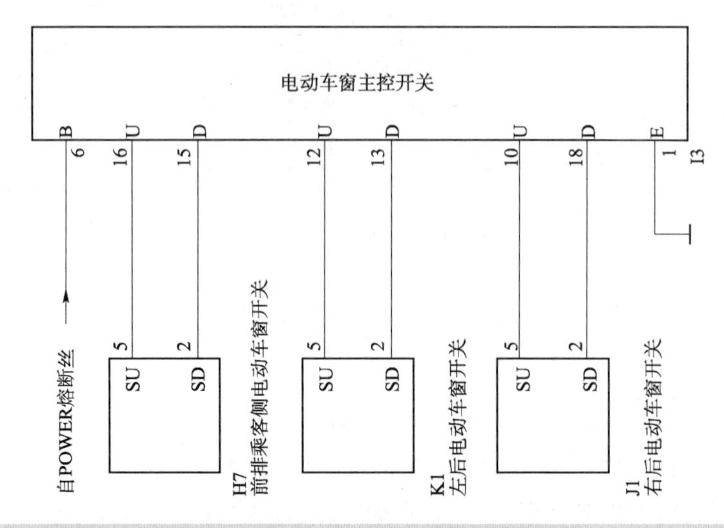

图 8-16　电动车窗主控开关连接器 I3 与各车窗分开关连接器 H7、K1、J1 连线图

电动车窗主控开关 I3 与前乘员、左后、右后分开关连接器端子检测　　表 8-18

开关状态	检测端子位置	正常情况
OFF	H7$_5$(SU)-车身搭铁 H7$_2$(SD)-车身搭铁	<1Ω
右前 UP	H7$_5$(SU)-车身搭铁	>10kΩ
右前 DOWN	H7$_2$(SD)-车身搭铁	>10kΩ
	H7$_5$(SU)-I3$_{16}$(U) H7$_2$(SD)-I3$_{15}$(D)	<1Ω
OFF	K1$_5$(SU)-车身搭铁 H7$_2$(SD)-车身搭铁	<1Ω
左后 UP	K1$_5$(SU)-车身搭铁	>10kΩ
左后 DOWN	H7$_2$(SD)-车身搭铁	>10kΩ
	K1$_5$(SU)-I3$_{12}$(U) K1$_2$(SD)-I3$_{13}$(D)	<1Ω
OFF	J1$_5$(SU)-车身搭铁 J1$_2$(SD)-车身搭铁	<1Ω
右后 UP	J1$_5$(SU)-车身搭铁	>10kΩ
右后 DOWN	J1$_2$(SD)-车身搭铁	>10kΩ
	J1$_5$(SU)-I3$_{10}$(U) J1$_2$(SD)-I3$_{18}$(D)	<1Ω

4. 汽车滑动天窗控制电路

丰田卡罗拉轿车滑动天窗控制电路,主要由熔断器、天窗开关 O8、天窗电控单元 O9 和车身电控单元组成,如图 8-17 所示。

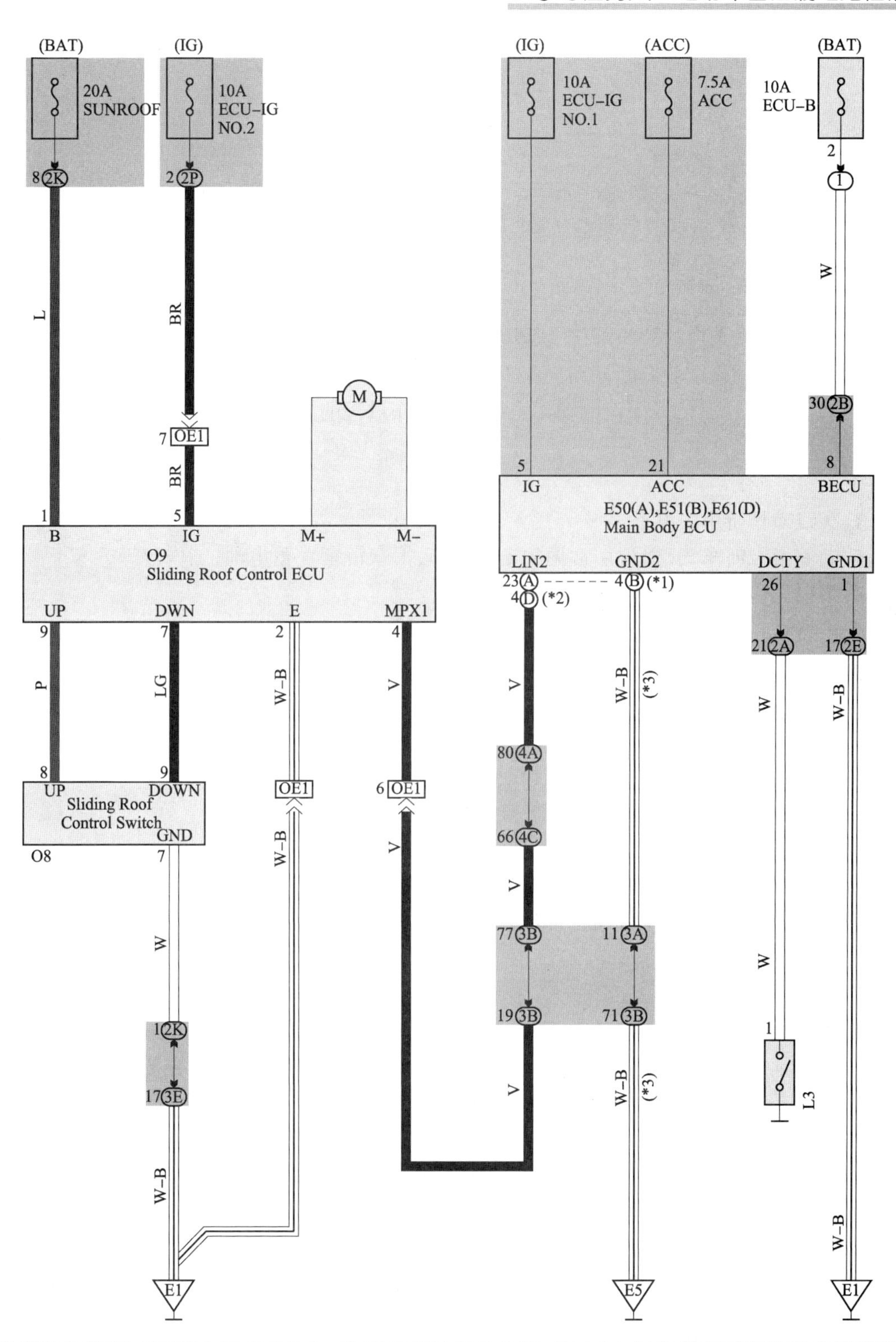

图8-17　丰田卡罗拉轿车滑动天窗控制电路图

E50(A)-车身电控单元(ECU);L3-门控开关;O8-天窗开关;O9-天窗电控单元(ECU)

二、组织实践

(一)工作任务

滑动天窗检修,包括电动机的试验、开关总成的检测及连接器各端子检测。

(二)实践操作目标

(1)诊断电动天窗的故障部位及原因,并正确排出故障。
(2)通过检测或试验判断电动天窗工作是否正常。
(3)通过实践操作,加深对电动天窗结构和工作过程的理解。

(三)实践准备

1. 实践操作所用的设备
实训用带天窗车辆(建议用常见的丰田轿车、大众轿车)、蓄电池、工作台等。
2. 实践操作所用工量具和材料
干净的抹布、常用工具、汽车用数字万用表、试灯、导线、导线夹、汽车电路图册、汽车维修手册。

(四)技术要求与注意事项

(1)万用表使用中的挡位正确选择。
(2)先弄清楚电路图,搞清楚部件、连接器等位置。
(3)电气线路拆开检查、诊断并确认后再装复。
(4)电气线路在操作过程中的短路。
(5)实际用车与事例不同时,应以实际为准。

(五)操作步骤及方法

1. 检修准备
(1)小组共同清洁工位、清点工量具,保持场地、设备、工量具干净整齐及性能良好。
(2)安装好车轮挡块、使用空挡和驻车制动。
(3)安装好前栅格布和翼子板布及护套。
(4)拆下电动天窗开关的安装螺钉。
2. 电动天窗控制电路检修
(1)检查控制电动天窗的熔断器。
根据电动天窗控制电路图 8-17 所示,控制电动天窗的熔断器主要有天窗熔断器 20A SUNROOF 和电控单元 2 号熔断器 10A ECU-IG No. 2,电动车窗电路主要熔断器所在位置如图 8-14 所示。
使用万用表选择欧姆挡 200Ω 量程,检测熔断器电阻,将检测值填入表 8-19 中,并判断检测结果。

电动天窗开关熔断器电阻检测　　表 8-19

检测端子位置	正常情况	检测值
$SUNROOF_1$-$SUNROOF_2$	$<1\Omega$	
ECU-IG No. 2_1-ECU-IG No. 2_2	$<1\Omega$	
检测结论:		

(2)电动天窗开关和连接器检测。

按《丰田卡罗拉维修手册》规范拆卸开电动天窗开关,断开连接器 O8,电动天窗开关原理和线路连接如图 8-18 所示,分别使用万用表检测开关通断情况和连接器检测,完成表 8-20、表 8-21 中内容。

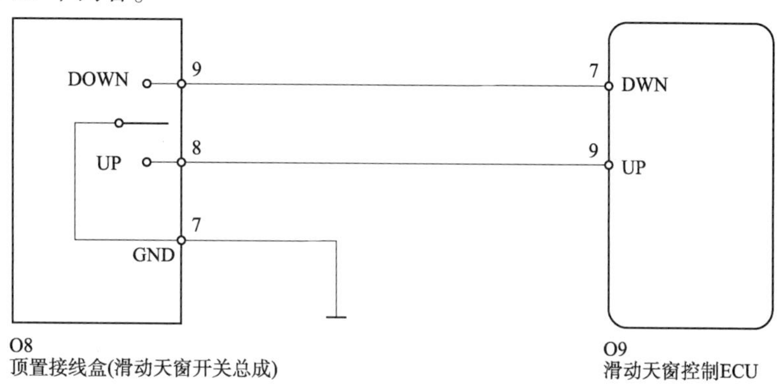

图 8-18　电动天窗开关与天窗电控单元连接电路图

电动天窗开关通断检测　　表 8-20

开关位置	检测端子位置	正常情况	检测数值
UP	$O8_8$-$O8_7$	$<1\Omega$	
OFF	$O8_8$-$O8_7$ $O8_9$-$O8_7$	$>10k\Omega$	
DOWN	$O8_9$-$O8_7$	$<1\Omega$	
检测结论:			

电动天窗开关连接器端子检测　　表 8-21

开关位置	检测端子位置	正常情况	检测数值
ON	$O8_8$-车身搭铁	9～14V	
ON	$O8_9$-车身搭铁	9～14V	
OFF	$O8_7$-车身搭铁	$<1\Omega$	
检测结论:			

(3)电动天窗电控单元连接器端子检测。

电动天窗电控单元与电动天窗电动机为一体,在点火开关关闭时断开电控单元连接器 O9,使用万用表检测连接器各端子物理量,将检测数据填入表 8-22 中。

电动天窗电控单元连接器各端子检测　　表 8-22

开关位置	检测端子位置	正常情况	检测数值
ON	09_1-09_2	9~14V	
ON	09_5-09_2	9~14V	
检测结论:			

(4)电动天窗控制电路导线电阻检测。

需要检测电路中导线时,在关闭点火开关和断开蓄电池负极情况下,应将检测导线两端的连接器断开,使用万用表检测导线电阻,按表 8-23 所示项目检测。

电动天窗电路导线检测　　表 8-23

序号	检测端子位置	正常情况	检测数值
1	08_8-09_9	<1Ω	
2	08_9-09_7	<1Ω	
3	09_1-SUNROOF$_1$	<1Ω	
4	09_5-ECU-IG No. 2_1	<1Ω	
5	09_2-车身搭铁	<1Ω	
检测结论:			

3. 电动天窗电路故障诊断

电动天窗出现故障后,会有不能关闭或不能打开天窗或在中途停止不动等故障现象,根据故障现象,结合电动天窗电路图,对可能出现故障的部件或位置进行分析,按照故障诊断的原则和方法进行诊断。

(1)故障现象。电动天窗刚出现故障时有点卡滞,后来按天窗开关没有任何反应,既不能开启也不能关闭。

(2)故障分析。电动天窗系统出现故障现象比较单一,故障原因可能是电源、电动天窗控制器、天窗开关和连接器及导线。

(3)故障诊断:依照故障诊断原则,从简单到复杂,逐个进行检查,直到找到故障并排除故障。

①检查天窗熔断器 20A SUNROOF 和电控单元 2 号熔断器 10A ECU-IG No. 2,见表 8-19。

②检查电动天窗开关和连接器,检测方法和项目见表 8-20、表 8-21。

③检查电动天窗电控单元连接器端子,检测方法和项目见表 8-22。

④检查电动天窗控制电路导线,检测方法和项目见表 8-23。

三、学习拓展

新型汽车电动后视镜智能控制器

一种新型汽车电动后视镜智能控制器,由汽车应急开关、左右侧后视镜状态指示开关、电动后视镜四位控制开关、汽车转向开关、倒车开关、微处理器、后视镜转动机构及车用连接器组成，通过控制线分别与汽车转向开关、倒车开关、汽车电动后视镜四位控制开关及后视镜控制总线相连接，完成电动后视镜在车辆转弯、变道、倒车时的智能转动。该控制器巧妙利用了原车现有开关以及电动后视镜的四位控制开关来实现智能控制器的功能设置、功能转换。

实用新型电动车窗自动关闭控制器，包括车窗电动机、电动机控制继电器、驱动电路、单片机，控制开关，其中，控制开关还包括由一个比较器构成的自动关闭控制电路，该比较器输出端接单片机的输入端，用于给单片机提供控制信号，其正向输入端分别接车窗电动机的另一端及通过一电流检测电阻 R_0 接电源负极，其反向输入端分别通过一分压电阻 R_1 接电源负极及通过另一分压电阻 R_2 接电源正极，其电源接出线对应接电源正、负极。其结构简单、便于控制，当驾驶人下车关闭中控门锁后，关闭车门即能完成自动关闭车门窗的任务。

四、评价与反馈

1. 自我评价与反馈

(1)能否主动参与工作现场的清洁和整理工作？(　　)

A. 主动完成　　B. 被动完成　　C. 未完成

(2)完成本学习任务后，你对《汽车维修手册》等资料的使用是否快速和规范？(　　)

A. 快速规范　　B. 规范但不熟练　　C. 不会使用

(3)你能否正确规范地完成汽车电动车窗常见故障的检修？(　　)

A. 独立完成　　B. 小组合作完成　　C. 老师指导下完成

(4)你是否掌握了仪表系统的故障诊断流程？(　　)

A. 完全掌握　　B. 部分掌握　　C. 基本掌握

(5)完成前面的学习任务之后，你对汽车电动车窗电路及故障检修有哪些体会？

____

____

(6)下次遇到类似的学习任务，应如何改善以提高学习效率？

____

____

(7)其他补充。

____

____

____

____

签名：________　________年________月________日

2. 小组评价

(1)实践操作中边学边做边记的情况如何？(　　)

A. 操作认真，能做必要的记录　　B. 操作认真但未记录

C. 记录了但不知道意义　　D. 不会做更不会记录

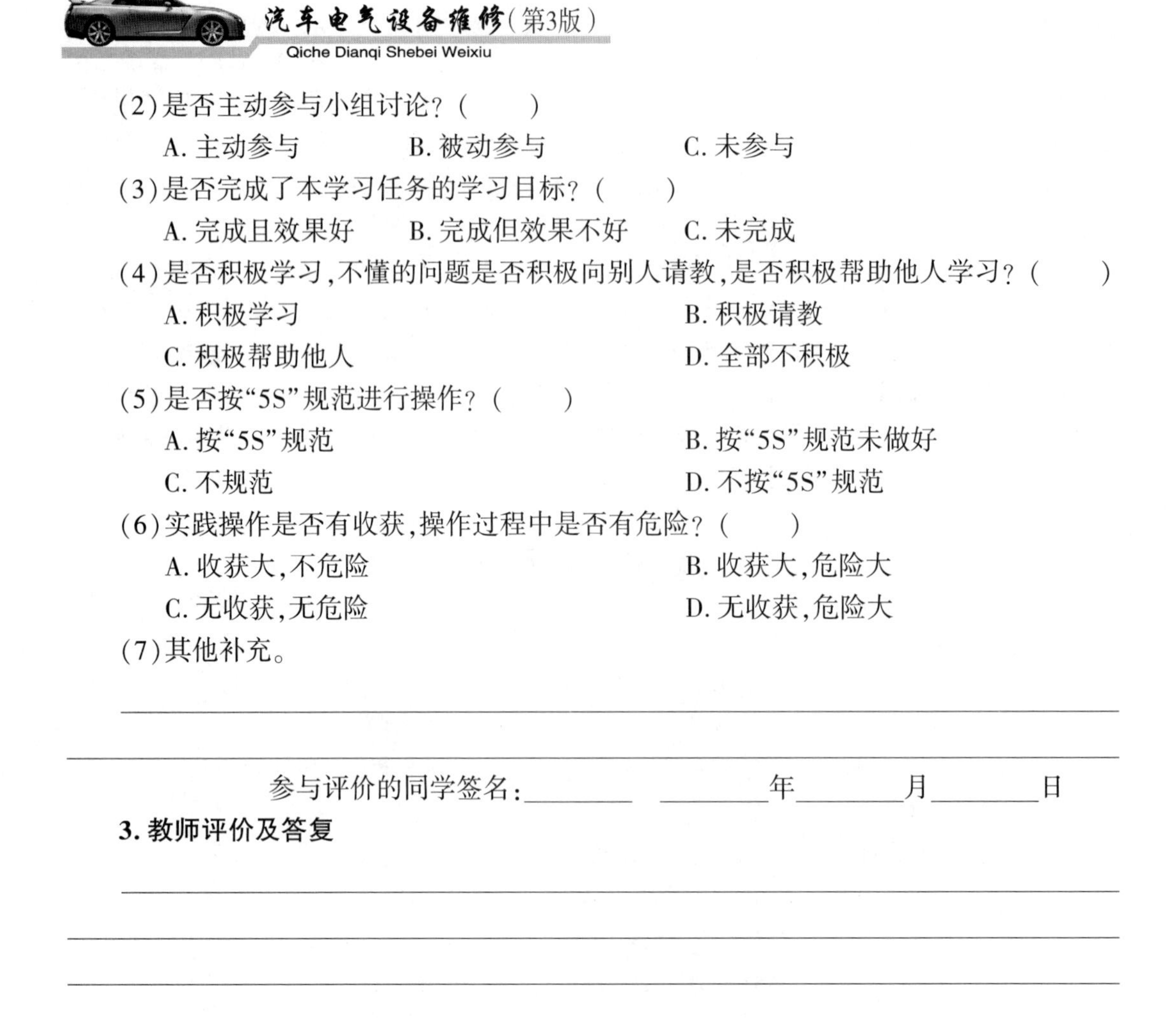

(2)是否主动参与小组讨论?(　　)

A. 主动参与　　B. 被动参与　　C. 未参与

(3)是否完成了本学习任务的学习目标?(　　)

A. 完成且效果好　　B. 完成但效果不好　　C. 未完成

(4)是否积极学习,不懂的问题是否积极向别人请教,是否积极帮助他人学习?(　　)

A. 积极学习　　B. 积极请教

C. 积极帮助他人　　D. 全部不积极

(5)是否按“5S”规范进行操作?(　　)

A. 按“5S”规范　　B. 按“5S”规范未做好

C. 不规范　　D. 不按“5S”规范

(6)实践操作是否有收获,操作过程中是否有危险?(　　)

A. 收获大,不危险　　B. 收获大,危险大

C. 无收获,无危险　　D. 无收获,危险大

(7)其他补充。

____

____

参与评价的同学签名:________　________年________月________日

3. 教师评价及答复

____

____

____

____

教师签名:________　________年________月________日

五、技 能 考 核

电动车窗电路检修考核评分标准见表8-24。

电动车窗电路检修考核评分标准　　表8-24

序号	项目	操作内容	规定分值	评分标准	得分
1	准备	清点工具、清理工位 被检查对象的外观检查 检查电源开关	4分 4分 3分	酌情扣分 检查不正确扣1~4分 检查不正确扣1~3分	
2	电动车窗的拆卸	外观检查万用表等工具 拆卸电动车窗 装配电动车窗 拆装顺序	3分 5分 5分 5分	酌情扣分 操作不正确扣1~5分 操作不正确扣1~5分 操作不正确扣1~5分	

续上表

序号	项目	操作内容	规定分值	评分标准	得分
3	电动车窗电路检修与故障分析	表笔触试点的确定 检查电动车窗电动机 检查电动车窗开关 检查电动车窗继电器 检查线路连接情况 故障分析	5分 5分 10分 5分 5分 5分	不正确扣2~5分 检查不正确扣2~5分 检查不正确扣2~10分 检查不正确扣2~5分 检查不正确扣2~5分 分析不正确扣2~5分	
4	回答问题	电动车窗电动机检修应注意哪些？ 开关检修应注意什么？ 继电器检修方法怎样？	5分 5分 5分	不正确扣2~5分 不正确扣2~5分 不正确扣1~5分	
5	完成时限	20min	10分	超时1~5min扣1~5分 超时5min以上扣10分	
6	安全文明	无安全隐患，无不文明操作	5分	未达标扣1~5分	
7	结束	工具、量具清洗、归位 工作场地清洁	3分 3分	漏一项扣1~3分 不彻底扣1~3分	
总分			100分		

学习任务九　电动座椅/加热器电路检修

任务要求

完成本学习任务后,你应能:

1. 叙述电动座椅/加热器电路组成;
2. 概括电动座椅/加热器电路特点;
3. 明确电动座椅/加热器电路检修步骤;
4. 正确检修电动座椅/加热器系统零部件;
5. 简单分析电动座椅/加热器电路常见故障原因。

建议学时:6学时

任务描述

在一次自驾旅游中,一辆2015款丰田卡罗拉1.8LGL-i型自动挡汽车在操作开关时电动座椅出现不能正常使用的故障,到维修站后,经维修人员检查,诊断出故障原因和故障部位,并排除了故障,恢复了电动座椅的功能。

一、理论知识准备

(一)电动座椅

为驾驶人和乘客提供便于操作、不易疲劳、安全舒适的乘坐位置,满足不同乘客的需求,现在很多汽车都配备了电动座椅。因其操作方便,结构简单被广泛使用。按座椅电动机的数目和调节方向数目的不同分为两向、四向、六向、八向和多向可调等。

1. 基本组成

电动座椅通常由双向电动机、传动装置和控制电路等组成,其电路一般有电源部分、控制开关、电动机和连接导线等。控制电动机分别有滑动电动机、升降电动机、倾斜角度电动机和腰部支撑调节电动机,其电动机的安装位置如图9-1所示。

双向电动机产生动力,驱动传动装置,将动力传至座椅,通过控制开关实现座椅不同位置的调节。电动机采用永磁式双向直流电动机。它通过控制装在左座椅侧板上或左门扶手肘节的座椅开关来改变流经电动机内部的电流方向,从而实现座椅位置或方向的调节。

2. 控制电路

电动座椅可以实现座椅的前后移动、前部高度调节、靠背倾斜程度调节、后部高度调节及腰部前后调节功能，如图9-2所示。因此电动座椅控制电路主要包括控制开关、滑动电动机、前垂直电动机、倾斜角度调节电动机、后垂直电动机和腰部支撑电动机。

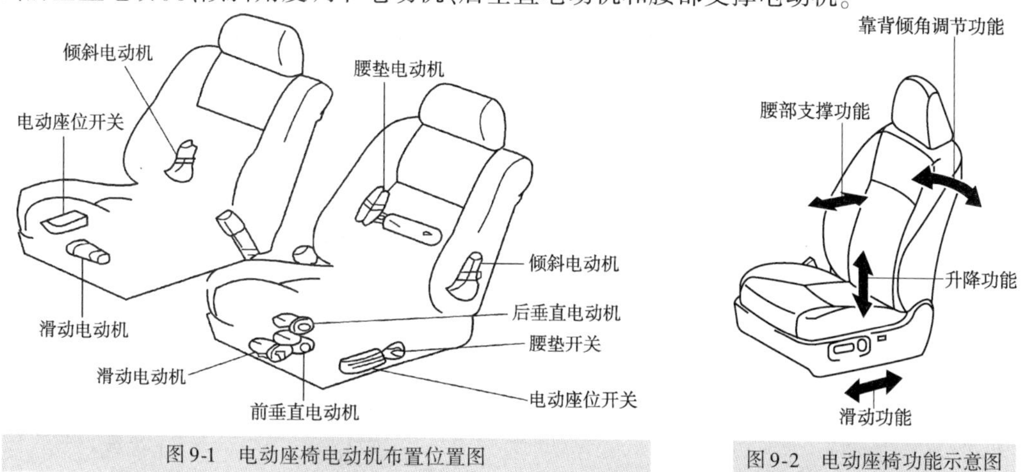

图9-1　电动座椅电动机布置位置图

图9-2　电动座椅功能示意图

(二)电动座椅加热系统

座椅加热系统的作用是对驾驶人和乘客座椅进行加热，使座椅上的温度更加适合驾驶人和乘客乘坐，让人感觉更加舒适。

座椅加热系统主要由座椅加热器开关、座椅软垫加热器、座椅靠背加热器和线路等组成。座椅加热器开关位于中央控制台上，上面带有开关指示灯，它指示开关是开启还是关闭状态，座椅加热器安装在坐垫上和座椅靠背上，丰田凯美瑞轿车座椅加热系统部件布置如图9-3所示。座椅加热器工作时可将座椅上的温度控制在30～40℃范围内。

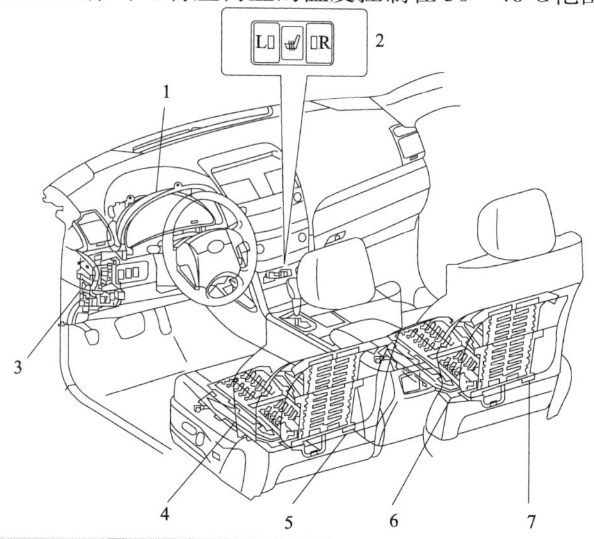

图9-3　丰田凯美瑞座椅加热器系统布置图

1-组合仪表总成；2-座椅加热器开关；3-车身ECU(仪表板)；4-左前座椅软垫加热器；5-左前座椅靠背加热器；6-右前座椅软垫加热器；7-右前座椅靠背加热器

(三)电动座椅/加热器电路常见故障现象、故障原因和排除方法

尽管电动座椅和加热器电路都是控制座椅的,但各有侧重,可以分开进行故障分析,统筹考虑检修,避免重复拆装。

电动座椅电路常见故障有所有功能均不能工作和某单一功能不正常工作,其故障诊断与排除见表9-1。

电动座椅故障诊断与排除 表9-1

故障现象	故障原因	故障排除方法
电动座椅所有功能均不能工作	电源故障 熔断器损坏 电动座椅开关损坏 电动座椅电动机损坏 线路断路或短路	修理或更换 更换 检修或更换 检修或更换 检修
电动座椅某单一功能不正常工作	对应电动座椅线路故障 电动座椅开关损坏 电动座椅电动机损坏	检修 检修或更换 检修或更换

座椅加热器电路常见故障有所有座椅都不能加热和某一位置不能加热,其故障诊断与排除见表9-2。

座椅加热器故障诊断与排除 表9-2

故障现象	故障原因	故障排除方法
所有座椅均不能加热	电源故障 熔断器损坏 座椅加热器开关损坏 座椅加热器损坏 线路断路或短路	更换 修理或更换 检修或更换 检修或更换 检修
座椅某一位置不能加热	对应座椅加热器线路故障 座椅加热器开关损坏 座椅加热器损坏	检修 检修或更换 检修或更换

(四)电动座椅/加热器电路检修

在对电动座椅/加热器故障进行检修之前,应分别将开关置于各工作挡位,进行功能检查,确认存在故障和相应的故障现象,初步确定故障原因或故障部位,再进一步对部件进行检修。

下面以丰田轿车电动座椅/加热器电路故障为例,分别介绍电动座椅开关、电动机的检查方法及控制电路检修,电动座椅电路如图9-4所示。

1. 电动座椅控制电路检修

若电动机运转而座椅不动,同样首先看是否已到极限位置,然后检查电动机与变速器之间的相关联轴器是否磨损过大或损坏,必要时应更换。

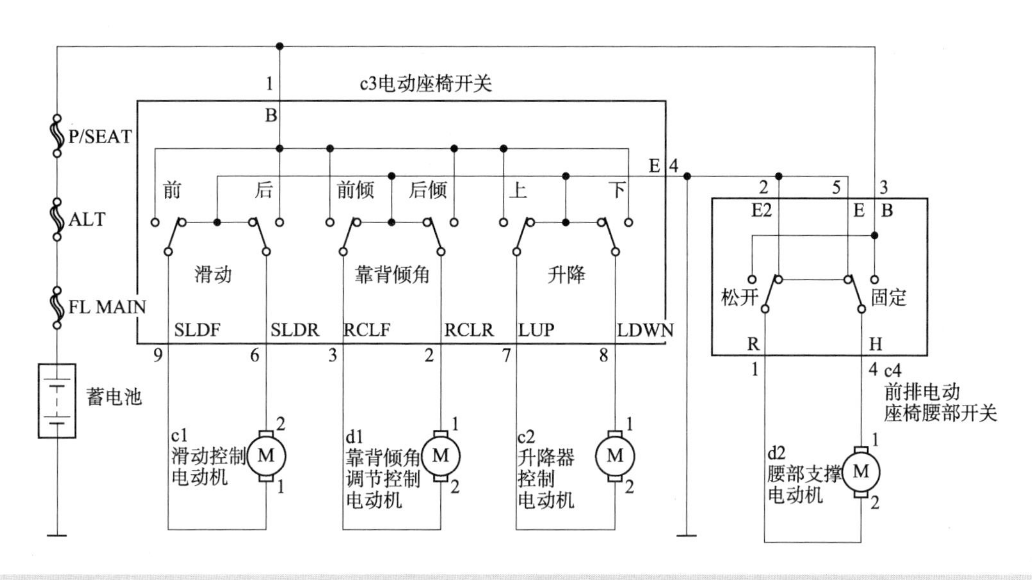

图9-4　丰田卡罗拉电动座椅电路图

c1-滑动电动机；d1-靠背调节电动机；c2-升降电动机；d2-腰部调节电动机；c3-电动座椅开关；c4-腰部调节开关

若电动机不工作，应检查电源线路、开关线路、电动机控制线路是否断路，搭铁是否牢固，然后进行如下单件检查。

（1）检查电动座椅开关。

①断开电动座椅开关连接器c3。

②使用万用表电压挡20V量程，红表笔接连接器c3线束端端子1，黑表笔接端子4，测量电源电压，如图9-5所示，电压应为9～14V。

③使用万用表欧姆挡检测电动座椅开关，检测开关的连接器c3各端子，各端子位置如图9-6所示，检测内容和标准见表9-3。

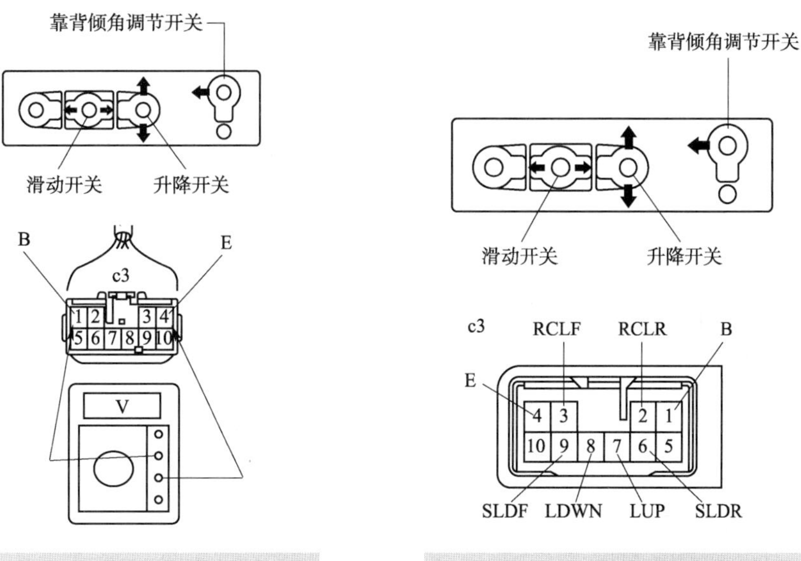

图9-5　电动座椅开关连接器电源检测

图9-6　电动座椅开关连接器c3各端子

电动座椅开关检测 表 9-3

序　号	开关状态	检测端子位置	规定状态
1	OFF(关)	$c3_4$-$c3_6$-$c3_9$ $c3_4$-$c3_2$-$c3_3$ $c3_4$-$c3_7$-$c3_8$	<1Ω
2	前	$c3_4$-$c3_6$	<1Ω
3	后	$c3_4$-$c3_9$	<1Ω
4	升	$c3_4$-$c3_7$	<1Ω
5	降	$c3_4$-$c3_8$	<1Ω
6	前倾	$c3_4$-$c3_2$	<1Ω
7	后倾	$c3_4$-$c3_3$	<1Ω

(2)检查电动座椅腰部开关。

①断开电动座椅腰部开关连接器 c4。

②使用万用表电压挡 20V 量程,红表笔接连接器 c4 线束端子 3,黑表笔接端子 2 或接端子 5,测量电源电压,电压应为 9 ~ 14V,见表 9-4。

③使用万用表欧姆挡检测电动座椅腰部开关,检测开关的连接器 c4 各端子,检测内容和标准见表 9-4。

电动座椅腰部开关检测 表 9-4

序　号	开关状态	检测端子位置	规定状态
1		$c4_3$-$c4_2$ $c4_3$-$c4_5$	9 ~ 14V
2	OFF(关)	$c4_1$-$c4_2$-$c4_4$-$c4_5$	<1Ω
3	松开	$c4_3$-$c4_1$	<1Ω
4	固定	$c4_3$-$c4_4$	<1Ω

(3)检查电动座椅各电动机。

在连接器 c3、c4 断开的情况下,分别将电源接到各电动机连接器各相应端子上,电动机应顺转,然后将电源在端子上反向连接,电动机应逆转,见表 9-5。

电动座椅各控制电动机试验 表 9-5

序　号	电动机位置	检测端子位置	规定状态
1	滑动电动机	蓄电池正极(+)-$c3_9$,蓄电池负极(-)-$c3_6$ 蓄电池正极(+)-$c3_6$,蓄电池负极(-)-$c3_9$	前行 后移
2	升降电动机	蓄电池正极(+)-$c3_7$,蓄电池负极(-)-$c3_8$ 蓄电池正极(+)-$c3_8$,蓄电池负极(-)-$c3_7$	上升 下降
3	倾斜电动机	蓄电池正极(+)-$c3_3$,蓄电池负极(-)-$c3_2$ 蓄电池正极(+)-$c3_2$,蓄电池负极(-)-$c3_3$	前倾 后靠

续上表

序　号	电动机位置	检测端子位置	规定状态
4	腰部电动机	蓄电池正极(+)-$c4_1$,蓄电池负极(−)-$c4_4$ 蓄电池正极(+)-$c4_4$,蓄电池负极(−)-$c4_1$	松开 固定

①检查电动座椅滑动电动机。断开滑动电动机连接器 c1,分别将蓄电池正极与连接器 c1 端子 1 和负极与端子 2 相连接,电动机应沿着向前方滑动的方向旋转;然后将蓄电池正负极反方向连接到连接器 c1 端子 1 和端子 2 上,电动机应反向旋转,见表 9-6。

滑动电动机试验　　表 9-6

连　接　器	检测条件	规定状态
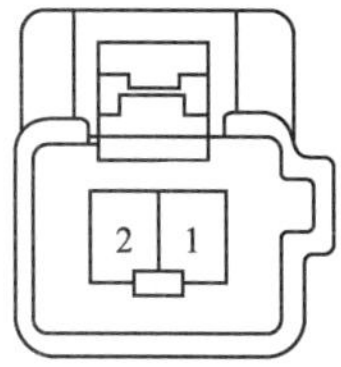 2 1 c1	蓄电池正极(+)-$c1_1$ 蓄电池负极(−)-$c1_2$	前行(方向旋转)
	蓄电池正极(+)-$c1_2$ 蓄电池负极(−)-$c1_1$	后移(方向旋转)

②检查电动座椅升降器电动机。断开升降器电动机连接器 c2,分别将蓄电池正极与连接器 c2 端子 2 和负极与端子 1 相连接,电动机应沿着向上升的方向旋转;然后将蓄电池正负极反方向连接到连接器 c2 端子 1 和端子 2 上,电动机应反向旋转,见表 9-7。

升降电动机试验　　表 9-7

连　接　器	检测条件	规定状态
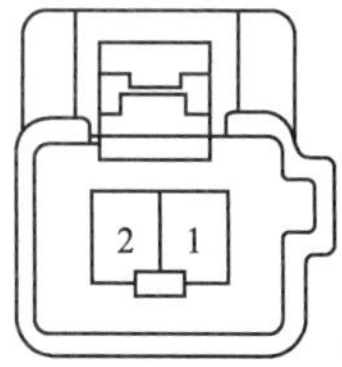 2 1 c2	蓄电池正极(+)-$c2_2$ 蓄电池负极(−)-$c2_1$	上升(方向旋转)
	蓄电池正极(+)-$c2_1$ 蓄电池负极(−)-$c2_2$	向下(方向旋转)

③检查座椅靠背倾角调节电动机。断开升降器电动机连接器 d1,分别将蓄电池正极与连接器 d1 端子 2 和负极与端子 1 相连接,电动机应沿着向前倾的方向旋转;然后将蓄电池正负极反方向连接到连接器 d1 端子 1 和端子 2 上,电动机应反向旋转,见表 9-8。

座椅靠背倾角调节电动机试验　　表 9-8

连　接　器	检测条件	规定状态
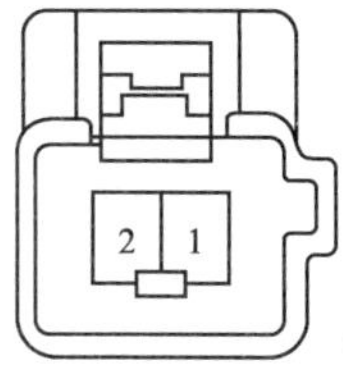 2 1 d1	蓄电池正极(+)-$d1_2$ 蓄电池负极(−)-$d1_1$	向前(方向旋转)
	蓄电池正极(+)-$d1_1$ 蓄电池负极(−)-$d1_2$	向后(方向旋转)

(4)检查电动座椅各连接导线。

2. 座椅加热器电路检修

丰田凯美瑞轿车配置有座椅加热器,其电路主要由控制开关和加热器组成,电路图如图9-7所示。

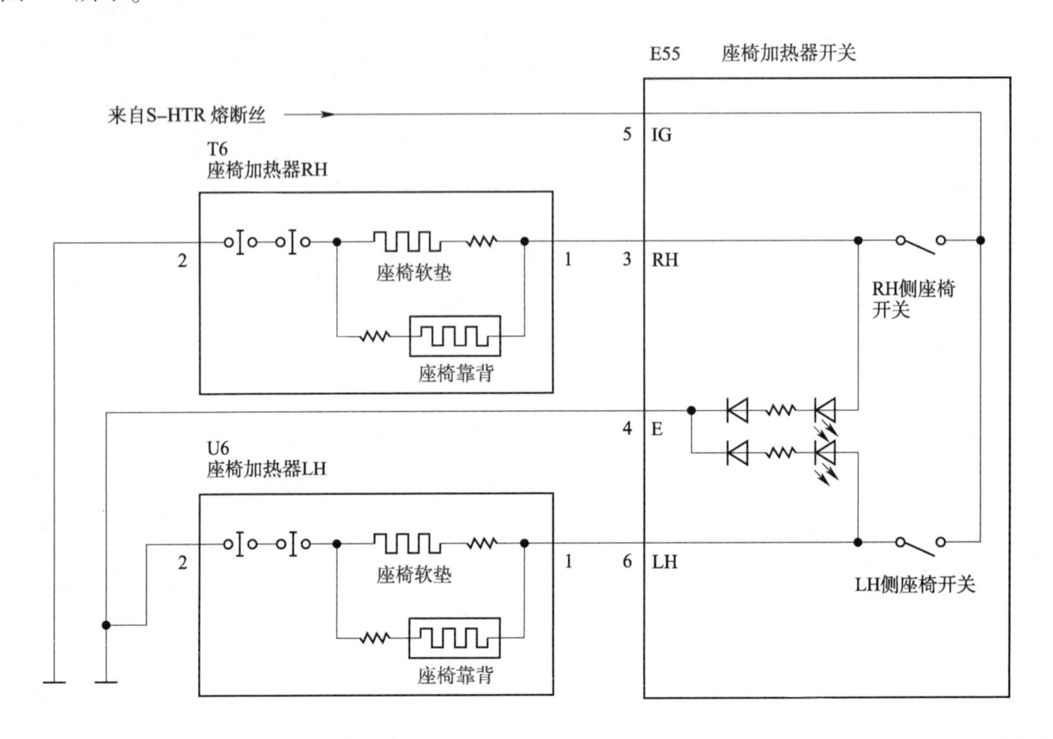

图9-7　丰田凯美瑞座椅加热器控制电路图

1)故障症状

当丰田凯美瑞轿车座椅加热器发生故障时,会表现故障现象和相应的故障症状,每个故障症状就有相应的故障原因和具体的故障部件,见表9-9。

丰田凯美瑞轿车座椅加热器症状和可能原因对应表　　表9-9

症　状	可能原因或部位	排除故障方法
座椅加热器不工作(前LH侧)	S-HTR熔断丝	更换
	座椅加热器开关	修理或更换
	前座椅软垫加热器	修理或更换
	前座椅靠背加热器	修理或更换
	线束	修理或更换
座椅加热器不工作(前RH侧)	S-HTR熔断丝	更换
	座椅加热器开关	修理或更换

续上表

症　状	可能原因或部位	排除故障方法
座椅加热器不工作(前 RH 侧)	前座椅软垫加热器	修理或更换
	前座椅靠背加热器	修理或更换
	线束	修理或更换
座椅加热器的温度不能调节	座椅加热器开关	更换

2)座椅加热器检修

座椅加热器检修时主要检查座椅加热器开关、加热器指示灯、靠背加热器电阻和软垫加热器电阻及线路。

(1)检查座椅加热器开关。

拆卸前中央控制台上板饰件,然后脱开2个定位爪并拆下座椅加热器开关。

①检查驾驶人侧加热器开关。

a.检查开关通断状况。断开加热器开关连接器 E55,如图 9-8 所示;使用万用表检测驾驶人侧加热器开关各端子电阻值,开启时电阻应 $<1\Omega$,关闭时电阻应 $>10k\Omega$,见表 9-10。

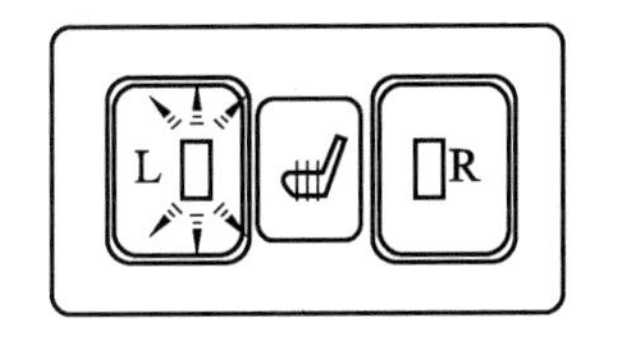

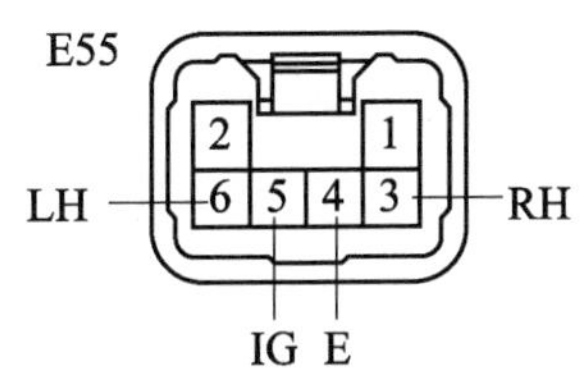

图 9-8　丰田凯美瑞座椅加热器左侧开关和连接器

驾驶人侧加热器开关电阻值检测表　　表 9-10

序　号	开关状态	检测端子位置	规定状态
1	OFF(关)	$E55_5$-$E55_6$	$>10k\Omega$
2	ON(开)	$E55_5$-$E55_6$	$<1\Omega$

b.检查开关指示灯状况。使用连接线将蓄电池正极连接到座椅加热器开关连接器 E55 端子 5,蓄电池负极连接到连接器 E55 端子 4,打开座椅加热器左侧开关,左侧指示灯应点亮,见表 9-11。

驾驶人侧加热器开关指示灯试验表　　表 9-11

序　号	开关状态	检测端子位置	规定状态
1	OFF(关)	蓄电池正极(+)-$E55_5$ 蓄电池负极(-)-$E55_4$	不亮
2	ON(开)	蓄电池正极(+)-$E55_5$ 蓄电池负极(-)-$E55_4$	亮

②检查前乘客侧加热器开关。

a. 检查前乘客侧加热器开关通断状况。断开加热器开关连接器 E55,如图 9-9 所示;使用万用表检测驾驶人侧加热器开关各端子电阻值,开关开启时电阻应 <1Ω,关闭时电阻应 >10kΩ,见表 9-12。

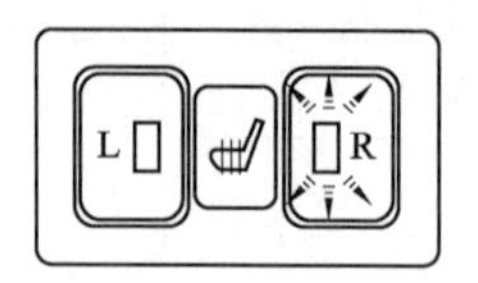

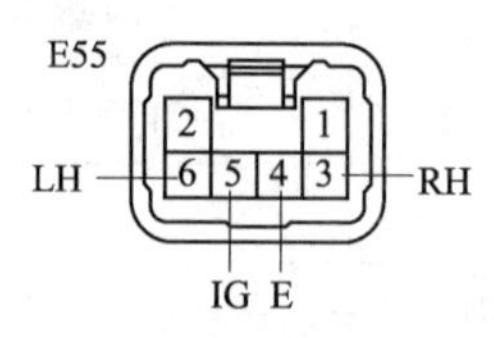

图 9-9 丰田凯美瑞座椅加热器右侧开关和连接器

驾驶人侧加热器开关电阻值检测表 表 9-12

序 号	开关状态	检测端子位置	规定状态
1	OFF(关)	$E55_5$-$E55_3$	>10kΩ
2	ON(开)	$E55_5$-$E55_3$	<1Ω

b. 检查前乘客侧加热器开关指示灯状况。使用连接线将蓄电池正极连接到座椅加热器开关连接器 E55 端子 5,蓄电池负极连接到连接器 E55 端子 4,打开座椅加热器右侧开关,右侧指示灯应点亮,见表 9-13。

驾驶人侧加热器开关指示灯试验表 表 9-13

序 号	开关状态	检测端子位置	规定状态
1	OFF(关)	蓄电池正极(+)-$E55_5$ 蓄电池负极(-)-$E55_4$	不亮(右侧指示灯)
2	ON(开)	蓄电池正极(+)-$E55_5$ 蓄电池负极(-)-$E55_4$	亮(右侧指示灯)

(2)检查前座椅坐垫和靠背加热器。

根据丰田凯美瑞轿车电加热系统电路图 9-7 所示,断开左前、右前座椅加热器连接器 T6、U6,使用万用表欧姆挡分别检测左右座椅加热器连接器端子 1 和 2,检测电阻值应 <1Ω,见表 9-14。

前座椅加热器电阻检测 表 9-14

连 接 器	检测连接器端子位置	规定状态
T6 U6 2 1	$T6_1$-$T6_2$	<1Ω
	$U6_1$-$U6_2$	<1Ω

(3)检查导线和连接器。

(五)大众迈腾轿车电动座椅电路图

一汽大众迈腾电动座椅电路如图 9-10 所示,各部件代号、名称见表 9-15。

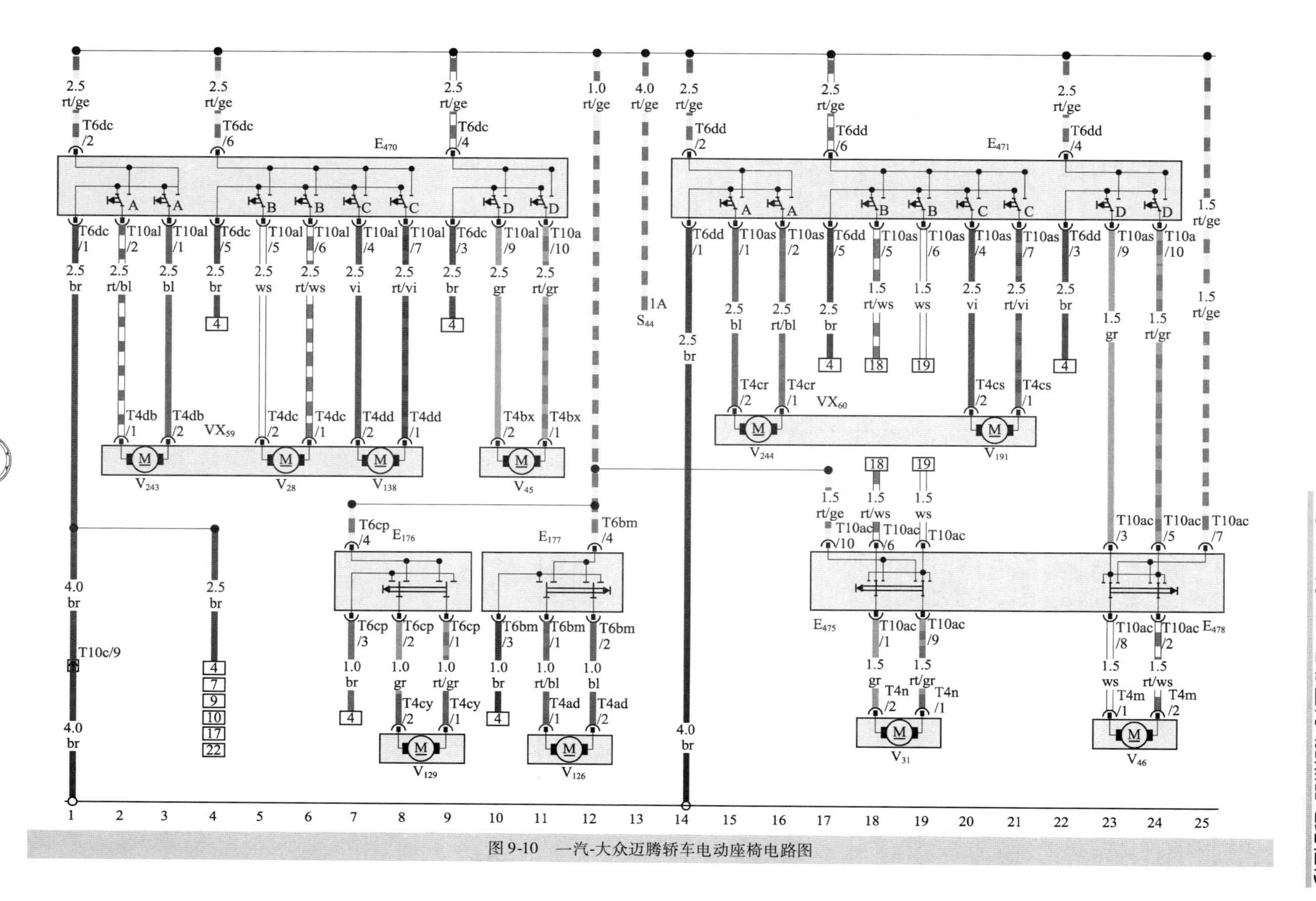

图9-10　一汽-大众迈腾轿车电动座椅电路图

一汽-大众迈腾电动座椅电路图中各部件代号和名称　　表 9-15

序号	代号	名　称	序号	代号	名　称
1	E176	左前腰部支撑调节开关	21	T4dc	4 芯插头连接器
2	E177	右前腰部支撑调节开关	22	T4dd	4 芯插头连接器
3	E470	左前座椅调整操纵单元	23	T4m	4 芯插头连接器
4	E471	右前座椅调节装置操纵单元	24	T4n	4 芯插头连接器
5	E475	后部扶手右前座椅前后位置调节开关	25	T6bm	6 芯插头连接器
6	E478	后部扶手右前座椅的靠背调节开关	26	T6cp	6 芯插头连接器
7	S44	左前座椅调节装置的热敏熔断丝 1	27	T6dc	6 芯插头连接器
8	T10ac	10 芯插头连接器	28	T6dd	6 芯插头连接器
9	T10al	10 芯插头连接器	29	V126	右前座椅腰部支撑调节电动机
10	T10as	10 芯插头连接器	30	V129	左前座椅腰部支撑调节电动机
11	T10c	10 芯插头连接器，左前座椅下方	31	V138	左前座椅高度调节电动机
12	T10d	10 芯插头连接器，右前座椅下方	32	V191	右前座椅高度调节电动机
13	T12uf	12 芯插头连接器	33	V243	左前座椅倾斜度调节电动机
14	T4ab	4 芯插头连接器	34	V244	右前座椅倾斜度调节电动机
15	T4ad	4 芯插头连接器	35	V28	左前座椅纵向调节电动机
16	T4bx	4 芯插头连接器	36	V31	右前座椅纵向调节电动机
17	T4cr	4 芯插头连接器	37	V45	左前座椅靠背调节开关
18	T4cs	4 芯插头连接器	38	V46	右前座椅靠背调节开关
19	T4cy	4 芯插头连接器	39	VX59	左前座椅椅座托架
20	T4db	4 芯插头连接器	40	VX60	右前座椅椅座托架

二、组 织 实 践

(一)工作任务

电动座椅检修,包括各电动机的试验、开关总成的检测及开关各挡位检测。

(二)实践操作目标

(1)诊断电动座椅/加热器的故障及原因,并正确排出故障。
(2)通过检测或试验判断电动座椅/后视镜工作是否正常。
(3)通过实践操作,进一步加深对电动座椅/加热器结构和工作过程的理解。

(三)实践准备

1. 实践操作所用的设备

实训用带电动座椅/加热器的车辆(建议用常见的丰田轿车、大众轿车)、蓄电池、工作台等。

2. 实践操作所用工量具和材料

干净的抹布，常用工具，汽车用数字万用表，试灯，导线，导线夹，汽车电路图册，汽车维修手册。

(四)技术要求与注意事项

(1)分清前后、左右、上下方向等。

(2)使用电路图册时，要注意避免破损，电路图应与使用车型相对应。

(3)一般来说，汽车蓄电池电源线搭铁电压为12V，发电动机正常输出电压不超过14V。

(4)注意电气线路在操作过程中的短路。

(5)不能使用大功率试灯。

(五)操作步骤及方法

1. 对汽车电动座椅系统进行故障诊断和排除

(1)你用的是什么型号的汽车完成这个工作？________________________________

____

(2)观察该车电动座椅系统，其结构组成为：________________________________

____

(3)该车电动座椅系统每座用______个直流电动机。

(4)填写该车电动座椅系统工作时的电路电流走向。

电动座椅前(后)移的控制电路：

①____________→②____________→③____________→④____________

____

电动座椅上(下)移的控制电路：

①____________→②____________→③____________→④____________

____

(5)该车电动座椅系统存在______故障现象，其主要原因可能是______________

____

____

____

(6)你是怎样检查该车电动座椅系统故障的？(检查步骤)

①____

②____

③____

④____

____

____

2. 对座椅加热器进行故障诊断与排除

(1)座椅加热器系统可以加热座椅的__________和__________，分别由各自的加热开关控制，加热开关接通时，__________和__________点亮，同时对座椅的__________和__________进行加热。加热温度为__________。

(2)参照电路图，识别座椅加热器中导线，列出它们在车上的位置，完成表 9-16。

座椅加热器开关接线登记表　　表 9-16

1. 驾驶侧座椅加热器		
孔位	导线颜色	相连接的电器或线路
(1)		
(2)		
(3)		
(4)		
2. 前乘客侧座椅加热器		
孔位	导线颜色	相连接的电器或线路
(1)		
(2)		
(3)		
(4)		

(3)座椅加热器呈现的故障现象是____________________。

(4)你对该座椅加热器故障的诊断步骤是____________________。

(5)该座椅加热器故障点是____________________。

(6)该座椅加热器故障排除方法是____________________。

3. 工作小结

完成上面的工作过程实践作业后，你认为哪些知识对于你诊断电路故障有所帮助？

三、学 习 拓 展

日本某公司开发出了可利用 1 个电动机上下、前后移动座椅，从而改变靠背角度的电动座椅。其特点是轻便、便宜。

普通电动座椅要想实现同样的调整，需要使用 3 个电动机。而这款开发的电动座椅品比普通座椅轻百分之十几，成本也更低。

这款电动座椅是组合 4 个主要机构实现的，分别为用手拨动的旋钮、离合机构、电动机机构及扭缆机构。传递电动机驱动力的扭缆机构有 3 个，分别对应 3 种方向的调整。

其中，至关重要的是离合机构，这个机构起到将 3 个扭缆机构与电动机机构连接起来或分开的作用。首先，用手拨动设在座面一旁的旋钮。这时，离合机构上下移动，可以选择目标动作对应的扭缆机构。选中的扭缆机构与电动机机构通过齿轮啮合，可通过扭缆将驱动力传递给前后移动座面的部位。

离合机构的上下移动是通过安装在旋钮上的小齿轮与离合机构的齿条啮合来实现的。之所以能由此选择扭缆机构，是因为平板状离合机构的轮廓部分有小沟，总有 1 个扭缆机构的端部销子卡在沟中。当某个销子嵌入沟中时，其余两个就会从沟中脱离出来。扭缆机构的端部除嵌入沟中的树脂销子外，还带有锥齿轮。当销子嵌入沟中时，锥齿轮与电动机侧的锥齿轮啮合，可以将电动机的驱动力传递给扭缆。扭缆机构始终通过弹簧挤压在离合机构上。当销子脱离沟槽时，锥齿轮不啮合。

这款电动座椅具有轻便、便宜的优点，但缺点是只支持 3 级调整。最近的高档车越来越多地采用 4 级调整电动座椅，除了座面上下、前后移动，靠背放倒抬起之外，座面前侧附近还可上下移动。日本将面向汽车厂商展开营销，使这种座椅配备到目前配备手动座椅的低价格小型车及轻型汽车等车型。

四、评价与反馈

1. 自我评价与反馈

(1)能否主动参与工作现场的清扫、清洁、整理、整顿等工作？(　　)

A. 主动完成　　B. 被动完成　　C. 未完成

(2)完成本学习任务后，你对《汽车维修手册》等资料的使用是否快速和规范？(　　)

A. 快速规范　　B. 规范但不熟练　　C. 不会使用

(3)你能否正确规范地完成汽车仪表系统常见故障的检修？(　　)

A. 独立完成　　B. 小组合作完成　　C. 老师指导下完成

(4)你是否掌握了电动座椅/电动后视镜常见故障的诊断流程？(　　)

A. 完全掌握　　B. 部分掌握　　C. 基本掌握

(5)完成前面的学习任务之后，你对汽车电动座椅/电动后视镜常见故障检修有哪些体会？

____

____

(6)下次遇到类似的学习任务,应如何改善以提高学习效率?

____

____

____

(7)其他补充。

____

____

____

签名:________ ________年________月________日

2. 小组评价

(1)实践操作中边学边做边记的情况如何?(　　)

A. 操作认真,能做必要的记录　　B. 操作认真但未记录

C. 在老师指导下操作　　D. 不会做更不会记录

(2)是否主动参与小组讨论?(　　)

A. 主动参与　　B. 被动参与　　C. 未参与

(3)是否完成了本学习任务的学习目标?(　　)

A. 完成且效果好　　B. 完成但效果不好　　C. 未完成

(4)是否积极学习,不懂的问题是否积极向别人请教,是否积极帮助他人学习?(　　)

A. 积极学习　　B. 积极请教　　C. 积极帮助他人　　D. 全部不积极

(5)是否按“5S”规范进行操作?(　　)

A. 按“5S”规范　　B. 按“5S”规范未做好

C. 不规范　　D. 不按“5S”规范

(6)实践操作是否有收获,操作过程中是否有危险?(　　)

A. 收获大,无危险　　B. 收获大,危险大

C. 无收获,无危险　　D. 无收获,危险大

(7)其他补充。

____

____

____

参与评价的同学签名:________ ________年________月________日

3. 教师评价及答复

____

____

____

教师签名:________ ________年________月________日

五、技 能 考 核

汽车电动座椅检修考核评分标准见表 9-17。

汽车电动座椅检修考核评分标准　　表 9-17

序号	项目	操 作 内 容	规定分值	评 分 标 准	得分
1	准备	清点工具、清理工位	4 分	酌情扣分	
		被检查对象的外观检查	4 分	检查不正确扣 1 ~ 4 分	
		检查电源开关	3 分	检查不正确扣 1 ~ 3 分	
2	汽车电动座椅的拆卸	外观检查万用表等工具	3 分	酌情扣分	
		拆卸电动座椅	5 分	操作不正确扣 1 ~ 5 分	
		装配电动座椅	5 分	操作不正确扣 1 ~ 5 分	
		拆装顺序	5 分	操作不正确扣 1 ~ 5 分	
3	汽车电动座椅检修与故障分析	表笔触试点的确定	5 分	不正确扣 1 ~ 5 分	
		检查电动座椅电动机	5 分	检查不正确扣 1 ~ 5 分	
		检查电动座椅传动机构	5 分	检查不正确扣 1 ~ 5 分	
		检查电动座椅开关	5 分	检查不正确扣 1 ~ 5 分	
		检查电动座椅相关部件	5 分	检查不正确扣 1 ~ 5 分	
		检查线路连接情况	5 分	检查不正确扣 1 ~ 5 分	
		故障分析	5 分	分析不正确扣 1 ~ 5 分	
4	回答问题	座椅电动机检修应注意什么?	5 分	不正确扣 1 ~ 5 分	
		开关检修应注意什么?	5 分	不正确扣 1 ~ 5 分	
		你检修控制电路方法是什么?	5 分	不正确扣 1 ~ 5 分	
5	完成时限	20min	10 分	超时 1 ~ 5min 扣 1 ~ 5 分 超时 5min 以上扣 10 分	
6	安全文明	无安全隐患,无不文明操作	5 分	未达标扣 1 ~ 5 分	
7	结束	工具、量具清洗、归位	3 分	漏一项扣 1 ~ 3 分	
		工作场地清洁	3 分	不彻底扣 1 ~ 3 分	
总分			100 分		

学习任务十　中控及防盗系统检修

任务要求

完成本学习任务后，你应能：

1. 叙述汽车中央控制门锁系统作用、结构组成；
2. 叙述汽车防盗系统作用、结构组成；
3. 概括汽车中央控制门锁、防盗系统特点；
4. 明确汽车中央控制门锁、防盗系统检修步骤；
5. 正确检修汽车中央控制门锁、防盗系统零部件；
6. 简单分析汽车中央控制门锁、防盗系统常见故障及原因。

建议学时：12 学时

任务描述

一辆 2013 款丰田卡罗拉 1.6LGL 型轿车行驶至 8 万 km 时，出现汽车中央控制门锁不灵的故障(让所有车门都打开时其中右后车门锁有时不能打开)，车开到专业维修站，通过对汽车中央控制门锁系统的故障诊断，并进行分析、检测、试验等，发现故障点就是该门的门锁电动机行程受到限制，经过维修和更换相关元器件，排除了故障。

一、理论知识准备

(一)中央集中控制门锁

为了方便驾乘人员开、关车门，现代大部分轿车安装了中央集中控制门锁系统。

中央集中控制门锁可实现以下功能：驾驶人可以在锁止或打开驾驶侧车门的同时，锁止或打开其他车门(其锁止或解锁的方式可以是用钥匙方式和遥控方式等)，在车室内个别车门需打开时，可分别打开各自的门锁；可以配合防盗系统，实现车辆防盗。

1. 中控门锁的组成

中控门锁系统一般由门锁控制开关、钥匙控制开关、门锁总成、行李舱门开启器及门锁控制器组成，各部件所在位置如图 10-1 所示。

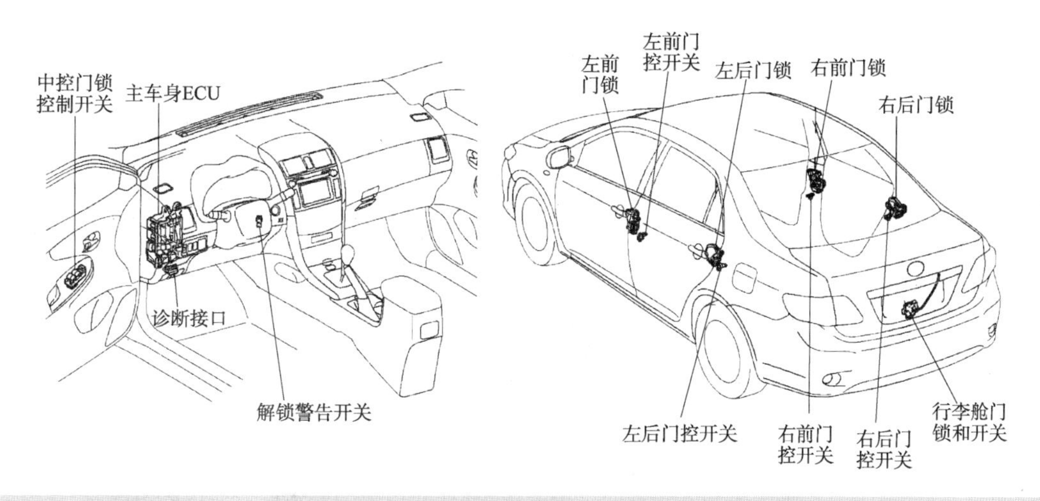

图 10-1　卡罗拉轿车中控门锁部件位置示意图

1）门锁控制开关

门锁控制开关装在驾驶人前门内侧的扶手上，有些车也安装在驾驶人右侧变速器附近，通过门锁控制开关可以同时锁止和打开所有的车门。

2）门锁总成

门锁总成主要由门锁传动机构、门锁位置开关和门锁壳体等组成，如图 10-2 所示。

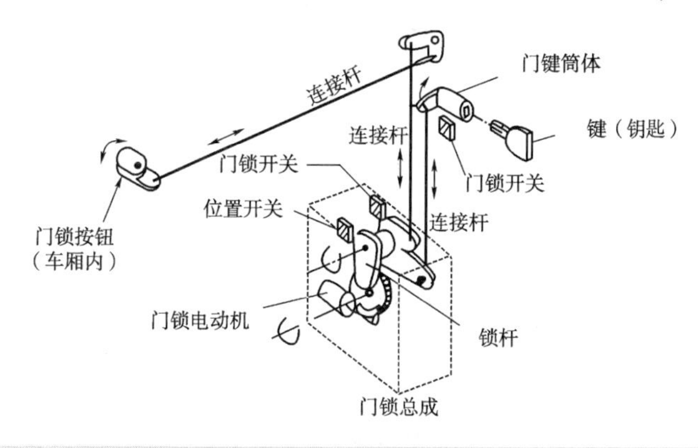

图 10-2　门锁机构示意图

门锁传动机构由电动机、蜗轮和齿轮等组成。当门锁电动机转动时，蜗杆带动蜗轮转动，蜗轮推动锁杆，车门被锁止或打开，然后蜗轮在复位弹簧的作用下返回原位置，防止操纵门锁按钮时电动机工作。

门锁位置开关位于门锁总成内，用来检测车门的开闭情况。它由一个触点片和一个开关底座组成。当锁杆推向锁门位置时，位置开关断开；推向开门位置时，位置开关接通。当车门关闭时，位置开关断开；反之，位置开关接通。

3）钥匙操纵开关

钥匙操纵开关装在前门的钥匙门上，当从外面用钥匙开门或关门时，钥匙操纵开关便发出开门或锁门的信号给门锁控制 ECU 或门锁控制继电器。钥匙操纵开关位置如

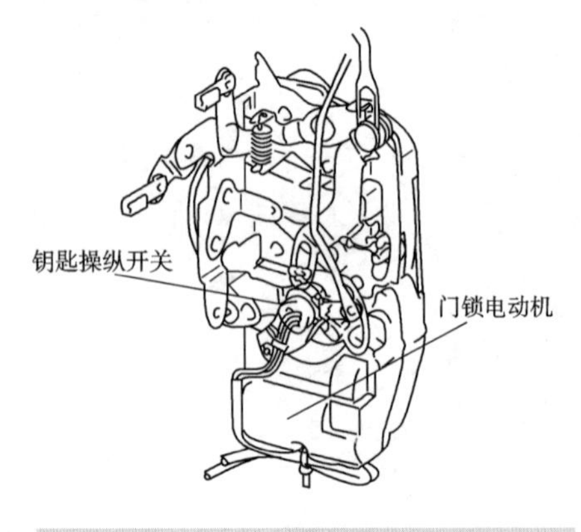

图 10-3 钥匙操纵开关位置

图 10-3 所示。

4)行李舱门开启器开关

该开关一般位于仪表板下面或驾驶人座椅左侧车厢底板上,拉动此开关便能打开行李舱门,如图 10-4 所示。行李舱门锁靠近其开启器,推压钥匙门锁,断开行李舱内主开关,此时拉开启器开关也不能打开行李舱门。将钥匙插进钥匙门锁内顺时针旋转打开钥匙门锁,主开关接通,这样便可用行李舱门开启器打开行李舱。行李舱门锁止还设置有一个报警开关,行驶过程若行李舱开启时应警报,如图 10-4 所示。

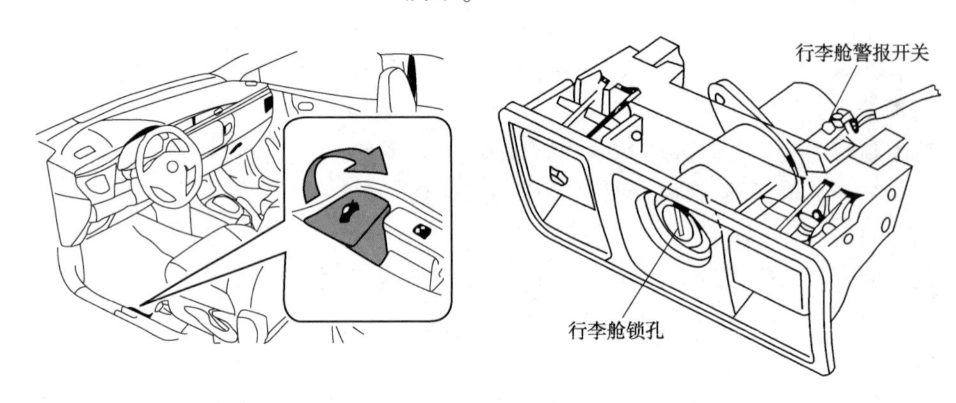

图 10-4 行李舱门开启器开关和行李舱门锁

5)行李舱门开启器

行李舱门开启器装在行李舱门上,由轭铁、插棒式铁芯、电磁线圈和支架组成,如图 10-5 所示。当电磁线圈通电时,插棒式铁芯将轴拉入并打开行李舱门。线路断路器用以防止电磁线圈因电流过大而过热。

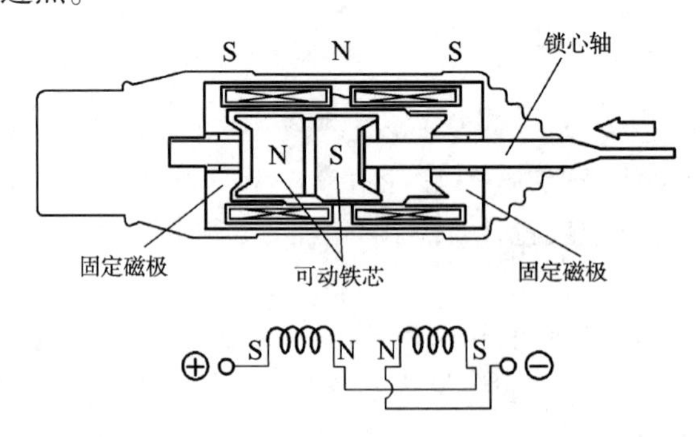

图 10-5 行李舱门开启器

6)门控开关

门控开关用来检测车门的开闭情况。车门打开时,门控开关接通,门控灯会亮;车门关闭时,门控开关断开,门控灯会熄灭。安装位置和外形如图 10-6 所示。

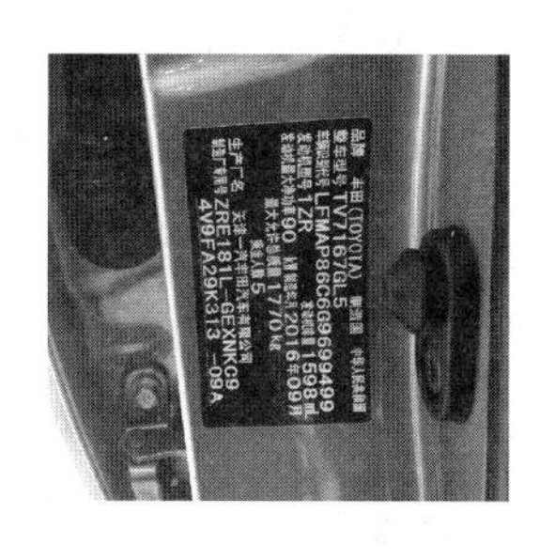
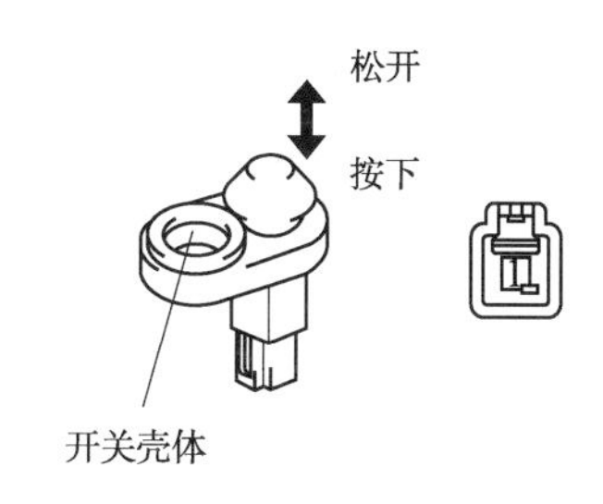

图 10-6　门控开关

7)执行元件

执行元件一般为电动机或电磁铁。电磁铁式工作噪声大,且频繁地开关振动,易使其在车门内部支架上变松,与金属门的连接断开不能正常工作。为降低噪声,提高可靠性,现代轿车一般采用电动机。

2. 门锁控制器及中控门锁的工作原理

门锁控制器的形式较多,常见的有继电器式、集成电路-继电器式、电脑(ECU)控制式。

(1)继电器控制的中控门锁系统。

继电器控制的中控门锁系统电路如图 10-7 所示。当用钥匙转动锁芯时,若门锁开关中的开启触点闭合,则电流经过蓄电池的正极→熔断器→解锁继电器线圈→门锁开关→搭铁,解锁继电器开关闭合,门锁电动机通电运转,四个车门锁同时打开——解锁。若门锁开关中的锁止触点闭合,则锁止继电器通电使其开关闭合,四个车门同时锁止——锁门。

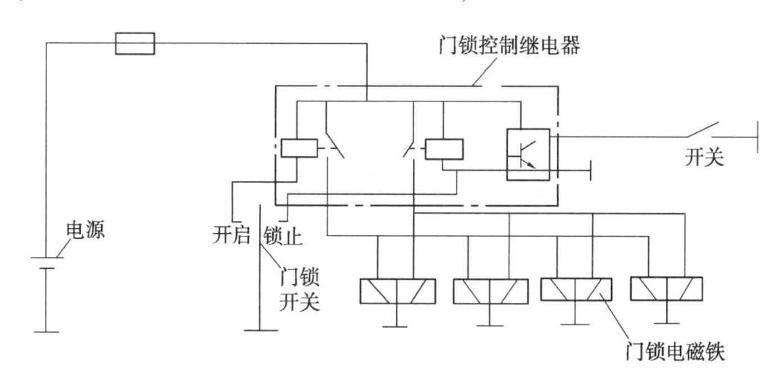

图 10-7　门锁继电器控制的中控门锁电路

(2)集成电路-继电器控制的中控门锁系统。

集成电路-继电器控制的中控门锁系统控制电路如图 10-8 所示。门锁控制器由一块集成电路和两个继电器组成,集成电路可以根据各种开关发出的信号来控制两个继电器的工作。此电路中的 D 和 P 代表驾驶人侧和副驾驶人侧。

①用门锁控制开关锁门和解锁。

a. 锁门。简单说:门控开关锁门→控制器→电动机锁门。将门锁控制开关推向锁门(LOCK)一侧时,门锁继电器的端子 10 通过门锁控制开关搭铁,晶体管 Tr_1 导通,电流流至 1 号继电器线圈,1 号继电器开关闭合,2 号继电器开关闭合断开,电流正向流至门锁电动机,所有车门均被锁止,电路控制过程如图 10-8 所示。

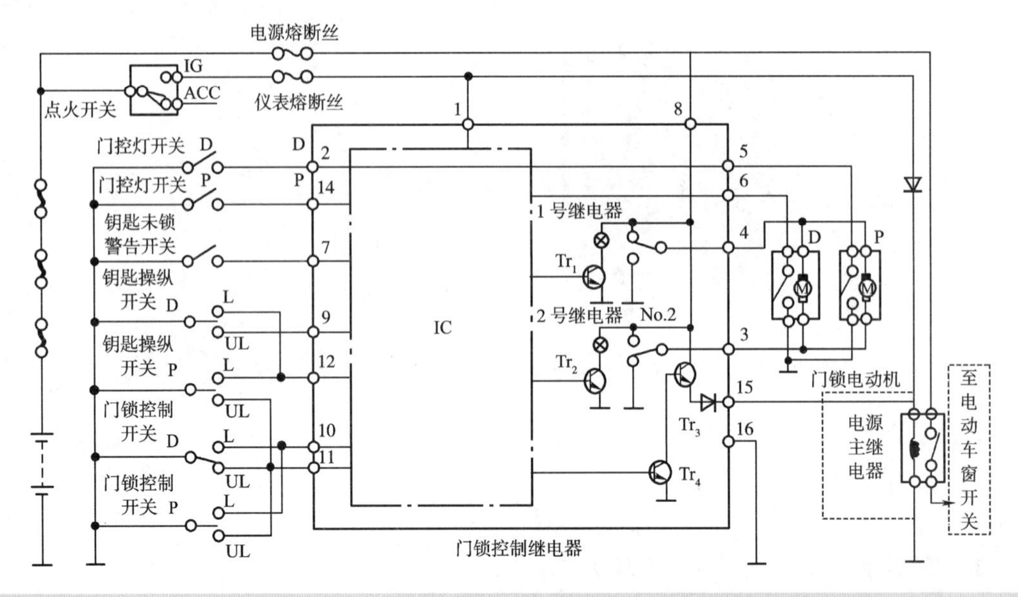

图 10-8　集成电路-继电器控制的中控门锁锁止电路

b. 解锁。简单说:门控开关解锁→控制器→电动机解锁。将门锁控制开关推向解锁(UNLOCK)一侧时,门锁继电器的端子 11 通过门锁控制开关搭铁,晶体管 Tr_2 导通,电流流至 2 号继电器线圈,2 号继电器开关闭合,1 号继电器开关闭合断开,电流反向通过门锁电动机,所有车门锁均被打开。电路控制过程如图 10-9 所示。

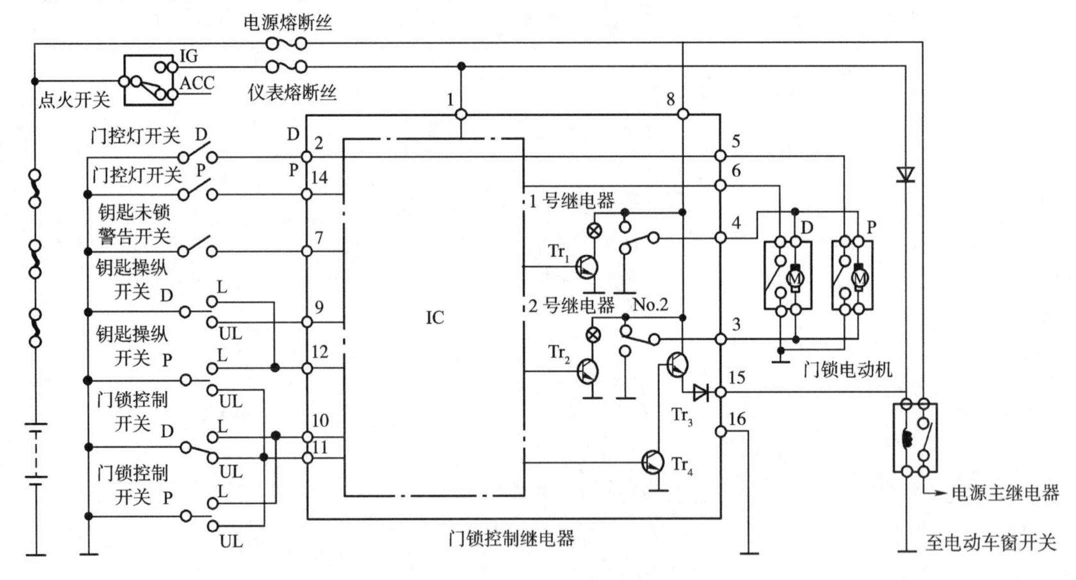

图 10-9　集成电路-继电器控制的中控门锁解锁过程

②用钥匙操纵开关锁门和解锁:

a. 锁门。简单说:钥匙锁门→控制器→电动机锁门。将钥匙操纵开关转向锁门一侧时,门锁继电器的端子 16 通过门锁控制开关搭铁,晶体管 Tr_1 导通,电流流至 1 号继电器线圈,1 号继电器开关闭合,电流流至门锁电动机,所有车门均被锁止,电路控制过程如图 10-8 所示。

b. 解锁。简单说:钥匙解锁→控制器→电动机解锁。将钥匙操纵开关推向解锁一侧时,门锁继电器的端子 9 通过门锁控制开关搭铁,晶体管 Tr_2 导通,电流流至 2 号继电器线圈,2 号继电器开关闭合,电流反向通过门锁电动机,所有车门均被打开。电路控制过程如图 10-9 所示。

(3)电脑控制的中控门锁系统。

使用防盗和中控门锁 ECU 的控制电路,如图 10-10 所示。

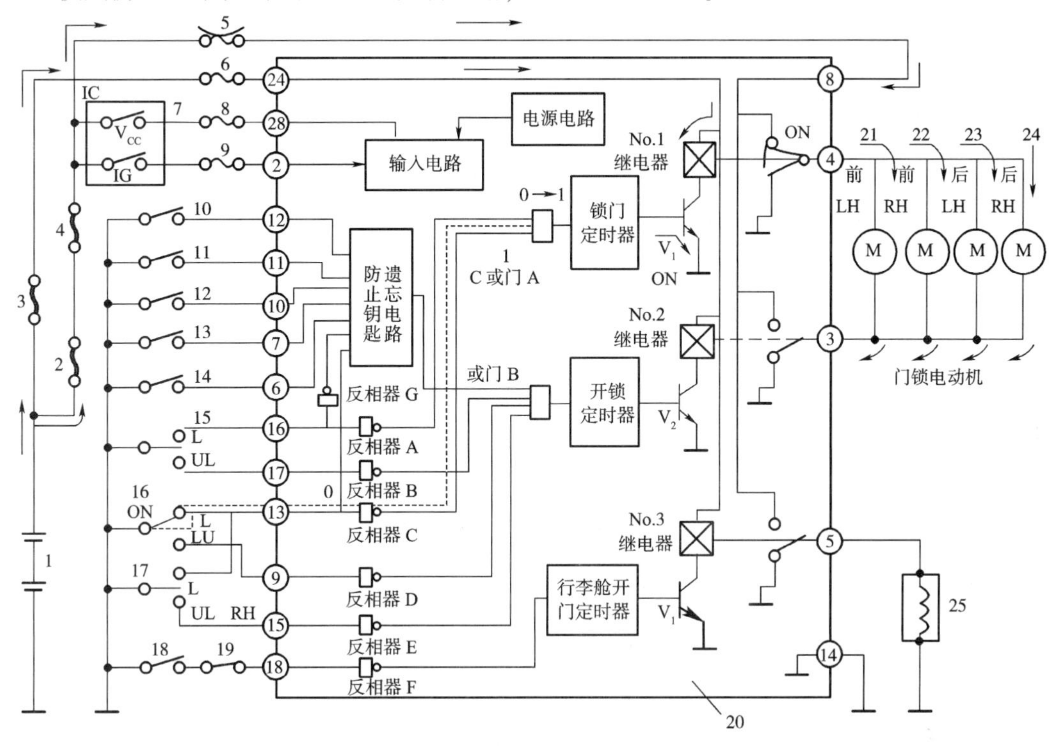

图 10-10　电脑控制的中控门锁控制电路

1-蓄电池;2-熔断器(ALT);3-熔断器(MAIN);4-熔断器(AMI);5-断路器;6-DOME 熔断丝;7-点火开关;8-CIG(点烟器);9-ECU-LG 熔断丝;10-左前门锁开关;11-右前门锁开关;12-左前位置开关;13-右前位置开关;14-钥匙解锁警报开关;15-门锁控制开关(双投);16-左前钥匙控制开关;17-右前钥匙控制开关;18-行李舱门开启器开关;19-主开关;20-防盗和门锁控制 ECU;21-左前门锁电动机;22-右前门锁电动机;23-左后门锁电动机;24-右后门锁电动机;25-行李舱门开启器电磁阀

①用钥匙锁门和解锁。

a. 锁门。简单说:钥匙锁门→ECU→电动机锁门。当把钥匙插入驾驶人侧或副驾驶人侧门锁的锁芯并向锁门方向转动时,钥匙控制开关将锁门侧接通,则 ECU 端子 13 和搭铁相通,相当于开关向 ECU 输入锁门信号。此信号经过反相器 C、或门 A、锁门定时器,使晶体管 VT_1 导通,则继电器 No. 1 通电。电流通过继电器线圈的电路为:蓄电池→熔断器→断路器→ECU 的端子 24→继电器 No. 1 的电磁线圈→晶体管 VT_1→搭铁。

继电器 No. 1 号通电使其触点闭合,接通了门锁电动机电路。电路为:蓄电池→熔断器→断路器→ECU 的端子 8→继电器 No. 1 接通的触点→ECU 的端子 4→门锁电动机→ECU 的端子 3→继电器 No. 2 搭铁触点→搭铁→蓄电池负极。

b. 解锁。简单说:钥匙解锁→ECU→电动机解锁。当把钥匙插入驾驶人侧或副驾驶人侧门锁的锁芯并向解锁方向转动时,钥匙控制开关将解锁接通,则ECU端子9与搭铁之间相通,相当于开关向ECU输入个解锁请求信号。此信号经过反相器D、或门B、解锁定时器,使晶体管VT_2导通,则继电器No.2电磁线圈通电,触点闭合,接通了门锁电动机电路。电路为:蓄电池→熔断器→断路器→ECU的端子8→继电器No.2接通的触点→ECU的端子3→门锁电动机→ECU的端子4→继电器No.1搭铁触点→搭铁→蓄电池负极。

②用门锁控制开关锁门和解锁。

a.锁门,简单说:门控开关锁门→ECU→电动机锁门。将驾驶人侧或副驾驶人侧门锁控制开关推向锁止(LOCK)位置时,防盗和门锁ECU的端子16与搭铁之间接通,即开关向ECU输入一个锁门请求信号。此信号经过反相器A、或门A、锁门定时器,使晶体管VT_1导通,则继电器No.1电磁线圈通电,电流电路为:蓄电池→熔断器→断路器→ECU的端子24→继电器No.1的电磁线圈→晶体管VT_1→搭铁。

继电器触点闭合,接通了门锁电动机电路。电路为:蓄电池→熔断器→断路器→ECU的端子8→继电器No.1接通的触点→ECU的端子4→门锁电动机→ECU的端子3→继电器No.2搭铁触点→搭铁→蓄电池负极。门锁电动机转动,将四个门锁全部锁止。

b.解锁,简单说:门控开关解锁→ECU→电动机解锁。当将驾驶人侧或副驾驶人侧门锁控制开关推向解锁(UNLLCK)位置时,防盗和门锁电脑的端子17与搭铁之间接通,相当于向ECU输入个解锁请求信号。此信号经过反相器B、或门A、解锁定时器,使晶体管VT_2导通,则继电器No.2电磁线圈通电,电流通过继电器线圈的电路为:蓄电池→熔断器→断路器→ECU的端子24→继电器No.2→晶体管VT_2→搭铁。

继电器No.2触点闭合,接通了门锁电动机电路。电路为:蓄电池→熔断器→断路器→ECU的端子8→继电器No.2接通的触点→ECU的端子3→门锁电动机→ECU的端子4→继电器No.1搭铁触点→搭铁→蓄电池负极。

③行李舱门锁的控制。当主开关和行李舱门锁开关接通时,防盗门锁电脑的端子18与搭铁之间接通,即向电脑输入一个行李舱解锁请求信号。此信号经过反相器F和行李舱解锁定时器,晶体管VT_3导通,则继电器No.3电磁线圈通电。电流通过继电器线圈的电路为:蓄电池→熔断器→断路器→ECU的端子24→继电器No.3→晶体管VT_3→搭铁。

继电器No.3线圈通电使其触点闭合,接通了行李舱门锁电磁线圈的电路。电路为:蓄电池→熔断器→断路器→ECU的端子8→继电器No.3接通的触点→ECU的端子5→行李舱门锁电磁线圈→搭铁→蓄电池负极,从而使行李舱门锁打开。

④防止点火钥匙锁入车内。若驾驶人未从点火开关中拔出点火钥匙便打开前车门,准备离开,由于前车门打开而点火开关未拔出,门锁开关和钥匙警告开关均保持接通状态,并将信号送给电脑的防止钥匙遗忘电路。此时,当按下门锁按钮(或门锁控制开关)锁门时,门立即被锁止,但位置开关(或门锁控制开关)经电脑的端子10(或16),将一信号送给防止钥匙遗忘电路,再经反向器D、或门B、解锁定时器到晶体管VT_2,晶体管VT_2导通,继电器No.2电磁线圈通电,因而使所有门锁打开。

3.遥控门锁系统

遥控门锁控制系统又称无钥匙进入系统。它为驾驶人提供了一个打开门锁的方便手段,如进行远距离遥控操作、夜间或黑暗中开门、锁门。同时,此系统还可以提供除中央控制门锁功能以外的其他相关功能,如行李舱、灯光和喇叭控制等功能。遥控门锁系统使正常开启和非法侵入的操作途径分离开来,合法使用者可通过射频遥控进行操作享受它的便捷和舒适,而非法侵入者却只能面对坚固的机械机构束手无策。

(1)遥控门锁的基本原理。

如图10-11所示,遥控器发出微弱电波,由车辆天线接收,ECU识别送信代码,使上锁、解锁的执行元件进行工作。

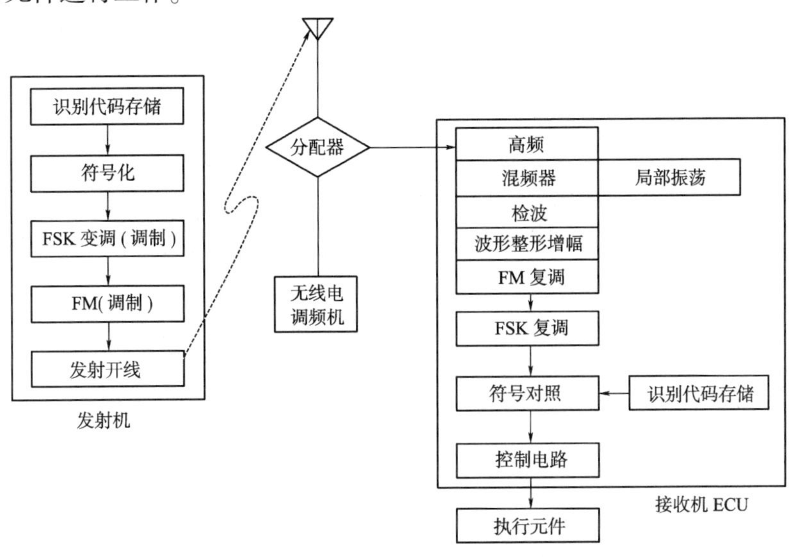

图10-11　遥控锁基本工作原理简图

(2)遥控器。

一体式遥控器,如图10-12所示。遥控器与车钥匙制成一体,在键板上与送信电路组成一体。从识别代码存储回路到FSK调制回路,采用了单芯片集成电路而使体积小型化,在电路板的相反一侧装有一般市场上出售的纽扣3V锂电池。

使用时应注意发射开关每按1次,就进行发送,在接收机一侧就接收一次上锁或解锁指令。

分体式遥控器如图10-13所示。它将信号送给位于仪表板上的遥控车门锁接收器上,经其判断后,再将该信号送入车身控制模块(BCM)。其操作范围是1~9m。它具有闭锁、解锁、打开行李舱的功能,有些还有使喇叭鸣响、车内灯启亮、车辆前照灯启亮的功能。

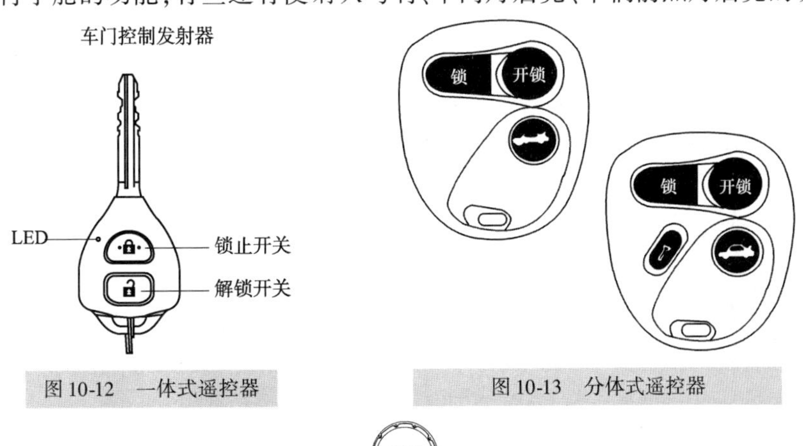

图10-12　一体式遥控器　　图10-13　分体式遥控器

4. 中控门锁的检修

各个车型的中控门锁电路有区别,在检修时要结合具体车型的维修手册进行。各车型中控门锁检修方法和检修部位基本相似。丰田卡罗拉轿车的中控门锁系统部件位置如图10-1所示,电路图如图10-14所示。

1)基本检查

(1)检查驾驶人车窗上锁和解锁开关。

手动操作,将锁止开关转至LOCK位置时所有车门锁止,转至UNLOCK位置时所有车门解锁。

(2)检查钥匙解锁和上锁功能。

使用机械钥匙将驾驶人侧车门锁芯转至LOCK位置时,检查并确认所有车门锁止。转至UNLOCK位置时所有车门解锁。

(3)检查防止电子钥匙锁在车内的功能(带智能上车和起动系统)。

为了防止电子钥匙真的被锁在车内,执行以下检查时应打开驾驶人侧门窗。

将电子钥匙放在车厢内,打开驾驶人侧车门,将驾驶人车门的门锁按钮或者门控开关转至LOCK位置,然后关闭驾驶人侧车门,检查并确认所有车门解锁。

(4)检查防止钥匙锁在车内的功能(不带智能上车和起动系统)。

为了防止钥匙被锁在车内,执行以下检查时应打开驾驶人侧门窗。

将钥匙插入点火锁芯中,打开驾驶人侧车门,检查并确认所有车门在驾驶人侧车门的门锁按钮转至LOCK位置后能立即解锁。

打开驾驶人侧车门,检查并确认所有车门在门控开关、手动操作开关转至LOCK位置后能立即解锁。

打开驾驶人侧车门,将驾驶人车门的门锁按钮转至LOCK位置,关闭驾驶人侧车门。然后检查并确认所有车门解锁。

(5)检查安全功能(带智能上车和起动系统)。

打开驾驶人侧车窗,然后关闭所有车门,以便门控开关能从车外操作。

将电子钥匙或机械钥匙(遥控器)拔出,打开驾驶人侧车门,然后使用电子钥匙或机械钥匙(遥控器)关闭并锁止车门。在这种情况下,检查并确认当从车外将门控开关(手动操作)转到UNLOCK位置时,所有车门不解锁。

拔出电子钥匙或机械钥匙,通过机械钥匙操作关闭并锁止驾驶人侧车门。在这种情况下,检查并确认当从车外将门控开关手动操作转到UNLOCK位置时,所有车门不解锁。

(6)检查照明功能。

将车厢照明灯开关置于DOOR位置。锁止所有车门,检查并确认使用钥匙将驾驶人侧门锁锁芯转至解锁位置后,驾驶人侧车门解锁。同时,车厢照明灯亮起。

如果车门没有打开,检查并确认车厢照明灯在大约15s内关闭。

(7)检查自动锁止功能(带智能上车和起动系统)。

锁止所有车门,使用电子钥匙解锁驾驶人侧车门;保持所有车门关闭,且不接触电子钥匙开关和上车解锁开关30s。然后,检查并确认所有车门自动锁止。

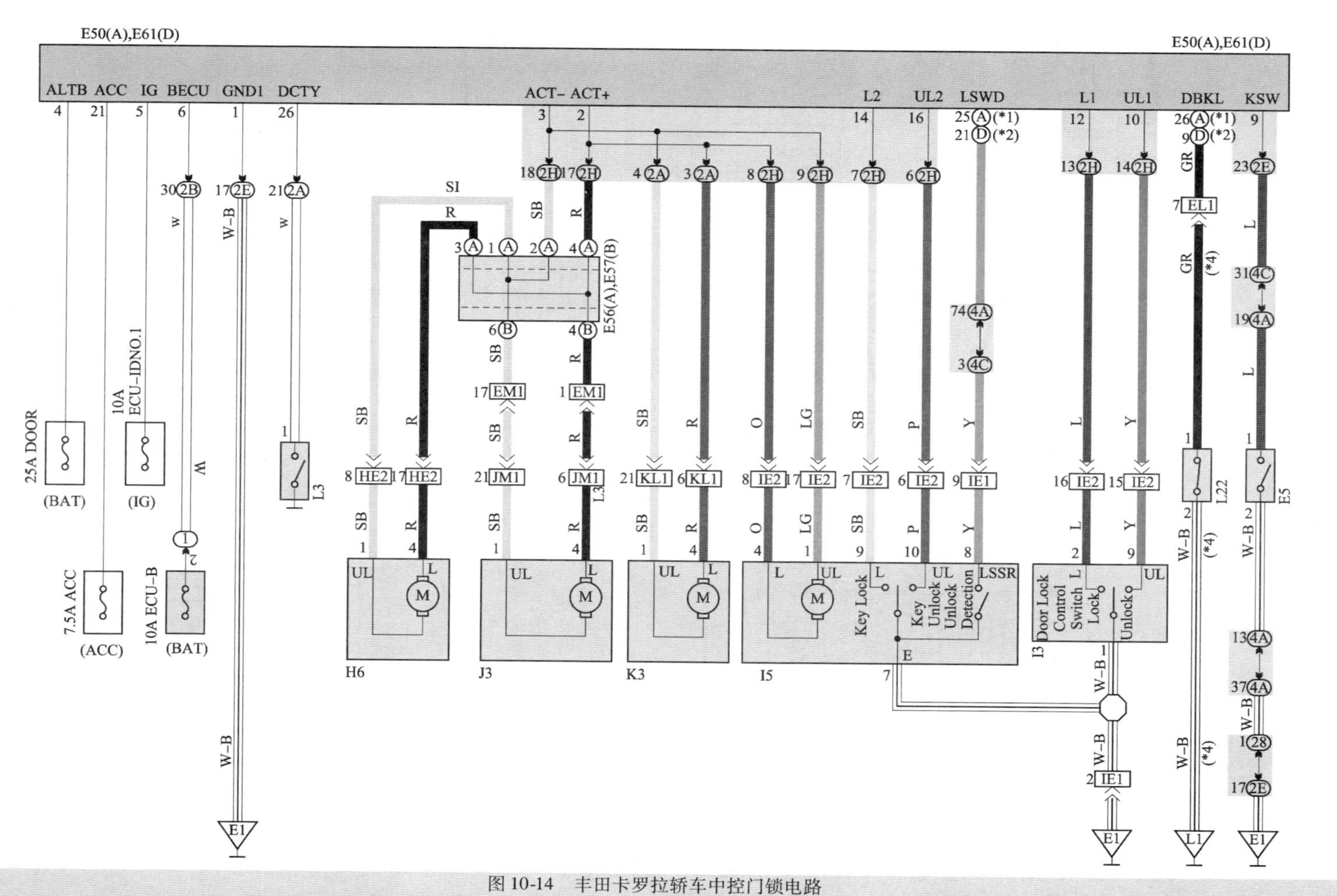

图 10-14　丰田卡罗拉轿车中控门锁电路

E5-门控解锁警告开关;E50-主车身 ECU 连接器 A;E61-主车身 ECU 连接器 D;H6-右前门锁电动机;I3-门锁控制开关;I5-门锁钥匙开关;J3-右后门锁电动机;K3-左后门锁电动机;L3-左前门控灯开关;L22-左前门控灯开关

2)主车身 ECU 和其连接器检查

主车身 ECU 与仪表板接线盒制成一体,位于仪表台左下方,上面连接器较多,如图 10-15、图 10-16 所示。

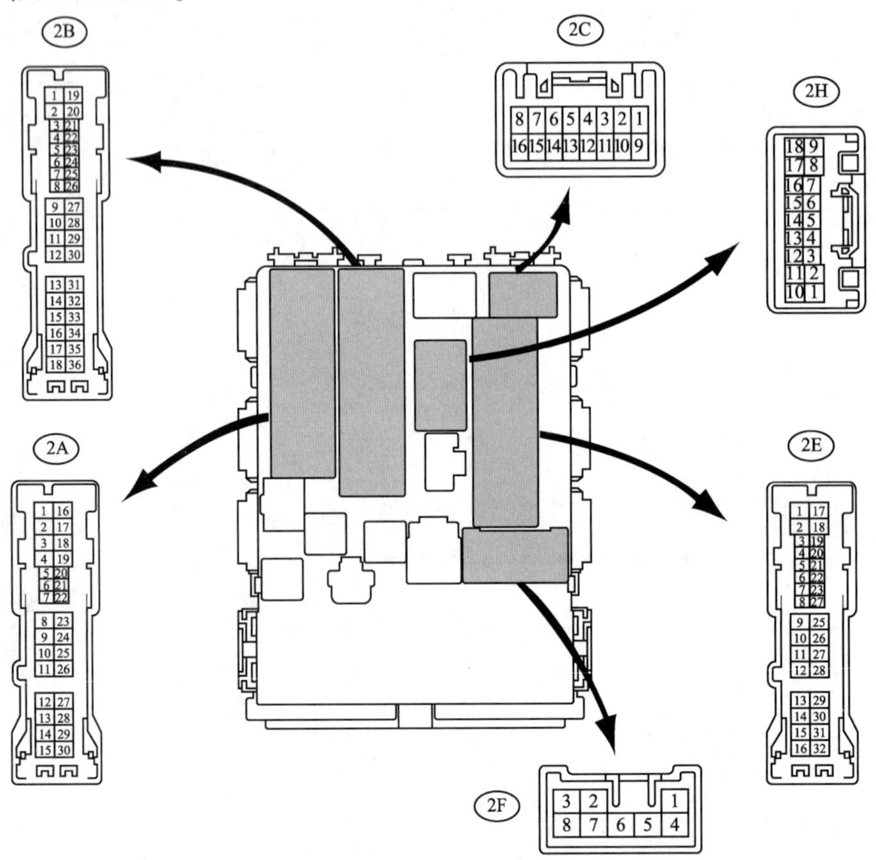

图 10-15　主车身 ECU 各连接器端子

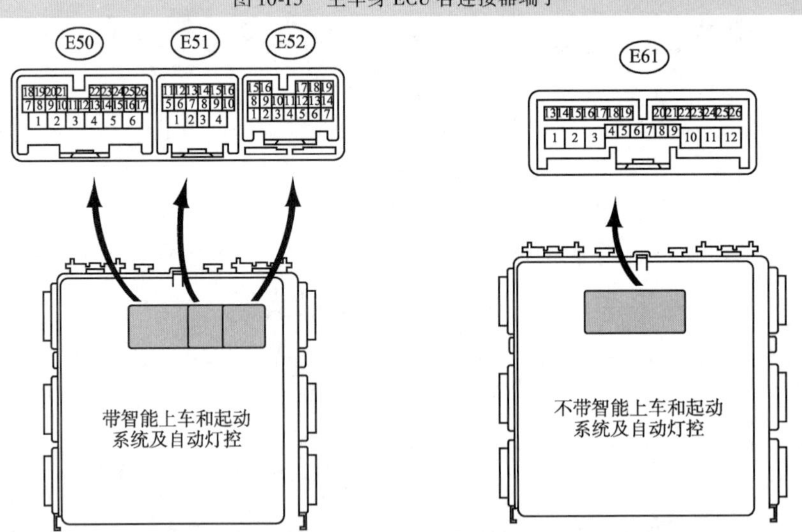

图 10-16　中控系统主车身 ECU 连接器端子位置图

进行以下检查时，确认蓄电池电压为9～14V。

(1)断开ECU连接器E50、E51、E61以及接线盒连接器2A、2B、2C、2E、2F和2H。

(2)根据表10-1中所示检测位置和标准测量电压和电阻。

中控系统主车身ECU线束侧电阻、电压检测　　表10-1

检测连接器位置	条　　件	标准状态
$2A_{21}$-车身搭铁	驾驶人车门关闭→打开	>10kΩ→<1Ω
$2E_{19}$-车身搭铁	右后车门关闭→打开	>10kΩ→<1Ω
$2E_{20}$-车身搭铁	乘客车门关闭→打开	>10kΩ→<1Ω
$E50_{8}$-车身搭铁(＊1)	左后车门关闭→打开	>10kΩ→<1Ω
$E61_{13}$-车身搭铁(＊2)		
$E51_{4}$-车身搭铁(＊1)	始终	<1Ω
$2B_{24}$-车身搭铁	点火开关ON→OFF	9～14V→<1V
$2E_{17}$-车身搭铁	始终	<1Ω
$2F_{5}$-车身搭铁	点火开关ON→OFF	9～14V→<1V
$2H_{13}$-车身搭铁	乘客车门门控开关OFF→LOCK	>10kΩ→<1Ω
$2H_{14}$-车身搭铁	乘客车门门控开关OFF→UNLOCK	>10kΩ→<1Ω
$2B_{30}$-车身搭铁	始终	9～14V

注：＊1带智能上车和起动系统及自动灯控；＊2不带智能上车和起动系统及自动灯控。

(3)如果以上结果不符合规定，应检测线束是否导通。

(4)重新连接主车身ECU连接器。

(5)按表10-2所示连接器位置和标准检测电压或电阻。

中控系统主车身ECU线束侧电压检测　　表10-2

检测连接器位置	条　　件	标准状态
$2H_{8}$-车身搭铁	门控开关(主开关或乘客侧开关)或驾驶人侧车门锁芯OFF→LOCK→OFF	<1V→9～14V→<1V
$2H_{17}$-车身搭铁		
$2A_{3}$-车身搭铁		
$2H_{9}$-车身搭铁	门控开关(主开关或乘客侧开关)或驾驶人侧车门锁芯OFF→UNLOCK→OFF	<1V→9～14V→<1V
$2H_{18}$-车身搭铁		
$2A_{4}$-车身搭铁		
$E50_{25}$-车身搭铁(＊1)	驾驶人车门UNLOCK→LOCK	<1V→9～14V(或产生脉冲)
$E61_{21}$-车身搭铁(＊2)		
$E50_{10}$-车身搭铁(＊1)	乘客车门UNLOCK→LOCK	<1V→9～14V(或产生脉冲)
$E61_{5}$-车身搭铁(＊2)		
$E52_{10}$-车身搭铁(＊1)	后门UNLOCK→LOCK	<1V→9～14V(或产生脉冲)

3)左前门锁电动机和钥匙控制开关I5的检查

(1)检查门锁钥匙开关和门控开关。

拆下左前门锁电动机和门控开关连接器I5，如图10-17所示，按表10-3所示的方法和标准检查门锁钥匙控制开关和门控开磁的导通性。

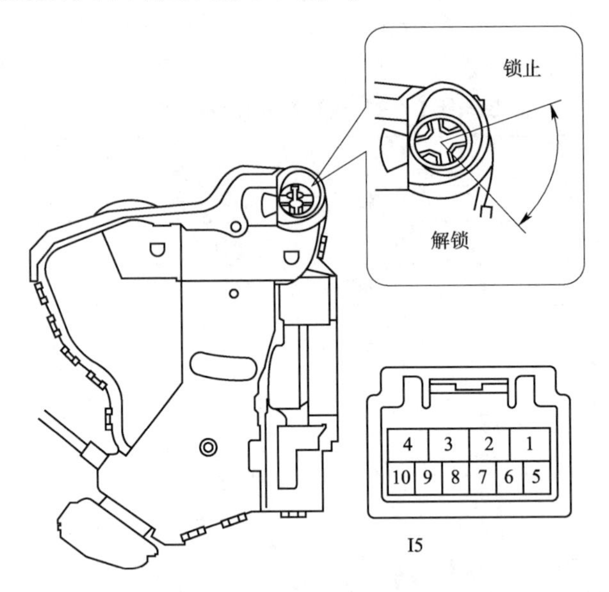

图 10-17　左前门锁电动机和开关接器连接 I5

(2)试验左前门锁电动机。

使用专用连接线将蓄电池正极接连接器 I5 端子 4,蓄电池负极接连接器 I5 端子 1,左前门锁电动机应处于上锁状态;将蓄电池正极接连接器 I5 端子 1,蓄电池负极接连接器 I5 端子 4,左前门锁电动机应处于解锁状态,见表 10-3。

左前门锁钥匙开关和电动机检测　　表 10-3

检测端子位置	开关位置	标准状态
$I5_9$-$I5_7$	Key LOCK(上锁)	导通
$I5_9$-$I5_7$-$I5_{10}$	OFF	断开
$I5_{10}$-$I5_7$	Key UNLOCK(解锁)	导通
$I5_8$-$I5_7$	Key UNLOCK(解锁)	导通
	Key LOCK(上锁)	断开
蓄电池正极(+)-$I5_4$ 蓄电池负极(-)-$I5_1$		上锁
蓄电池正极(+)-$I5_1$ 蓄电池负极(-)-$I5_4$		解锁

4)中控门锁开关总成检查

(1)中控门锁开关检查。

将中控门锁开关总成拆下,如图 10-18 所示,检查中控门锁开关 I3 通断情况,应符合表 10-4。

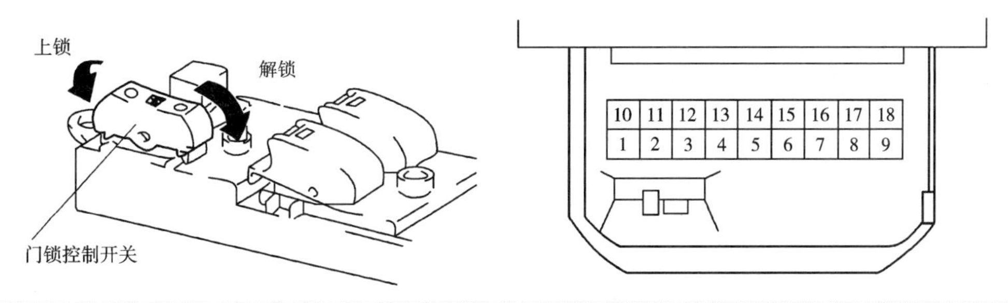

图 10-18　中控门锁控制开关及连接器 I3 端子

中控门锁电动机的检查　　表 10-4

检测连接器端子位置	开关位置或条件	标准状态
$I3_1$-$I3_2$	LOCK(上锁)	导通
$I3_1$-$I3_2$ $I3_1$-$I3_9$	OFF	断开
$I3_1$-$I3_9$	UNLOCK(解锁)	导通
短接 $I3_1$-$I3_2$		上锁
短接 $I3_1$-$I3_9$		解锁

(2)中控门锁试验。

通过短接中控门锁开关线束端连接器 I3 相应端子，试验各门锁是否能正常锁止和解锁，检查门锁电动机的工作情况，检查标准见表 10-4。

5)遥控门锁及遥控器的检修

以丰田卡罗拉轿车中控门锁为例，简要说明带遥控的中控门锁及遥控器的检修。

(1)检查遥控门锁的工作情况时应注意以下问题：

①电动门锁系统的工作正常。

②所有的车门均关闭，若有任意一个门开着，则其他的车门无法锁止。

③点火开关钥匙孔里没有钥匙。

(2)遥控器基本功能的检查。

①当钥匙上任何开关按 3 次时，检查发射器的发光二极管是否亮 3 次。若发光二极管没有闪烁，说明遥控器缺电，应按图 10-19 所示进行电池的更换。

②检查能否用遥控器锁止和打开所有的车门。

③按下 LOCK 开关时，检查警告灯应该闪烁一次，同时锁止所有的车门。

④按下 UNLOCK 开关时，检查警告灯应该闪烁两次，同时打开所有的车门。

⑤按下 PANIC(警报)开关不少于 1.5s 时，检查防盗警报器应该鸣叫，警告灯开始闪烁，再次按下 UNLOCK 开关或 PANIC 开关时，声音和闪烁应停止。

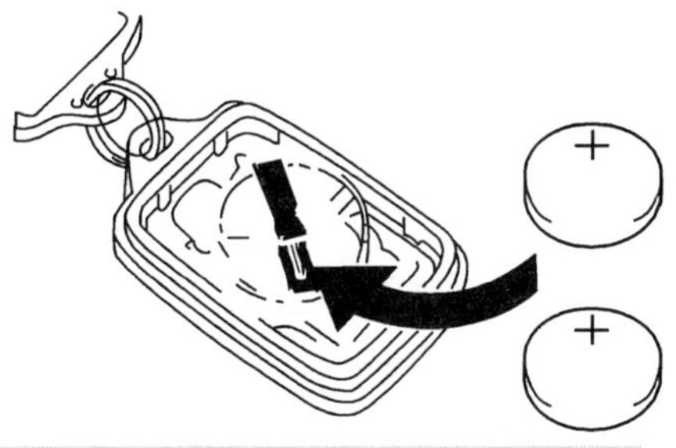

图 10-19　遥控器电池的检查和更换

(二)汽车防盗系统

汽车防盗装置可分为机械式和电子式防盗装置，目前主要采用的是电子式防盗器。

在中高档汽车上防盗系统多采用微机控制的电子钥匙式发动机防盗系统,当电子式防盗系统起动后,若有非法移动车辆、破坏点火开关锁芯、拆卸轮胎和音响、打开车门、打开发动机舱盖及行李舱门等情况时,防盗器立刻警报。

防盗器警报方式有危险警告灯闪烁、警笛长鸣、发射电波、切断起动电路、切断燃油电路、拒绝点火等,使发动机不能起动或起动后不能运行,从而使汽车不能行驶。

1. 丰田卡罗拉电子式防盗系统结构组成

电子防盗系统主要由防盗传感器、防盗电控单元(ECU)和防盗警报装置组成。防盗传感器有各车门控制开关、发动机舱警报开关、行李舱舱门警报开关,防盗警报装置主要是防盗警报灯、危险警告灯和警报喇叭及高低音喇叭,如图10-20所示。

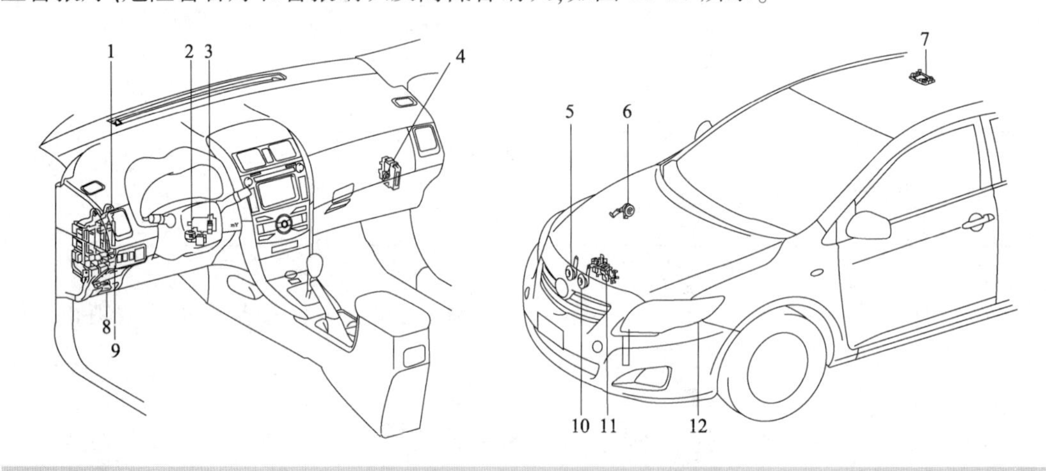

图10-20 丰田卡罗拉防盗系统部件分布图

1-主车身ECU;2-点火开关;3-解锁开关;4-防盗ECU;5-低音喇叭;6-警报喇叭;7-车内照明灯;8-诊断接口;9-闪光继电器;10-高音喇叭;11-发动机舱门控制开关;12-危险警告灯

(1)电子防盗系统类型。

按驾驶人控制方式分有钥匙式和遥控式。按防盗功能和防盗的程度的不同分,防盗系统又可分为警报和防止汽车移动、卫星追踪全球定位防盗系统等。

(2)电子防盗系统选择。

①钥匙控制式。用钥匙将门锁打开或锁止,同时将防盗系统解除或设置。

②遥控式。远距离控制汽车防盗系统的防盗或解除。

③警报式。防盗系统遇有汽车被盗窃时,只警报但无防止汽车移动功能。

④具有防盗警报和防止车辆移动式的防盗系统。当遇有窃车时,除音响信号警报外,还要切断汽车的起动电路、点火电路或油路等,有防止汽车移动的作用。

⑤电子跟踪防盗系统。该系统分为卫星定位跟踪系统和利用对讲机通过中央控制中心定位监控系统。这些系统要构成网络,消除盲区,而且要有政府配合,公安部门设立监控中心。目前采用较多的是非跟踪防盗系统。

(3)卡罗拉轿车防盗系统工作模式和状态。

当使用遥控器锁止车门可以启用防盗系统,系统进入警戒状态。在警戒状态下,如果有人试图强行解锁任一车门或打开任一车门、发动机舱盖或行李舱门,警报功能就会激活。如果钥匙未插入锁芯中时有任何车门被解锁,系统会输出一个强行锁门信号,并发出警告信号。

在警报鸣响状态下,系统会点亮车内照明灯并闪烁危险警告灯。同时,系统会鸣响车辆喇叭和警报喇叭以阻止非法闯入和盗窃,同时也向车辆周围的人们警报。

①防盗系统主动警戒模式。有4种状态:解除警戒状态、警戒准备状态、警戒状态和警报鸣响状态。

a.解除警戒状态:警报功能不工作,防盗系统不工作。

b.警戒准备状态:系统进入警戒状态之前的时间,防盗系统不工作。

c.警戒状态:防盗系统正在工作。

d.警报鸣响状态:警报功能工作,警报时间约30s。

②强行锁门控制模式。强行锁门控制功能可防止车辆被撬盗。一旦车门被解锁,警报启动,则会通过一个强行锁门信号强行将车门锁止。

导致车门强行锁止的条件如下:当钥匙未插入锁芯中且满足两个条件时,即防盗系统处于主动警戒模式下的警报鸣响状态;任一车门解锁。提示:如果任一车门通过钥匙操作解锁,则强行门锁控制不工作。

③安全指示灯输出:

防盗警报ECU会根据防盗系统的状态输出一个信号以点亮安全指示灯,见表10-5。

安全指示灯工作状态　　表10-5

防盗系统的状态	安全指示灯	
	从防盗ECU输出信号	实际照明状况
解除警戒状态1、2	OFF	熄灭(停机系统未设定) 闪烁(停机系统设定)
警戒准备状态	ON	亮起
警戒状态	OFF	闪烁
警报鸣响状态	ON	亮起

闪烁周期为亮起0.2s,熄灭1.8s。

提示:停机系统设定时,由于来自停机系统的输出信号,安全指示灯在解除警戒状态和警戒状态下都会闪烁。

(4)主要零部件的功能。

丰田卡罗拉轿车防盗系统主要部件和相应的功能见表10-6。

主要零部件功能　　表10-6

零部件	功能	零部件	功能
安全指示灯	告知驾驶人防盗系统的状态	门锁位置开关	检测车门锁状态(锁止或解锁)
警报喇叭	检测到试图闯入或盗窃时鸣响	发动机舱盖门控灯开关	检测发动机舱盖状态(打开或关闭)
危险警告灯	检测到试图闯入或盗窃时闪烁	行李舱门控灯开关	检测行李舱门状态(打开或关闭)
车辆喇叭	检测到试图闯入或盗窃时鸣响	认证ECU	接收遥控车门锁止/解锁信号
门控灯开关	检测车门状态(打开或关闭)	防盗ECU	接收所有信号并发出相应的指令

(5)丰田卡罗拉防盗系统电路图。

丰田卡罗拉防盗系统电路图如图10-21、图10-22所示。

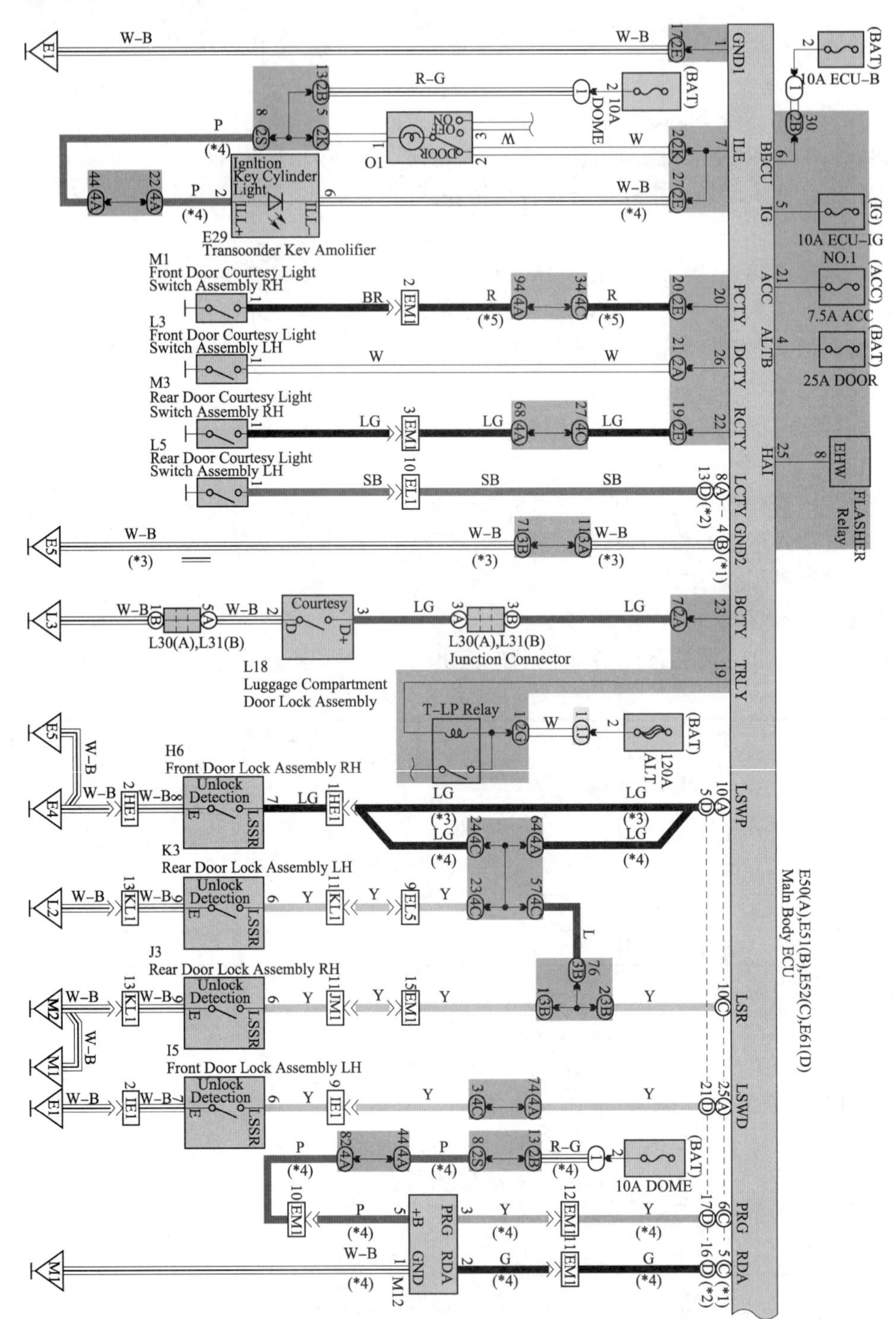

图 10-21　丰田卡罗拉防盗系统电路图一

E29-安全指示灯;E50(A)-主车身 ECU 连接器 A;E51(B)-主车身 ECU 连接器 B;E52(C)-主车身 ECU 连接器 C;E61(D)-主车身 ECU 连接器 D;H6-右前解锁警报开关;I5-左前解锁警报开关;J3-右后解锁警报开关;K3-左后解锁警报开关;L18-行李舱门控开关;L3-左前门控开关;L5-左后门控开关;M1-右前门控开关;M12-2 号门控接收器;M3-右后门控开关;O1-车内照明开关

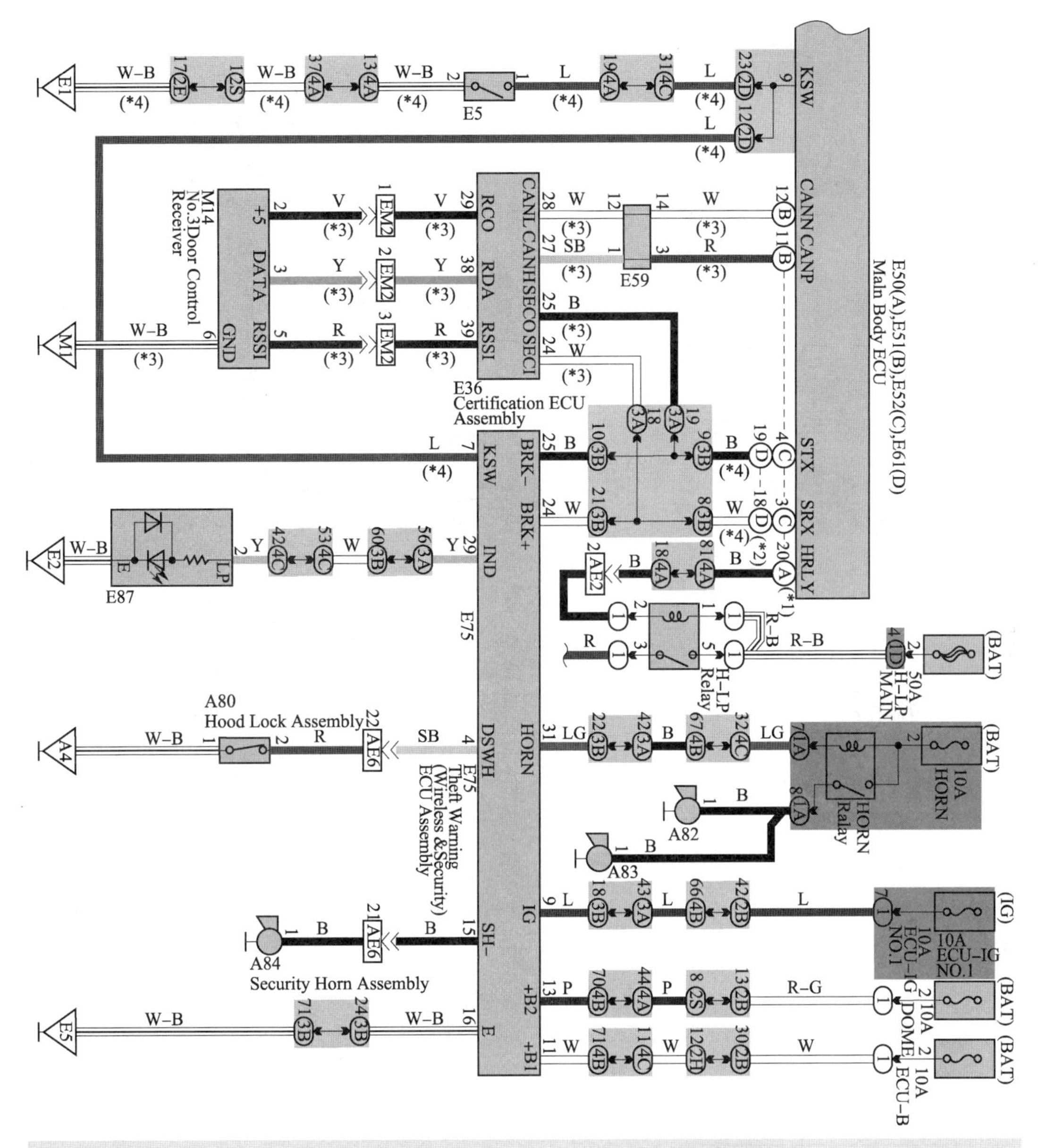

图 10-22　丰田卡罗拉防盗系统电路图二

A80-发动机舱盖门控开关；A82-低音喇叭；A83-高音喇叭；A84-防盗警报喇叭；E36-认证 ECU；E50（A）-主车身 ECU 连接器 A；E51（B）-主车身 ECU 连接器 B；E52（C）-主车身 ECU 连接器 C；E5-解锁警告开关；E61（D）-主车身 ECU 连接器 D；E75-防盗 ECU；E87-安全指示灯

2. 防盗系统检修

防盗系统检修主要是对主要的部件检修和线束、连接器检查。

（1）检查主车身 ECU（仪表板接线盒）。

断开接线盒连接器 2A、2B、2E、2F 和 2G 以及主车身 ECU 连接器 E50（带智能上车和起动系统、自动灯控系统）或 E61（不带智能上车和起动系统、自动灯控系统），连接器如图 10-23所示。

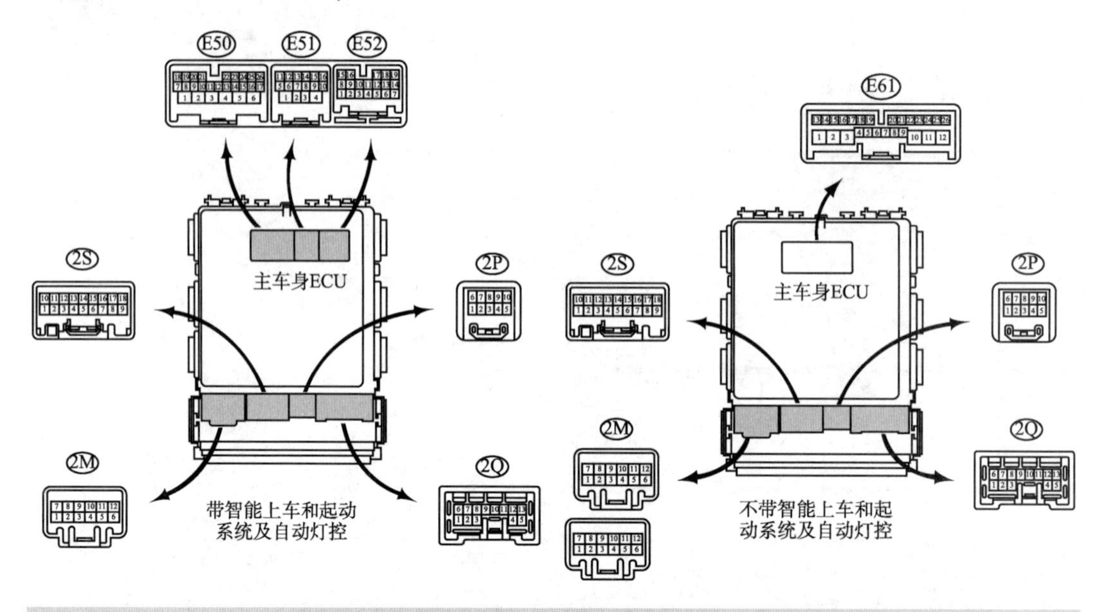

图 10-23　防盗系统主车身 ECU 连接器端子位置图

测量线束侧连接器每个端子与车身搭铁之间的电阻和电压,见表 10-7。

防盗系统主车身 ECU 线束侧电压、电阻检测　　表 10-7

检测连接器位置	条　　件	标 准 状 态
$2A_7$(BCTY)-车身搭铁	背门关闭(OFF)→打开(ON)	>10kΩ→<1Ω
$2A_{21}$(DCTY)-车身搭铁	左前车门关闭(OFF)→打开(ON)	>10kΩ→<1Ω
$2B_{30}$(BECU)-车身搭铁	始终	9~14V
$2E_{17}$(GND1)-车身搭铁	始终	<1Ω
$2E_{19}$(RCTY)-车身搭铁	右后车门关闭(OFF)→打开(ON)	>10kΩ→<1Ω
$2E_{20}$(PCTY)-车身搭铁	乘客侧车门关闭(OFF)→打开(ON)	>10kΩ→<1Ω
$2F_5$(ACC)-车身搭铁	点火开关 ON(ACC)→OFF	9~14V→低于 1V
$2G_1$(IG)-车身搭铁	点火开关 ON(IG)→OFF	9~14V→低于 1V
$E50_8$(LCTY)*1-车身搭铁	左后车门关闭(OFF)→打开(ON)	>10kΩ→<1Ω
$E61_{13}$(LCTY)*2-车身搭铁	左后车门关闭(OFF)→打开(ON)	>10kΩ→<1Ω

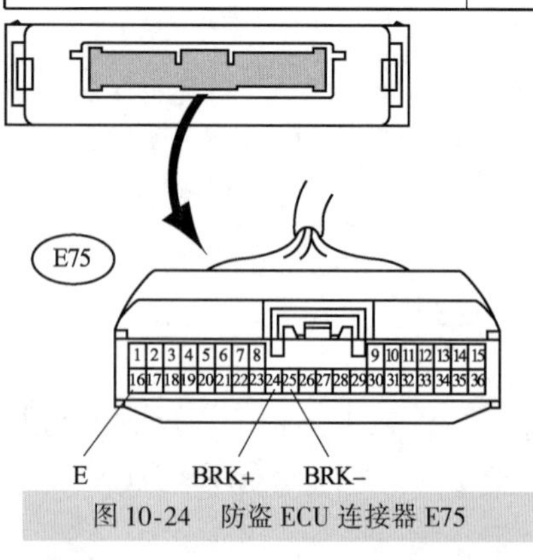

图 10-24　防盗 ECU 连接器 E75

当检测结果不符合标准时,应检查线束。

(2)检查防盗 ECU。

①断开防盗 ECU 连接器 E75。防盗 ECU 连接器 E75 如图 10-24 所示。

②测量线束侧连接器每个端子与车身搭铁之间的电压和电阻。检测位置、条件和标准见表 10-8。如果结果不符合标准,则线束侧可能有故障。

③重新连接 ECU 连接器 E75。

④测量连接器各端子间的电压。

防盗 ECU 连接器 E75 线束侧电压、电阻检测 表 10-8

检测连接器位置	条 件	标准状态
$E75_4$(DSWH)-$E75_{16}$	发动机舱关闭(OFF)→打开(ON)	>10kΩ→<1Ω
$E75_7$(KSW) *2-$E75_{16}$(E)	点火锁芯无钥匙→钥匙插入	>10kΩ→<1Ω
$E75_9$(IG)-$E75_{16}$(E)	点火开关置于 ON 位置→OFF 位置	9~14V→低于 1V
$E75_{11}$(+B1)-$E75_{16}$(E)	始终	9~14V
$E75_{16}$(E)-车身搭铁	始终	<1Ω

按表 10-9 所示位置、条件和标准检测连接器 E75 各端子电压。

防盗系统主车身 ECU 线束侧电压、电阻检测 表 10-9

检测连接器位置	条 件	标准状态
$E75_{15}$(SH−)-$E75_{16}$(E)	警报喇叭鸣响(处于警报鸣响状态)	产生脉冲(0V-12V)
$E75_{24}$(BRK+)-$E75_{16}$(E)	防盗系统处于警报鸣响状态	产生脉冲(1.5V-低于 1.2V)
$E75_{25}$(BRK−)-$E75_{16}$(E)	用钥匙锁止所有车门(防盗系统处于警戒准备状态)	产生脉冲(1.5V-低于 1.2V)
$E75_{29}$(IND)-$E75_{16}$(E)	安全指示灯亮起(它只在警戒准备状态或警报鸣响状态下才会亮起	3~6V
$E75_{31}$(HORN)-$E75_{16}$(E)	当停机系统工作时它会闪烁。车辆喇叭鸣响(防盗系统处于警报鸣响状态)	产生脉冲(0V-12V)

(3)检查警报喇叭及喇叭电路。

防盗警报喇叭和高低音喇叭与防盗 ECU 之间的电路如图 10-25 所示。

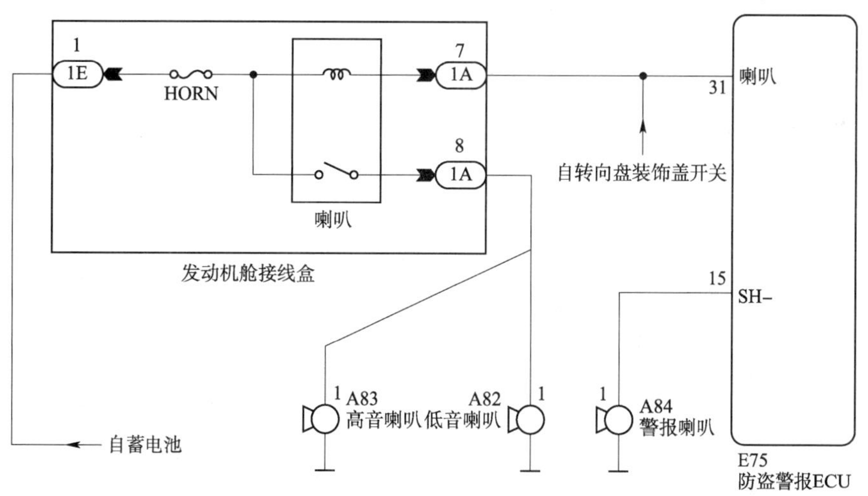

图 10-25 防盗 ECU 连接器 E75 与喇叭和警报喇叭电路图

①按喇叭开关,检查高低音喇叭是否正常鸣响,不鸣响应接着后面步骤检查。

②使用解码器读取防盗系统故障码,试验防盗警报喇叭是否鸣响。

a. 将解码器连接到故障诊断接口 DLC3。

b. 将点火开关置于 ON(IG)位置。

c. 将解码器主开关打开。

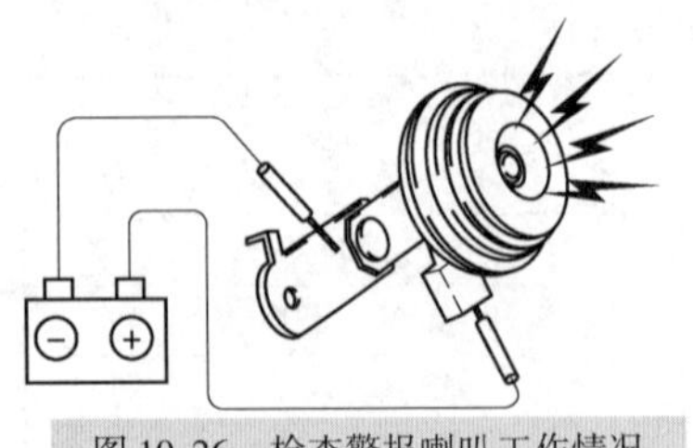
图 10-26　检查警报喇叭工作情况

d. 选择解码器相应的菜单试验喇叭,然后检查并确认喇叭正常工作。

③检查喇叭和警报喇叭线束和连接器。

a. 断开防盗 ECU 连接器 E75 和发动机舱接线盒连接器 1A,如图 10-26 所示。

b. 检测喇叭导线电阻,按表 10-10 所示位置、条件和标准测量电阻。

防盗 ECU 连接器 E75 与喇叭导线电阻检测　　表 10-10

检测连接器位置	条　件	标准状态
$E75_{31}$(HORN)-$1A_7$	始终	<1Ω
$1A_8$-$A83_1$-$A82_1$	始终	<1Ω
$E75_{31}$(HORN)-车身搭铁	始终	>10kΩ
$E75_{15}$(SH-)-$A84_1$	始终	<1Ω

若有异常,应维修或更换线束或连接器。

④检查喇叭和警报喇叭总成。

a. 拆下警报喇叭总成。

b. 检查喇叭的工作情况。

如图 10-26 所示,用连接线将蓄电池正极接警报喇叭连接器 A84 端子 1,蓄电池负极接喇叭壳体,喇叭应鸣响,符合表 10-11。

喇叭工作情况检查　　表 10-11

连接位置	喇叭位置	标准状态
蓄电池正极(+)-$A84_1$ 蓄电池负极(-)-喇叭壳体	警报喇叭	喇叭鸣响
蓄电池正极(+)-$A83_1$ 蓄电池负极(-)-喇叭壳体	高音喇叭	喇叭鸣响
蓄电池正极(+)-$A82_1$ 蓄电池负极(-)-喇叭壳体	低音喇叭	喇叭鸣响

高低喇叭检查方法和警报喇叭检查方法一样。

喇叭异常,应更换警报喇叭总成。

(4)检查防盗安全指示灯和电路。

防盗安全指示灯受防盗 ECU 控制,其电路图如图 10-27 所示。检查防盗安全指示灯和电路可以分为解码器主动测试和人力检查。

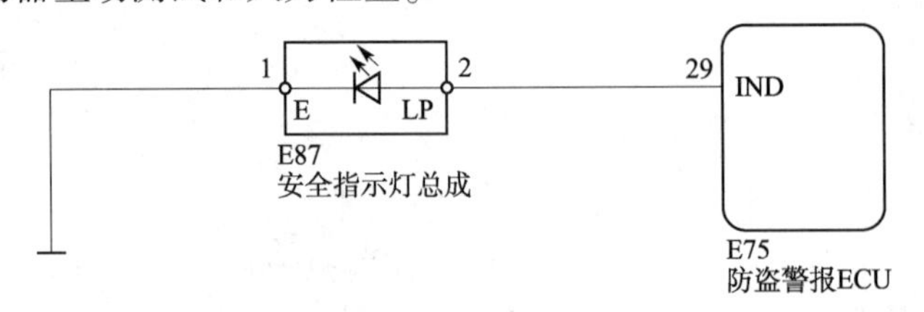

图 10-27　防盗安全指示灯电路图

①用解码器主动测试防盗安全指示灯。

a. 将解码器连接到故障诊断接口 DLC3。

b. 将点火开关置于 ON(IG)位置。

c. 将解码器主开关打开。

d. 选择解压码器相应的菜单,主动测试防盗安全指示灯,然后检查并确认指示灯工作。

②检查防盗安全指示灯线束和连接器 E75、E87。

a. 断开防盗 ECU 连接器 E75。

b. 断开防盗安全指示灯连接器 E87。

c. 如图 10-28 所示连接器端子位置,根据表 10-12 中位置及标准值测量导线电阻。不正常时应维修或更换线束。

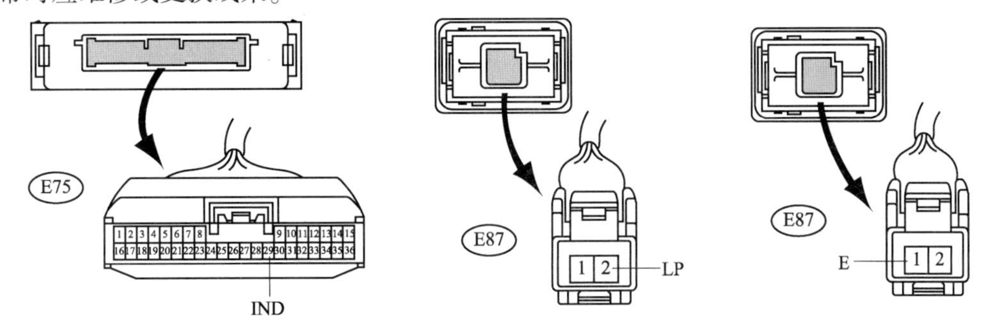

图 10-28　防盗安全指示灯线束连接器

防盗安全指示灯导线电阻检测　　表 10-12

检测连接器位置	条　件	标准状态
$E75_{29}$(IND)-$E87_{2}$(LP)	始终	<1Ω
$E75_{29}$(IND)-车身搭铁	始终	>10kΩ
$E87_{1}$(E)-车身搭铁	始终	<1Ω

③检查防盗安全指示灯。

a. 拆下防盗安全指示灯。

b. 用连接线将蓄电池正极接防盗安全指示灯连接器 E87 端子 2,蓄电池负极接防盗安全指示灯连接器 E87 端子 1,如图 10-29 所示,防盗安全指示灯应点亮,并符合表 10-13。

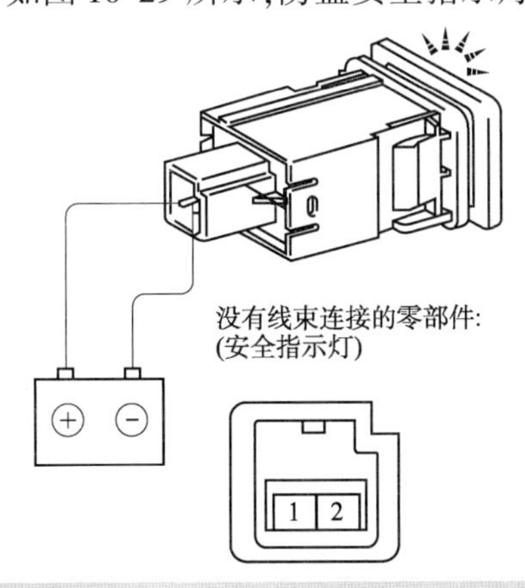

图 10-29　防盗安全指示灯试验

防盗安全指示灯工作情况检查 表 10-13

连接位置	标准状态
蓄电池正极(+)-$E87_2$ 蓄电池负极(-)-$E87_1$	指示灯亮

二、组织实践

(一)工作任务

中控、防盗系统的电动机、开关等检测、试验,控制电路检修。

(二)实践操作目标

(1)诊断中控系统的故障部位及原因,并正确排除故障。
(2)通过检测或试验判断中控、防盗系统工作是否正常。
(3)通过实践操作,进一步加深对中控、防盗系统结构和工作过程的理解。

(三)实践准备

1. 实践操作所用的设备

实训用带中控、防盗系统的车辆(建议用常见的丰田轿车、大众轿车)、蓄电池、工作台等。

2. 实践操作所用工量具和材料

干净的抹布,常用工具,汽车万用表,试灯,汽车电路图册,汽车维修手册,实训用车辆(带中控、防盗的大众车系或丰田车系)。

(四)技术要求与注意事项

(1)注意防盗系统部分部件比较隐蔽,应借助《汽车维修手册》找出具体位置。
(2)使用电路图册时,要注意避免破损,电路图应与使用车型相对应。
(3)仪表上零件拆卸时应按《汽车维修手册》规定的方法,避免将装饰件的卡扣损坏。
(4)零件装复前,对所拆卸件要试验好后再装复。
(5)汽车维修手册所述的其他相关要求。

(五)操作步骤及方法

1. 检修中央集中控制门锁系统

(1)获得一辆用于该任务的汽车。你用的是什么型号的汽车完成的这个工作?

____

(获得车辆型号可以从车辆铭牌上找到,也可以从《机动车行驶证》中获得)
(2)该车中控系统的故障现象是:______________________________

____。

(3)是否有该车型中控系统的资料？______________________________

____。

(4)该车中控系统类型属于：____________________________________

____。

(继电器式/集成电路-继电器式/电脑(ECU)控制式)

(5)拆卸中控门锁开关、电动机所用到的工具有：____________________

____

(6)拆卸中控门锁开关、电动机所拆卸的零件有：____________________

____

____

(7)中控门锁电动机所需的电压是多少伏？通过检测测得：________(5V/8V/12V/24V)。

(8)中控门锁检修过程中完成表10-14。

检修中控系统主要部件情况登记表　　表10-14

1. 左前门锁开关			连接位置
孔位	导线颜色和截面	相连接的电器或线路	
(1)			
(2)			
2. 右前门锁电动机			连接位置
孔位	颜色和导线截面	相连接的电器或线路	
(1)			
(2)			
3. 左后门锁电动机			连接位置
孔位	颜色和导线截面	相连接的电器或线路	
(1)			
(2)			
4. 右后门锁电动机			连接位置
孔位	颜色和导线截面	相连接的电器或线路	
(1)			
(2)			

2. 汽车防盗系统及控制电路检修前的记录

(1)实训用车辆防盗系统的故障现象：

____

____

(2)实训用丰田卡罗拉轿车防盗系统各组成部件所在的位置。

①防盗控制单元位于：______________________________；

②防盗安全指示灯位于：______________________________；

③警报喇叭(蜂鸣器)位于：______________________________；

④发动机控制单元位于：______________________________。

(仪表内/点火开关上/仪表板上/发动机舱)

3. 丰田卡罗拉防盗 ECU 电源检查

当防盗系统需要检查电源时，应根据丰田卡罗拉防盗警报 ECU 电源电路图，如图 10-30 所示，检查点火开关电源和防盗常电源。

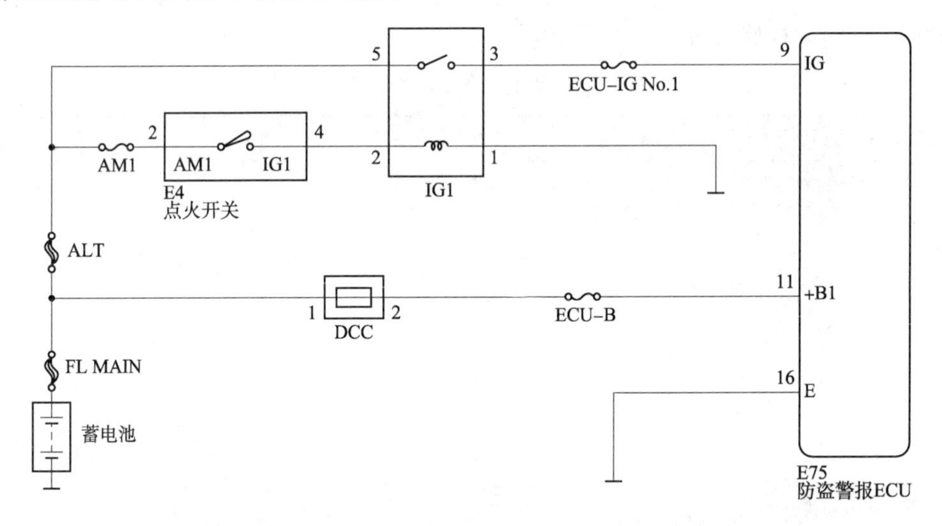

图 10-30　防盗警报 ECU 电源电路图

(1)检查防盗警报 ECU 点火开关电源和常电源操作步骤。

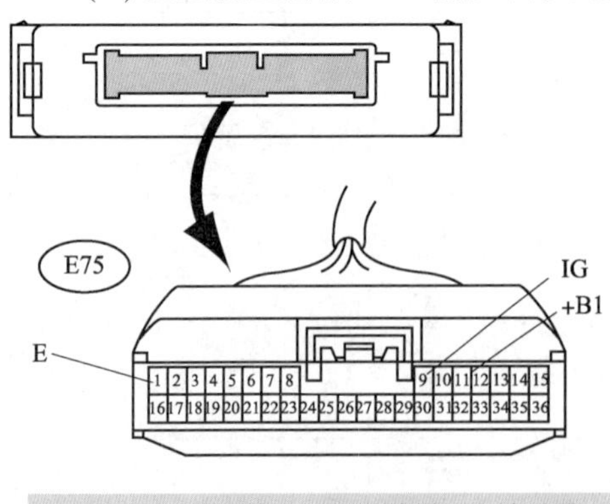

图 10-31　防盗警报 ECU 连接器 E75 端子图

①断开防盗警报 ECU 连接器 E75。

②连接点火开关连接器 E4。

③将点火开关置于 ON(IG)位置。

④检测防盗警报 ECU 连接器 E75 端子 9(IG)与端子 16(E)之间的电压，如图 10-31 所示，将检测结果填入表 10-16 中。

⑤将点火开关置于 OFF(ACC)位置。

⑥检测防盗警报 ECU 连接器 E75 端子 11(+B1)与端子 16(E)之间的电压，将检测结果填入表 10-15 中。

防盗警报 ECU 电源电压检测　　表 10-15

检测连接器位置	条　　件	标准状态	检测电压值
$E75_9$(IG)-$E75_{16}$(E)	点火开关置于 OFF(ACC)	<1V	
	点火开关置于 ON(IG)位置	9～14V	
$E75_{11}$(+B1)-$E75_{16}$(E)	点火开关置于 ON(IG)位置	9～14V	

⑦重新连接防盗警报 ECU 连接器 E75。

当检测结果不正常时,应检查点火开关和相应的导线或更换线束或连接器,之间应检查相应的熔断器。

(2)检查点火开关、继电器 IG1 和电源连接导线。

①将点火开关连接器 E4 从点火开关上拆下。

②使用万用表欧姆挡,检测点火开关连接器 E4 的端子 2 和 4 的电阻,如图 10-32 所示,点火开关在 ON 和 STAR 之间都为导通,将检查结果填入表 10-16 中。

检查结果不正常时,应更换点火开关。

③断开防盗警报 ECU 连接器 E75。

④取下继电器 IG1。

⑤使用万用表欧姆挡,检测各导线电阻,将检查结果填入表 10-17 中。

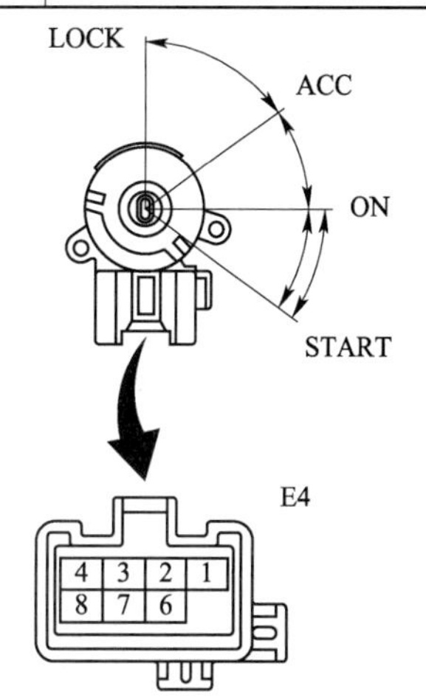

图 10-32　点火开关连接器 E4

防盗系统点火开关检测　　表 10-16

检测连接器位置	条　　件	标准状态	检测电压值
$E4_2$-$E4_4$	点火开关置于 ON(IG)位置	<1Ω	
$E4_2$-$E4_4$	点火开关置于 OFF 位置	>10kΩ	

防盗系统电源电路导线检测　　表 10-17

检测连接器位置	标准状态	检测电阻值
$E4_4$-$IG1_2$	<1Ω	
$IG1_1$-车身搭铁	<1Ω	
$IG1_3$-$E75_9$(IG)	<1Ω	
$E75_{16}$(E)-车身搭铁	<1Ω	

(3)检查发动机舱盖门控开关。

①打开发动机舱盖,拆下发动机舱盖门控开关连接器 A60,如图 10-33 所示。

②打开点火开关至 ON。

③使用万用表电压挡,检测连接器 A60 两端子间电压,电压应符合标准,将检查结果填入表 10-18 中。

检测电压不正常时,应检测相应的导线及防盗 ECU 等。

④使用万用表欧姆挡,检测发动机舱盖门控开关的电阻,门锁止时开关导通,将检查结果填入表 10-18 中。

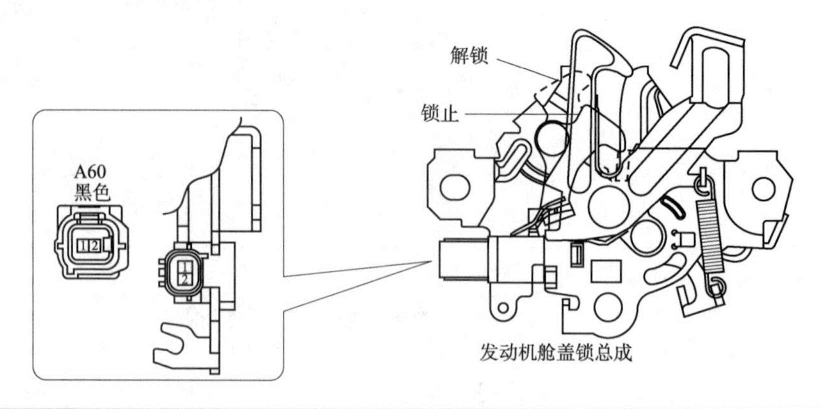

图 10-33　发动机舱盖锁总成和连接器 A60

发动机舱盖门控开关检测　　表 10-18

检测连接器位置	条　件	标准状态	检测参数值
$A60_2$-$A60_1$(线束端)	点火开关置于 ON 位置	9～14V	
$A60_2$-$A60_1$(开关端)	LOCK(锁止)	<1Ω	
	UNLOCK(解锁)	>10kΩ	

开关不正常时,应更换发动机舱盖锁总成。

三、学 习 拓 展

GPS 卫星追踪防盗系统

目前许多汽车上还采用 GPS 卫星追踪防盗系统。其特点是 GPS 卫星覆盖范围内,安装有 GPS 系统的汽车均可以随时随地查询车辆所在地点。从而获得更为理想的防盗效果。图 10-34 所示为 GPS 卫星追踪系统示意图。

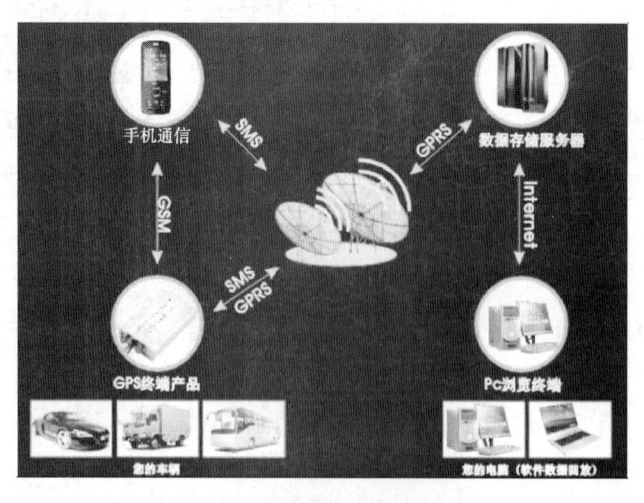

图 10-34　GPS 卫星跟踪系统示意图

GPS 定位追踪系统基本原理是利用安装在汽车上的终端设备自动获取车辆的坐标数据

和各种行驶数据信息，通过 GSM/CDMA 手机卡以短信的方式将这些数据反馈给用户，用户通过免费的 Google earth 地图就能确定车辆的具体位置。

GPS 卫星追踪系统提供的基于位置的服务功能和各种业务系统相结合，使用户能够从空间和时间上实时掌握目标的动态情况，被广泛应用在物流调度、出租车和公交车辆调度、租车行、船舶运输、金融押运、危险品运输车辆监控、长途客运车辆监控等各种车辆运营领域，有益于提高企业运输管理的科学性，显著降低运营成本，保证车辆行驶和驾乘人员安全，增强执法部门监管力度。

1. GPS 车辆卫星定位追踪系统具有八大基本功能

(1)位置查询。监控员用管理员账号在联网的电脑终端(简称“主机”)登录系统后，可随时查看每辆车辆详细位置。

(2)行驶路线查询。主机上可以查阅车辆的当前行驶路线以及 3 个月以内的全部行驶轨迹。

(3)区域设定。可在主机上对车辆进行区域设定，当车辆驶离该区域时，主机将会报警。

(4)路线设定。可在主机上对车辆行驶线路进行设定，当车辆偏离设定的行驶路线时，主机将会报警。

(5)超速报警。可在主机上对车辆行驶速度进行设定，当车辆超过设定的最高行驶速度时，主机将会报警。

(6)紧急求助。驾驶人如遇抢劫等各种紧急情况，可悄悄按“紧急求助”按钮，主机将会马上紧急报警。

(7)远程监听。监控员可随时在主机上监听车内声音，或收到紧急求助报警后远程监听车内谈话。

(8)远程控制。主机可远程发送指令控制车辆，使车辆自动断油/断电无法继续行驶。

2. 系统自带自我保护功能

(1)GPS 模块和备用电池位于一个机盒内，确保在蓄电池掉电或系统被破坏前发出报警信号。

(2)所有电脑操作都带有密码保护功能，防止他人非法进入系统。

(3)友好的电脑操作界面，监控员无须学习即可对系统进行操作。

四、评价与反馈

1. 自我评价与反馈

(1)完成上面的作业之后，说说你对汽车中控、防盗系统结构、电路及故障检修有哪些体会？

____

____

____

____

(2)排除故障了吗?(　　)

A. 排除　　B. 部分排除　　C. 未排除

(3)故障点是否找到?(　　)

A. 找到　　B. 部分找到　　C. 未找到

(4)本次实践课效果如何?(　　)

A. 很好　　B. 较好　　C. 一般　　D. 没效果

签名:________ ________年________月________日

2. 小组评价

(1)实践操作中边学边做边记的情况如何?(　　)

A. 操作认真,能做必要的记录　　B. 操作认真但未记录

C. 在老师指导下操作　　D. 不会做更不会记录

(2)是否主动参与小组讨论?(　　)

A. 主动参与　　B. 被动参与　　C. 未参与

(3)是否完成了本学习任务的学习目标?(　　)

A. 完成且效果好　　B. 完成但效果不好　　C. 未完成

(4)是否积极学习,不懂的问题是否积极向别人请教,是否积极帮助他人学习?(　　)

A. 积极学习　　B. 积极请教　　C. 积极帮助他人　　D. 全部不积极

(5)是否按"5S"规范进行操作?(　　)

A. 按"5S"规范　　B. 按"5S"规范未做好

C. 不规范　　D. 不按"5S"规范

(6)实践操作是否有收获,操作过程中是否有危险?(　　)

A. 收获大,不危险　　B. 收获大,危险大

C. 无收获,无危险　　D. 无收获,危险大

(7)其他补充。

____

____

____

____

____

____

参与评价的同学签名:________ ________年________月________日

3. 教师评价及答复

____

____

____

____

____

教师签名:________ ________年________月________日

五、技 能 考 核

中控/防盗装置检修考核评分标准见表10-19。

中控/防盗装置检修考核评分标准　　表10-19

序号	项目	操作内容	规定分值	评分标准	得分
1	准备	清点工具、清理工位 被检查对象的外观检查 检查电源开关	4分 4分 3分	酌情扣分 检查不正确扣1～4分 检查不正确扣1～3分	
2	中控门锁防盗系统拆装	外观检查万用表等工具 拆装中控门锁 拆装防盗系统 拆装顺序	3分 5分 5分 5分	酌情扣分 操作不正确扣1～5分 操作不正确扣1～5分 操作不正确扣1～5分	
3	中控门锁防盗系统检修与故障分析	表笔触试点的确定 检查中控门锁系统 检查中控门锁传动机构 检查防盗系统各组成部分 检查线路连接 检查继电器 故障分析	5分 5分 5分 5分 5分 5分 5分	不正确扣2～5分 检查不正确扣2～5分 检查不正确扣2～5分 检查不正确扣2～5分 检查不正确扣2～5分 检查不正确扣2～5分 分析不正确扣2～5分	
4	回答问题	中控门锁使用应注意哪些问题? 卡罗拉防盗系统组成是什么? 什么是防盗止动器?	5分 5分 5分	不正确扣2～5分 不正确扣2～5分 不正确扣1～5分	
5	完成时限	20min	10分	超时1～5min扣1～5分 超时5min以上扣10分	
6	安全文明	无安全隐患,无不文明操作	5分	未达标扣1～5分	
7	结束	工具、量具清洗、归位 工作场地清洁	3分 3分	漏一项扣1～3分 不彻底扣1～3分	
总分			100分		

学习任务十一　汽车空调电路检修

任务要求

完成本学习任务后,你应能:

1. 叙述汽车空调控制电路的组成;
2. 描述汽车空调制冷和加热的方式;
3. 知道汽车空调控制电路的检修步骤;
4. 正确检修汽车空调控制电路的零部件;
5. 简单分析汽车空调控制电路常见故障原因;
6. 能检修散热风扇控制电路。

建议学时:6 学时

任务描述

一辆丰田卡罗拉 1.8L GL-i 型自动挡汽车,在行驶过程中打开空调,有风送出却不制冷。到维修站后,经技术人员检测,很快查出造成空调不制冷的故障原因,并排除了故障,恢复了空调制冷功能。

一、理论知识准备

(一)汽车空调控制电路的组成

汽车空调控制电路,主要包括鼓风机控制、温度控制(压缩机控制,加热器控制)、模式控制及散热风扇控制等。涉及的部件有空调放大器、鼓风机、鼓风机电阻、空调压缩机电磁离合器、加热器、加热器控制器、蒸发器温度传感器、环境温度传感器、空调压力传感器、进气控制风门、循环控制风门、模式控制风门伺服电动机、散热风扇电动机、各继电器、控制开关以及保护装置等。

空调系统原理框图如图 11-1 所示,各元件布置如图 11-2 所示,主风门功能见表 11-1,空调模式位置和风门操作如图 11-3 所示。

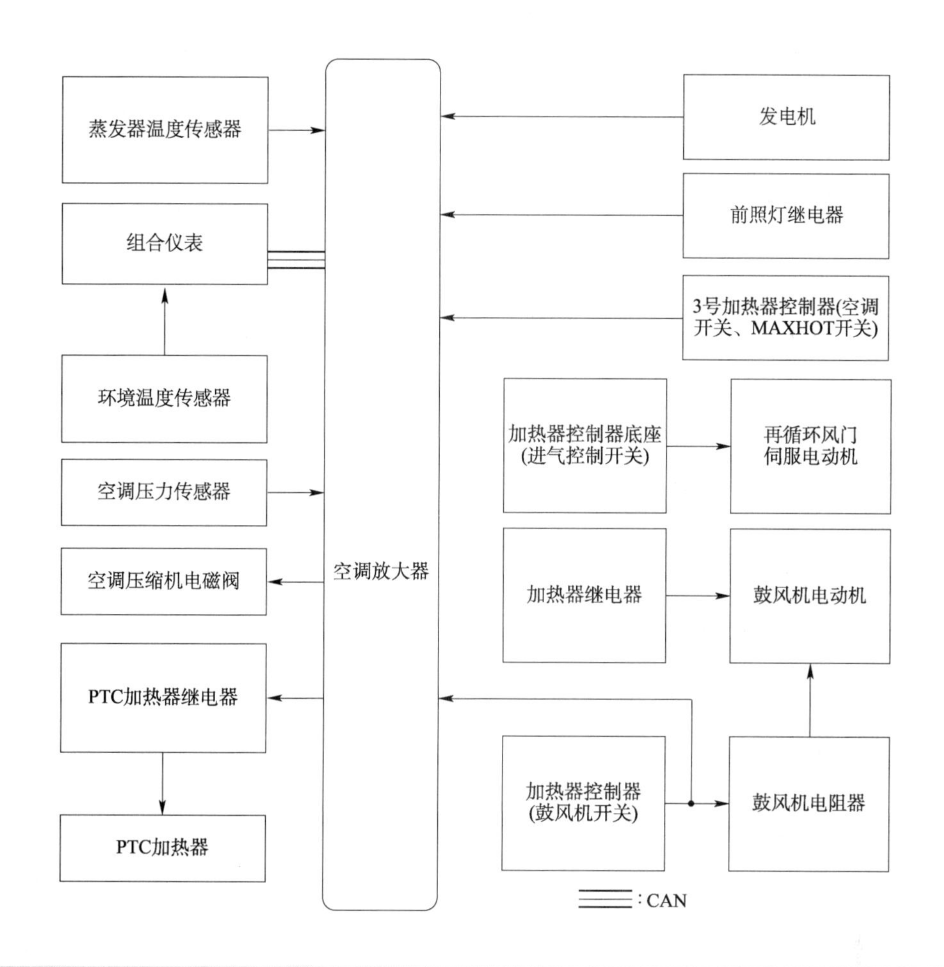

图 11-1　空调系统组成框图

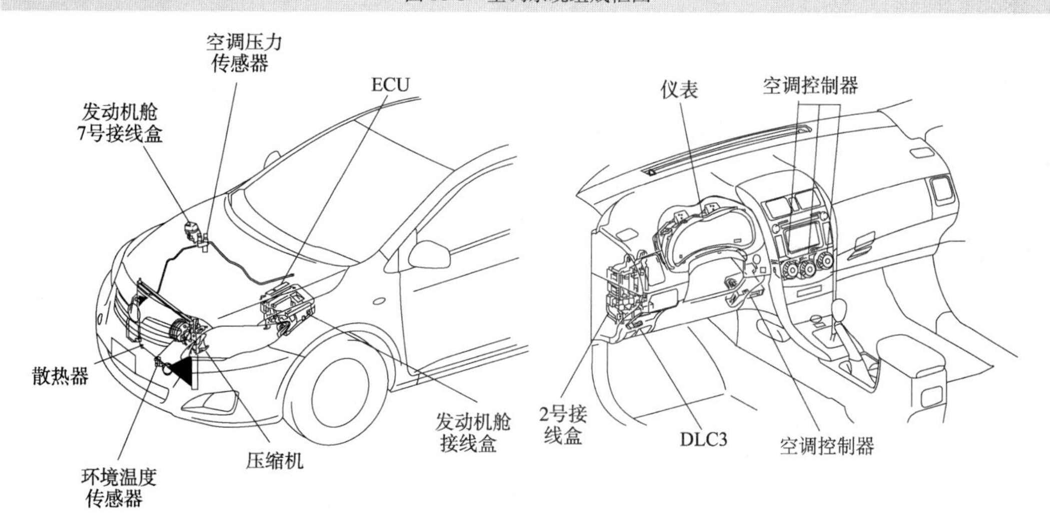

图 11-2　空调系统主要元件布置图

主风门的功能 表11-1

控制风门	工作位置	风门位置	操作
进气控制风门	FRESH	A	吸入新鲜空气(外循环)
	RECIRC	B	再循环内部空气(内循环)
空气混合控制风门	MAX COLD 至 MAX HOT 16~30℃	C-D-E	改变新鲜空气和再循环空气的混合比率,以连续地调节HOT至COLD的温度

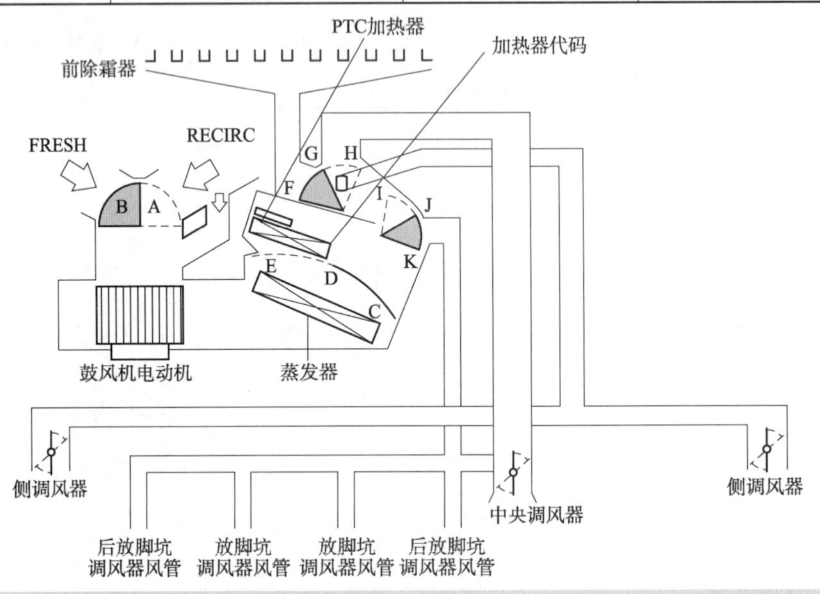

图11-3 模式位置和风门操作图

(二)空调压缩机

空调压缩机有定排量压缩机和变排量压缩机。

定排量压缩机工作时根据负荷变化情况接通或断开电磁离合器与皮带轮的动力传递。变排量压缩机根据负荷变化情况调整压缩机的排量,使之在最大和最小之间变化。

丰田卡罗拉轿车空调使用的变排量压缩机如图11-4,该空调压缩机是连续可变排量型,它的排量可以根据空调的制冷负荷进行调节。压缩机由轴、接线板、活塞、滑蹄、曲柄室、气缸和电磁控制阀组成。电磁控制阀调整吸气压力以使吸气压力可以根据需要进行调节。使用风门限制器这类型的空调皮带轮。

变排量实现方法如下。

曲柄室与吸气通道相连,电磁控制阀安装在吸气通道(低压)和排放通道(高压)之间。根据空调放大器的信号,电磁控制阀以占空比控制的方式进行工作。电磁控制阀闭合的时候(电磁线圈通电),会产生一个压差,曲柄室内的压力降低。然后,作用在活塞右侧的压力将高于作用在活塞左侧的压力。这样就会压缩弹簧并倾斜接线板。因此,活塞行程增加且排量增加。电磁控制阀打开(电磁线圈不通电)时,压差消失。然后,作用在活塞左侧的压力将变得与作用在活塞右侧的压力相同。因此,弹簧伸长且消除接线板的倾斜。从而,活塞有小的行程且排量减少。

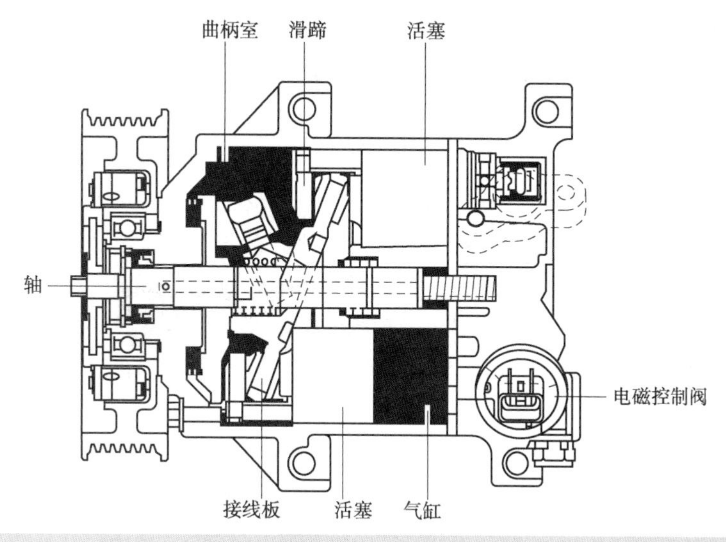

图 11-4　卡罗拉轿车空调变排量压缩机

(三)PTC 加热器

PTC 加热器位于空调装置的加热器芯上方,由一个 PTC 元件、铝散热片和铜片组成,如图 11-5 所示。当电流施加在 PTC 元件上时,它会产生热量来加热通过装置的空气。

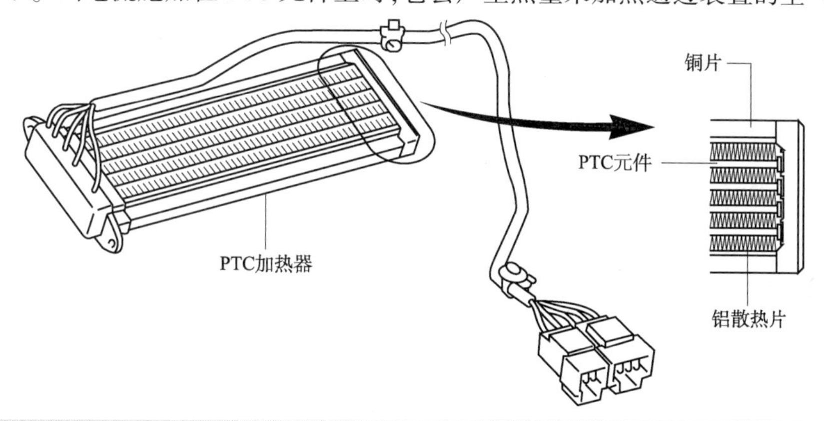

图 11-5　PTC 加热器

PTC 加热器开、关功能由空调放大器根据冷却液温度、环境温度、发动机转速、空气混合设置和电器负载来控制。冷却液温度和工作的 PTC 加热器数目的变化关系如图 11-6 所示。

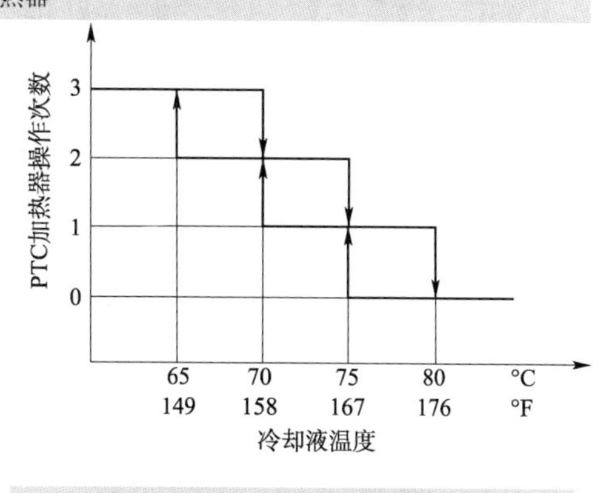

图 11-6　PTC 加热器的加热值模式

(四)主要传感器

环境温度传感器根据内置热敏电阻的变化检测车外温度,并发送信号至空调放大器。

蒸发器温度传感器检测通过蒸发器的冷气温度,并将其输送到空调放大器。

空调压力传感器检测制冷剂的压力,并将其以电压变化的方式输送到空调放大器。

(五)空调控制电路常见故障

空调控制电路故障大多可以划归3大类:空气流量控制故障,温度控制故障,进气控制故障。其他包括怠速提升、散热、故障存储和指示等。空气流量控制故障主要与鼓风机控制电路相关;温度控制故障主要与制冷(压缩机、膨胀阀、蒸发器、散热器)和加热器电路相关,此部分如果采用CAN通信,也可能与CAN系统和ECM及组合仪表等相关;进气控制故障主要与再循环(内、外循环)伺服电动机控制电路相关。空调放大器的作用是接收和处理信号、发出指令,因此空调放大器故障可能会影响空调系统所有的功能。

(六)空调系统电路

丰田卡罗拉轿车普通空调系统电路如图11-7、图11-8所示。

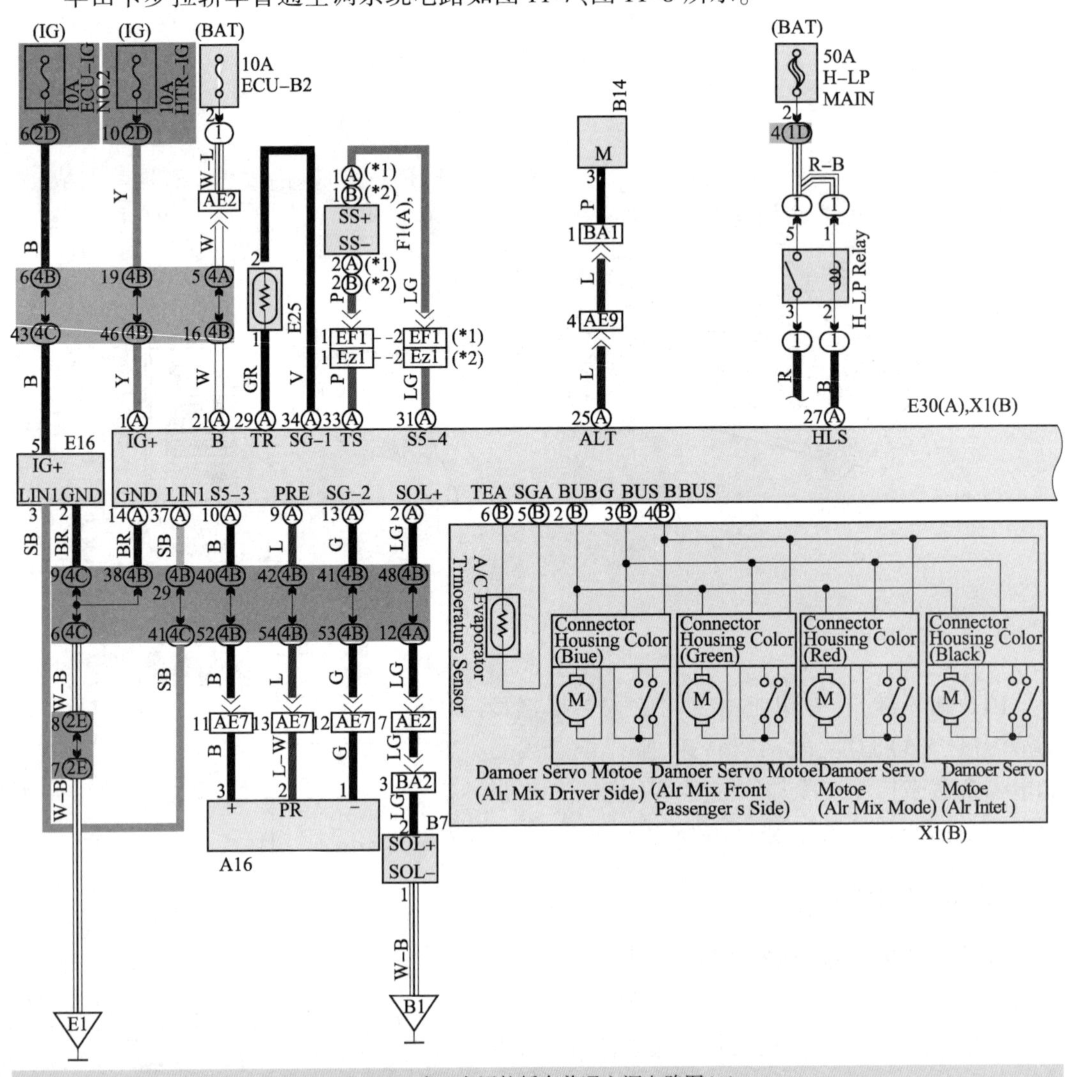

图11-7 丰田卡罗拉轿车普通空调电路图(1)

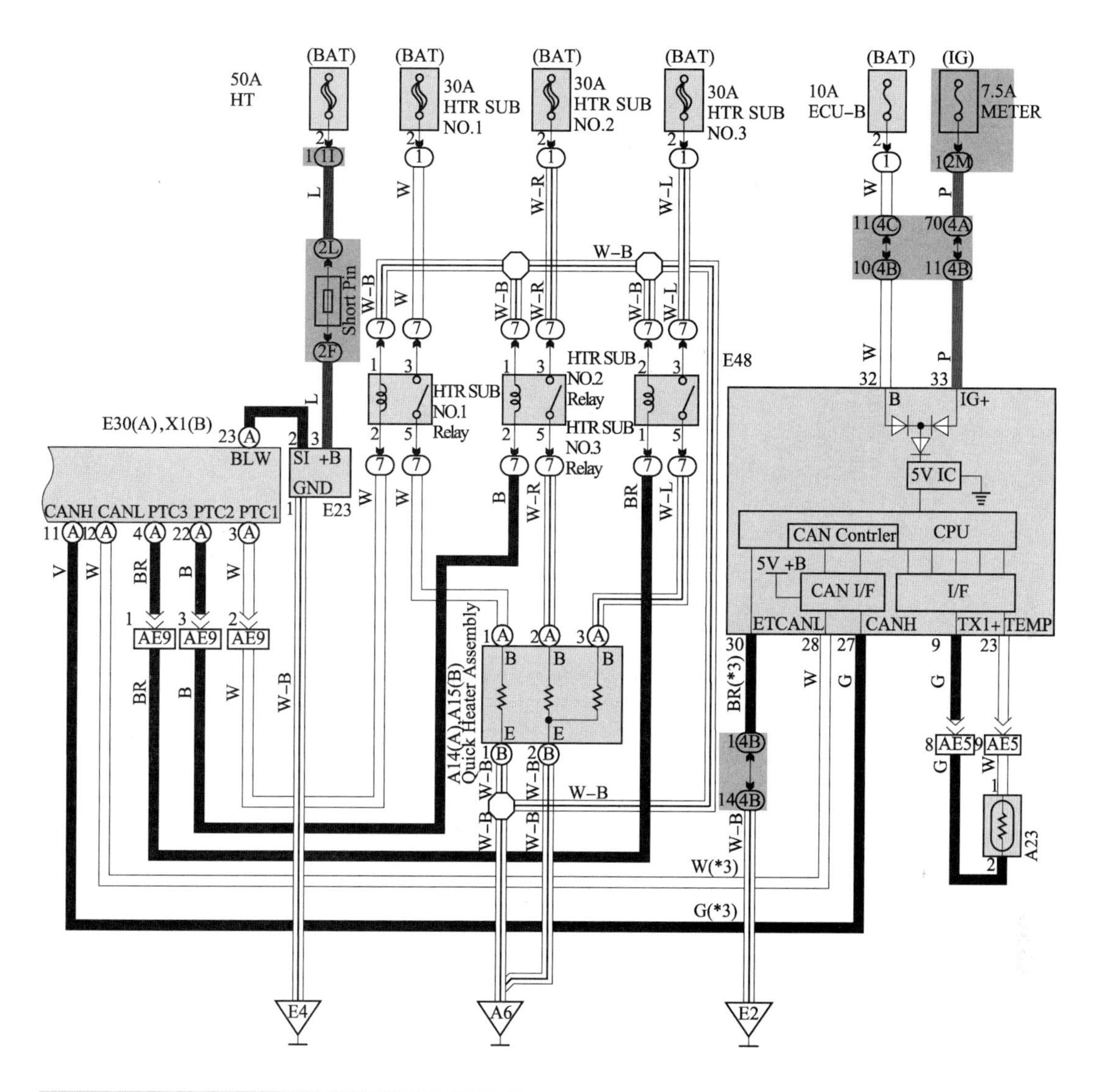

图 11-8 丰田卡罗拉轿车普通空调电路图(2)

(七)主要部件及电路检修

1. 压缩机和制冷控制电路

1)检查环境温度传感器

环境温度传感器安装在冷凝器前部,检测车外温度并将信号先发送至组合仪表,再经由CAN 系统发送至空调放大器。所以故障也可能在组合仪表和 CAN 系统及线路。环境温度传感器与组合仪表的电路连接如图 11-9 所示。

环境温度传感器为负温度系数的热敏电阻。检查时拆下环境温度传感器,均匀加热或降温,根据表 11-2 的值测量电阻。

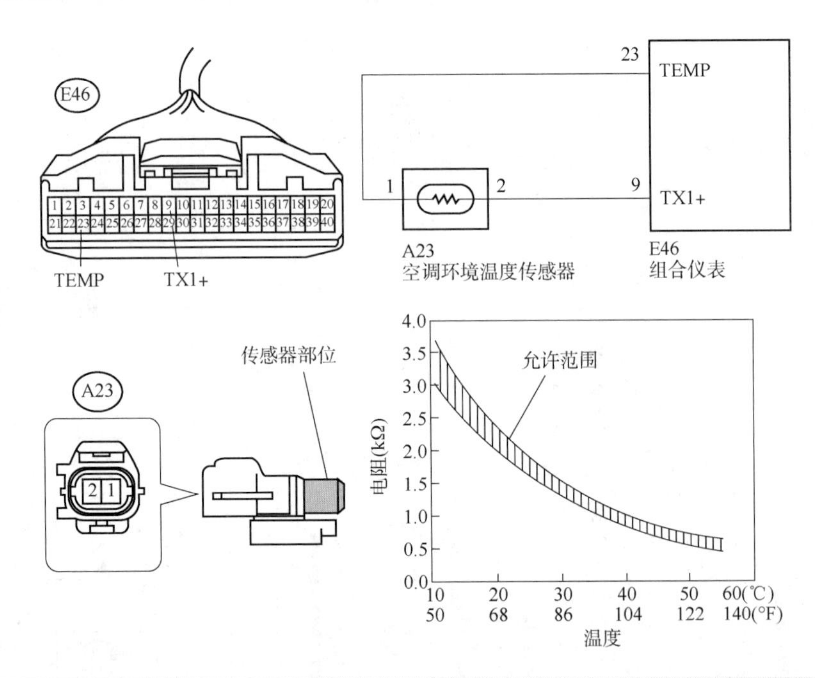

图 11-9 环境温度传感器

环境温度传感器温度与电阻的关系表 表 11-2

检测端子	条件	规定状态
$A23_1$-$A23_2$	10℃	3.00～3.73kΩ
	15℃	2.45～2.88kΩ
	20℃	1.95～2.30kΩ
	25℃	1.60～1.80kΩ
	30℃	1.28～1.47kΩ
	35℃	1.00～1.22kΩ
	40℃	0.80～1.00kΩ
	45℃	0.65～0.85kΩ
	50℃	0.50～0.70kΩ
	55℃	0.44～0.60kΩ
	60℃	0.36～0.50kΩ

如有异常,则更换环境温度传感器。

环境温度传感器性能特性:

(1)即使轻微接触传感器也可能改变电阻值,确保只接触传感器的连接器。

(2)测量时,传感器温度必须与环境温度相同。

(3)随着温度升高,电阻减小,如图 11-9 所示。

2)检查蒸发器温度传感器

蒸发器温度传感器安装在空调装置的蒸发器上。该传感器检测流过蒸发器的冷却空气的温度，并将温度转变成电信号传给空调放大器。蒸发器温度传感器是负温度系数的热敏电阻，电阻随着流过蒸发器的冷却空气温度的变化而变化。当温度下降时，电阻增大；当温度上升时，电阻减小，如图 11-10 所示。

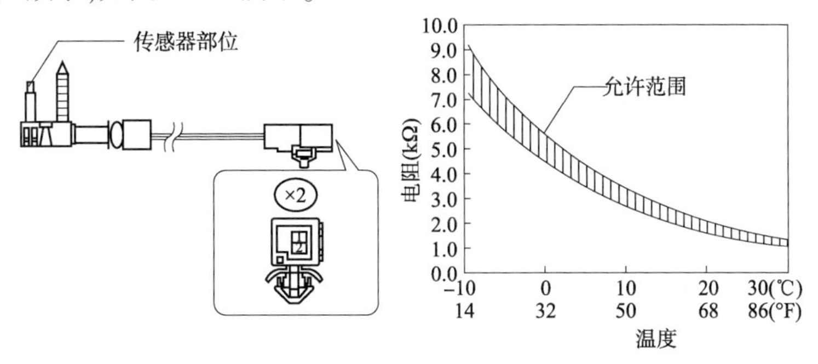

图 11-10　蒸发器温度传感器

空调放大器将 5V 电压施加到蒸发器温度传感器电路上，并且在蒸发器温度传感器的电阻改变时读取它的电压变化值。该传感器用于空调放大器防止蒸发器结霜。

蒸发器温度传感器与空调放大器的电路连接如图 11-11 所示。

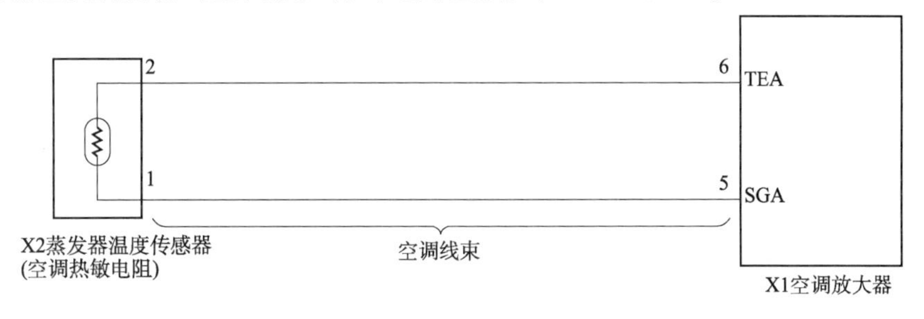

图 11-11　空调蒸发器温度传感器连接电路图

蒸发器温度传感器性能特性：

(1)即使轻微接触传感器也可能改变电阻值，确保握住传感器的连接器。

(2)测量时，传感器温度必须与环境温度相同。

(3)检测蒸发器温度传感器在各温度条件下的电阻。

检测时将蒸发器温度传感器连接器 X2 断开，测量蒸发器温度传感器电阻应符合表 11-3 中的值。

蒸发器温度传感器标准电阻　　表 11-3

检测端子	条　件	规定状态
$X2_1$-$X2_2$	-10℃	7.30～9.10kΩ
	-5℃	5.65～6.95kΩ
	0℃	4.40～5.35kΩ
	5℃	3.40～4.15kΩ
	10℃	2.70～3.25kΩ
	15℃	2.14～2.58kΩ

续上表

检测端子	条　件	规定状态
$X2_1$ - $X2_2$	20℃	1.71 至 2.05kΩ
	25℃	1.38 至 1.64kΩ
	30℃	1.11 至 1.32kΩ

如有异常,则更换蒸发器温度传感器。

(4)检测蒸发器温度传感器连接导线,如图 11-11 所示。

①关闭点火开关。

②断开蒸发器温度传感器连接器 X2 和空调放大器连接器 X1,连接器 X2 和连接器 X1 及其端子如图 11-12 所示。

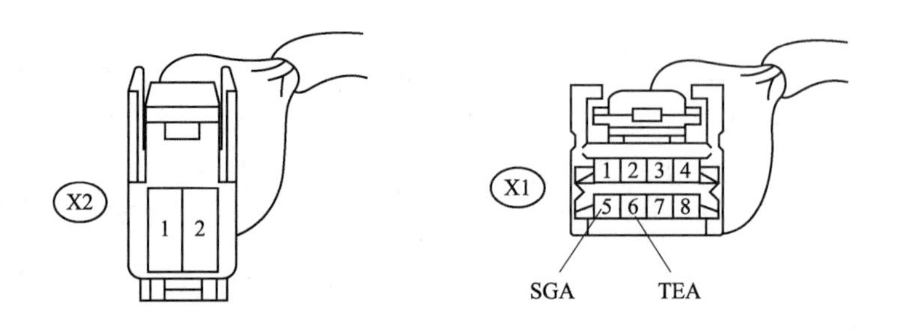

图 11-12　空调蒸发器温度传感器、放大器连接器 X2、X1 和端子

③使用万用表电阻挡,测量蒸发器温度传感器连接器 X2 线束端子 1 与空调放大器连接器 X1 线束端子 5 之间的电阻,应 <1Ω;测量蒸发器温度传感器连接器 X2 线束端子 2 与空调放大器连接器 X1 线束端子 6 之间的电阻,应 <1Ω。

④使用万用表电阻挡,测量蒸发器温度传感器连接器 X2 线束端子 1 与端子 2 之间的电阻,应为无穷大,两导线间无短路。

⑤使用万用表电阻挡,分别测量蒸发器温度传感器连接器 X2 线束端子 1、端子 2 对搭铁的电阻,应为无穷大,线路电阻正常,两导线对搭铁线无短路。

⑥打开点火开关,开启空调。

⑦使用万用表电压挡,分别测量蒸发器温度传感器连接器 X2 线束端子 1、端子 2 对搭铁线的电压,应为 0,线路电压正常,两导线对电源线无短路。

⑧关闭点火开关,连接好蒸发器温度传感器连接器 X2 和空调放大器连接器 X1。

3)检查空调压力传感器

空调压力传感器安装在高压侧管上,是用来检测制冷剂压力,将制冷剂压力信号输送至空调放大器。空调放大器根据传感器特性将该信号转换为压力,以控制压缩机。

(1)安装歧管压力表组件。

(2)将连接器 A16 从空调压力传感器上断开。

(3)将 3 节 1.5V 干电池串联起来,正极(+)引线连接到空调压力传感器连接器 A16 端子 3,并将负极(-)引线连接到端子 1,如图 11-13 所示。

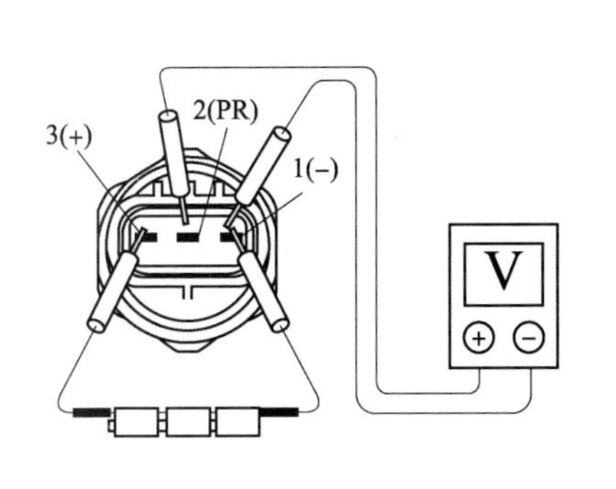

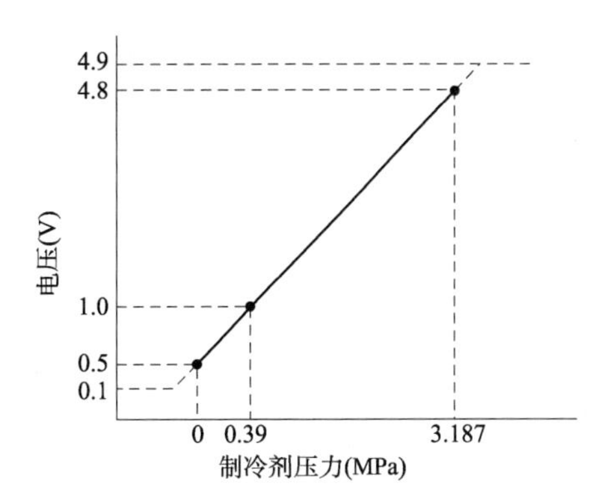

图 11-13　空调压力传感器检查

(4)将电压表正极(+)引线连接到空调压力传感器连接器 A16 端子 2 上,负极(-)引线连接到端子 1 上,测量空调压力传感器电压,电压应在规定范围内。

如有异常,则更换空调压力传感器。

4)检查压缩机电磁离合器线圈电路

空调压缩机电磁离合器线圈控制电路如图 11-14 所示,压缩机受空调放大器控制,实现压缩机改变排气量。

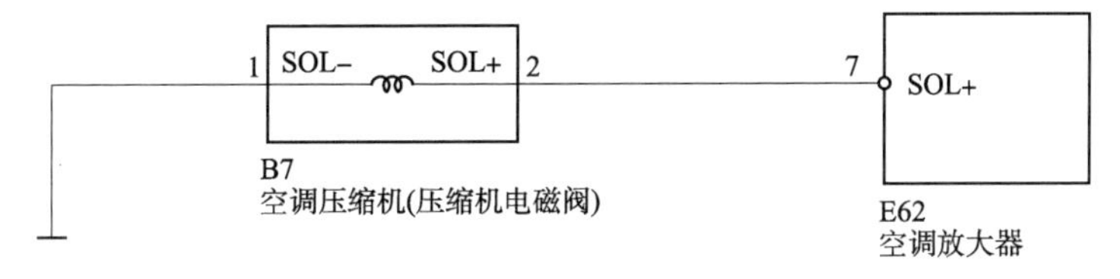

图 11-14　空调压缩机电磁离合器线圈控制电路

(1)检查空调压缩机电磁离合器线圈。

断开空调压缩机电磁离合器线圈连接器 B7,连接器 B7 如图 11-15 所示,根据表 11-4 中的值测量电阻。

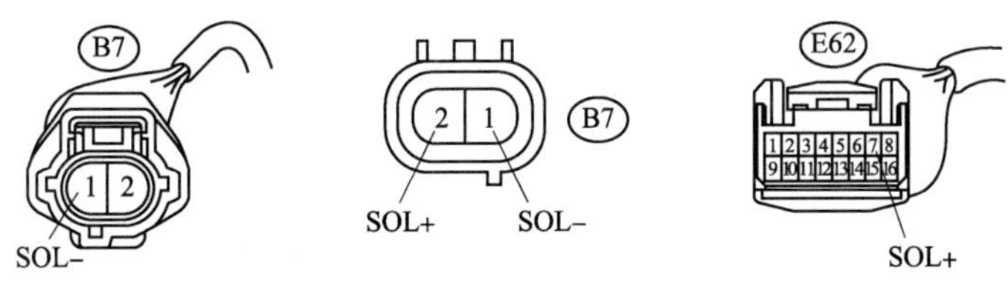

图 11-15　压缩机电磁离合器线圈连接器 B7 与空调放大器连接器 E62 连接端子示意图

压缩机电磁离合器线圈标准电阻　　表 11-4

检测端子	条　件	规定状态
$B7_2$-$B7_1$	20℃	10 ~ 11Ω

如有异常,更换空调压缩机。

(2)检查空调压缩机电磁离合器线圈导线。

断开空调压缩机电磁离合器线圈连接器 B7、空调放大器连接器 E62,连接器 B7、E62 及其端子如图 11-15 所示,根据表 11-5 中所示位置和标准,测量电磁离合器线圈导线电阻。

压缩机电磁离合器线圈连接导线标准电阻　　表 11-5

检测端子	条　件	规定状态
$B7_1$-GND	检测电阻	<1Ω
$B7_2$-$E62_7$	检测电阻	<1Ω
$B7_1$-$B7_2$	检测电阻	>10kΩ

如有异常,应更换电磁离合器线圈导线线束。

2. 加热控制电路

空调开关和 MAX HOT 开关(3 号加热器控制器)通过 HTR-IG 熔断器供电。每个开关的工作信号发送至空调放大器,电路图如图 11-16 所示。

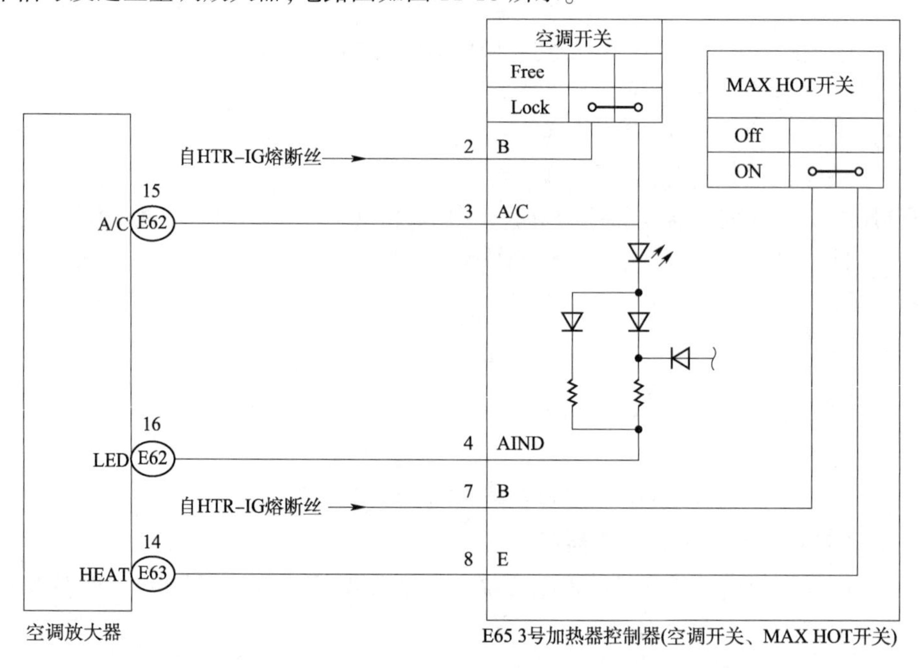

图 11-16　空调放大器与加热控制器电路图

(1)检查熔断器(HTR-IG)。

(2)检查空调开关和 MAX HOT 开关。

①拆下空调开关和 MAX HOT 开关,将空调开关连接器 E63 和 MAX HOT 开关连接器 E65 断开,根据表 11-6 中的值测量电阻。空调开关连接器 E63 和 MAX HOT 开关连接器 E65 端子如图 11-17 所示。

空调开关和 MAX HOT 开关标准电阻　　表 11-6

检测端子	开关状态	规定状态
$E65_2$-$E65_3$	进气控制开关(A/C):Lock	<1Ω
$E65_2$-$E65_3$	进气控制开关(A/C):Free	>10kΩ
$E65_7$-$E65_8$	进气控制开关(MAX HOT):ON	<1Ω
$E65_7$-$E65_8$	进气控制开关(MAX HOT):OFF	>10kΩ

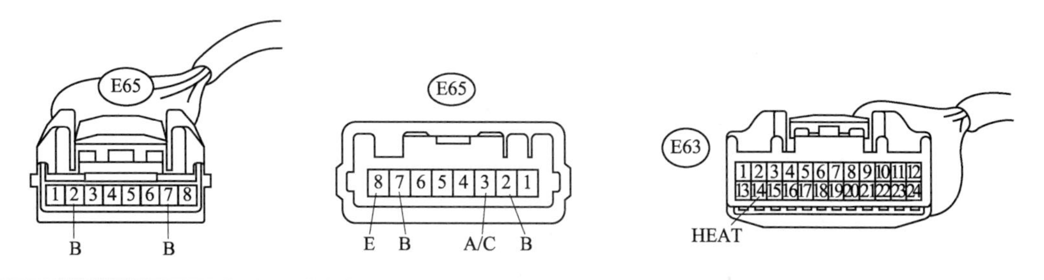

图 11-17 空调开关连接器 E65 和空调放大器连接器 E63 各端子

②检查并确认指示灯亮起。

③将蓄电池正极(+)引线连至空调开关连接器 E65 端子 3,负极(-)引线连至端子 4,检查并确认指示灯亮起。

如有异常,则更换空调开关和 MAX HOT 开关。

3. PTC 加热器电路

PTC 加热器安装在加热装置的散热器内,它在冷却液温度很低且正常加热器效率不足时工作。空调控制总成切换继电器电路的通断,并且在工作条件满足(冷却液温度低于 65℃、设置温度为 MAX HOT、环境温度低于 10℃且鼓风机开关没有置于 OFF 位置)时操作 PTC。PTC 加热器根据电气负载和产生的电压大小控制需要加热的加热器元件的数量。因此,在检查 PTC 加热器时,确保关闭其他电气设备。PTC 加热器电路如图 11-18 所示。

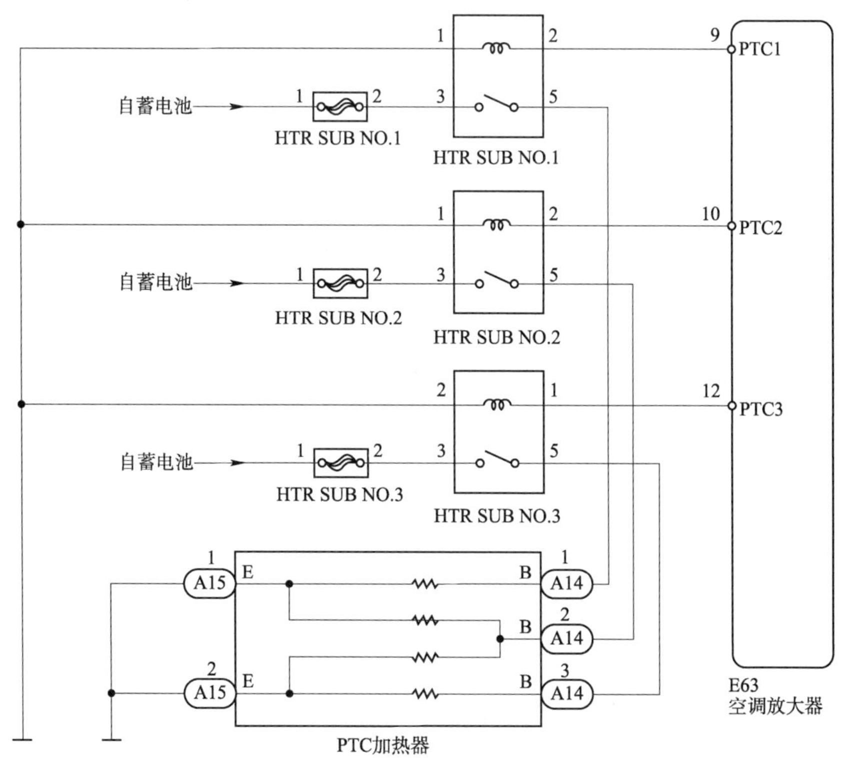

图 11-18 PTC 加热器电路

(1)检查加热器熔断器 HTR SUB No.1、HTR SUB No.2、HTR SUB No.3 和继电器 HTR SUB No.1、HTR SUB No.2、HTR SUB No.3。

(2)检查 PTC 加热器。将连接器从 PTC 加热器上断开,PTC 加热器端子如图 11-18 所示,根据表 11-7 中的值测量电阻。

PTC 加热器标准电阻 表 11-7

检测端子	开关状态	规定状态
$A14_1$-$A15_1$	始终	<1Ω
$A14_2$-$A15_1$	始终	<1Ω
$A14_2$-$A15_2$	始终	<1Ω
$A14_3$-$A15_2$	始终	<1Ω

如有异常,则更换 PTC 加热器。

提示:由于 PTC 加热器的工作数量受电气负荷的影响,因此发电机负荷和前照灯信号等因素也会对工作的 PTC 加热器数量造成影响。

4. 鼓风机电动机控制电路

操作加热器控制器时,HTR 继电器工作,电流流向鼓风机电动机,然后电动机将开始转动。操作加热器控制器切换鼓风机电阻器和车身搭铁之间的电流,以此来改变鼓风电动机的转速,鼓风机控制电路如图 11-19 所示。

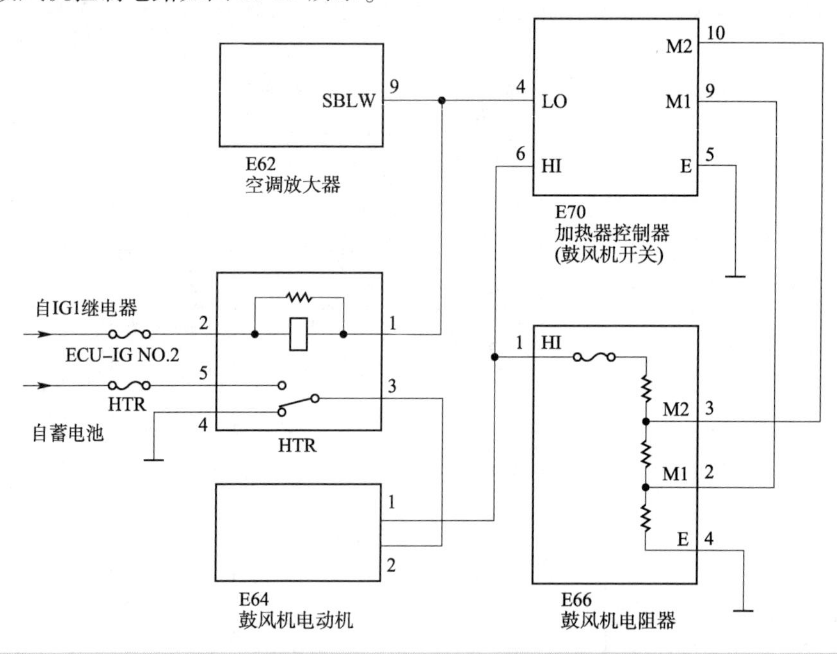

图 11-19 鼓风机控制电路

(1)检查鼓风机电动机。

①将连接器 E64 从鼓风机电动机上断开,鼓风机电动机连接器 E64 如图 11-20 所示。

②将蓄电池的正极(+)引线与鼓风机电动机端子 2 相连,负极(-)引线与端子 1 相连,检查并确认电动机工作。

③鼓风机正常情况是电动机运转平稳。如有异常，则更换个鼓风机电动机。

(2)检查检查鼓风机电阻器。

拆下鼓风机电阻器，断开鼓风机电阻器连接器 E66，连接器 E66 各端子如图 11-21 所示；鼓风机电阻器各挡位标准电阻见表 11-8，测量鼓风机电阻器自身各端子间电阻。

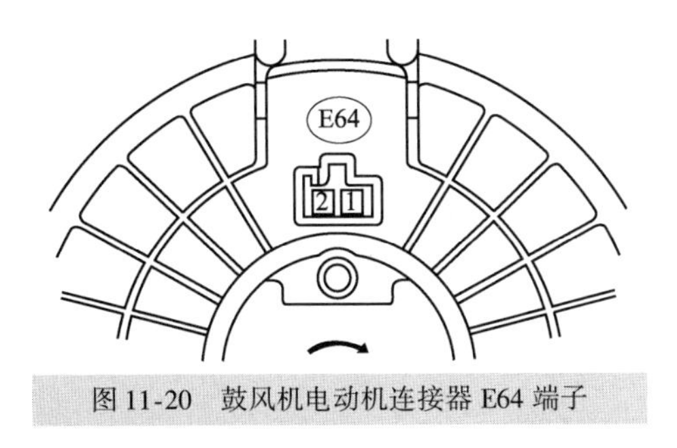

图 11-20　鼓风机电动机连接器 E64 端子

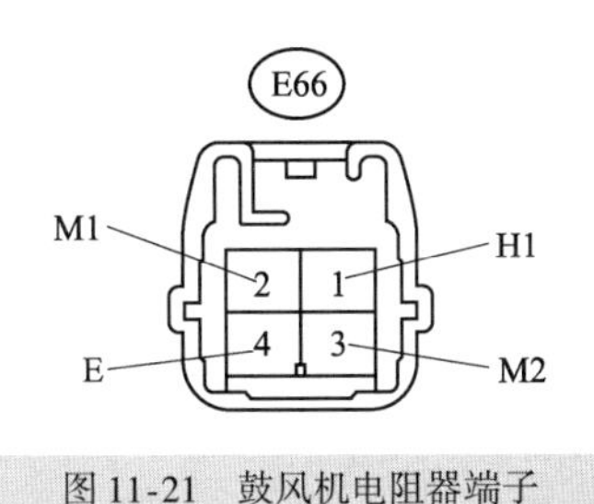

图 11-21　鼓风机电阻器端子

鼓风机电阻器标准电阻　　表 11-8

检测端子	条　件	规定状态
$E66_1$-$E66_4$	始终	3.12～3.60Ω
$E66_3$-$E66_4$	始终	2.60～3.00Ω
$E66_2$-$E66_4$	始终	1.67～1.93Ω

如有异常，则更换鼓风机电阻器。

(3)检查加热器控制器(鼓风机开关)。

拆下加热器控制器，将连接器从加热器控制器上断开，端子如图 11-22 所示。根据表 11-9 中的值测量电阻。

如有异常，则更换鼓风机开关。

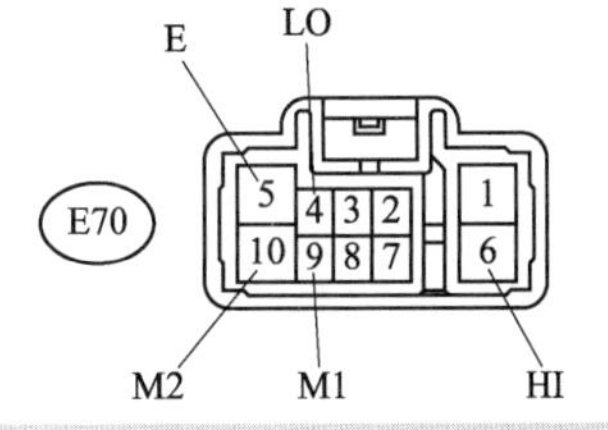

图 11-22　加热控制器(鼓风机开关)端子

加热控制器标准电阻　　表 11-9

检测端子	开关状态	规定状态
$E70_4$，$E70_6$，$E70_9$，$E70_{10}$-$E70_5$	鼓风机开关：OFF	>10kΩ
$E70_4$-$E70_5$	鼓风机开关：LO	<1Ω
$E70_4$，$E70_9$-$E70_5$	鼓风机开关：M1	<1Ω
$E70_4$，$E70_{10}$-$E70_5$	鼓风机开关：M2	<1Ω
$E70_4$，$E70_6$-$E70_5$	鼓风机开关：HI	<1Ω

5. 进气控制电路

再循环风门伺服电动机和进气控制开关(加热控制器底座)通过 HTR-IG 熔断器供电，如图 11-23 所示。操作进气控制开关，将进气控制开关置于“Free”挡，使再循环风门伺服电动机连接器 E68 端子 2 搭铁，伺服电动机转至“外循环”；将进气控制开关置于“Lock”挡，使再循环风门伺服电动机连接器 E68 端子 1 搭铁，伺服电动机转至“内循环”。

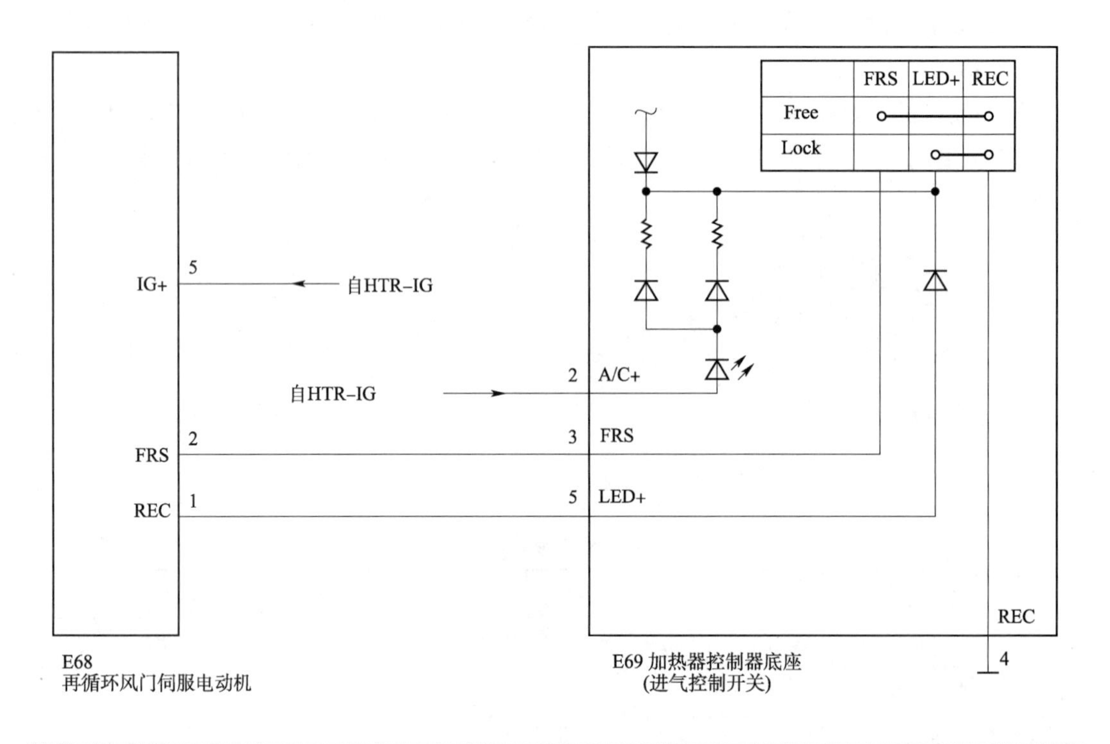

图 11-23　再循环风门伺服电动机电路图

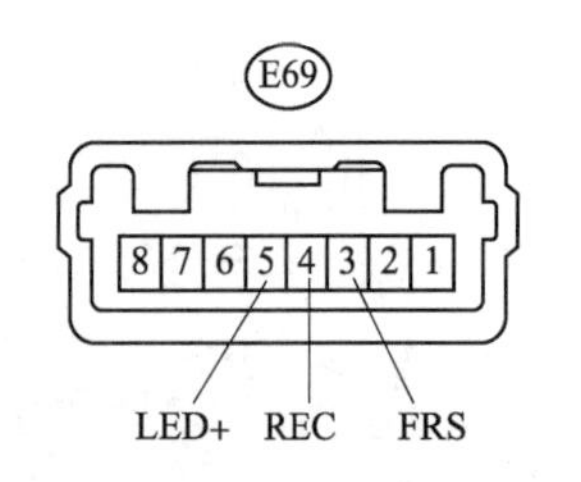

图 11-24　进气控制开关连接器 E69 各端子

来自 HTR-IG 熔断器的电流,经进气控制开关连接器 E69 端子 2 向 LEC 指示灯供电,再经连接器 E69 端子 4 搭铁,内循环 LED 指示灯点亮。

检查进气控制开关:

(1)拆下进气控制开关,将连接器 E69 从进气控制开关上断开,如图 11-24 所示,根据表 11-10 中所示标准值,测量进气控制开关的电阻。

加热控制器底座(进气控制开关)标准电阻　　表 11-10

检测端子	开关状态	规定状态
$E69_3$-$E69_4$	进气控制开关:Free	$<1\Omega$
$E69_3$-$E69_4$	进气控制开关:Lock	$>10k\Omega$

(2)检查并确认指示灯亮起。将进气控制开关转至 Lock 位置。将蓄电池正极(+)引线连至进气控制开关连接器 E69 端子 2,负极(-)引线连至端子 4,检查并确认指示灯亮起。

如有异常,则更换进气控制开关。

(八)迈腾轿车空调控制电路

一汽大众迈腾轿车半自动空调控制电路如图 11-25 所示。

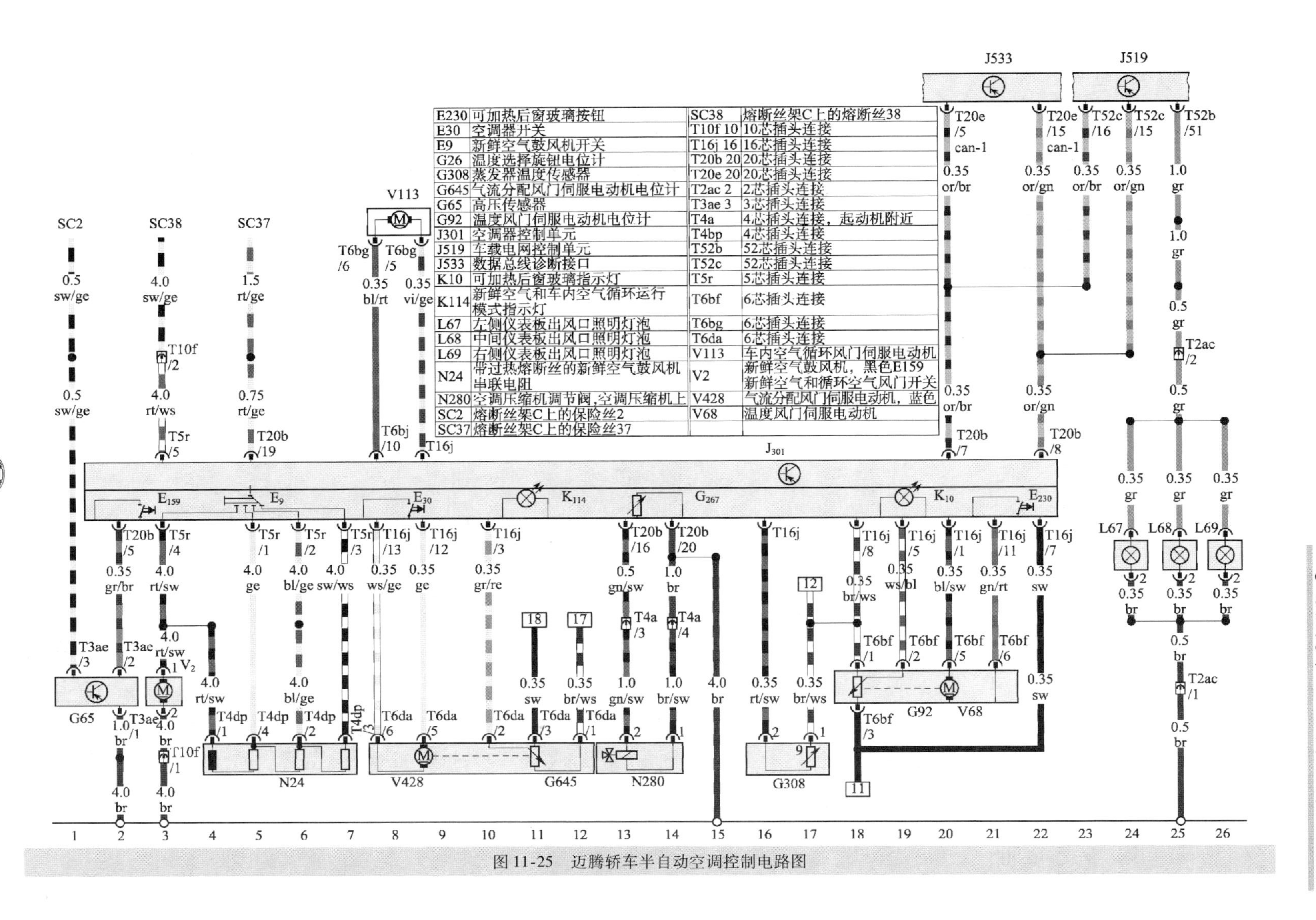

图 11-25　迈腾轿车半自动空调控制电路图

二、组 织 实 践

(一)工作任务

空调控制电路故障,主要包括空气流量控制故障、温度控制故障、进气控制故障,其中温度控制包括制冷和加热两部分。空气流量控制故障主要与鼓风机控制电路相关;温度控制故障主要与制冷(压缩机,膨胀阀,蒸发器,散热器)和加热器电路相关;进气控制故障主要与再循环(内、外循环)伺服电动机控制电路相关。

(二)实践操作目标

(1)通过检测判断空调压力传感器信号是否正常。
(2)通过检测或试验判断再循环风门伺服电动机是否正常。
(3)诊断鼓风机工作异常故障部位及原因,并正确排除故障。

(三)实践准备

1. 实践操作所用的设备

实训用车辆(建议用常见的丰田轿车、大众轿车)、蓄电池、工作台等。

2. 实践操作所用工量具和材料

干净的抹布,常用工具,汽车用数字万用表,试灯,导线,导线夹,电路图册,汽车维修手册。

(四)技术要求与注意事项

(1)注意万用表使用中,挡位的正确选择(按指导老师要求)。
(2)使用电路图册时,要注意避免破损,电路图应与使用车型相对应。
(3)一般来说,汽车蓄电池电源线搭铁电压为12V,发电机正常输出电压不超过14V。
(4)注意电气线路在操作过程中的短路。
(5)汽车维修手册所述的其他相关要求。

(五)操作步骤及方法

以丰田卡罗拉轿车空调故障为例进行实践操作。

1. 检修准备

(1)小组共同清洁工位、清点工量具,保持场地、设备、工量具干净整齐及性能良好。
(2)安装好车轮挡块、使用空挡和驻车制动。
(3)安装好前栅格布和翼子板布及护套。

2. 空调压力传感器及其电路检测

1)使用故障诊断仪诊断故障

(1)故障现象确认。你观察到的空调故障现象是:____________________________。

(2)连接故障诊断仪。

(3)读取故障码。你读出的空调故障码是:____。

(4)读取数据流。

环境温度:________________________________;

发动机转速:______________________________;

A/C 开关状态:______________________(开/关);

压缩机电磁离合器:________________(分离/结合);

高压压力传感器:__________________________;

蒸发器温度传感器:________________________;

鼓风机挡位:______________________________。

上面数据中不正常的是:____。

(5)使用 AC350 测量空调制冷系统压力。

高压压力:____________________;低压压力:____________________。

与正常压力相比较,判断为________________________(正常/不正常/其他)。

(6)可能故障原因及故障范围。根据所读出的故障码,可以初步判断故障方向,并通过数据流可进一步确定故障方向。

你判断的故障原因或故障范围是____。

2)检测空调压力传感器电源电压

参考图 11-7、图 11-13,断开空调压力传感器连接器 A16,打开点火开关,测量连接器 A16 端子 3 与端子 1 间的电压,如图 11-26 所示。将测量结果填入表 11-11。

检测结论:______________。(正常/不正常)

处理措施:______________。(更换/修理/无须处理)

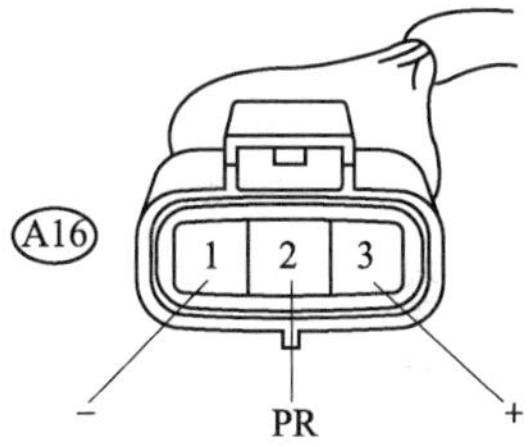

图 11-26 空调压力传感器连接器 A16 端子

测量空调压力传感器端子电压 表 11-11

检测端子	条件	规定状态	测量结果
$A16_3$-$A16_1$	点火开关置于 ON 位置(空调 OFF)	0V	
$A16_2$-$A16_1$	点火开关置于 ON 位置(空调 OFF)	0.7~4.8V	

3)检查空调压力传感器信号电压

参考图 11-26,保持空调压力开关连接器正常连接的状态,使用万用表测量连接器 A16 端子 2 与端子 1 间电压,完成空调压力传感器连接器 A16 端子 2 输出电压测量,测量结果填入表 11-11。

空调制冷剂压力与压力传感器输出信号电压关系为:____。

检测结论:________________。(正常/不正常)

处理措施:________________。(更换/修理/无须处理)

3. 检查再循环风门伺服电动机

拆下再循环风门伺服电动机,将连接器 E68 从再循环风门伺服电动机上断开,连接器 E68 各端子位置如图 11-27 所示。

(1)将蓄电池正极(+)引线连接至再循环风门伺服电动机连接器 E68 端子 5,并将负极(-)引线接至端子 2,然后检查并确认臂平顺转至________________(“FRESH”/“RECIRCULATION”“内循环”/“外循环”)侧。

(2)将蓄电池正极(+)引线连接至再循环风门伺服电动机连接器 E68 端子 5,并将负极(-)引线连接至端子 1,然后检查并确认臂平顺转至________________(“FRESH”/“RECIRCULATION”)侧。

E68
5 4 3 2 1
RECIRCULATION
FRESH

图 11-27　再循环风门伺服电动机

检查结论:________________。(正常/不正常)

处理措施:________________。(更换/修理/无须处理)

4. 检查散热风扇电动机控制电路

丰田卡罗拉轿车散热风扇电动机控制电路如图 11-28 所示,完成以下检查并做记录。

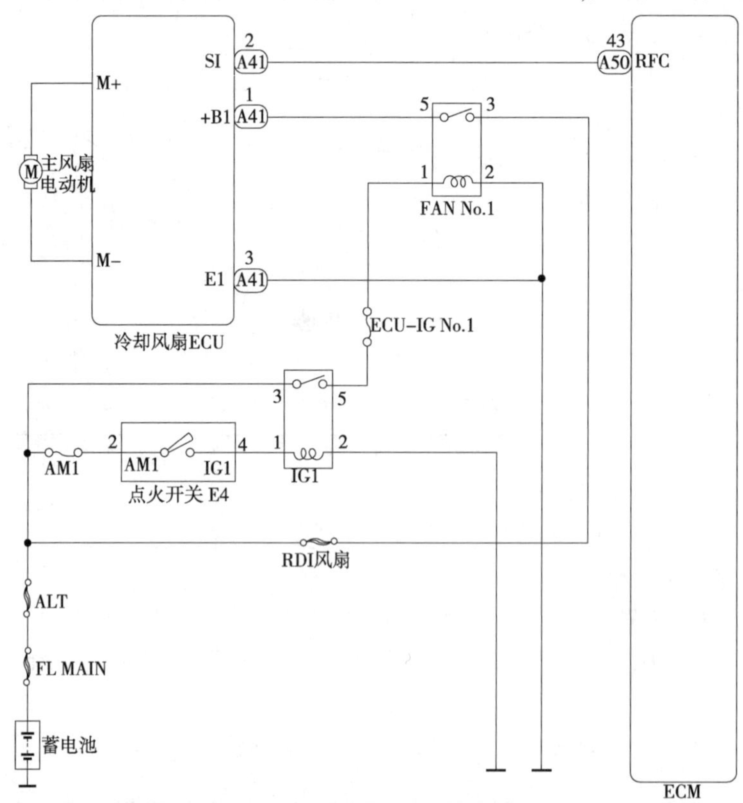

图 11-28　散热风扇电动机控制电路图

1）检查熔断器 RDI FAN 风扇和 ECU-IG No.1 电控 1 号熔断器

（1）将 RDI FAN 熔断器从发动机舱接线盒上取下检查。

RDI FAN 熔断器位于发动机舱接线盒 4 号位置，如图 11-29 所示。

额定容量：＿＿＿＿＿＿＿＿＿A，颜色：＿＿＿＿＿＿＿。

检查结论：＿＿＿＿＿＿＿＿＿。（正常/不正常）

处理措施：＿＿＿＿＿＿＿＿＿。（更换/修理/无须处理）

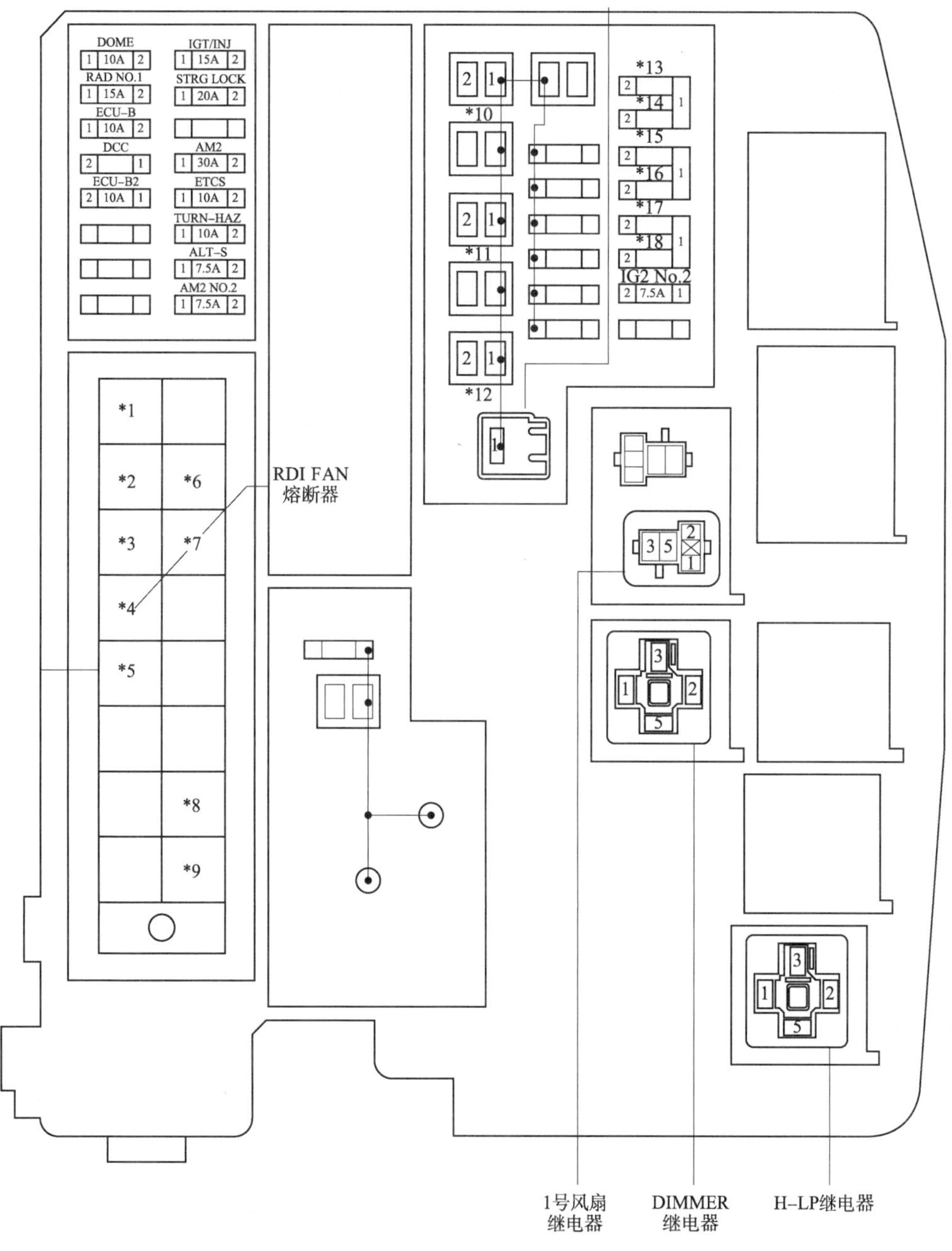

图 11-29　散热风扇控制熔断器、继电器位置示意图

(2)将 ECU-IG No. 1 熔断器从仪表板接线盒上取下检查。

电控单元 1 号熔断器 ECU-IG No. 1 位于仪表板接线盒上 6 号位置,如图 11-30 所示。

额定容量:________________A,颜色:________________。

检查结论:__________________。(正常/不正常)

处理措施:__________________。(更换/修理/无须处理)

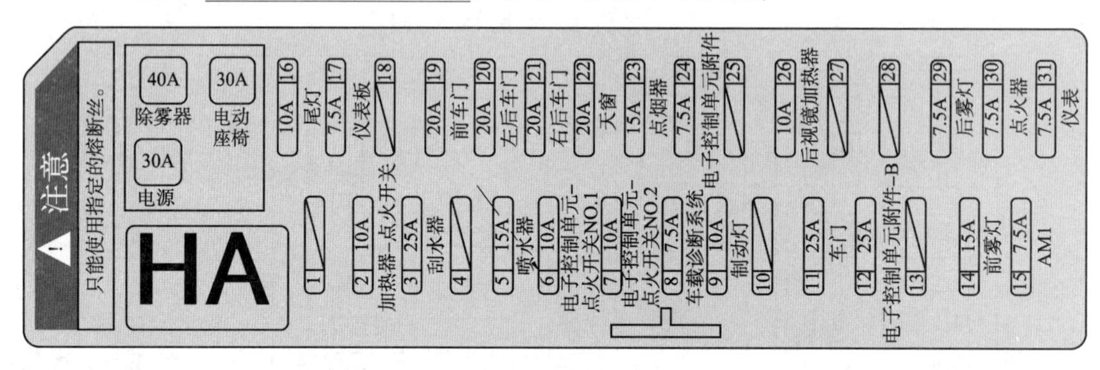

图 11-30 散热风扇控制熔断器位置示意图

2)检查 1 号风扇继电器 FAN No. 1

将 1 号风扇继电器 FAN No. 1 从发动机舱接线盒上取下,1 号风扇继电器位置如图 11-29 所示,依据图 11-31 所示继电器各端子,按表 11-12 所示内容检测或试验风扇继电器。

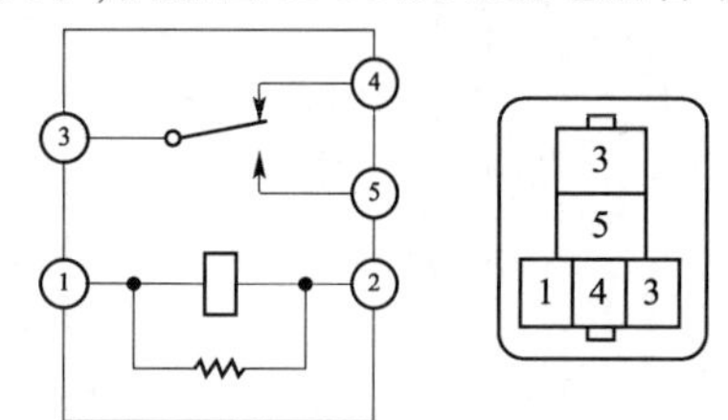

图 11-31 风扇继电器 FAN No. 1 各端子图

(1)检测、试验 1 号风扇继电器常闭触点。

(2)检测 1 号风扇继电器线圈电阻。使用万用表电阻挡检测 1 号风扇继电器端子 1 与端子 2 间的线圈电阻,检测结果填入表 11-12。

(3)检测、试验 1 号风扇继电器常闭触点。在线圈不供电和供电情况下,分别检测继电器端子 3 与端子 4 间的电阻,检测结果填入表 11-12。

(4)检测、试验 1 号风扇继电器常开触点。在线圈不供电和供电情况下,分别检测继电器端子 3 与端子 5 间的电阻,检测结果填入表 11-12。

检查结论:__________________。(正常/不正常)

处理措施:__________________。(更换/修理/无须处理)

1 号风扇继电器检查记录 表 11-12

检测端子	测量条件	标准值	测量值
FAN No. 1_1-FAN No. 1_2	始终	80~160Ω	
FAN No. 1_3-FAN No. 1_4	在端子 1、2 间未施加电压	<1Ω	
FAN No. 1_3-FAN No. 1_4	在端子 1、2 间施加蓄电池电压	>10kΩ	
FAN No. 1_3-FAN No. 1_5	在端子 1、2 间未施加电压	>10kΩ	
FAN No. 1_3-FAN No. 1_5	在端子 1、2 间施加蓄电池电压	<1Ω	

3）检查散热风扇电动机

（1）就车检查散热风扇电动机工作情况。

①起动发动机。

②打开空调，使用制冷。

③观察散热风扇是否正常运转。

④关闭空调，将发动机温度提升到95℃以上，观察散热风扇是否正常运转。

⑤将发动机温度提升到105℃以上，观察散热风扇是否高速运转。

⑥关闭点火开关，观察散热风扇是否停转。

检查结论：＿＿＿＿＿＿＿＿＿。（正常/不正常）

处理措施：＿＿＿＿＿＿＿＿＿。（更换/修理/无须处理）

（2）试验散热风扇电动机。将散热风扇ECU上的散热风扇电动机连接器拆下，使用测试导线将蓄电池的正极（+）接至散热风扇电动机连接器端子M+，蓄电池的负极（-）接至散热风扇电动机连接器端子M-，如图11-32所示，检查散热风扇电动机运转情况。

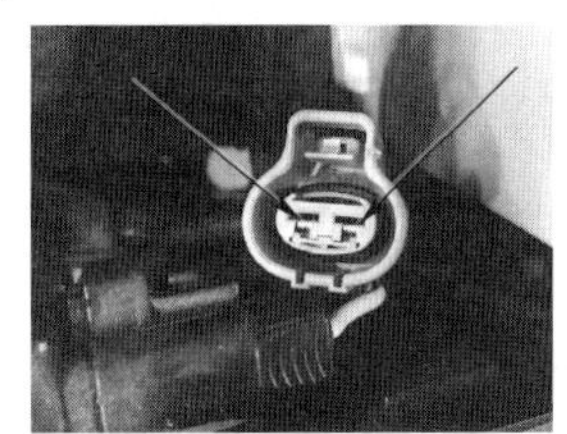

图11-32　散热风扇电动机试验连接位置

运转速度：＿＿＿＿＿＿＿。（低/较低/较高/高）

检查结论：＿＿＿＿＿＿＿＿＿。（正常/不正常）

处理措施：＿＿＿＿＿＿＿＿＿。（更换/修理/无须处理）

4）检查散热风扇电控制电路导线

参考散热风扇电控制电路图11-28，按表11-13内容检测并记录。

风扇电动机控制电路导线检查记录　　表11-13

检测端子	测量条件	标准值	测量值
$A41_1$-FAN No. 1_5	始终	<1Ω	
$A41_3$-搭铁线	始终	<1Ω	
$A41_2$-$A50_{43}$	始终	<1Ω	

5）完成上面的过程实践后，你认为哪些知识对于你诊断空调控制电路故障有帮助？

＿＿＿＿＿＿＿＿＿＿＿＿＿＿＿＿＿＿＿＿＿＿＿＿＿＿＿＿＿＿

＿＿＿＿＿＿＿＿＿＿＿＿＿＿＿＿＿＿＿＿＿＿＿＿＿＿＿＿＿＿

＿＿＿＿＿＿＿＿＿＿＿＿＿＿＿＿＿＿＿＿＿＿＿＿＿＿＿＿＿＿

三、知识拓展

汽车自动空调

得益于汽车电子技术的发展，现代汽车空调已经可以普遍实现由计算机控制。完善的汽车计算机控制的空调系统不仅可以对车内空气的温度、湿度、清洁度、风量和风向等进行自动调节，还可以控制后窗除雾、显示环境温度，给乘客提供一个良好的乘车环境，保证在各种外界气候和条件下使乘客都处于一个舒适的空气环境中,而且还能检测相关故障。自动空调控制面板与手动或半自动差别不大,如图 11-33 所示。

图 11-33 自动空调控制面板

1. 汽车空调自动调节功能

包括车内温度和湿度自动调节、回风和送风模式自动控制以及运转方式和换气量控制等控制功能。电控单元将根据驾驶人或乘客通过空调显示控制面板上的按钮进行的设定,使空调系统自动运行,并根据各种传感器输入的信号,对送风温度和送风速度及时地进行调整,使车内的空气环境保持最佳状态。电控单元还可以根据气候变化通过选择送风口,改变车内的温度分布。

2. 经济运行控制功能

当车外温度与设定的车内温度较为接近时,电控单元可以缩短制冷压缩机的工作时间(或降低压缩机排量),甚至在压缩机不工作(或排量近乎为 0)的情况下,就能使车内温度保持设定状态,达到节能目的。

3. 全面的显示功能

通过安置在汽车仪表板上的空调显示控制面板,可以随时显示当时的设置温度、车内温度、车外温度、送风速度、回风和送风口状态以及空调系统运行方式等信息,使驾驶人能够及时全面地了解空调系统的工作状态。

4. 故障检测和安全功能

电控单元通过自诊断系统可以对系统的状态进行检测,并对故障情况进行判断,当系统中出现故障时,使系统传入相应的故障安全状态,防止故障进一步扩大。

四、评价与反馈

1. 自我评价与反馈

(1)能否主动参与工作现场的清洁和调整工作?(　　)

A. 主动完成　　B. 被动完成　　C. 未完成

(2)完成本学习任务后,你对《汽车维修手册》等资料的使用是否快速和规范?(　　)

A. 快速规范　　B. 规范但不熟练　　C. 不会使用

(3)你能否正确规范地完成汽车空调控制电路的检修?(　　)

A. 独立完成　　B. 小组合作完成　　C. 老师指导下完成

(4)完成前面的学习任务之后,你对汽车空调控制电路常见故障的检修有哪些体会?

____

____

(5)下次遇到类似的学习任务,应如何改善以提高学习效率?

____

____

(6)其他补充。

____

____

____

签名:________　________年________月________日

2. 小组评价

(1)实践操作中边做边记的情况如何?(　　)

A. 操作认真,能做必要的记录　　B. 操作认真但未记录

C. 在老师指导下操作　　D. 不会做更不会记录

(2)是否主动参与小组讨论?(　　)

A. 主动参与　　B. 被动参与　　C. 未参与

(3)是否完成了本学习任务的学习目标?(　　)

A. 完成且效果好　　B. 完成但效果不好　　C. 未完成

(4)是否积极学习,不懂的问题是否积极向别人请教,是否积极帮助他人学习?(　　)

A. 积极学习　　B. 积极请教　　C. 积极帮助他人　　D. 全部不积极

(5)是否按“5S”规范进行操作?(　　)

A. 按“5S”规范　　B. 按“5S”规范未做好

C. 不规范　　D. 不按“5S”规范

(6)实践操作是否有收获,操作过程中是否有危险?(　　)

A. 收获大,不危险　　B. 收获大,危险大

C. 无收获,无危险　　D. 无收获,危险大

(7)其他补充。

____

____

参与评价的同学签名:________　________年________月________日

3. 教师评价及答复

____

____

____

教师签名:________　________年________月________日

五、技能考核

汽车空调控制电路检修考核评分标准见表11-14。

汽车空调控制电路检修考核评分标准　　表11-14

序号	项目	操作内容	规定分值	评分标准	得分
1	准备	清点工具、清理工位 被检查对象的外观检查 检查电源开关	4分 4分 3分	酌情扣分 检查不正确扣1~4分 检查不正确扣1~3分	
2	空调压力传感器检测	外观检查万用表等工具 电压检查 外部电源连接 输出信号检查	3分 5分 5分 5分	酌情扣分 检查不正确扣1~5分 操作不正确扣1~5分 检查不正确扣1~5分	
3	再循环风门伺服电动机检查	蓄电池供电电路连接 确认电动机动作	5分 5分	操作不正确扣2~5分 操作不正确扣2~5分	
4	鼓风机电动机控制电路检测分析	继电器检查 拆下鼓风机和调速电阻连接器 试验线路连接 鼓风机挡位试验 故障分析	5分 5分 5分 5分 5分	检查不正确扣2~5分 操作不正确扣2~5分 操作不正确扣2~5分 操作不正确扣2~5分 分析不正确扣2~5分	
5	回答问题	空调压力开关信号电压输出端子是几号? 空调内、外循环对应的再循环风门伺服电动机在什么位置? 鼓风机是如何实现变速的?	5分 5分 5分	不正确扣2~5分 不正确扣2~5分 不正确扣1~5分	
6	完成时限	20min	10分	超时1~5min扣1~5分 超时5min以上扣10分	
7	安全文明	无安全隐患,无不文明操作	5分	未达标扣1~5分	
8	结束	工具、量具清洁、有序 工作场地清洁	3分 3分	漏一项扣1~3分 不彻底扣1~3分	
总分			100分		

学习任务十二　汽车整车电路检修

任务要求

完成本学习任务后，你应能：

1. 判断汽车电路故障所在系统；
2. 查阅相应车型《维修手册》《电路图》；
3. 简单分析常见电路故障部位及原因；
4. 采用适当的方法诊断常见电路故障；
5. 排除常见汽车电路故障。

建议学时：12 学时

任务描述

一辆2015年出厂的卡罗拉GL 1.6AT轿车，行驶12万km后，喇叭不能发出声音了，经维修人员规范地故障诊断，分析了故障原因，找出了故障点，排除了故障，恢复了汽车喇叭的正常功能。

一、理论知识准备

汽车整车电路按系统可分为电源系统、起动系统、点火系统、照明系统、仪表信号系统、电动车窗系统、电控系统、刮水洗涤系统、空调系统及其他附属电气设备；每个电路的基本组成主要有电源、控制装置、用电器及线路等；各电路间既有一定的联系，也有一定的差异。

对汽车整车电路进行检修，要借助相应的汽车维修手册、电路图，了解汽车电路的基本原理、线路布置，分析故障可能原因或部位。特别是汽车电路图在汽车电路检修中极为重要。

（一）汽车整车电路检修的基本知识

1. 汽车电路图的种类

汽车电路图是将汽车各电器部件的图形符号通过导线连接在一起的关系图，可分为电路原理图、线路布置图和零件位置图等。

(1)电路原理图。电路原理图(简称汽车电路图)是用图形符号按工作顺序或功能布局绘制的,详细表示了汽车电路的全部组成和连接关系,不考虑实际位置的简图,具有电路清晰、简单明了,便于理解电路原理的特点,如图12-1所示。

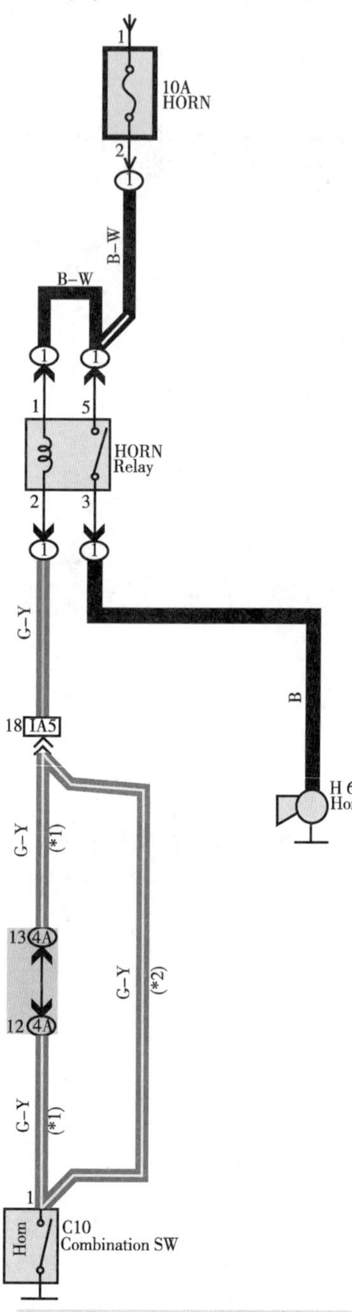

图12-1 汽车电路原理图

(2)线路布置图。汽车电路原理图可以比较详细地了解电器元件间的相互控制关系和工作原理,但它不能表达汽车电气设备和控制线路在车上的实际分布情况,为了便于汽车电器的安装和线路的布置,经常需要绘制线路布置图,如图12-2所示。

线路布置图是根据电气设备在汽车上的实际安装部位绘制的全车电路图或局部电器图,在图上电器元件与电器元件间的导线以线束的形式出现,图面简单明了,接近实际,对使用维修人员有较强的实用性。

2. 电路原理图的特点

(1)对全车电路有完整的概念。它既是一幅完整的全车电路图,又是一幅互相联系的局部电路图,重点、难点突出,繁简适当。

(2)图上建立起电位高低的概念。负极搭铁,电位最低,用图中最下面的一条导线表示;正极电源,电位最高,用最上面的一条导线表示。电流方向基本是从上到下,电流流向从电源正极→开关→用电器→搭铁→电源负极,节省了迂回曲折走迷路的时间。

(3)尽可能减少导线的曲折与交叉。调整位置,合理布局,图面简洁清晰,图形符号照顾元件外形和内部结构,便于联想分析,易读、易画。

(4)电路系统相互关联关系清楚。发电机与蓄电池间、各电路系统之间连接点尽量保持原位,熔断器、开关、仪表的接法与原图吻合。

(5)缺点。各型车的图形符号不规范,易各行其道,不利于交流。

需要说明的是,由于电路原理图描述的连接关系仅仅是功能,而不是实际的连接导线,因此电路原理图不能取代线路布置图。

3. 电路原理图的识读

由于各国汽车电路图的绘制方法、符号标识、文字标识、技术标准的不同,各汽车生产厂家,汽车电路图的画法有很大差异,甚至同一国家不同公司汽车电路图的表示方法也存在较大的差异,这就给读图带来许多麻烦,因此,掌握汽车电路图识读的基本方法显得十分重要。

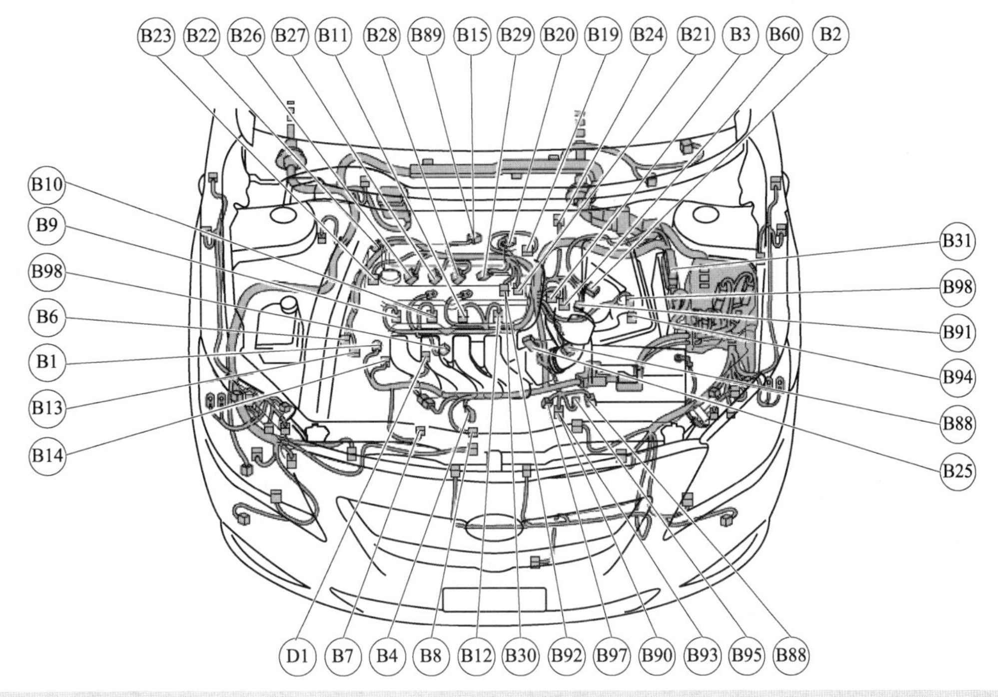

图 12-2 汽车电路线路布置图

1)阅读电路图图注

阅读电路图注以了解电路图的名称、技术规范、明确图形符号的含义,建立元器件和图形符号间一一对应的关系,这样才能快速准确地识图。

2)认识汽车电路回路原则

在电工电子中,回路是一个最基本、最重要、同时也是最简单的概念,任何一个完整的电路都由电源、用电器、开关、导线等组成。对于直流电路而言,电流总是要从电源的正极出发,通过导线,经熔断器、开关到达用电器,再经过导线(或搭铁)回到同一电源的负极,在这一过程中,只要有一个环节出现错误,此电路就会出现故障而达不到有效工作。

从正极出发,经某用电器最后又回到同一电源的正极,由于电源的电位(电压)差仅存在于电源的正负极之间,电源的同一电极是等电位的,没有电压,这种从正极到正极的途径不会产生电流。在汽车电路中,发电机和蓄电池都是电源,在寻找回路时,不能从一个电源的正极出发,经过若干用电设备后,回到另一个电源的负极,这种做法,不会构成一个真正的通路,也不会产生电流。所以必须强调回路是指从一个电源的正极出发,经过用电器,回到同一电源的负极。

3)熟悉开关的作用

开关是控制电路通断的关键,电路中主要开关往往汇集许多导线,如点火开关、车灯开关,读图时,应注意与开关有关的以下方面问题。

(1)在开关的许多接线柱或连接器中,注意哪些是直通电源的,哪些是接用电器的,接线柱旁是否有接线符号,这些符号是否常见。

(2)开关共有几个挡位,在挡位中,哪些接线柱通电,哪些断电。

(3)蓄电池或发电机的电流是通过什么路径到达这个开关的,中间是否经过其他的开关和继电器,这个开关是手动的还是电控的。

(4)各个开关分别控制哪个用电器,被控用电器的作用和功能是什么。

(5)在被控的用电器中,哪些电路处于常通,哪些电路处于短暂接通,哪些应先接通,哪些应后接通,哪些用电器应单独工作,哪些用电器应同时工作。

4)汽车电路图的一般规律

(1)电源部分(发电机与蓄电池并联供电)到各用电设备的熔断器、开关的导线是电气设备的公共电源线,在电路原理图中一般画在电路图的上部。

(2)电路图中,开关处于断开状态或继电器线圈处于不通电状态,晶体管、晶闸管等具有开关特性的元件导通与截止视具体情况而定。

(3)汽车电路是单线制,各电器相互并联,继电器和开关串联在电路中。

(4)大部分用电设备都经过熔断器,受熔断器的保护。

(5)把整车电路按功能与工作原理划分成若干独立的电路系统,这样可解决整车电路庞大复杂、分析起来困难的问题。现在汽车整车电路一般都按各个电路系统来绘制,如电源系统、起动系统、点火系统、照明系统、信号系统等,这些单元电路都有它们自身的特点,抓住特点把各个单元电路的结构、原理吃透了,理解整车电路也就容易了。

5)识读电路图的一般方法

(1)先看全图,把一个个单独的系统框出来。各电气系统的电源和电源总开关是公共的,任何一个系统都应该是一个完整的电路,都应遵循回路原则。

(2)分析各系统的工作过程、相互间的联系。在分析某个电气系统之前,要清楚该电气系统所包含各部件的功能、作用和技术参数等。在分析过程中应特点注意开关、继电器触点的工作状态,大多数电气系统都是通过开关、继电器的不同工作状态来改变回路,实现不同功能的。

(3)汽车电路通用性和专业化生产使同一国家汽车的整车电路形式大致相同,如掌握了一汽汽车电路的特点,就可以大致了解上汽、广汽等国产汽车电路的特点。掌握了日产、丰田等汽车电路的特点,就基本了解了日本汽车电路的特点。掌握了桑塔纳汽车电路的特点,就大致了解了欧洲汽车电路的特点。

4. 典型电路图

由于各国汽车电路图的绘制方法、符号标识以及文字、技术标准等的不同,各国汽车电路图有较大差异,甚至同一国家不同公司的汽车电路图也存在着差异,但是很多部分都是类似或相近的,通过对典型电路的学习及分析,利用具体的实例,举一反三,对照比较,触类旁通,可以掌握汽车的一些共同的规律,再以这些共性为指导,了解其他型号汽车的电路原理,又可以发现更多的共性以及各种车型之间的差异。因此,掌握几个典型电路和各系统的接线特点和原则,对于学习其他车型的电路就有了坚实的基础。下面以大众汽车电路图为例,说明如何使用整车电路图。

大众系列汽车电路图与其他系列汽车电路图相比,大众公司产品的电路图有相同的地方,也不同之处,它可以看作是电路原理图,但实质上更接近接线图。

1)大众公司汽车电路图的结构组成

大众公司电路图中除有表示各种电器元件的符号外,还会出现一些符号和数字,从结构上看包含以下6个部分,如图12-3所示。

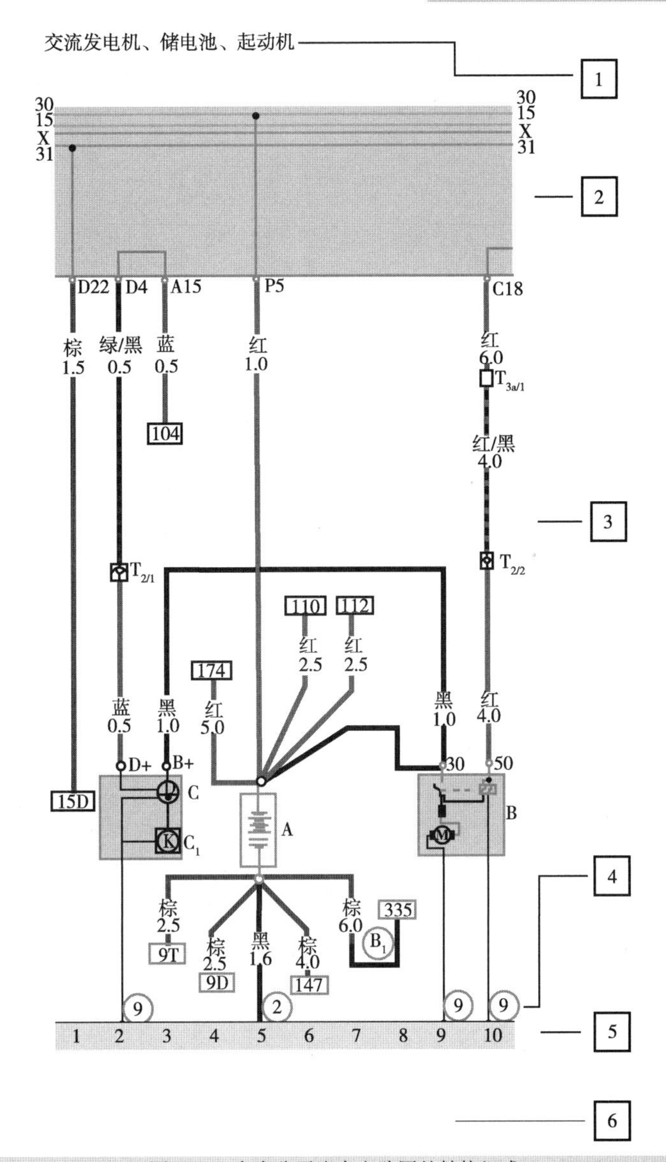

图 12-3　大众公司汽车电路图的结构组成

1-标题，表示本页所示电路的名称；2-中央电器继电器板和熔断器座，用灰色区域表示；3-带有连接导线的负载回路。在图中所有的开关和触点都处于机械静止位置；4-车辆搭铁线，用圆圈内的数字表示搭铁点的位置；5-电路接点编号，用于查找电路接点；6-元件代号及名称，表示本页出现的代号所代表的元件名称；A-蓄电池；B-起动机；C-交流发电机；C_1-调压器；D-点火开关；T_2-发动机线束与发电机线束插头连接，2 针，在发电机舱中间支架上；T_{3a}-发动机线束与前照灯线束插头连接，3 针，在中央电器后面；②-搭铁点，在蓄电池支架上；⑨-自身搭铁；B_1-搭铁连接线，在前照灯线束内

2）大众公司汽车电路图例说明

如图 12-4 所示，图中各序号指示的意义见图注。

3）大众系列汽车电路图的特点

（1）接点标记具有固定的含义。在大众公司汽车电路图中经常遇到接点标记的数字及字母，它们都具有固定的含义。如数字 30 代表的是来自蓄电池正极的供电线；数字 31 代表搭铁线；数字 15 代表来自点火开关的点火供电线；数字 50 代表点火开关在起动挡时的起动供电线;X 代表受控的大容量用电设备供电线(来自卸荷继电器的供电线)等。无论这些标记出现在电路的什么地方,相同的标记都代表相同的接点。

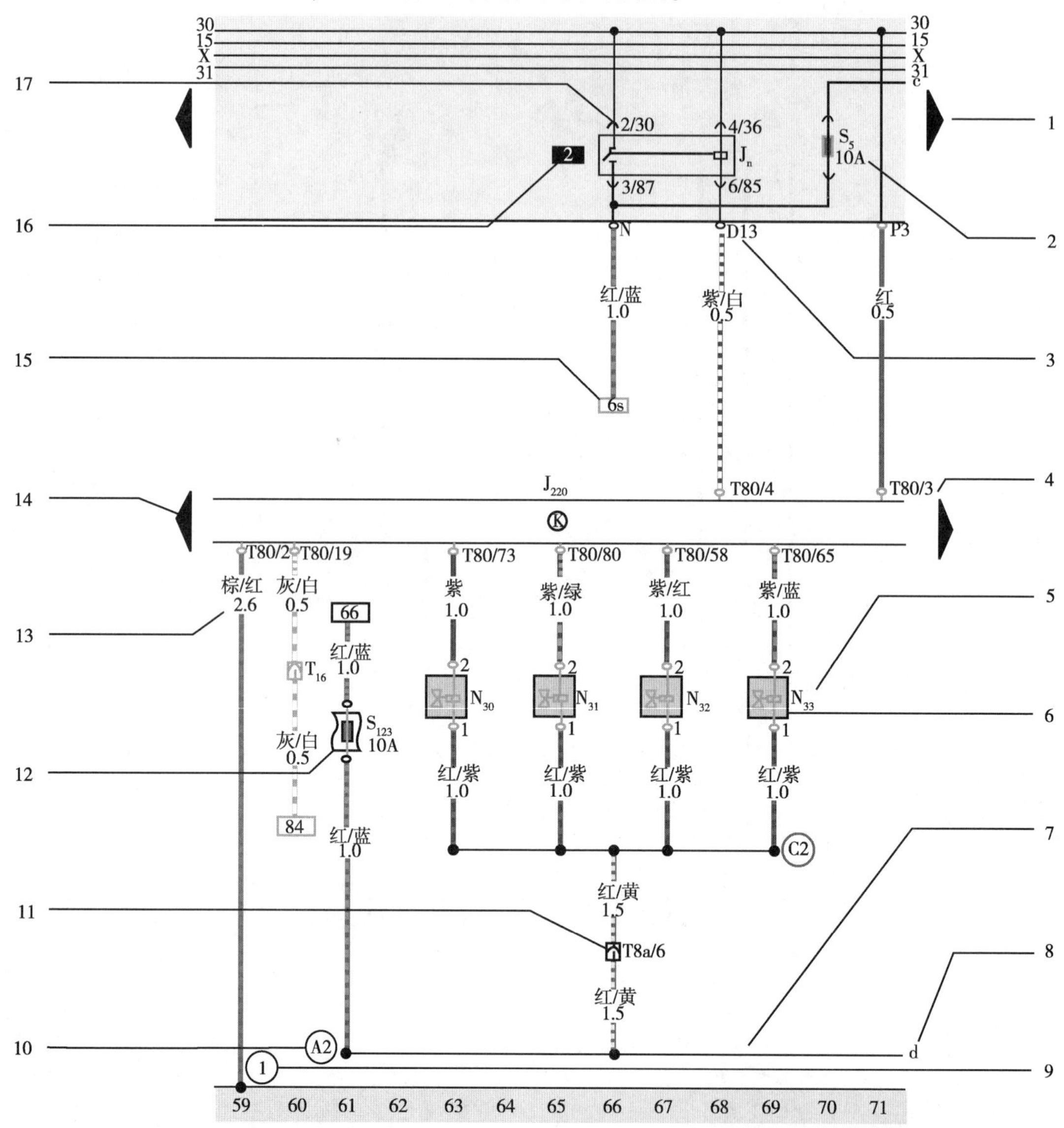

图 12-4　大众车系电路图各部位的意义说明

1-实心三角箭头接下一页电路图;2-熔断器代号,图中 S5 表示该熔断器位于熔断器座第 5 号位置;3-继电器板上的插头连接代号,表示多针或单针插头连接位置,如 D13 表示多针插头连接,D 位置第 13 脚;4-接线端子代号,表示电器元件上接线端子数或多针插头接脚号码;5-元件代号,可在电路图下方查到元件名称;6-元件,具体符号代表的意义参见电路图符号说明;7-内部接线,细实线,该接线并不是作为导线设置的,而是表示元件或导线束内部的电路;8-指示内部接线的去向,字母表示内部接线在下一页电路图中与标有相同字母的内部接线相连;9-搭铁点代号。在电路图下方可以查到该代号搭铁点在车上的位置;10-线束内连接线的代号。在电路图下方可查到该不可拆连接位于哪个线束之内;11-插头连接,例如 $T8a_6$ 表示 8 针 a 插头第 6 脚,也可以用 T8a/6 表示;12-附加熔断器符号,例如 S123 表示在中央附加继电器板上第 23 位熔断器,10A;13-导线颜色和截面积(mm^2);14-实心三角箭头,表示接续上页电路图;15-指示导线去向,框内数字表示导线连接到哪个节点编号;16-继电器位置编号,表示继电器板上的继电器位置编号;17-继电器板上的继电器或者控制器接线代号,该代号表示继电器多针插头的各个接脚,如 2/30 表示:2 表示继电器板上插口的接脚 2,30 表示继电器/控制器上的接脚 30

(2)所有电路都是纵向排列,不互相交叉。大众公司汽车电路图采用了断线代号法来处理线路复杂交错的问题。例如:假设某一条线路的上半段在电路续号为116的位置上,下半段电路在电路接续号为147的位置上。这时,在上半段电路的终止处画一个标有147的小方格,在下半段电路的开始处也有一小方格,内标有116,通过116和147就可以将上、下半段电路连在一起了。

(3)整个电路以继电器盒为中心。大众公司汽车电路图在表示线路走向的同时,还表达了线路的结构情况。继电器盒的正向插有各种继电器和熔断器。在电路图上的继电器标有4/49、3/49a等数字,其中分子数4、3是指继电器盒插孔代号,分母49、49a是指继电器的插脚代号。4/49就表示出了继电器插脚与插孔的配合关系。

4)丰田汽车电路图图例说明

在各丰田车系维修站都由厂家提供完整的汽车《维修手册》,其中包括汽车电路图。

(1)丰田车系电路图具有几方面特点:

①电路图将车辆电路按所属系统划分,提供各系统电路的资料。

②各系统电路的实际配线是指从蓄电池开始的电源点到各搭铁点的配线,所有电路图均显示所有开关关闭时的状态。

③对任何故障进行故障排除时,首先要了解故障电路的工作原理,了解对此电路供电电源的工作原理和搭铁点的工作原理,同时还可参见“系统概述”来了解电路的工作原理。

④了解电路原理后,可以开始对故障电路进行故障排除,找出故障原因。利用“继电器位置分布图”和“电路图”来找出各个零件、接线盒和线束连接器、线束和线束连接器及系统电路的搭铁点。为使您更清楚地了解接线盒内的连接情况,维修手册还提供了每个接线盒内部的电路图。

⑤在各系统电路中用箭头标示与各系统相关的配线。如果需要了解总体连接情况,请参见维修手册末的“总电路图”。

(2)丰田车系电路图示例和电路各组成部分意义,如图12-5所示。

(3)图12-5所示电路图中电源走向的具体说明。

①制动灯电路。该电路是汽车电源正极直接经过制动灯熔断器15A STOP到制动灯开关连接器H6端子2,经制动开关H6端子1后,通过绿/白导线经制动灯故障传感器H4端子7进入制动灯故障传感器,再通过端子1、2分别到高位制动灯H17端子2、左右制动灯H7、H9,再到搭铁,形成制动灯电路回路。

②制动灯故障传感器电路。打开点火开关ON或起动STA挡时,电源经点火开关通过仪表测量熔断器7.5A GAUGE,再经红色导线到制动灯故障传感器连接器H4端子8,为制动灯故障传感器提供电源正极,制动灯故障传感器H4端子11连接白/黑导线至搭铁。

③制动电路故障警告灯电路。打开点火开关或起动时,踩下制动踏板,制动灯开关接通。如果制动灯电路出现断路或短路等故障,则制动灯电路中电流改变,制动灯故障传感器检测到检测点电位发生改变,且制动灯故障传感器的警告电路被激活。因此,制动灯故障传感器H4内部将端子4与端子11接通,点亮制动电路故障警告灯H7。此时,制动电路故障警告灯电路为:电源经点火开关通过仪表测量熔断器7.5A GAUGE,再经红/蓝导线到制动电路故障警告灯H7端子4,为制动电路故障警告灯提供电源正极。制动灯故障传感器H4

端子 11 连接白/黑导线至搭铁,为制动电路故障警告灯提供负极。

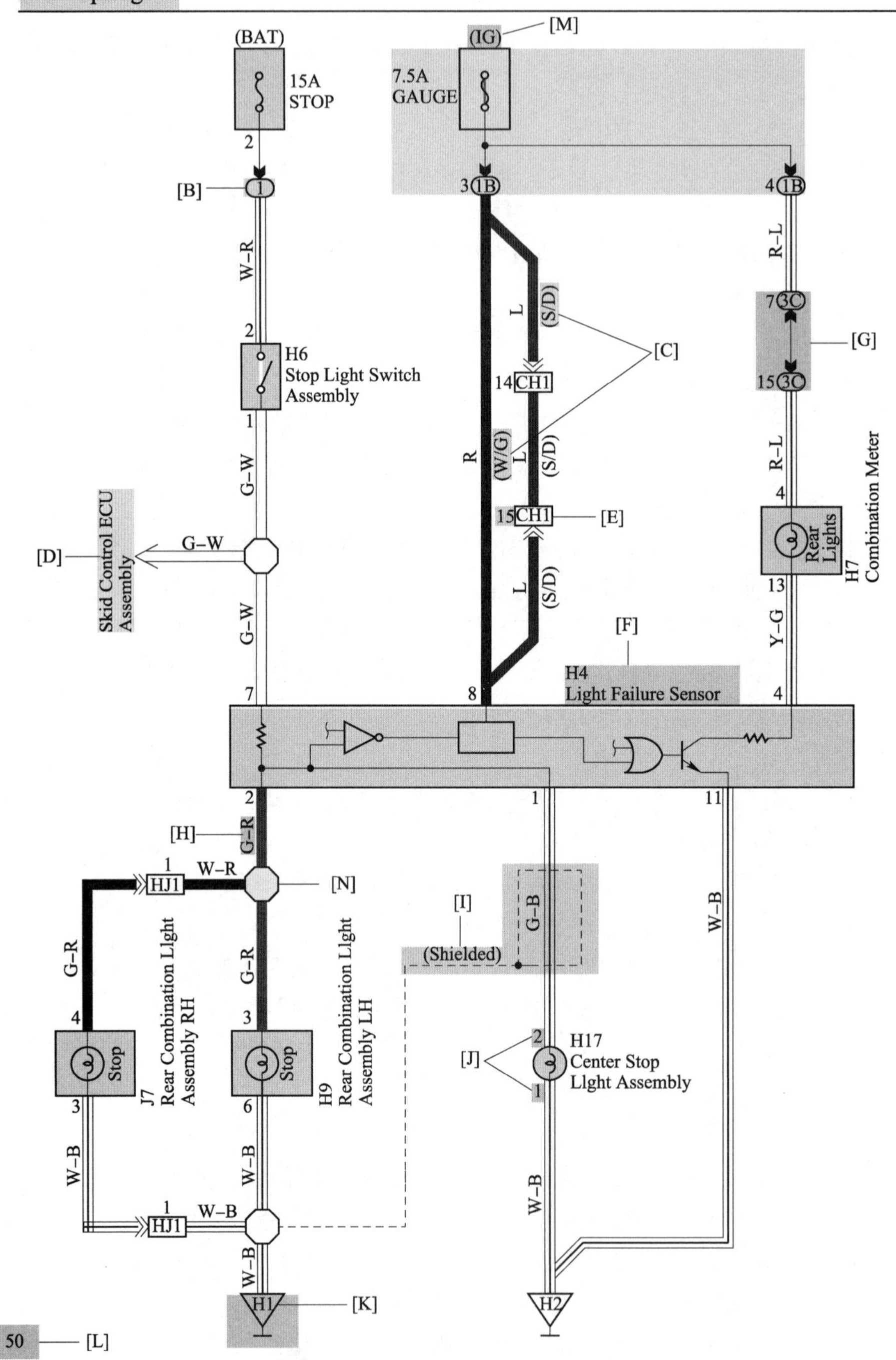

图 12-5　丰田车系电路图各部位的意义说明

A-本页电路所在系统名称;B-接线盒编号;C-不同型号的车型所示用的配线或连接器;D-连接到相关系统;E-连接器代码;F-连接器代码、零件名称;G-接线盒编号及对应端子号;H-导线颜色;I-屏蔽电缆;J-连接器端子号;K-搭铁点;L-本页面所在页码;M-通电位置;N-连接点

(二)汽车整车电路故障诊断与排除

1. 检查汽车电路的工具

检查电路的基本工具主要包括万用表、试灯、发光二极管、试电笔和汽车故障诊断仪等,如图 12-6 所示。这些主要的工具各功能不同,使用方法也各异,使用过程中应正确操作。

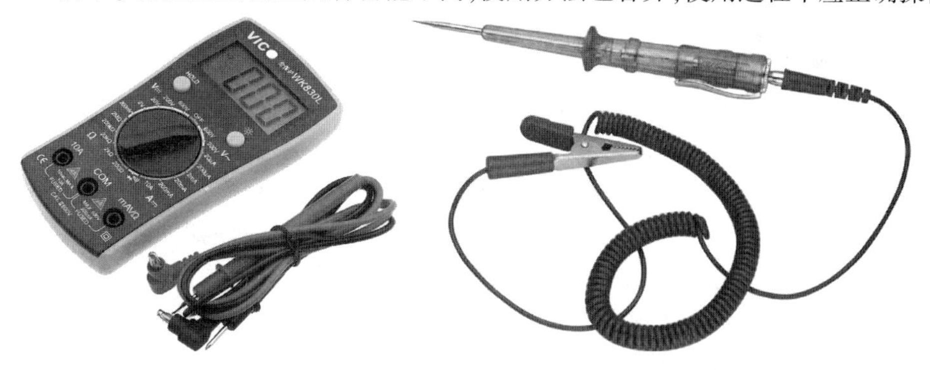

图 12-6　汽车电路检修常见工具

2. 检查汽车电路的方法

当电路出现故障时,在进行检查之前应首先仔细阅读电路图,将系统电路读懂,搞清楚系统的功能,然后根据电路图从电源开始检查,一直查到搭铁,就可将故障点查出。

1)导线搭铁短路电路的检查方法

(1)拆下烧坏的熔断器熔断片并断开熔断器的所有负载,如图 12-7 所示的继电器、电磁阀。

(2)在熔断器的位置连接试灯,如图 12-7 所示。

(3)在如下情况下试灯亮,如图 12-7 所示位置有短路。

①点火开关打开试灯亮,表明[A]段导线有短路。

②点火开关打开、SW1 闭合时试灯亮,表明[B]段导线有短路。

③点火开关打开、闭合 SW1 和接好继电器时试灯亮,表明[C]段导线包括继电器有短路。

(4)查看试灯时,断开并重新连接连接器。试灯仍点亮的连接器和试灯熄灭的连接器之间短路。

(5)沿车身轻微晃动故障线束以准确找出短路部位。

2)熔断器及相关电路的检查方法

熔断器本身可用目视检查或万用表的电阻挡进行检查,测量其是否导通,如果熔断器烧毁,用万用表测试时,其电阻为无穷大。熔断器烧毁后,应找出熔断器烧毁的原因,并对线路进行测量。测量时,可用万用表或试灯测量熔断器的电源端是否有电源的电压,测量电器端是否有直接搭铁。如果熔断器电源端无电压则应继续向电源方向检查,直至查到电源为止。若电器端搭铁,则必须查出线路在何处搭铁,并排除故障,否则换上新熔断器也会烧毁。

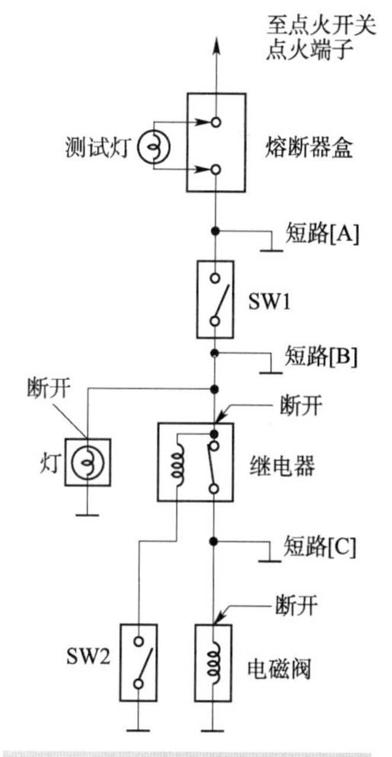

图 12-7　汽车电路短路检查方法

3)继电器及相关电路的检查方法

继电器一般由一个控制线圈和一对或两对触点组成,触点有常开和常闭触点之分。检查时,用万用表的电阻挡测量继电器的线圈,检查其电阻是否符合要求。如果电阻符合要求,再给继电器线圈加载工作电压,检查其触点的工作情况。如果是常开触点,加载工作电压后,触点应闭合,测量两触点间电阻应为0;如果触点为常闭触点,加载工作电压后,其触点应断开,测量两触点间电阻应为无穷大。

4)传感器类零件的检查方法

目前,汽车上的传感器按是否需要工作电源分类,可分为有源传感器和无源传感器;按输出信号的类型分类,可分为输出电压信号传感器和输出频率信号传感器等。在检查时,应根据传感器的不同类型按不同的方法进行检测。对于有源传感器,应检查工作电压和信号电压或频率是否正常,如果能测量传感器的电阻,还需要进行电阻的测量,检查其是否在规定的范围内。对于无源传感器则应检查其信号电压或信号的频率是否符合要求,若测量电阻,也需要检查其电阻是否在规定的范围之内。还有一类开关型的传感器,检查的方法是在其工作范围内检查其能否按照工作要求完成开关动作。

5)电磁阀类元件的检查方法

电磁阀类零件的检测,主要是用万用表检查其线圈的电阻是否符合要求。在通电后,应检查电磁阀的动作是否符合要求及是否达到规定的效果。

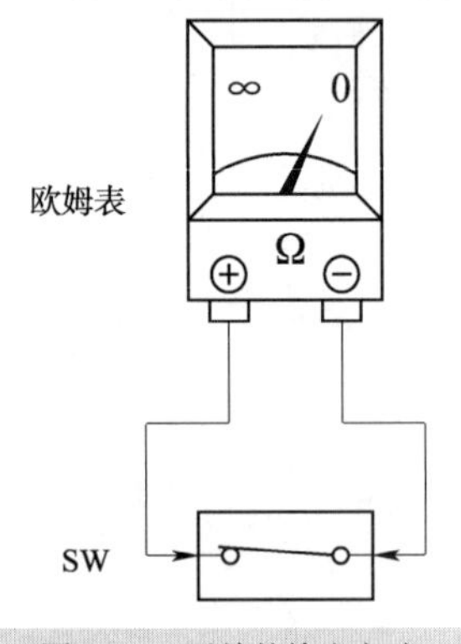

图 12-8 开关的检查方法

6)灯泡的检查方法

灯泡是电器元件中比较容易损坏的部件。检查时,一般可用万用表检查灯丝的通断,如果测量到灯丝的电阻为无穷大,则灯泡损坏。

7)开关的检查方法

开关是汽车电器中最常用的部件,可根据开关的功能和开关各挡位的导通情况用万用表进行检查,开关闭合时,开关两端间电阻应 $<1\Omega$,开关断开时测量开关两端间电阻应 $>10k\Omega$,如图 12-8 所示。通常开关与线束连接时采用连接器,连接器上的导线都有编号。检查时,使开关处于不同挡位,按照开关接通情况测量连接器或插头相应编号导线间的导通情况。如果检查的结果不符合开关的功能要求,说明开关已经损坏。

8)导线的检查方法

导线检查一般采用以下两种方法。

(1)检查电路中的电压。利用万用表的电压挡,沿着电路图中的线路分段检查电压或用试灯测试亮灭的情况,如图 12-9 所示。

①按图 12-9 所示在下列情况下检查电压。

a. 点火开关打开,[A]处应有规定电压。

b. 点火开关打开和 SW1 闭合,[B]处应有规定电压。

c. 点火开关打开、SW1 闭合和 SW2 闭合,[C]处应该有规定电压。

②将万用表黑表笔接搭铁线或电源负极,红表笔分别按图 12-9 所示位置接连接器端

子，根据检测情况判断通电情况。

(2)检查导线电阻。将电路电源断开，连接器断开，用万用表的电阻挡测量导线或其他元件的通断程度及搭铁情况。

3. 汽车电气设备故障检查方法

当电气系统出现故障时，首先应确定故障的现象和发生故障的条件，这样可以大致确定故障的范围。检查时，应首先对电源、故障系统的供电情况及故障元件本身进行检查，如果通过上述检查工作还不能确定故障原因时，就需借助电路图进行故障诊断。电路图可以提供电气设备的基本电路、电器元件的安装位置、线束及连接器的基本情况。在使用电路图进行故障诊断时，可按下述步骤进行：

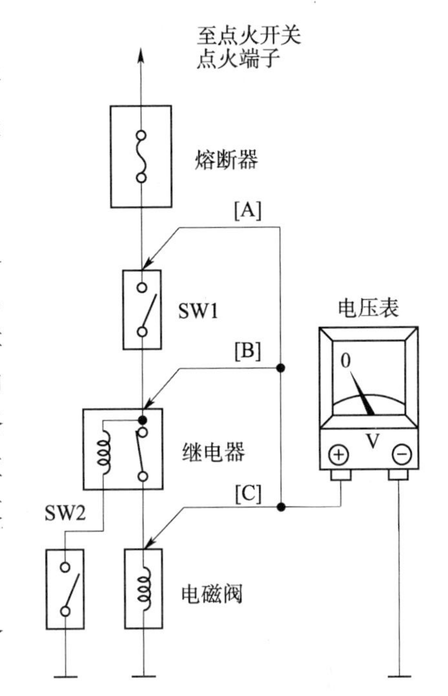

图 12-9　检查电路中电压的检查方法

(1)在电路图找出故障系统的电路，并仔细阅读。

(2)通过阅读电路图找出故障系统电路中所包含的电器元件、线束和连接器等。

(3)通过电路图找出上述电器元件、线束和连接器在车上的安装位置及电器元件和连接器上各端子的作用或编码。

(4)对怀疑有故障的部件按前述内容进行检测。

(5)根据电路图检查线束的短路和断路情况，直至查出故障的部位。

二、组 织 实 践

(一)工作任务

以检修汽车前照灯电路为例，使用《维修手册》和《电路图》，查找相关配电元件、插接件和连接件及图示编号接脚、电器元件、搭铁点等在车上的位置，并记录其状况。

(二)实践操作目标

(1)识读制动灯系统电路图：系统组成、各元件位置。

(2)通过查阅全车电路手册，理清线路走向、连接器所在位置。

(3)找到检测的接口。

(4)通过对照电路图，理清汽车制动灯控制电路。

(三)实践准备

1. 实践操作所用的设备

实训用车辆(建议用一汽丰田卡罗拉轿车、大众迈腾轿车)、蓄电池、工作台等。

2. 实践操作所用工量具和材料

干净的抹布,常用工具,汽车用数字万用表,试灯,导线,导线夹,汽车电路图册,汽车维修手册。

(四)技术要求与注意事项

(1)万用表使用中,挡位的正确选择(按指导老师要求)。
(2)使用电路图册时,要注意避免破损,电路图应与使用车型相对应。
(3)避免在对汽车电器电路情况不了解的情况下,随意拆卸。
(4)注意电气线路在操作过程中的短路。
(5)维修手册所述的其他相关要求。

(五)丰田卡罗拉轿车制动灯电路故障检修

1. 检修准备

(1)小组共同清洁工位、清点工量具,保持场地、设备、工量具干净整齐及性能良好。
(2)在车内安装好五件套,安装好车外的护套,保护好检修车辆。
(3)特别说明:操作过程中根据实际情况的需要,若有不必要的步骤可以进行适当调整(删减或增补)。

2. 汽车制动灯电路的故障现象确认

(1)基本情况登记,填写表12-1。

汽车整车电气线路实践基本情况登记表 表12-1

你使用的车型	
本车型的整车线路特点	
汽车制动灯故障现象	
使用资料	

(2)使用《维修手册》和《电路图》等资料识读丰田卡罗拉轿车制动灯电路图,如图12-10所示,填写表12-2。

主要零件情况登记表 表12-2

	元件名称	所在位置	对照实物的实际情况
制动灯电路涉及的主要元件	熔断器(STOP)10A		
	制动开关及连接器A1		
	左制动灯及连接器L7		
	右制动灯及连接器L29		
	高位制动灯及连接器L8		
	噪声滤波器及连接器L20		
	线路连接器L34		
	搭铁点L3		

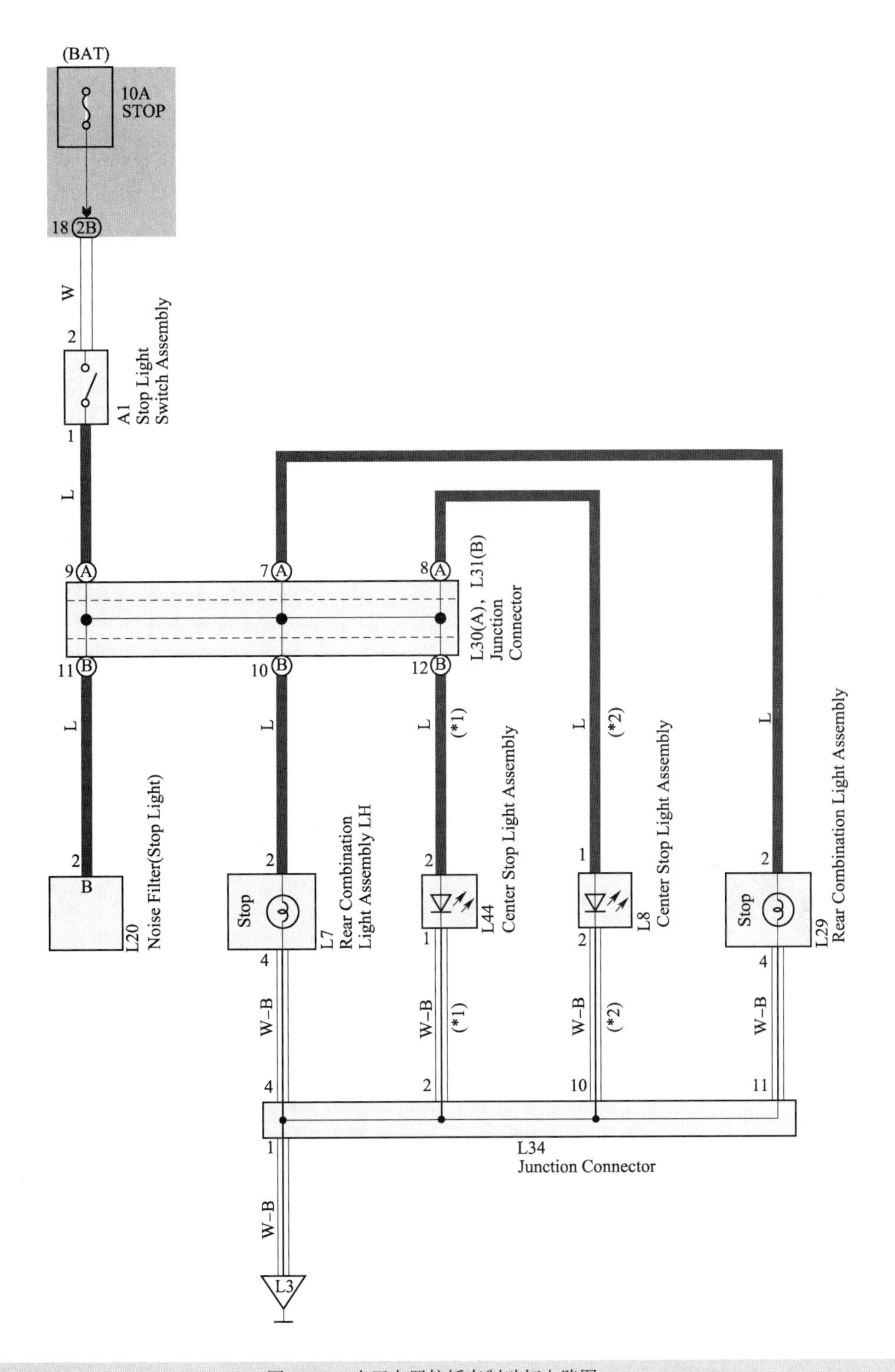

图 12-10　丰田卡罗拉轿车制动灯电路图

A1-左制动灯开关;L7-左制动灯;L8-高位制动灯;L20-噪声滤波器(制动灯);L29-右制动灯;L44-高位制动灯

(3)丰田卡罗拉制动灯电路涉及的主要线缆或导线登记,填写表 12-3。

制动灯电路涉及的主要导线情况登记表　　表 12-3

检测端子或接线位置	导线颜色	对照实物的实际情况
$STOP\text{-}A1_2$		
$A1_1\text{-}L20_2$		
$A1_1\text{-}L7_2$		
$A1_1\text{-}L29_2$		
$A1_1\text{-}L8_1$		
$A1_1\text{-}L44_2$		
$L7_4\text{-}L29_4\text{-}L8_2\text{-}E$		

卡罗拉轿车制动灯电路系统主要由______部分组成,分别是:______________________________

____

____

3. 卡罗拉轿车制动灯电路系统故障诊断

(1)检查制动灯熔断器。

制动灯熔断器 STOP 在 2 号接线盒 9 号位置,如图 12-11 所示,对熔断器进行检测,分析熔断器所起的作用,并填写操作记录表 12-4。

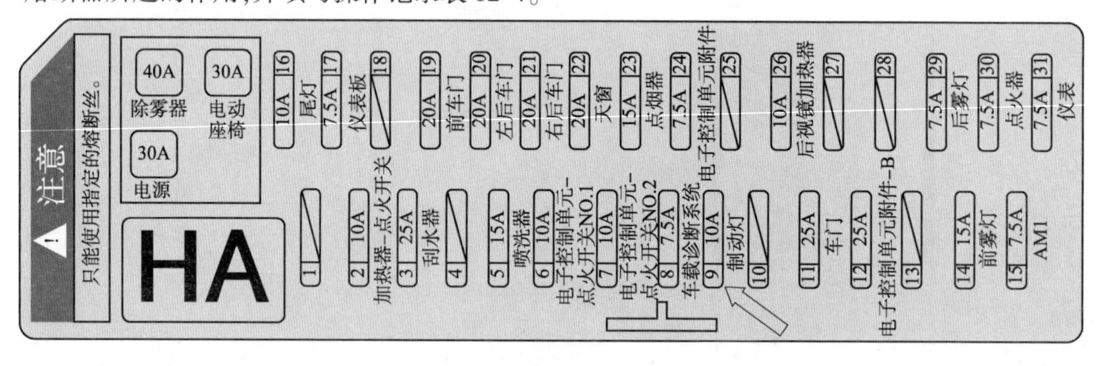

图 12-11　卡罗拉轿车制动灯熔断器位置

熔断器检测记录表　　表 12-4

熔断器位置(编号)	熔断器本身的好坏	是否接通电源或接通条件	检测方法
制动灯 STOP			

(2)制动灯连接器的电压检测。

断开制动灯连接器 L7、L29、L8,使用万用表直流电压挡 20V 量程,红表笔接连接器线束端子 2,黑表笔接连接器线束端子 4,踩下制动踏板,电压应为 9 ~ 14V,检测值填入表 12-5。

制动灯连接器电压检测记录表　　表 12-5

部件名称	检测位置	标准值	实测值	判断结果
左制动灯	$L7_2\text{-}L7_4$	9 ~ 14V		
右制动灯	$L29_2\text{-}L29_4$	9 ~ 14V		
高位制动灯	$L8_1\text{-}L8_2$	9 ~ 14V		

(3)制动灯电路系统部件检测。

制动开关、制动灯及指示灯的检测及试验,填写表12-6。

制动灯及指示灯检测及试验记录表　　表12-6

部件名称	检测位置	条　件	实　测	判断结果
制动灯开关	$A1_1$-$A1_2$	不制动:断		
	$A1_1$-$A1_2$	制动:通		
左制动灯	$L7_2$-$L7_4$	电阻值		
	$L7_2$-$L7_4$	通电试验		
右制动灯	$L29_2$-$L29_4$	电阻值		
	$L29_2$-$L29_4$	通电试验		
高位制动灯	$L8_1$-$L8_2$	电阻值		
	$L8_1$-$L8_2$	通电试验		

(4)制动灯电路导线的检测。

①断开蓄电池负极。

②断开制动开关连接器A1。

③断开制动灯连接器A7、A29。

④使用万用表欧姆挡,检测各段导线的电阻,将检查结果填入表12-7中。

制动灯电路导线检测记录表　　表12-7

检测位置	参考值	实测值	判断结果
蓄电池正极(+)-$A1_2$	<1Ω		
$A1_1$-$L7_2$ $A1_1$-$L29_2$ $A1_1$-$L8_1$	<1Ω		
$L7_4$-蓄电池负极(-) $L29_4$-蓄电池负极(-) $L8_2$-蓄电池负极(-)	<1Ω		

4. 排除制动灯电路系统故障

(1)更换制动灯泡或高位制动灯总成的主要步骤,填写表12-8。

更换制动灯泡或高位制动灯记录表　　表12-8

序　号	操作内容	使用的工具及方法等
1		
2		
3		
4		

(2)更换制动开关的操作步骤,填写表12-9。

更换制动开关的操作步骤记录表 表12-9

序　　号	操作内容	使用的工具及方法等
1		
2		
3		
4		

(3)检修制动灯电路连接导线。

三、学习拓展

CAN车载网络总线

1. 车载网络系统发展及现状

20世纪80~90年代以来,随着电子技术的发展,汽车上使用的电控装置越来越多,所装备的车型也越来越普及,从电控燃油喷射系统、防滑控制系统、电控自动变速器、SRS空气囊到电动门窗、主动悬架等。汽车上的电子控制单元的数量快速增长,线路也越来越复杂。目前,许多汽车上都有数个乃至数十个不等的电控单元,每个电控单元都需要与相关的多个传感器或执行器通信,同时,不同的电控单元还会用到相同的传感器信号,电控单元之间也需要通信。如果都按照传统的线路连接,那么每项信息都需要通过各自独立的数据传输电缆进行传输,这样势必导致系统线束增加、电控单元针脚增加、线路连接件增加等,同时也可能会发生需要在同一位置布置数个相同的传感器(或执行器),以便满足不同的电控单元采集信号或执行指令的需要,由此产生传感器或执行器重复交叉,如图12-12所示,伴随着上述现象的必然是效率下降、故障率增加、可靠性降低等诸多问题。

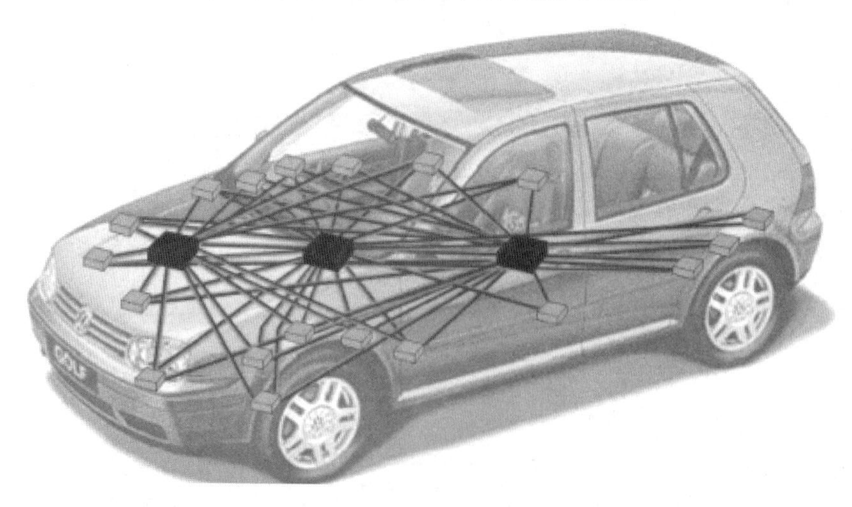

图12-12　带有三个中央控制单元和不带车载网络系统的车辆

为了简化线路，提高各电控单元之间的通信效率，降低故障频率，车载网络系统就应运而生了，如图 12-13 所示。

图 12-13　带有三个中央控制单元和带车载网络系统的车辆

在一辆装备了车载网络系统的汽车上，只需要两条数据传输电缆。不论有多少个电控单元，不论有多大的信息交换量，每个电控单元都只需要引出两条线接在数据传输电缆上，就可以完成数据信息的交换通信了。这两条数据传输电缆即被称作是数据总线（CAN 或 CAN-BUS），与总线相通的两条引出线相连接的电控装置即被称之为节点，如图 12-14、图 12-15 所示。

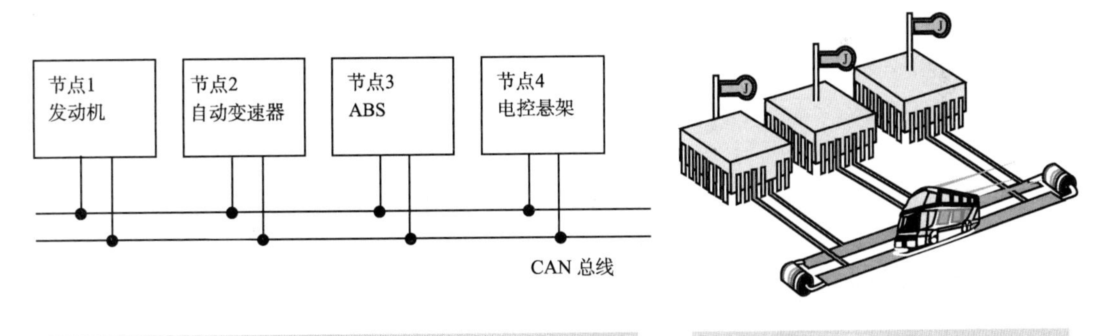

图 12-14　数据总线与节点关系示意图

图 12-15　CAN-BUS 示意图

正如公路运输需要交通规则来维持正常的运作一样，数据总线也需要信号传递规范。其中，一种基本的规则是分时。在这种规则下，数据总线在每一时刻只能被 2 个部件占用，在 2 个部件之间传递信号。由于电信号传播的速度极快，因此数据总线完全可以满足许多部件进行分时信号传递的需要。

目前汽车上的网络连接方式主要采用 2 根 CAN 总线，一根是用于驱动系统的高速 CAN 总线，速率达到 500Kbit/s，另一根是用于车身系统的低速 CAN 总线，速率是 100Kbit/s。

数据总线技术引入汽车，对汽车电子技术的发展起到了积极的推进作用并逐渐得到广泛的应用。目前控制系统局域网应用最广的标准就是 CAN。

2. 车载网络的组成与结构

CAN 数据总线由一个控制器、一个收发器、两个数据传输终端以及两条数据传输线组成,如图 12-16 所示。除了数据传输线,其他元件都置于控制单元内部,控制单元功能不变。

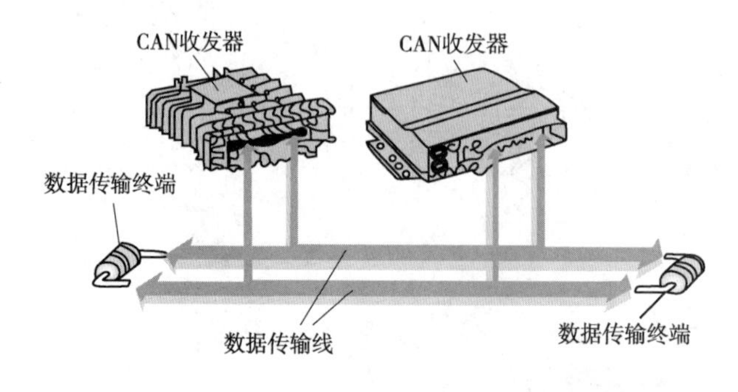

图 12-16　车载网络组成、结构示意图

控制器是接收控制单元中的微电脑传来的数据,对这些数据进行处理并将其传往 CAN 收发器。同样,CAN 控制器也接收由 CAN 收发器传来的数据,对这些数据进行处理并将其传往控制单元中的微电脑。

CAN 收发器将 CAN 控制器传来的数据转化为电信号将其送入数据传输线。它也为 CAN 控制器接收和转发数据。

数据传输终端是一个电阻器。它防止数据在线端被反射,以回声的形式返回,这会影响数据的传输。

数据传输线是双向的,对数据进行传输。系统中采用高低电平两根数据线,控制器输出的信号同时向两根通信线发送,高低电平互为镜像。两条线分别被称为 CANH 线和 CANL 线,不同用途的 CAN 线采用不同颜色或不同粗细,如图 12-17 所示。数据传输线为了防止外界电磁波的干扰和向外辐射,CAN 总线采用两条线缠绕在一起,如图 12-18 所示。这两条线的电位相反,如果一条是 5V,另一条就是 0V,始终保持电压总和为一常数,如图 12-19 所示。通过这种办法,CAN 数据总线得到了保护而免受外界的电磁场干扰,同时 CAN 数据总线向外辐射也保特中性,即无辐射。

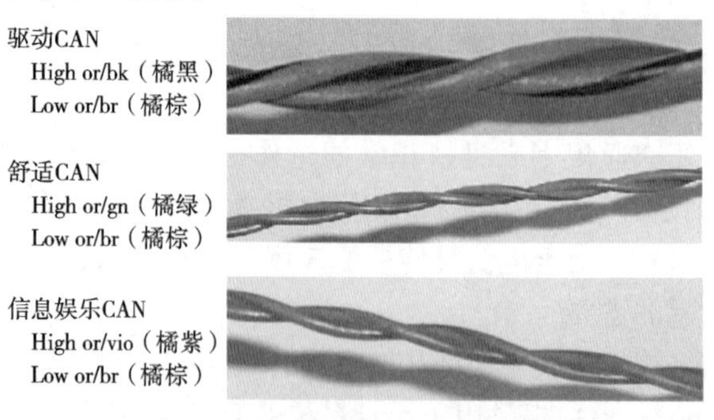

图 12-17　数据传输线

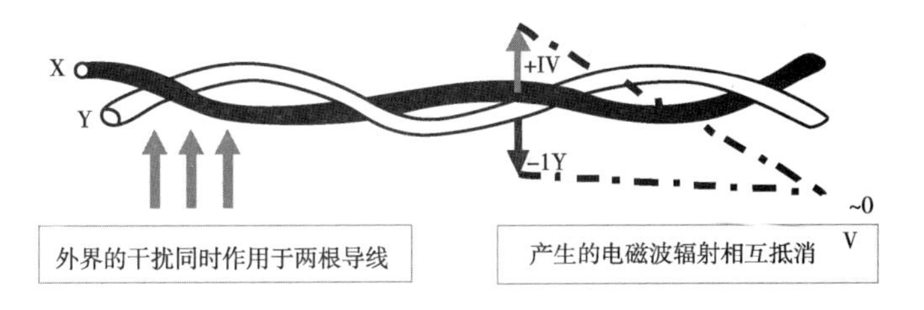

图 12-18　不带继电器无触点式晶体管闪光器电路

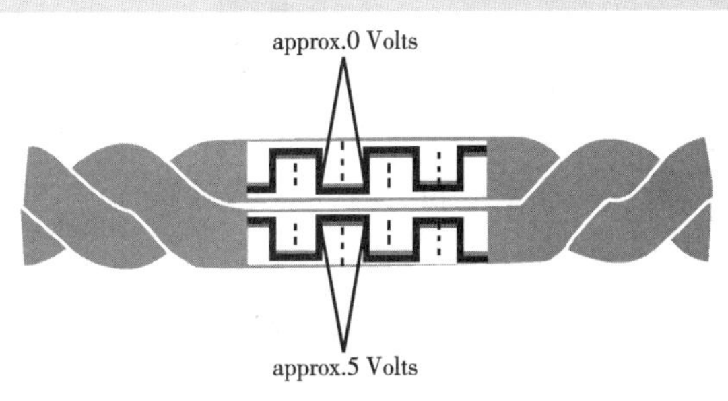

图 12-19　两线电压总和为一常数

CAN 数据总线的数据传输原理在很大程度上类似电话会议的方式。一个用户(控制单元)向网络中“说出”数据,而其他用户“收听”到这些数据。一些控制单元认为这些数据对它有用,它就接收并且应用这些数据,而其他控制单元也许不会理会这些数据。故数据总线里的数据并没有指定的接收者,而是被所有的控制单元接收及计算。控制单元向 CAN 控制器提供数据用于传输。CAN 收发器从 CAN 控制器处接收数据,将其转化为电信号发出。这些数据以数据列的形式进行传输,数据列是由一长串二进制数字组成(如 0110100100111011)。数据列包括开始区、状态区、检验区、数据区、安全区、确认区、结束区,如图 12-20 所示。

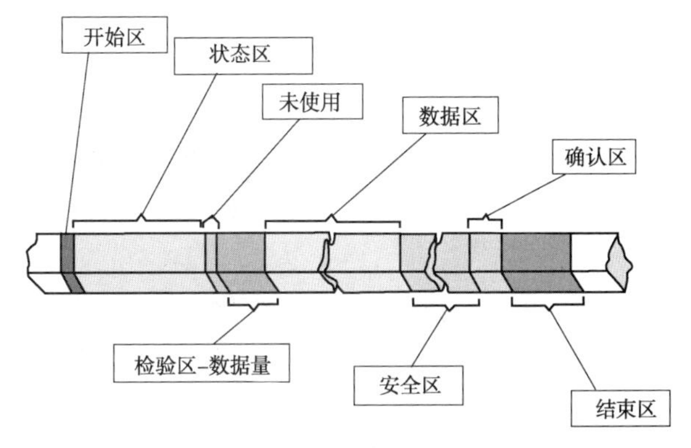

图 12-20　数据列包括的内容

所有与 CAN 数据总线一起构成网络的控制单元成为接收器而接收数据。控制单元对接收到的数据进行检测,看是否是其功能所需数据。

如果所接收的数据是重要的,它将被认可及处理,反之将其忽略。

3. 数据总线 CAN 的数据分配

如果多个控制单元要同时发送各自的数据,那么系统就必须决定哪一个控制单元首先进行发送。数据发送的顺序按照优先权排列,具有最高优先权的数据,首先发送。基于安全考虑,由制动控制单元提供的数据比自动变速器控制单元提供的数据更重要,见表12-10。

数据发送的顺序优先权排列　　表12-10

优先权	数据报告	状态域形式
1	Brake(制动)	001 1010 0000
2	Engine(发动机)	010 1000 0000
3	Gearbox(变速器)	100 0100 0000

在数据状态区中,有11位组成的编码,其数据的组合形式决定了其优先权。

如果三个控制单元同时发送数据,此时,在数据传输线上进行逐位数据比较。

如果一个控制单元发送了一个低电位,而检测到一个高电位,那么这个控制单元就停止发送,而转为接收器,如图12-21所示。

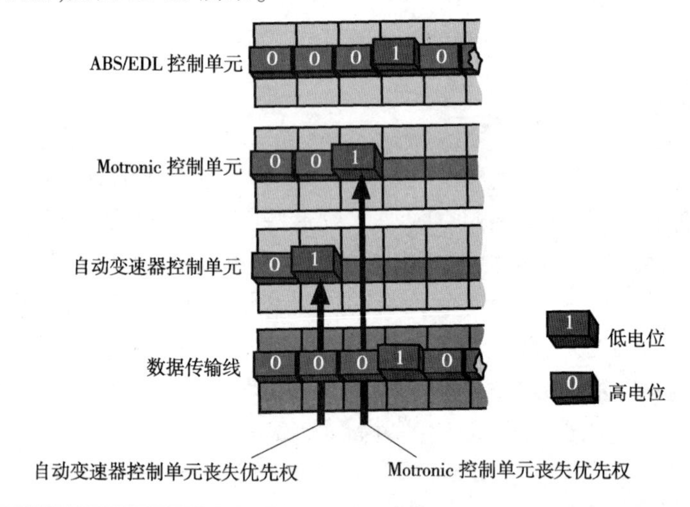

图12-21　数据传输优先权

4. CAN 总线数据交换基本原理

为了提高数据传递的可靠性,CAN数据总线系统的两条导线(双绞线)分别用于不同的数据传送,这两条线分别称为CAN-High线和CAN-Low线,如图12-22所示。

图12-22　双绞线示意图

在静止状态时,这两条导线上作用有相同预先设定值,该值称为静电平。对于CAN驱动数据总线来说,这个值大约为2.5V。(静电平也称为隐性状态,因为连接的所有控制单元均可修改它。)

在显性状态时,CAN-High线上的电压值会升高一个预定值(对CAN驱动数据总线来说,这个值至少为1V)。而CAN-Low线上的电压值会降低一个同样值(对CAN驱动数据总线来说,这个值至少为1V)。于是在CAN驱动数据总线上,CAN-High线就处于激活状态,其电压不低于3.5V(2.5V+1V=3.5V),而CAN-Low线上的电压值最多可降至1.5V(2.5V-1V=1.5V)。

因此在隐性状态时,CAN-High线与CAN-Low线上的电压差为0V,在显性状态时该差值最低为2V,如图12-23所示。

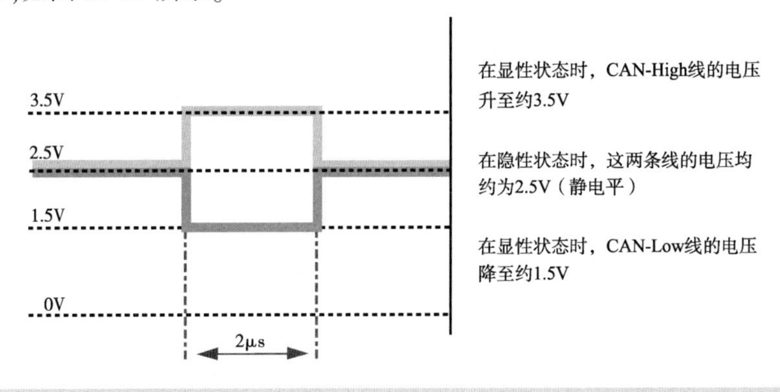

图12-23　显性和隐性状态之间进行转换时CAN导线上的电压变化

5. CAN总线的特点

CAN总线是一种多主总线,即每个节点机均可成为主机,且节点机之间也可进行通信。可以点对点、一对多及广播集中方式传送和接收数据。具有优先权和仲裁功能,多个控制模块通过CAN控制器挂到CAN-BUS上,形成多主机局部网络;通信介质可以是双绞线、同轴电缆或光导纤维,通信速率可达1Mbit/s;使传感器信号线减至最少,控制单元间可做到高速数据传输;具有实时性强、传输距离较远、抗电磁干扰能力强、成本低等优点;可靠的错误处理和检错机制,发送的信息遭到破坏后,可自动重发;节点在错误严重的情况下,具有自动关闭总线的功能,切断它与总线的联系,以使总线上其他操作不受影响。

CAN总线是车内电子装置中的一个独立系统,它就是数据线,用于在连接的控制单元之间进行信息交换。由于自身的布置和结构特点,CAN总线工作时的可靠性很高。如果CAN总线系统出现故障,故障就会存入相应的控制单元故障存储器内,可以用诊断仪读出这些故障。控制单元拥有自诊断功能,通过自诊断功能还可识别出与CAN总线相关的故障。用诊断仪读出CAN总线故障记录后,即既可按这些信息查寻故障。

控制单元内的故障记录用于初步确定故障,还可用于读出排除故障后的无故障说明。如果想要更新故障显示内容,须重新起动发动机。CAN总线正常的一个重要前提条件是车辆在任何工况均不应有CAN总线故障记录。

四、评价与反馈

1. 自我评价与反馈

(1)能否主动参与工作现场的清洁和整理工作?(　　)

A. 主动完成　　B. 被动完成　　C. 未完成

(2)完成本学习任务后,你对《电路图》等资料的使用是否快速和规范?(　　)

A. 快速规范　　B. 规范但不熟练　　C. 不会使用

(3)你能否正确规范地完成汽车整车电路及故障检修?(　　)

A. 独立完成　　B. 小组合作完成　　C. 老师指导下完成

(4)你是否掌握了整车电路的故障诊断流程?(　　)

A. 完全掌握　　B. 部分掌握　　C. 基本掌握

(5)完成前面的学习任务之后,你对汽车整车电路及故障检修有哪些体会?

____

____

(6)下次遇到类似的学习任务,应如何改善以提高学习效率?

____

____

(7)其他补充。

____

____

____

____

签名:________　________年________月________日

2. 小组评价

(1)实践操作中边学边做边记的情况如何?(　　)

A. 操作认真,能做必要的记录　　B. 操作认真但未记录

C. 在老师指导下操作　　D. 不会做更不会记录

(2)是否主动参与小组讨论?(　　)

A. 主动参与　　B. 被动参与　　C. 未参与

(3)是否完成了本学习任务的学习目标?(　　)

A. 完成且效果好　　B. 完成但效果不好　　C. 未完成

(4)是否积极学习,不懂的问题是否积极向别人请教,是否积极帮助他人学习?(　　)

A. 积极学习　　B. 积极请教　　C. 积极帮助他人　　D. 全部不积极

(5)是否按“5S”规范进行操作?(　　)

A. 按“5S”规范　　B. 按“5S”规范未做好

C. 不规范　　D. 不按“5S”规范

(6)实践操作是否有收获,操作过程中是否有危险?(　　)

A. 收获大,不危险　　B. 收获大,危险大

C. 无收获,无危险　　D. 无收获,危险大

(7)其他补充。

____

____

参与评价的同学签名:________　________年________月________日

3. 教师评价及答复

____

____

____

____

教师签名：________　________年________月________日

五、技 能 考 核

汽车整车电路检修考核评分标准见表12-11。

汽车整车电路检修考核评分标准　　表12-11

序号	项目	操作内容	规定分值	评分标准	得分
1	准备	清点工具、清理工位，准备资料物品，车辆防护。待查车辆信息确认，车况确认 被检查对象的外观检查 检查设备电源开关	4分 4分 3分	酌情扣分 检查不正确扣1～4分 检查不正确扣1～3分	
2	故障现象确认	确认故障现象并记录 观察故障特点，初定故障范围 直观检查故障	3分 5分 5分	酌情扣分 操作不正确扣1～5分 操作不正确扣1～5分	
3	故障分析与故障检修	使用电路图册，分析系统电路，查询零部件和检测节点 确定诊断方法，检测参数及检查方式 记录检测参数并分析 查阅电路图，确认主要元件 结合故障现象分析可能原因 检查相应的线路元件	10分 10分 5分 5分 5分 5分	不正确扣2～10分 检查不正确扣2～10分 检查不正确扣2～5分 检查不正确扣2～5分 检查不正确扣2～5分 不正确扣2～5分	
4	回答问题	汽车整车电路的特点有哪些？ 如何缩小故障范围？ 理论如何指导实践？	5分 5分 5分	不正确扣2～5分 不正确扣2～5分 不正确扣1～5分	
5	完成时限	20min	10分	超时1～5min扣1～5分 超时5min以上扣10分	
6	安全文明	无安全隐患，无不文明操作	5分	未达标扣1～5分	
7	结束	工具、量具清洗、归位 工作场地清洁	3分 3分	漏一项扣1～3分 不彻底扣1～3分	
总分			100分		

参考文献

[1] 李春明.汽车车身电子技术[M].北京:北京理工大学出版社.2003.
[2] 宋进桂.怎样维修汽车防盗与音响系统[M].北京:机械工业出版社.2004.
[3] 郭远辉.车身电气及附属设备构造与维修[M].北京:人民交通出版社.2005.
[4] 姜京花.汽车电气设备构造与维修[M].北京:人民交通出版社.2005.
[5] 丰田汽车公司.汽车电气设备维修[M].北京:高等教育出版社.2006.
[6] 陈勇.车身电气设备维修典型案例分析与解读[M].南京:江苏科学技术出版社2010.
[7] 曾鑫.汽车电气设备检修[M].武汉:华中科技大学出版社.2011.
[8] 周晓飞.一汽大众速腾/迈腾轿车实用维修手册[M].北京:化学工业出版社出版.2011.
[9] 郑烨珺.汽车电气设备维修[M].北京:机械工业出版社出版.2013.
[10] 朱帆.汽车电气设备电路解析与故障检修[M].北京:化学工业出版社出版.2016.
[11] 上汽通用汽车有限公司.汽车发动机控制系统及检修[M].北京:高等教育出版社.2016.